北京师范大学文艺学研究中心　编

文化与诗学（第六辑）

主　编　童庆炳
副主编　王一川
　　　　李春青

北京大学出版社
PEKING UNIVERSIYT PRESS

图书在版编目(CIP)数据

文化与诗学·第6辑/童庆炳等主编.—北京:北京大学出版社,2008.3
ISBN 978-7-301-13429-0

Ⅰ.文… Ⅱ.童… Ⅲ.社会科学-文集 Ⅳ.C53

中国版本图书馆CIP数据核字(2008)第021588号

书　　　名:文化与诗学(第6辑)
著作责任者:北京师范大学文艺学研究中心　编
责 任 编 辑:吴　敏
标 准 书 号:ISBN 978-7-301-13429-0/I·2020
出 版 发 行:北京大学出版社
地　　　址:北京市海淀区成府路205号　100871
网　　　址:http://www.pup.cn　　电子邮箱:pkuwsz@yahoo.com.cn
电　　　话:邮购部62752015　发行部62750672　出版部62754962
　　　　　　编辑部62752022
印　刷　者:北京汇林印务有限公司
经　销　者:新华书店
　　　　　　650mm×980mm　16开本　21.25印张　302千字
　　　　　　2008年3月第1版　2008年3月第1次印刷
定　　　价:32.00元

目　录

"当前文艺学热点与教学改革"讨论专辑

海外学人园地

博士论文选粹

书评

《文心雕龙》“循体成势”说

童庆炳

［摘要］　本文讨论《文心雕龙·定势》篇。评述了对《定势》篇中的“势”的五种理解。包括“法度”、“标准”说、“体态”说、“表现形式”说、“风格倾向”说和“文体风格”说。本文认为“文体风格”说的思路大体正确，但提法不妥。本文根据作者的“文体”论的系统思考，提出了刘勰所要定的“势”是语体之势。本文比较了徐复观的文体论与作者自己文体论的同与异，进一步确认刘勰的“势”属于文体系统中的语体层面。对个人的自由语体之势的重视。概括刘勰认为运用语势的三个原则。

［关键词］　势　体裁　语体　语势　风格　自然

《定势》篇的前面四篇是《神思》篇、《体性》篇、《风骨》篇、《通变》篇，其后五篇则是《情采》篇、《熔裁》篇、《声律》篇、《章句》篇、《丽辞》篇，从这种联系中，我们大体可以判定《定势》篇要讨论的创作问题，即所谓“文术”问题，但如果进一步追问“定势”所要定的是什么“势”，那么我们就遇到了困难。本文试图克服这个困难。

一　“势”的五说

《文心雕龙》《定势》篇的“定”，就是“确定”的意思，但要“确定”什么“势”呢？其实《定势》篇最重要的一个概念就是“势”。什么是“势”？怎样来理解“势”，这可谓众说纷纭，莫衷一是。大致说来，有以下五种说法：

（一）“法度”、“标准”说。这是较有权威的一种文字考证的说法。黄侃解释说:“《考工记》曰:审曲面势。郑司农以为审察五材曲直、方面、形势之宜。是以曲、面、势为三,于词不顺。盖匠人置槷以县,其形如柱,傳之平地,其长八尺以测日景,故势当为势当为槷,槷者臬的假借。《说文》:臬,射埻也。其字通作艺。《上林赋》:‘弦矢分,艺懿仆’。本为射的,以为端正有法度,则引申为凡法度之称。”[①]这就把“势”训为“槷”。而“槷”为古代插在地上测日影的标杆。“槷”通“艺”。然后再把“势”引申为法度。范文澜同意黄侃的意见,并又提出:“势者,标准也,审察题旨,知当用何种体制作标准。”把“势”看成“法度”、“标准”,主要根据文字学的考证,似脱离开本文的语境,很难成立。当然黄侃在解释“定势”的时候,也给我们许多启发。(详下文)

(二)“体态”说。刘永济在《文心雕龙校释》中认为:“统观此篇,论势必因体而异,势备刚柔奇正,又须悦泽,是则所谓势者,姿也。姿势为联语,或称姿态;体势,犹言体态也。公干、士衡以慷慨激越为姿,不务悦泽。故舍人通斥之。观其圆转方安,水漪木阴之喻,非姿而何?”[②]从刘永济著作的前后文看,他所说“势”是“体态”、“姿势”,最后又归结为“阳刚之美”和“阴柔之美”,这样“势”就成为一种美的形态了。台湾学者多有从此说者。[③] 这种看法是一种常识性的推论,可以理解,但似不完全可信。

(三)“表现形式”说。此说由陆侃如和牟世金提出。他们在解释《定势》篇中的“夫情固先辞,势实须泽”这句话的时候,说:“这是对‘尚势而不须悦泽’的纠正,‘势’必须润饰,说明刘勰的体势论侧重于表现形式方面。”[④]又涂光社在《文心雕龙“定势论”浅说》一文中说:“‘定势’是创作过程择‘术’的一部分,‘势’与现代文论中的表现方式在概念上有相近之处。”[⑤]这种说法虽然在解释《定势》篇时提出,但基本上脱离开文本的语境,很难令人信服。

(四)“风格倾向”说。詹锳在《文心雕龙义证》中说:“在《定势》篇里,‘势’

---

① 黄侃:《文心雕龙札记》,中国人民大学出版社 2004 年版,第 107 页。

② 刘永济:《文心雕龙校释》,华正书局 1981 年版,第 113 页。

③ 参见刘渼:《台湾近五十年来〈文心雕龙〉学研究》,万卷楼图书有限公司 2001 年版,第 392—395 页。

④ 陆侃如、牟世金:《文心雕龙译注》下,齐鲁书社 1982 年版,第 137 页。

⑤ 詹锳:《文心雕龙义证》,上海古籍出版社,第 1110 页。

和'体'联系起来,指的是作品的风格倾向,这种趋势变化无定。《通变》篇说:'变文之数无方','势'就属于《通变》篇所谓'文辞气力'这一类的。这种趋势是顺乎自然的,但又有一定的规律性,势虽无定而有定,所以叫做'定势'。"[①]此说把"定势"与"文辞气力"联系起来考察,有一定道理,但仍然说得比较笼统,不能让读者体会到"风格倾向"之具体所指。

(五)"文体风格"说。王元化《刘勰风格论补述》:"刘勰提出体势这一概念,正是与体性相对。体性指的是风格的主观因素,体势则指的是风格的客观因素。"[②]此外如寇校信在《释体势》中说:"对自然界事物来说,'势'指它的一定的'姿态';对文章来说,'势'则含有风格的意思,不是作家的个人风格,而是文体风格。"[③]认为势是"文体风格","不同的体裁形成的不同风格是势",持这种意见者最多,除上面几人外,如周振甫、王运熙等都持这种看法。

我认为,在这众多的看法中第五种意见无疑接近刘勰的本意。刘勰《定势》篇说:

> 是以括囊杂体,功在铨别,宫商朱紫,随势各配。章表奏议,则准的乎典雅;赋颂歌诗,则羽仪乎清丽;符檄书移,则楷式于明断;史论序注,则师范于核要;箴铭碑诔,则体制于宏深;连珠七辞,则从事于巧艳:此循体而成势,随变而立功者也。[④]

这里举出了各种体裁,然后规定了典雅、清丽、明断、核要、宏深、巧艳六种格调。这就是说,把"势"理解为"文体风格"是从刘勰本文立论的,是有根据的。其他各说,都与刘勰的本意有点"隔",不足以说服人。而且把"势"理解为"文体风格"还基于这样一种思路,即从体裁——风格跨度太大,缺少中介,于是他们就提出了体裁——文势——体性这样一个逻辑序列:"因情立体"——"循体而成势"——"体性"形成。这个思路有其合理因素,大体上也符合刘勰

---

① 詹锳:《文心雕龙义证》中,上海古籍出版社,第1113页。
② 王元化:《文心雕龙创作论》,上海古籍出版社,第125页。
③ 詹锳:《文心雕龙义证》,上海古籍出版社,第1111页。
④ 刘勰:《文心雕龙·定势》。本文的《文心雕龙》引文用范文澜:《文心雕龙注》(上、下),人民文学出版社1958年版,下同,不再注。

本意。

但是,用“文体风格”一词来解释“势”又欠妥当,同时也不足以涵盖“势”的内容。既然是“风格”,就必须与作家的创作个性相联系,因为风格是作家创作个性的显现,没有作家个性的投入,即没有刘勰所说的“体性”的“性”,是不能谈什么风格的。人们所理解的文体对作品的风格当然有影响,这是要充分看到的;但文体本身还不足以规定整个风格。而且从文类的角度来理解“文体”,也还存在问题(详下)。是否可以这样来考虑:用“文体风格”一词来解释“势”,就思路来讲大体上是对的,但是“文体风格”一词似不当。因为它忽略了风格形成的充分条件,与《体性》篇所讲的“因内符外”、“表里必符”的观点也不一致。

二 “定势”所定的是语体之势

我个人的学习体会,刘勰《定势》篇所讲的“势”,是指语势,即《通变》篇所说的“文辞气力”之“势”。无论是哪一种“体”,首要的因素是语言文字,正是语言文字构成了“体”的基础,若没有语言文字,那么文章之“体”就不存在,怎么能讲到与“体”相关的更深层次的问题呢? 从这个意义上,高尔基所说的“语言是文学的第一要素”,是不刊之鸿论,是永远不会过时的真理。刘勰讲“势”所提出的第一原理就是“即体成势”或“循体成势”,就是从文章之体的语言文字层面来规定“势”,那么这“势”就首先是一定的文章体裁所要求的语势。刘勰未给“势”下定义,他用了比喻,他说:

> 势者,乘利而为制,如机发矢直,涧曲湍回,自然之趣也。圆者规体,其势也自转;方者矩形,其势也自安:文章体势,如斯而已。

这就是说,对一个事物来说,“势”不是人为强加的,它是事物本身运动的自然趋势。文章体裁与语言文字之势的关系也是如此。不同的文章体裁自然而然地要求与它匹配的语势。这语势,用现代的名词来称呼,也就是语体

(style)[1]。叙述文一般不能用议论语体,也不能用抒情语体,只能用叙述语体,否则就不符合语势。反之,议论文、抒情文也一样。要是从古典文学的角度看,诗有各种体制,如古体、近体,近体又可分为四言体、五言体、七言体、杂言体等。小说也有各种体制,传奇、话本、章回小说等,抒情文也可分为散文体、骈文体等,这些不同的文学作品体制,在语言文字的长短、声律的安排、排行的样式等上都有起码的规定,这就构成了不同的语体。这种不同的语体实际上因长短、对偶、声律等不同,自然而然地会形成不同的语势。我们读律诗与读词,读散文与读韵文,读诗歌与读小说,就会感觉到那语体之势是不同的。刘勰生活的时代,他提出的六种语体之势:典雅、清丽、明断、核要、宏深、巧艳,是与章表奏议、赋颂歌诗、符檄书移、史论序注、箴铭碑诔、连珠七辞相匹配的,是"其势也自转","其势也自安",是"即体成势"或"循体成势"。总之,势的第一个定义是指体裁所要求的"语体"。这个说法,并不是从刘勰开始的,刘勰之前,曹丕在《典论·论文》中即提出:"夫文本同而末异。盖奏议宜雅,书论宜理,铭诔尚实,诗赋欲丽。此四科不同,故能知者偏也。唯通才能备其体。"[2]这里所谓的"四科不同",就是说"奏议"、"书论"、"铭诔"、"诗赋"这四种文类或体裁各有自己的语体,这语体就由这"四科"所要求的"雅"、"理"、"实"和"丽"。曹丕这一论说,具有划时代的意义。因为此前很少专门从体裁的角度来规定语体,人们谈论的都是文类的思想内容,如前面谈到儒家常论到的"思无邪"、"发乎情,至乎礼义"等,总是宣扬儒家政教而强寓训勉。文类的意识淡薄,文类所规定的语体意识更淡薄。到曹操、曹丕父子,抑儒家政教而扬文学自身。鲁迅谈到曹丕也特别提到他的"诗赋欲丽"的意义,他说:"曹丕著有《典论》……那里面说:'诗赋欲丽'、'文以气为主'。……他说诗赋不必寓教训,反对当时那些寓训勉于诗赋的见解,用近代的眼光看,曹丕的一个时代可说是'文学的自觉时代'。"[3]鲁迅这个评价很独特也很有分量。陆机接着曹丕,在

① 英文 style,中文可翻译为风格、格调、笔调、语体、文风等词。

② 曹丕:《典论·论文》,见《魏晋南北朝文论选》,郁沅、张明高编选,人民文学出版社1996年版,第13页。

③ 鲁迅:《魏晋风度及文章与药及酒之关系》,《鲁迅全集》第3卷,人民文学出版社1959年版,第382页。

《文赋》中对此有进一步发展，他说："诗缘情而绮靡，赋体物而浏亮，碑披文而相质，诔缠緜而悽怆，铭博约而温润，箴顿挫而清壮，颂优游以彬蔚，论精微而朗畅，奏平徹以闲雅，说炜烨而谲诳。"这里陆机把当时的主要文章类别或体裁分为十类，即诗、赋、碑、诔、铭、箴、颂、论、奏、说，对这十类体裁的题材都有大致的要求，并根据不同体裁的题材特点，提出不同体裁的语体规范。显然，刘勰的《定势》篇是跟随曹丕、陆机的说法而"接着说"的。

可贵的是，刘勰的"势"还有第二个含义，即个人的语体之语势，作家在创作中发挥自己的创作个性而形成的不同的语体之语势。刘勰在本篇中说："然渊乎文者，并总群势：奇正虽反，必兼解以俱通；刚柔虽殊，必虽时而适用。"又说，"文家各有所慕"。这就是说，作为语体的"势"并不是被体裁规定死的，作家有自己的个性，有自己的"气"，可以有自己的灵活性，奇与正虽反，但作家可以融会贯通，刚与柔相异，但作家可以根据时代的需要来加以运用，这种经过作家的创作个性过滤的语体，就是个人语体。

这样，"势"就有两重含义：

第一含义，势是相对稳定的，所谓"循体而成势"，这是体裁规定的规范语体，不同的体裁有不同的语体。写作的时候，要"循体定势(语体)"，这是不能弄错的。你写的是诗赋，那么语体肯定与"清丽"有密切联系，即要遵守诗性的语体的基本要求，离开或违背这种要求，就违背"循体成势"的原则。如果你写的是章、表、奏、议，那么从语体上就要求"典雅"，如果你在章、表、奏、议中不用"典雅"的语体，而用"清丽"语体，那就错了。这是刘勰"循体而成势"的第一层含义。

第二含义，势又是灵活的，可以根据作者本人的个性和喜好自由选择的。所以紧接着"循体而成势"，刘勰讲"随变而立功"。"随变而立功"这就是随作家自己创作个性的选择和自由发挥。这就是说作为个人语体的"势"，又是可以灵活变化的，不是不变的、刻板的。刘勰为了发挥他的"随变而立功"的观点，在本篇中引了桓谭、曹植等人的言论："桓谭称：'文家各有所慕，或好浮华而不知实核，或美众多而不见要约。'陈思亦云：'世之作者，或好烦文博采，深沉其旨者；或好离言辨句，分毫析厘者：所析不同，所务各异。'言势殊也。"刘勰所引都是为了强调第二含义的“势”是各人不同的,具有无穷变化的,是作者的创作个性的体现。这第二含义的“势”尤为重要,因为第一含义的“势”仅仅是某种文类所要求的相对稳定的语体,这种语体并没有艺术的意味,或很少有艺术的意味;只有把“语体”升华为第二含义的“势”,那么这“势”就为一般语体转变为风格创造了条件,艺术的意味才得以发挥出来。所以这第二含义的“势”不变中的变,“有定而又无定”,是形成风格的基本条件,是艺术性的体现,其层级在第一含义的“势”之上。这两者的关系应该是这样:语体(第一含义之“势”)是风格(第二含义之“势”)的基础,而风格(第二含义之“势”)则是语体(第一含义之“势”)的艺术性的升华。语体还没有体现出艺术性,而风格的形成则是艺术性的集中体现了。刘勰对第二含义的“势”的理想似乎是刘桢所说的“辞已尽势有余”,但达到这种高度的“天下一人耳”,意思是很少很少。所谓“辞已尽势有余”,就是说建立在语体之上的风格有无穷无尽永远也说不完的艺术意味。

那么,刘勰为什么要专设一个《定势》篇?他提出基于语言文字基础上的“势”,在当时有何现实意义?这就是为了批评齐梁时期文坛上的“讹势”倾向。这一点黄侃、刘永济等人都谈到。如刘永济说:“齐梁之文,于字句之润饰务工,音律之谐和务切。于时作者,遂有颠倒文句以为新奇者,舍人訾为‘讹势’也。例如江淹《别赋》:‘孤臣危涕,孽子坠心’,本危心坠涕也。又《恨赋》:‘意夺神骇,心折骨惊’,本骨折心惊也。此例之外,复有增字、省字、换字之法。”① 刘勰所处的时代,正是骈体文流行之时,作家在文学修辞上,从文句、声律等各个方面不能不加以润饰,若润饰过分,或文字晦涩难懂,或讹滥不通,这就要贻笑大方,用刘勰的话说就是“讹势”。《定势》篇讲解文家写作运用语言过程中,什么是“有定”的,什么则是“无定”的,可以根据自己来创造,以求得艺术性的表现的。

上述“势”的两重含义,若能放到“文体”的整个系统中去考察,那么我们的理解就会更进一步。可对于“文体”,人们的理解常有混乱之处。台湾著名学

① 刘永济:《文心雕龙校释》,华正书局1981年版,第114—115页。

者徐复观所著《文心雕龙的文体论》是一篇“龙学”研究的重要论文，此论文并没有引起“龙学”界的重视，就是在台湾也没有引起足够的注意。这篇论文长达83页，这里仅就徐复观关于“文体”的见解，作一扼要的转述，也许对于理解本篇所提出的“势”会有益。徐复观首先批评了中日学者在《文心雕龙》研究中常把“文体”与“文类”（文学体裁）相混淆。如通常都把《文心雕龙》中《明诗》到《书记》这二十篇称为“文体论”，徐复观指出这些研究者所说的“文体论”实际上是体裁论，把文体等同于体裁或文章体制，这是不对的。徐复观认为，文体是一个大概念，它本身就是一个系统。文体按照刘勰的意思包含了体裁、体貌、体要，“文体无不指文学中的艺术性的形相”①。徐复观的基本观点是这样的：

体，……即是形体，即是形相；所以《文心雕龙》上，常将体与形互用；《定势》篇“赞”谓“形生势成”，即该篇上文之所谓“即体成势”，此即体与形互用之一证，也即是文体最基本的内容，也即前面所说的艺术的形相性。但此形体，应分为高低不同的次元。低次元的形体，是由语言文字的多少长短所排列而成的，此即《文心雕龙·神思》篇所说的“文之制体，大小殊功”。例如诗的四言体，五言体，七言体，杂言体，今体，古体，乃至赋中有大赋、小赋，有散文，有骈文等是。文体既是形相，则此种由语言文字之多少所排列而成的形相，乃人最易把握到的，这便是一般所说的体裁或体制。但仅有这种形相，并不能代表作品中的艺术性；所以体裁之体，是低次元的；它必须升华上去，而成为高次元的形相；这在《文心雕龙》，又可分为“体要”之体，与“体貌”之体。体要之体与体貌之体，必须以体裁之体为基底；而体裁之体，则必在向体要与体貌的升华中。在向体要与体貌的升华中，始有其文体中艺术性的意义。体要与体貌，如后所述，可以说来自文学史上两个系统。但体要仍要归结到体貌上去。所以若将文体所含的三方面的意义排成三次元的系列，则应为：体貌——体要——体裁的升华历程。有时体裁可以不通过体要，而迳升华到体貌。“体貌”，是文体一词

① 徐复观：《文心雕龙的文体论》，《中国文学论集》，台湾学生书局1976年版，第9页。

所含三方面意义中彻底代表艺术性的一面。①

徐复观从一个比较开阔的视点来对待"文体"这个概念是可取的,具有启发性的。第一,徐复观把文体看成一个由三个要素所构成的系统,文体包含体裁、体要和体貌,而不像许多学者那样,仅仅把文体理解为文类、文章体制;第二,在文体三个要素中,形成了由低向高的升华运动,体裁是基础,而体貌才是根本;第三,文学作品就是文体三要素的统一,文学的艺术性形象也就在这统一中。根据他的这个理论,他认为整部《文心雕龙》都在讲文体问题;而"《定势》一篇的大意,即以体要有常之体,定体貌日新之变"②。徐复观的这种解说,就是把"势"放到整个文体系统中去把握,这无疑是一种具有智慧的深刻理解。

笔者也对文体论有初步的研究,于 1994 年出版《文体与文体的创造》一书。笔者与徐复观一致的地方有三点:一、不把文体局限于文学体裁,而认为文体具有丰富的意义,它是一个系统;二、文体包含了三个要素,是一个升华运动。三、文体的创造是达成文学的艺术性的根本途径。但是与徐复观不同的是笔者对文体有另一种理解。笔者在书中说:"文体不单是指那种被狭隘化了的文类,也不单是指文学的风格,我们试图从更丰富的意义上来探讨它。我们大致上给文体这样一个界说:文体是指一定的话语秩序所形成的文本体式,它折射出作家、批评家的独特的精神结构、体验方式、思维方式和其他社会历史、文化精神。上述文体定义实际上可分两层来理解,从表层看,文体是作品的语言秩序、语言体式,从里层看,文体负载着社会的文化精神和作家、批评家的个体的人格内涵。"③

笔者认为,文体包含由低到高三个层次,这就是体裁、语体和风格。体裁是文体的基础,它制约着作品的语言状态;语体是作品实际的秩序和体式,即语言的长短、声韵的高低和排列的模式等;而风格则是作家创作个性和社会文

① 徐复观:《文心雕龙的文体论》,《中国文学论集》,台湾学生书局 1976 年版,第 18—19 页。

② 同上书,第 68 页。

③ 童庆炳:《文体与文体的创造》,云南人民出版社 1994 年版,第 1 页。

化的体现。一定的体裁必须升华为语体和风格,作品才能获得艺术意味。

文体是一个非常丰富的概念,其三层的关系如下图:

体裁——(“因情立体”)
|
语体——(“循体成势”)·1. 体裁语体(“循体而成势”)
|　　　　　　　　　　·2. 个人语体(“随变以立功”)
风格——(“因内符外”)

首先,人们根据表达不同感情的需要,在长期的历史过程中,形成了不同的文章体裁。六朝时期是文章体裁多样化发展的时期,各种新的文章体裁纷纷涌现出来。《文心雕龙》的文体部分提出了一百多种文章体裁,是当时文章体裁多样化的实际反映。这里要特别指出的是,体裁的体制由于是历史形成的,一般是较稳定的,变化比较小,但也不是不变。其次是语体。语体首先是一定的体裁所要求的。最早把体裁和语体联系起来考虑的是《周礼·春官》:“太师教六诗:曰风、曰赋、曰比、曰兴、曰雅、曰颂。”后来的《诗大序》把六诗改为六义,这就是有名的“诗之六义”:“一曰风,二曰赋,三曰比,四曰兴,五曰雅,六曰颂。”风、雅、颂是《诗经》中三种不同的体裁,赋、比、兴是什么?后人说法不一,笔者的看法是赋、比、兴是诗的表现方法,更具体地说是由不同的修辞手段所形成的不同语体。朱熹《楚辞集注》中说:“赋则直陈其事,比则取物为比,兴则托物兴词。”朱熹从语言角度的解释最简明:赋——直陈其事,相当于现在的叙述语体;比——取物为比,以彼物喻此物,是明喻语体;兴——托物起兴,“先言它物以引起所咏之词”,在它物与所咏之词之间有一个若隐若现的对应关系,实际上是一种隐喻或象征,因此可以说是隐喻或象征语体。语体、语势作为体裁与风格之间的中介概念,其自觉成熟期是魏晋南北朝时期,目前留下的资料主要是曹丕的《典论·论文》、陆机的《文赋》、钟嵘的《诗品》和刘勰的《文心雕龙》等。

语体就是语势,其中又分为“体裁语体”和“个人语体”。个人语体是语体中最为活跃、最为自由的因素,不同个性的作家,有不同的修养、喜好、趣味和艺术追求，就会有不同的语体。这种不同的语体可以说只要写文章的人都有的。一个人的思想感情、作风气派、说话的口气、语调、所掌握的常用词语等等，都要在他的文章的语体中流露出来，不流露是不可能的。刘勰《定势》篇所要定的就是“体裁语体”和“个人语体”。但这种语体还不是风格，似乎可以说是“准风格”。作家在自由创造的个人语体中，活跃着个人的内心生活，体现了作家的创造个性，它已逐渐趋近风格。但要等到语体完全成熟或发展到极致，这才是风格。换句话说，风格是某种语体发展到极致的产物，只有当语体发展到极致，文学的艺术意味才能充分体现出来。

个人语体也可称为自由语体。自由语体是一个作家独一无二的创造，用刘勰的话说，它可以“随变而立功”，它是文体创造中的核心问题。清代学者薛雪在《一瓢诗话》中说：

> 格有品格之格，体格之格。体格一定之章程，品格自由之高迈。品高虽被绿蓑青笠，如立万仞之峰，俯视一切；品低即拖绅缙笏，趋红走尘，适足以夸耀乡闾而已。所以品格之格与体格之格，不可同日而语。[①]

这是非常有见地的话。按笔者的理解，他这里所说的体格的格，即按一定体裁所选择的一定的语体，即刘勰“势”之第一含义。但是，如果一个作家仅仅能达到能按一定的体裁选择与之相匹配的语体的水平，而不能活用乃至创造独特的语体，那么这就如同旧时官吏上朝，拖着长绅带，插着朝笏，混迹人世间，最多也只能在乡邻故里中夸耀而已。品格的格是指作家在遵守了“体格一定之章程”的同时，凭着自己的灵性和审美情趣，获得某种独特的语感、语调，创造出一种独具一格、具有艺术魅力的自由语体。这种自由语体似乎是作家在不经意间随手写出，却具有一种出人意料的意味和韵调，具有极丰富的内涵，这就像一位虽是戴竹笠、披蓑衣者，立于万仞之颠，却能俯视一切。所以，品格高于体格，自由语体高于体裁语体。就像甲乙两个舞蹈家同跳一个舞，甲和乙同操的是同一种舞蹈语言，她们的动作都合乎规范。甲虽然跳得很认真，也挑不出毛病，但她的舞姿给人一种费力感、僵硬感，没有魅力，不能引人入

---

① 薛雪：《一瓢诗话》，见《清诗话》下，上海古籍出版社 1978 年版，第 695 页。

胜;乙则在动作符合规范的同时,跳得很自由,很活泼,她的一招一式,如同珠落玉盘,流转自如,变化神妙,一气灌注,诗情画意于舞姿中见出,令人惊叹不已。甲和乙都符合体裁的体格,乙高于甲的地方是乙具有独特的语感、语调、语势,即具有独特的格调,也就是刘勰《定势》篇中那种无定的"势"。跳舞如此,文学创作也是如此。

被刘勰看成"随变而立功"的个人语体,或刘勰所说的"才性异区,文体繁诡"[①]的那个"体",或他所说的"言势殊也"的"势",即第二含义的"势",是作家创作个性的充分表现,是整个文体中最活跃的因素,是最值得注意的问题。由此,刘勰专列《定势》篇加以讨论也就可以理解了。

刘勰为什么在《体势》篇中强调"随变而立功"的个人语体,强调个人的自由语体?这与他生活的时代的社会状况密切相关。自曹氏父子看重文人的个人才能后,特别是曹丕在《典论·论文》中讲"文以气为主"之后,个人的言谈是否有特点,就成为文人修养的一个方面。加以当时谈"玄"之风盛行,意见各异,语言各异,更成为一种社会风气。刘义庆《世说新语》中有《言语》篇,多是当时士人谈家的慧语、巧语,所谓"警句霏霏,片言入微"。[②] 如其中讲到孔融小时候的一则故事:"孔文举年十岁,随父到洛。时李元礼有盛名,为司隶校尉。诣门者皆隽才清称及中表亲戚乃通。文举至门,谓吏曰:'笔者是李府君亲。'既通,前坐。元礼问曰:'君与仆有何亲?'对曰:'昔先君仲尼与君先人伯阳有师资之尊,是仆与君弈世为通好也。'元礼及宾客莫不奇之。太中大夫陈韪后至,人以其语语之。韪曰:'小时了了,大未必佳。'文举曰:'想君小时,必当了了。'韪大踧踖。"[③]孔融的对话都具有自由语体的特征,由此可见当时的一般状况。

三　语体之势运用的原则

对语体(包括体裁规定的语体和个人语体)的运用,即对势的掌握,刘勰提

① 刘勰:《文心雕龙·体性》。
② 刘义庆:《世说新语校笺》第一册,杨勇校笺,中华书局 2006 年版,第 49 页。
③ 同上。

出了三条原则:

(1) 顺应自然原则。刘勰在本篇强调:“势者,乘利而为制也。如机发矢直,涧曲湍回,自然之趣也。圆者规体,其势也自转;方者矩形,其势也自安;文章体势,如斯而已。”按“自然之趣”、“自然之势”去变化,如同弩机一发,箭就笔直射出去,溪流曲折,急流自然回旋。他批评当时文人“率好诡巧”,不能顺应自然之势,结果成了“讹势”,这种人为的造作,将使“文体遂弊”。“语体”运用中的“顺应自然原则”与刘勰的基本文学观念是一脉相承的。刘勰在《文心雕龙·原道》篇中,认为文原于道,这个“道”就是“自然之道”。文学与自然之道具有同构对应关系。文学语势运用也要符合自然原则。

(2) 灵活运用原则。本篇中刘勰提出:“然渊乎文者,并总群势,奇正虽反,必兼解以俱通;刚柔虽殊,必随时而适用。”即相反相异的,都可以灵活运用,达到相反相成、相克相生,变化无穷,各尽其妙。文学的变化也是刘勰反复强调的,在《辨骚》篇中刘勰之所以高度评价屈原及其作品,就是从《诗经》以后,屈原的辞赋是中国文学的一大变化。刘勰在《辨骚》篇中把屈原的创作归结为“酌奇而不失其贞,翫华而不坠其实”,这里就包含了文体中的语势的变化。

(3) 多样统一原则。刘勰在本篇提出“虽复契会相参,节文互杂,譬五色之锦,各以本采为地矣。”就是说,一方面要“契会相参”,一方面又要“以本采为地”。“契”是“符契”,是两方面的契合,“会”是各方面的会合相通,实际上是指作家在写作中,各种语体可以参会起来运用,但又必须像织五色之锦,虽色彩斑斓,又还要有底色(“以本采为地”)做基础。对创作来说,就是使作品既要有基本语调,但又不可太单一,要众声繁会,仪态万千,花团锦簇,尽态极妍,可又要有“本色”,即达到“精义曲隐,无伤其正言;微辞婉晦,不害其体要”①。

(作者单位:北京师范大学文艺学研究中心)

① 刘勰:《文心雕龙·征圣》。

“当前文艺学热点与教学改革”讨论专辑

论媒介及其对审美—艺术的意义

杜书瀛

[摘要] 本文认为媒介不仅是“讯息”，它直接就是生产力。单就审美和艺术而言，媒介通过改变观察方式、感觉方式、思考方式和情感方式，通过改变对象内容，通过改变借以思考和把握对象的工具和形式，来改变审美价值和艺术价值的创造和欣赏。对于审美价值和艺术价值来说，媒介同价值本体不可分离，在审美价值和艺术价值的创造过程中，媒介已经融入价值本体运行之中，成为其价值生长的一部分；媒介还进入创造活动的结果之中，成为其价值载体感性形式不可分割的有机因素。一种新的媒介的产生，可能意味着一种新的审美价值和艺术价值形态的诞生。

[关键词] 媒介 审美价值 艺术创造

一 媒介直接就是生产力

虽然大约在半个世纪以前，麦克卢汉和伊尼斯等西方学者提出“媒介即是讯息”、“一切媒介都要重新塑造它们所触及的一切生活形态”、“媒介是社会的先锋”①等等命题，空前突出了媒介的价值和意义；然而，这些命题在21世纪的今天却已经不能让人完全满意。仅用“讯息”、“先锋”等等，远远不足以表示出媒介的能量和它的深层含义。人们很熟悉并且认可“科技是第一生产

① 〔加拿大〕埃里克·麦克卢汉、弗兰克·秦格龙编：《麦克卢汉精粹》，何道宽译，南京大学出版社2000年版，第227、270、410页。

力"这一命题。其实,媒介自产生起,从古至今总是和科技紧紧结合在一起;一种新媒介常常就是一种新的科技成果,电子媒介就是最好的例证。因此,今天的人们看得越来越清楚:与科技结下不解之缘的媒介,直接就是生产力。实际上,麦克卢汉和伊尼斯等人关于媒介的一系列解说和具体论述也已经暗含着"媒介就是生产力"的意思——只可惜他们没有明确提出这一命题。他们认为:"'媒介即是讯息',因为对人的组合与行动的尺度和形态,媒介正是发挥着塑造和控制的作用"①;"一种媒介的长处,将导致一种新文明的产生。"②在他们看来,媒介作为主体的延伸,并且作为主体与技术的结合,总是迅速转化为一种巨大的物质力量和精神力量,在经济、政治、文化各个方面,全方位地塑造、改变、创造着世界③。而这种塑造、改变、创造世界的角色,不正是媒介作为一种生产力所扮演的角色吗?除了生产力,谁能发挥这样的作用?而这是"媒介即是讯息"等命题所包含不了的。人们越来越清醒地认识到:媒介在人类社会各个领域的发展、运行中,都是作为一种极为重要的不可或缺、不容忽视的生产力而起作用的,是改造社会、创造历史的支配力量之一。

媒介之作为生产力,从人类诞生的时候起即是如此。譬如旧石器时代原始人创造的石斧之类的石器工具(这些工具就是当时的"高技术"产品),在当时就是人类得以同外界自然打交道的最重要、最基本的媒介,是他们能够进行生产以维持生存并进而得到发展的最重要、最基本的媒介;而这种媒介的产生和被使用,更为实质的意义在于,它为人类创造了一种新的生存样式、一种新的生活形式、一种新的掌握世界的方式,它标志着人类从"自在"向"自为"、从"必然"向"自由"④迈出了的关键一步。就是说,今天看来非常粗陋的石斧之

---

① 〔加拿大〕埃里克·麦克卢汉、弗兰克·秦格龙编:《麦克卢汉精粹》,何道宽译,南京大学出版社2000年版,第228页。

② 〔加拿大〕哈罗德·伊尼斯:《传播的偏向》,何道宽译,中国人民大学出版社2003年版,第28页。

③ 麦克卢汉一再说:"由于电力(指电子媒介——引者注)使地球缩小,我们这个地球只不过是一个小小的村落。""电力媒介(即电子媒介——引者注)造成的重新部落化,正在使这颗行星变成一个环球村落。"(《麦克卢汉精粹》第225、376页)伊尼斯也特别强调媒介的转换对古埃及政治的巨大影响和对宗教改革的巨大作用。(哈罗德·伊尼斯:《帝国与传播》,何道宽译,中国人民大学出版社2003年版,第29页)

④ 这里说的"自为"和"自由"都是在相对意义说的,是其最原始的形态。

类,作为人类最初、最早的媒介,正是人猿揖别的一个标志和里程碑,我们的祖先正是通过它为自己创造出一种历史,为自己开辟出一个新世界,迈进人类社会的大门槛。

所谓标志和里程碑,也就是一种“尺度”——人类进步的“尺度”,社会发展的“尺度”。可以说,一种新的媒介对人类的影响和作用,在一定意义上说就在于它创造了一种新的“尺度”。麦克卢汉已经清楚地看到了这一点,他在解释“媒介即是讯息”的含义时说:“所谓媒介即是讯息只不过是说:任何媒介(即人的任何延伸)对个人和社会的任何影响,都是由于新的尺度产生的;我们的任何一种延伸(或曰任何一种新的技术),都要在我们的事务中引进一种新的尺度。”“任何媒介或技术的‘讯息’,是由它引入的人间事物的尺度变化、速度变化和模式变化。”①这些话都是强调媒介是社会发展的标尺和里程碑。媒介之作为生产力,正是通过“引入的人间事物的尺度变化、速度变化和模式变化”,通过“发挥着塑造和控制的作用”,来改变世界、创造世界的。

我们可以举马镫的发明为例——马镫最早是由中国人发明的。试想,假如没有马镫,骑光屁股马会是怎样的情形?马镫虽小,作用很大,它使骑士和奔马连接在一起;如无马镫,当马飞奔或腾越时,骑士们只能用双腿夹紧马身,同时用手紧抓马鬃才能避免摔下马来,限制颇大。马镫是一种媒介,它把人与马、主体与客体结合在一起,发挥出最大效力,成为一种巨大的力量;马镫的使用为骑手们在马上找到了一个支点,使得骑兵更具冲击力和近身肉搏能力。马镫给人提供了一种新的掌握世界的手段,它改变了当时人们的时间观念和空间观念,它甚至可以改变人的活动方式、观察方式、思维方式、情感方式。事实证明,小小的马镫能够改变世界。没有马镫,就不会有蒙古大帝国,不会有蒙古铁蹄横扫欧亚大陆,越过科尔巴千山,挺进高加索,征服乌克兰,直逼匈牙利。马镫发明后,很快就由中国传到朝鲜,在公元5世纪的朝鲜古墓中已有了马镫的绘画。至于流传到西方的马镫,是首先由中国传到土耳其,然后传到古罗马帝国、传播到欧洲大陆的。英国著名中国科技史专家李约瑟博士对中国

---

① 《麦克卢汉精粹》,第227—228页。

发明的马镫给予高度评价，他说：就像中国的火药在封建主义的最后阶段帮助摧毁了欧洲封建制度一样，中国的马镫在最初却帮助了欧洲封建制度的建立。美国历史学家林恩·怀特也说：只有极少数的发明像马镫这样简单，而对历史却产生如此巨大的催化剂作用。欧洲人踩着中国的马镫进入了骑士时代。[①]作为媒介的马镫在历史上发挥过如此巨大的催化剂作用这个事实，真切验证了麦克卢汉关于媒介的另外一个判断："媒介是社会的先锋。"[②]伊尼斯也说过媒介可以成为革命的标志："纸的生产传到欧洲是商业革命的标志。这场革命始于1275年前后。"[③]

由马镫的发明及其发挥的伟大作用，你可以想象电子计算机的发明、互联网的发明……总之整个电子媒介和电子信息作为生产力在人类历史上的伟大作用。正如麦克卢汉所说："电脑可以接管整个的机械时代。"[④]现在越来越多的学者都深刻认识到电子媒介对于社会发展的巨大意义。我的一位老朋友、在法国生活和工作多年的哲学家高宣扬教授在谈到哲学未来发展时，介绍了法国著名学者、法国精神与政治科学科学院主席兼法国国际关系学院院长孟德波利亚(Thierry de Montbrial)在一个学术报告中提出的观点，他认为，当代信息学具有深刻的思想和文化意义，信息的泛滥和传播，就好像以往人类历史上文字的出现那样，深刻地影响了文化、思想及社会组织。严格地说，信息的出现及传播，归根结底，关系到人本身及文化的命运，并由此深刻地改变了哲学本身的性质及表达方式。[⑤]

---

① http://hi.baidu.com/xiongji/blog/item/232809f449bcc7ef7609d7f8.html。感谢我的学生陈定家博士帮我查阅资料。

② 《麦克卢汉精粹》，第410页。

③ 哈罗德·伊尼斯：《传播的偏向》，第135页。

④ 《麦克卢汉精粹》，第443页。

⑤ 高宣扬：《当代西方哲学的基本论题》，上海，《社会科学报》2006年9月7日第7版。孟德波利亚所说的"当代信息"及电子媒介时代的信息，也即电子信息。

二　媒介通过改变主体而影响和改变审美—艺术

媒介作为生产力之改变社会，当然也包括、甚至特别表现在改变和影响审美价值和艺术价值的创造和接受活动。

艺术只有通过媒介才能存在。审美价值和艺术价值只能在媒介系统中生产，在媒介系统中储存，在媒介系统中流动和被接受。例如，单就文学而言，作家只能运用语言、通过语言系统（这是文学艺术特定的媒介和媒介系统）进行其审美价值和艺术价值的“生产”和创造；一旦文学文本在作家手中完成，它的审美价值和艺术价值也只能通过语言和语言系统被储存；当它在社会中流传之后，读者同样只能通过语言和语言系统去接受。其他艺术种类和形态（绘画、雕刻、戏剧、音乐、舞蹈、建筑、影视……）亦如是，只是它们各有自己特定的媒介和媒介系统而已。一句话：没有媒介也即没有艺术。

因此，媒介的改变必然影响到审美和艺术的改变。那么，媒介怎样影响和改变审美和艺术呢？

首先，从主体的角度说，媒介通过改变和塑造主体的观察方式、感知方式、思维方式和情感方式来改造审美和艺术。

前面我曾谈到麦克卢汉的一个重要观点：“媒介决定感知方式”。其实不仅是感知方式，还应该包括观察方式、思维方式、情感方式等等。就是说，不同的媒介塑造着不同的主体，因此有什么样的媒介就有什么样的主体；媒介变化了，主体也跟着变化；在各个不同的“媒介时代”，其主体明显带有该时代的特点。美国传媒理论家、加州大学欧文分校历史学教授、批判理论研究所所长马克·波斯特（Mark Poster）说：“信息方式的诸阶段可以试作如下标示：面对面的口头媒介交换；印刷的书写媒介的交换；以及电子媒介的交换。”第一阶段（口头媒介）的特点是“符号的互应”；第二阶段（书写媒介）的特点是“意符的再现”；第三阶段（电子媒介）的特点是“信息的模拟”。“在第一阶段，即口头传播阶段，自我（the self）由于被包嵌在面对面关系的总体性之中，因而构成为语音交流中的一个位置。在第二阶段,即印刷传播阶段,自我被构建成一个行为者(agent),处于理性/想象的自律性的中心。在第三阶段,即电子传播阶段,持续的不稳定性使自我去中心化、分散化和多元化。”①

由波斯特关于口头媒介时代(他称为“阶段”)、印刷书写媒介时代和电子媒介时代所分别造成的不同主体的特点,我们可以联想到其对审美和艺术的巨大影响:

吟唱性的荷马史诗,只能出现在公元前8、9世纪的古希腊“面对面的口头媒介交换”的时代,只能出现在自我“被包嵌在面对面关系的总体性之中”的时代。那时,由于媒介限于“口传”,主体的活动天地就那么大,主体之间的关系也相对单纯,当时人们之间的知识讯息和情感讯息的交流和传播,基本是通过声音、手势等面对面进行;人们的历史经验和对生活对人生的感悟,也只能面对面地吟唱——即口口相传;这种口头媒介也决定了当时人们的感知方式、观察方式、思维方式和情感方式的直观性、形象性、比喻性、直白性等特点。由此也就产生了传为盲诗人荷马所创作的吟唱性史诗《伊利亚特》和《奥德赛》,导致了该史诗的一系列特点;而随着口头媒介被印刷书写媒介取代,史诗的消亡也就是很自然的事情了。马克思在1857—1858年的《〈经济学手稿〉导言》中曾说:“就某些艺术形式,例如史诗来说,甚至谁都承认:当艺术生产一旦作为艺术生产出现,它们就再不能以那种在世界史上划时代的、古典的形式创造出来;因此,在艺术本身的领域内,某些有重大意义的艺术形式只有在艺术发展的不发达阶段上才是可能的。”马克思在这里所谓“艺术发展的不发达阶段”,据他随后的文字所说,即是古代科技不发达、传播媒介粗陋的阶段。马克思说:“成为希腊人的幻想的基础、从而成为希腊(神话)的基础的那种对自然的观点和对社会关系的观点,能够同走锭精纺机、铁路、机车和电报并存吗?”②单以媒介言,“艺术发展的不发达阶段”就是我们所说的口头传播媒介阶段。口头传播媒介时代过去了,与此相应的史诗也就衰亡了。我国少数民族史诗

---

① 〔美〕马克·波斯特:《信息方式——后结构主义与社会语境》,范静哗译,周宪校,商务印书馆2000年版,第13页。

② 《马克思恩格斯全集》第46卷上,人民出版社,第37—39页。

《格萨尔王》、《江格尔》、《玛纳斯》等也有类似情况；它们曾经非常兴盛，然而随着媒介的变更也必然只能成为历史上曾经存在过和兴盛过的一种艺术形式，成为博物馆的藏品，成为文学史和艺术史的对象。

印刷媒介时代是与专业作家的写作和千万读者的阅读联系在一起的，也是与相对突出的逻辑、理性联系在一起的。美国学者尼尔·波兹曼指出："……阅读过程能促进理性思维，铅字那种有序排列的、具有逻辑命题的特点，能够培养沃尔特·翁格所说的'对于知识的分析管理能力'。在18世纪和19世纪，印刷术赋予智力一个新的定义，这个定义推崇客观和理性的思维，同时鼓励严肃、有序和具有逻辑性的公众话语。先后出现在欧洲和美国的理性时代和印刷文化并存，并不是什么巧合。"①这种印刷书写媒介时代，就造成了长篇小说等艺术形式的繁荣。相对于口传媒介时代的作者来说，印刷媒介时代专业作家的突出特点是：更强的理性思维和以自我为中心的写作——那时，如波斯特所说，由于"自我被构建成一个行为者(agent)，处于理性/想象的自律性的中心"成为主体的一个基本特征，而这种特征又特别适宜于进行专业写作的人；于是才会出现坐在自己的房间里驰骋想象、进行写作的"处于理性/想象的自律性的中心"的小说作家，才会出现印刷数千、数万、以至几十万、几百万册的纸媒介的小说作品，才会有身处各个角落、面对着作品却背对着作家的千千万万读者出现——读者与作家可以天各一方、相距千万里。这一切，与书写文字的普遍使用、与印刷术的普及相应。

同理，长达百集的电视连续剧、无情节无人物无中心的小说和其他叙事作品、卡拉OK、全球直播的文艺晚会只能出现在电子媒介时代。"……电视的思维方式和印刷术的思维方式是格格不入的；电视对话会助长语无伦次和无聊琐碎。"②波兹曼说"电视对话会助长语无伦次和无聊琐碎"的这个论断虽然偏激，却也有部分道理：与印刷文字媒介理性的特点相比，电视思维的确更感性，更不讲究逻辑的严密、有序。

① 〔美〕尼尔·波兹曼：《娱乐至死》，章艳译，广西师范大学出版社2004年版，第67—68页。

② 同上书，第106页。

在《文学会消亡吗》一书中我曾多次论及电子媒介时代人们感知方式、观察方式、思维方式和情感方式的变化及其对审美和艺术的影响①,兹不赘述。

麦克卢汉曾经多次谈到从口传媒介时代到书写印刷媒介时代再到电子媒介时代主体的变化及对审美和艺术的影响,富有启示。不妨摘录几条:

> 在部落社会中,由于非常实际的原因,触觉、味觉、听觉和嗅觉都非常发达,比严格意义上的视觉要发达得多。突然,拼音文字像炸弹一样降落到部落社会中,把视觉放到感官系统最高的等级。识字把人推出部落社会,让他用眼睛代替耳朵,用线性的视觉价值和分割意识取代了整体、深刻、公共的互动。拼音文字是视觉功能的强化和放大,它削弱听觉、触觉、味觉和嗅觉的作用,渗透到部落人非连续的文化中,把他的有机和谐、复杂通感转换成一致、连续和视觉的感知方式。②
>
> 印刷术使人以分析的眼光看待自己的母语,把它看成是规格一致的实体。印刷机大批量生产书籍和其他印刷品,使之传遍欧洲的各个角落,把当时的白话语言区转变成规格一致的民族语言的封闭系统。这些封闭系统就是所谓大众传媒的另一种说法。印刷机孕育了整个的民族主义观念。③
>
> 在电力时代,我们的中枢神经系统靠技术得到了延伸。它既使我们和全人类密切相关,又使全人类包容于我们身上。④

---

① 在该书中我曾现身说法:"说到电子媒介、电信技术王国时代改变人的感受方式、感情方式,我自己就是一个例子。大家看小说《红楼梦》,或者看电视连续剧《红楼梦》,探春远嫁那一幕是很凄惨的。生离死别,撕心裂肺。远嫁三千里,在几百年前,的确意味着此生难以再见。现在,我的女儿远嫁美国,有几个三千里?比当年探春嫁的远多了,而且隔着一个浩瀚的太平洋。然而现在我们根本没有生离死别、撕心裂肺的感觉。我们和远在美国的女儿除了一、两天就发一次电子邮件(瞬间就可以有一个来回)之外,全家每个礼拜都通一次电话。那电话是可视的,我能看到小外孙、看到我女儿的表情、动作,能够听到他们的声音,就像面对面说话一样。一见面,两岁多的小外孙就向你问好,家里所有的人都问到:爷爷好!奶奶好!舅舅好!阿姨好!拜拜的时候也是:爷爷拜拜、奶奶拜拜、舅舅拜拜、阿姨拜拜。而且他能够给你飞吻,这多可爱啊!就好像千万里之外大洋彼岸的距离没有了。当然不是绝对没有,但是距离确实一下子拉近了。"

② 《麦克卢汉精粹》,第 365 页。

③ 同上书,第 369 页。

④ 同上书,第 224 页。

他还特别将电影和电视的不同思维方式和感知方式作了对比：

> ……因为面对电影时，你就是摄影机，而非文字的民族是没有能力把眼睛当做摄影机来使用的。但是面对电视时，你就是荧屏。而且电视在触觉的轮廓线上是两维平面和三维雕塑。它不是叙事的媒介，与其说它是视觉，不如说它是听觉—触觉的。①
>
> 看电影时，你坐在那儿看屏幕，你就是摄影机的镜头。看电视时，你则是电视屏幕。你是透视中的消失点，像东方画里的消失点一样。画面在你的内心放映。看电影的时候，你向外进入世界。看电视的时候，你向内进入自己。②

上引麦克卢汉开头的几段话阐述口传媒介向印刷媒介再向电子媒介的转换以及它们各自的特点，阐述从口传到印刷的转换如何"把有机和谐的复杂通感转换成一致、连续和视觉的感知方式"，阐述"印刷机孕育了整个的民族主义观念"，阐述电子媒介"既使我们和全人类密切相关，又使全人类包容于我们身上"——由此我们可以寻找出口传时代、印刷时代和电子时代中人们的审美—艺术的不同特点；麦克卢汉最后两段话谈的是电影和电视。在今天的中国，通常都是把电影和电视放在一起，称为"影视"艺术。其实在麦克卢汉看来二者有重大差别。电影是偏于拼音文字即视觉的，电视则是偏于听觉—触觉的。从接受者的角度，看电视时，你就是荧屏，看电影时，你就是摄影机；而从创作者的角度，电视主持人要打破荧屏，电影演员则要封闭于荧屏。就是说，电视媒介中的创作主体和接受主体，与电影媒介中的创作主体和接受主体，各有不同的特点。此论可谓独具慧眼。

从麦克卢汉的这些话，能够深刻地认识和体味到媒介怎样影响主体、又怎样进而影响审美和艺术的具体情形。

---

① 《麦克卢汉精粹》，第 204 页。

② 同上书，第 441—442 页。

三 媒介通过改变对象来改变审美和艺术

其次,从客体的角度说,媒介通过改变对象来改变审美和艺术。

审美和艺术总是有自己的对象。传统美学理论都承认艺术有自己的对象,譬如许多理论家认为有所谓“再现”的艺术,又有所谓“表现”的艺术。不管是“再现”还是“表现”,都有一个“再现什么”或“表现什么”的问题,也即有一个艺术的对象问题。传统理论家强调“再现现实”(或“反映现实”),现代的一些理论家特别强调“表现自我”,那“现实”或“自我”,都可以是艺术的对象。后现代理论家常常说艺术不表现什么,似乎无对象。其实,生活在人类社会中的人都是存在于对象化与主体化相交织的氛围之中,他的一举一动,归根到底都带有对象化的意味。因此,只要艺术家(不管他是现代的还是后现代的)在说、在写、在用各种手段活动,就都是他的对象化的艺术“行为”;不管这“行为”流露出来的东西是有所指还是无所指,是物质性的还是精神性的,是动作还是心绪,是有形的还是无形的……都可以视为那艺术“行为”的“对象”。

艺术活动不能没有对象,而且对象对于审美和艺术具有重要意义,对象的变化也必然会导致审美和艺术的变化。而媒介,正是通过影响和改变对象来施力于审美和艺术。

媒介怎样影响和改变对象进而改变审美和艺术呢?

麦克卢汉说:“由于电力(麦克卢汉指的就是电子媒介——引者注)使地球缩小,我们这个地球只不过是一个小小的村落。”“电力媒介造成的重新部落化,正在使这颗行星变成一个环球村落。”“电力技术锻造的全球村激发出更多非连续性、多样性和区别性,它比原来机械的、标准化的社会要略胜一筹。实际上,全球村必然要产生最大限度的不同意见和富有创造性的对话。千篇一律和万马齐喑并不是全球村的标志。”“我预料未来的几十年会把这个行星改变为一种艺术形式。此间的新人在超时空的宇宙和谐中连在一起。他们会用官能去拥抱和塑造这个地球的各个方面,仿佛把它当成是一件艺术品。人自身也会成为一种有机的艺术形式。任重道远,宇宙星星就像是我们的驿站。我们的长征刚刚开始。生活在这个时代真是上帝宝贵的恩赐。仅仅是因为人类命运这本书的许多篇幅读不到,我也会为自己终将来临的死亡扼腕叹息,也许正如我考察后文字时代文化时试图证明的一样,只有等到谷登堡[①]这本书关上之后,故事才开始登场。”[②]

从麦克卢汉的这些话我们可以看到:电子媒介是多么剧烈地改变了和改变着作为艺术对象的世界!“地球村”正是一个非常形象、非常深刻的说法。

当在电子媒介时代地球变成了一个小小的村落时,这时的世界(包括全球的山川大地等自然风貌和五大洲各个国家、地区的人文状态)作为艺术的对象,同孔子时代、释迦牟尼时代、柏拉图时代……艺术家眼中的艺术对象,肯定有巨大差别。《诗经·郑风·溱洧》中描写了士女游玩聚会的场面,可以说是当时的文艺联欢会吧:

> 溱与洧,方涣涣兮。士与女,方秉蕑兮。女曰:“观乎?”士曰:“既且。”“且往观乎洧之外,洵讦且乐!”维士与女,伊其相谑,赠之以芍药。
>
> 溱与洧,浏其清矣。士与女,殷其盈矣。女曰:“观乎?”士曰:“既且。”“且往观乎洧之外,洵讦且乐!”维士与女,伊其相谑,赠之以芍药。

这里描写的是两千多年以前男男女女在河旁水边游艺聚会的情形,他(她)们只能局限于他(她)们所在的那么一块地方,互相之间,目可视,声可闻,手可触;若翻过一个山头或跨过一条河,也许人们就看不到他(她)们、也听不到他(她)们了。然而,电子媒介时代“地球村”里举行的文艺联欢会则完全不同。譬如中国每年的春节联欢会,能够全球转播,远在美洲、欧洲、非洲、大洋洲的人们、特别是众多华人,可以与北京同步观看;而且即使远在千万里之外,你也可以运用电子媒介同联欢会互动。这是大范围的联欢会,但即使平时小型娱乐活动——在卡拉OK厅聚会,电子音乐伴奏,扬声器扩音,看着字幕同声歌唱,与两千多年前《溱洧》中的士女联欢也有天壤之别。

---

① 谷登堡是德国人,1445年铸成铅合金活字,发明印刷术,麦克卢汉以谷登堡的名字代表印刷时代。

② 《麦克卢汉精粹》,第225、376、390、403页。

口头媒介时代人们(如盲诗人荷马、中国先秦楚国大诗人屈原)的空间观念和时间观念,与印刷媒介时代人们(如《堂·吉诃德》的作者塞万提斯、《红楼梦》的作者曹雪芹)的空间观念和时间观念,有着重大差别;而同电子媒介时代人们的空间观念和时间观念,其差别何止十万八千里!今天描写宇宙大战的科幻片,不但是荷马、屈原们所无法理解的,而且也是塞万提斯和曹雪芹们难以想象的。电子媒介把作为艺术对象的"地球"改变了,把作为艺术对象的自然世界和人文世界改变了,因此审美和艺术也随之发生重大变化。

四　媒介通过改变借以把握对象的工具和形式来改变审美和艺术

再次,媒介通过改变借以把握对象和感知、体悟、思考对象的工具和形式,来改变审美和艺术。所谓"借以把握对象的工具和形式",即指媒介本身[①];也就是说通过改变艺术媒介本身来改变审美和艺术。

媒介的变化或者新媒介的出现导致审美和艺术的变化,这在世界审美文化史上是一个普遍现象。正是因为媒介的变化,中国夏商(主要是商)时代出现青铜器(以青铜为媒介),就给人带来不同于石器和陶器(以石头或陶为媒介)的审美感觉——当然,那时的石器、陶器和青铜器主要是礼器或工具,而非专门的艺术品。由口传媒介时代面对面吟唱的文学作品(如史诗等)到书写印刷媒介时代大量流传和被阅读的文学作品(如小说等),审美特征和艺术形态都发生了很大变化——口传媒介作品那种作者与读者面对面互动、交流的特点,那种强烈的听觉、触觉、动觉等等直感性,虽然在印刷文字时代失去了或者削弱了;但印刷文字时代却强化了视觉,强化了内在感觉,强化了想象力,为审

① 严格地说,工具、技术与媒介是有差别的。尼尔·波兹曼说:"技术和媒介的关系就像大脑和思想一样。大脑和技术都是物质装置,思想和媒介都是使物质装置派上用场的东西。……换句话说,一种技术只是一台机器,媒介是这台机器创造的社会和文化环境。"(尼尔·波兹曼:《娱乐至死》,第110—111页)

美想象提供了更加广阔的空间和余地。[1] 并且印刷文字时代打破了口传媒介时代对作品审美传播和流通的时空局限,创造了审美传播的空前的超时空性、持久性和广阔性——试想,如果没有印刷文字的书籍,今天的读者怎么可能读到数百年前罗贯中的《三国演义》、施耐庵的《水浒传》、曹雪芹的《红楼梦》?中国的读者怎么可能读到法国的巴尔扎克、英国的狄更斯、俄国的托尔斯泰、美国的惠特曼?

在一些具体的审美—艺术活动中,媒介的革新往往造成艺术的革命。如欧洲早期文艺复兴的绘画艺术实践中,有一项伟大的媒介变革,即"透视法"[2]的发现,它在绘画史和审美文化史上,就引起了一场了不起的革命。透视法的发现者是"文艺复兴式建筑的创始人"、意大利佛罗伦萨建筑家菲利波·布鲁内莱斯基(1377—1446)。英国著名艺术史家贡布里希在他的《艺术发展史》中认为,这项发现"支配着后来各个世纪的艺术"。贡布里希说:"尽管希腊人通晓短缩法,希腊化时期的画家精于造成景深感,但是连他们也不知道物体在离开我们远去时看起来体积缩小是遵循什么数学法则。在此之前哪一个古典艺术家也没能画出那有名的林荫大道,那大道是一直往后退,导向画中,最后消失在地平线上。正是布鲁内莱斯基把解决这个问题的数学方法给予了艺术家;那一定在他的画友中间激起了极大的振奋。"[3]

媒介变革引起审美和艺术变革的最显著例子莫过于电影和电视。电影和电视的新手段、新工具、新形式的出现,给世界带来了不同于以往的新的审美形态和艺术形式,使世界上产生了新的艺术种类。

关于电影,麦克卢汉指出:"仅仅是用机械手段来加快速度,电影就把我们

---

① 不过电子媒介时代又恢复了印刷文字时代所削弱或失去的东西。美国学者保罗·莱文森在《思想无羁》一书中说:"尤其是用电子邮件和电脑文本'开会'的时候,我们看见文字的后代恢复了口语那种积极互动、热烈回应的品性——过去把语词写在或印在纸上的时候,这种品性曾经是荡然无存的。"(保罗·莱文森:《思想无羁》,何道宽译,南京大学出版社 2003 年版,第 131 页)

② "透视法"对于绘画来说是一种媒介,有如辩证逻辑和形式逻辑是思维的媒介一样。

③ 〔英〕贡布里希:《艺术发展史》,范景中译,林夕校,天津人民美术出版社 1998 年版,第 124 页。

从序列和连接的世界送入了创造性轮廓和结构的世界。”①所谓电影“用机械手段”把人们“从序列和连接的世界送入了创造性轮廓和结构的世界”，就是电影用蒙太奇手段把空间上和时间上两个完全不搭界的事物或场景嫁接在一起，打破了原有世界的“序列和连接”，重新“创造”和“结构”出一种新的“现实”，也即电影艺术家和电影理论家通常所说的“蒙太奇世界”；电影的这种“蒙太奇世界”，是“我们的认知奇迹的机械化和扭曲”，是用“梦境取代了现实”②。当最初的影片出现的时候，它“用机械手段来加快速度”，创造出一种人们闻所未闻、见所未见的新形象、新场面：人们突然看到一列火车开过来，不禁吓得惊慌而逃——这是新的媒介、新的形式、新的手段所带来的新的效果。这“蒙太奇”，这“镜头”的组合和切换，在中国传统的戏曲或西方的歌剧和话剧中，简直是天方夜谭，不可思议。人们通过电影手段进行审美，人们欣赏作为艺术品种之一的电影形象和电影意境，这是世界审美文化史上通过改变媒介本身而创造出来的审美新气象、艺术新气象，这是新媒介创造出来的一种新艺术。

电影产生五六十年之后，当人们已经适应了电影这种新的手段、新的形式的时候，另一种新的手段和新的形式又出现了，这就是电视。“电视已经赢得了‘元媒介’的地位——一种不仅决定我们对世界的认识，而且决定我们怎样认识世界的工具。……电子和图像革命所产生的令人不安的后果是：电视呈现出来的世界在我们眼里已经不再是奇怪的，而是自然的。这种陌生感的丧失是我们适应能力的一种标志，而且我们的适应程度在一定程度上反映了我们的变化程度。我们的文化对于电视认识论的适应非常彻底，我们已经完全接受了电视对于真理、知识和现实的定义。”③今天世界上很大一部分国家和地区的人们几乎已经离不开电视了，电视成为他们生活不可缺少的一部分。譬如我自己，早上一睁眼就要打开电视看“朝闻天下”、看天气预报，中午看“新闻30分”，晚上除了看“新闻联播”，还要找一个好看的电视剧进行消遣。这是一般情况。当遇上重大事件发生或者有重要直播节目时，我也是不会放过的，

---

① 《麦克卢汉精粹》，第434页。
② 同上书，第435页。
③ 尼尔·波兹曼：《娱乐至死》，第104—105页。

譬如伊拉克战争,三大男高音演唱会,诺贝尔奖获得者演说,世界杯足球赛,等等。电视不同于电影,它比电影更贴近生活:“电影摄影机使你的眼睛和脚进入世界——它是活动的。但是电视可不是这样做。它不延伸眼睛和脚,而是延伸眼睛和手:它仿佛用手触摸、抚弄;它用扫描和抚弄的办法来扫描世界。”而且,电影仅仅是言语和身体姿态的机械化,而电视则使人体一切领域的表现力电子化。电视有它自身的一系列特殊性:“电视是一种整合性的媒介,它迫使长久分离和分散的经验成分之间产生相互作用。”“电视屏幕把能量倾泻在你的身上,使你的眼睛瘫痪。不是你看着它,而是它看着你。”“电视形象是投射和外化我们触觉的第一种技术。”“电视……是非常内向的,从潜意识上说是这样。它创造一种向内的深度,静思默想的,东方式的。”[①]总之,电视用它独特的手段和形式为人们提供了一个新的世界。麦克卢汉的这些话是在距今差不多30年至50年前说的,是了不起的科学预言!那时,电视直播几乎还没有出现、至少没有像今天这样成为一种最普通、最普遍的手段;电子网络技术也只是萌芽,互联网还没有产生。因此,麦克卢汉对电视和电子媒介能够把全世界各个国家、各个地区的人们连接在一起的巨大空间力量还没有深刻认识,对电视和电子媒介的超越空间的塑形作用也没有充分的估计。

除了电影和电视,目前,多媒体、互联网以及各种网站社区、“博客”等迅速发展和普及,已经成为大众化的手段、工具和形式了。网络时代已经到来。这种新的手段、新的媒介造就了新的审美形式和艺术形式,除了早些时候已有的“卡拉OK”、“电子广告”(有些人也把它们作为一种艺术和审美形式)之外,网络文学、网络艺术、短信小说等等也露尖尖角。我们正密切关注着新的媒介如何创造出新的审美现象和艺术现象,如何促使多种多样的新的艺术样式的诞生。

不过,新的媒介也使人们产生了诸多困惑。例如:电子媒介时代造成的生活审美化和审美生活化会不会导致艺术与生活合一?电子媒介会不会促使“文学终结”?文学还有没有边界?我们需要“守界”还是需要“扩容”?

---

① 《麦克卢汉精粹》,第435、441—442页。

对这些问题，前一阵子讨论得十分热烈。对此，我在《文学会消亡吗》一书中作了比较多的论述，这里不再重复。

五　艺术媒介与审美价值本体不能分离

艺术媒介有一个重要特性：它与审美价值和艺术价值本体须臾不可分离。对于其他价值形态（如经济价值、认识价值、思想价值、宗教价值等等），媒介只是价值形成的途径、工具、手段，一旦价值创造出来，媒介可以丢弃。打个比方，如同建筑楼房，媒介是脚手架，楼房一旦建成，脚手架可以拆除；又如，为了运送物资而搭桥过河，媒介是桥，一旦运送任务完成，即可过河拆桥——就是说，对于审美之外的其他价值形态来说，媒介是可以同价值本体分离的。但是，对于审美价值的创造来说，媒介绝不是可以拆除的“脚手架”，也不是过了河即能拆除的“桥”。在审美价值的创造过程中，媒介已经融入价值本体运行之中，成为审美价值生长中的一部分；而且，媒介不但与审美价值的生长不能分离，同时它还融入创造活动的结果之中，成为审美价值载体感性形式不可分割的一部分。

举中国画的审美价值创造与媒介之关系为例。中国画的创作，离不了笔、墨等工具、颜料，以及如何用笔、如何用墨等手段、技法——这些都是中国画的媒介。画家的笔墨、手段、技法等等，就直接融入绘画审美价值的生长过程之中，并且最终熔铸到审美价值载体感性形式里面去，成为其审美形式不可分离的组成部分。就是说，一旦进入中国画的审美创造过程，并且审美价值一旦形成，你就无法再把媒介（笔墨、手段、技法等等）同其创造过程及其创造结果（审美价值）分离开来。齐白石画虾，其美就在笔墨之中，而且就在齐白石独特的笔墨之中。你能把齐白石的笔墨同他创造的美分离开来吗？清代大画家石涛关于笔墨有十分精彩的论述：“古之人有有笔有墨者，亦有有笔无墨者，亦有有墨无我；非山川之限于一偏，而人之赋受不齐也。墨之溅笔也以灵，笔之运墨也以神。墨非蒙养不灵，笔非生活不神。能受蒙养之灵而不解生活之神，是有墨无笔也。能受生活之神而不变蒙养之灵,是有笔无墨也。山川万物之具体:有反有正,有偏有侧,有聚有散,有近有远,有内有外,有虚有实,有断有连,有层次,有剥落,有丰收,有飘渺,此生活之大端也。”①在绘画创作中——即审美价值的创造中,由于山川万物之具体端状不同,更由于画家运用笔墨之“赋受不齐”,其创造结果就会各种各样。其中,画家各不相同的笔墨,就融进这各不相同的审美价值载体而成为其感性形式的有机成分。徐悲鸿画马、齐白石画虾、黄胄画驴、黄永玉画猫头鹰,他们的笔墨各不相同,他们创造的审美价值及其价值载体的感性形式也特色各异。石涛还具体而详细地谈到各种皴法,列举皴法有十三种之多:“卷云皴,劈斧皴,批麻皴,解索皴,鬼面皴,骷髅皴,乱柴皴,芝麻皴,金碧皴,玉屑皴,弹窝皴,矾头皴,没骨皴”等等。皴法在审美价值及其感性形式之形成中起了重要作用:“必因峰之体异,峰之面生,峰与皴合,皴自峰生。峰不能变皴之体用,皴却能资峰之形势。不得其峰何以变,不得其皴何以现。峰之变与不变,在于皴之现与不现。”②各种不同的“皴”,即融入绘画美的创造过程,并在绘画完成时成为其审美价值载体感性形式的有机因素。

六　特定的审美价值只能由特定的艺术媒介来实现

特定的艺术媒介的性质决定特定艺术及其审美价值的特征,相应地,特定艺术的审美价值也只能由特定的艺术媒介来实现。

麦克卢汉说:“我们对其他文明的了解,在很大程度上,有赖于这些文明所用的媒介的性质。”③艺术亦如是。对电影、电视艺术的了解,有赖于对电影电视艺术媒介的性质的认识和理解。对中国水墨画、西洋油画的了解也有赖于对中国画笔墨性质的了解和对西洋油画颜料、画笔性质性能的了解。麦克卢汉又说:“一种媒介经过长期使用以后,可能会在一定程度上决定它传播的知

① 《石涛画语录·笔墨章第五》。
② 《石涛画语录·皴法章第九》。
③ 《麦克卢汉精粹》,第28页。

识的特征。”①艺术媒介亦如是。长期使用某种艺术媒介，也会影响该媒介所传播的某种艺术的性质和特征，甚至造成它特殊的创作方式和接受方式。例如，由于音乐和绘画的媒介不同，因而造成它们艺术性质和特点的差别。音乐是听觉形象，在时间流动中直接诉诸情感的感受，相对而言更具有情绪性，更富有激情；绘画是视觉形象，在空间展示中诉诸感觉和观察，相对而言较多平静、较多理性。从创作角度来看，音乐家用音符思维，而画家则用调色板和画笔思维；从接受角度来看，接受者在欣赏音乐时必须具有比常人更敏感的“感受音乐的耳朵”，而欣赏绘画时则必须具有训练有素的“感受形式美的眼睛”②。总之，某门艺术的特征总是与它所使用的特定艺术媒介的性质相对应的，这决定了不同艺术种类因媒介之不同而有不同特征；相应的，特定艺术的审美价值也依赖于特定的艺术媒介。

对于其他价值(如经济价值、认识价值、思想价值、宗教价值等等)形态来说，一种价值的创造可以通过多种媒介实现——多种媒介可以通融、可以共享。譬如，假若从南方运输一批材料到北京建造奥运会场馆，那么，走铁路，走水路，用飞机，用汽车，都可以，只要把材料运到建筑场地派上用场即可。再譬如，对青少年进行爱国主义教育，采用课堂授课、图片展览、到一些爱国主义教育基地参观等等，都可以达到目的。

但是，对于审美价值和艺术价值的创造来说，某一种价值则只能由与它相应的特定媒介来实现，不同媒介之间一般不能相互通融；创造某种特定审美价值，一般也不可实行多种媒介共享。某一种媒介实现某一种审美价值及其感性形式的创造时，就规定了这一种审美价值及其感性形式的特质；而不同媒介参与不同审美价值的创造，则形成各种不同审美价值及其感性形式之不同特点。就是说，在创造特定的审美价值时，这特定的媒介一般是不能由另一种媒介来替代的。譬如，青铜不同于大理石，用青铜铸造人物形象显然不同于用大理石雕刻人物形象，当分别用青铜或大理石创作人物形象时，这不同的媒介就

① 《麦克卢汉精粹》，第 28 页。

② 〔德〕马克思：《1844 年经济学—哲学手稿》，刘丕坤译，人民出版社 1979 年版，第 79 页。

会形成青铜铸像或大理石雕像各自不同的特点。青铜铸像的美是与青铜这特定媒介联系在一起的;而大理石雕像的美也与大理石这特定媒介密切相关。再如中国画与西洋画:如果王维的山水画不是用水墨而是西洋油画的油彩来画,绝对是两种根本不同的效果;相反,如果俄罗斯巡回画派画家列维坦的风景画用中国画的画笔和水墨来画,那也会完全变了味道。

当然,世界上并没有绝对不能做的事,青铜媒介与大理石媒介、泥质媒介与木质媒介,也不是绝对不可互相代替;但是,假若代替了,那就会形成另一种美。试设想:如果米罗的维纳斯像不是大理石雕成,而是青铜铸成或是用木头(如黄杨木)雕成或是泥巴塑成,那将是十分不同的美,形成不同品格的审美价值。哪一种媒介更适合维纳斯?我想,还是大理石。至少我更喜欢大理石雕成的维纳斯。所以我认为就这座维纳斯雕像的塑造而言,大理石与青铜、与木头、与泥巴,实质上是不能通融和共享的——那温润圣洁的大理石质感在别处是找不到的。

中国画的墨、笔、纸、砚,与西洋画的画布、颜料、画笔等,具有明显差别,因而成为中国画与西洋画审美价值及其感性形式明显不同的重要原因。歌唱中,中国的民族唱法与西方美声唱法,也造成中国民歌与西洋声乐审美价值及其感性形式上的显著区别。建筑艺术中,中国传统木结构建筑与西方石结构建筑——如中国的明清紫禁城与法国的凡尔赛宫,中国的道观、佛寺与西方的基督教堂,也具有非常不同的艺术风貌。

齐白石画的虾之美,只能由齐白石独特的笔墨纸张来实现,换一种媒介,对于齐白石绘画的审美价值将是一种灾难。设想:如果齐白石作画用的不是宣纸而是画布,不是中国的笔墨而是西画所用的颜料,那么,齐白石画中虽没有画水却如同在水中游动的、富有透明的质感和灵秀的动感的虾之美,还会存在吗?再如,如果用美声唱法演唱京剧《霸王别姬》,或者用京剧唱法演唱《费加罗的婚礼》,它们各自特有的美和韵味,还能保持吗?当然,艺术可以不断创新,可以作各种新的尝试,用中国戏曲排演莎士比亚戏剧,或用英语和话剧形式排演《赵氏孤儿》,也是可以的。对于审美价值的创造来说,那又是一种新的媒介与一种新的审美价值的融合,那可能将产生一种新的美。有一次,在中央电视台举办的演员反串表演的联欢会上，著名京剧花脸尚长荣用京剧唱法唱了一首《莫斯科郊外的晚上》，引得满场观众捧腹大笑，前仰后合。这就是不同媒介造成的新的审美效果。在绘画中，假若将中西绘画媒介巧妙融合，也可能会产生新的艺术风格（甚至新的艺术品种），如徐悲鸿的画风。

但是一般而言，对于审美价值的创造来说，某一种价值的生产只能由相应的媒介来实现。一种特定的媒介是与一种特定的审美价值的品格联系在一起的。不同审美价值的创造，不同媒介之间一般不可通约也不能共享。不同艺术种类因媒介不同而有不同的审美信息传播渠道。如文学通过语言文字，音乐通过音符、旋律，电影通过镜头、画面，舞蹈通过舞蹈演员的形体等等。

七　审美信息须由特定媒介单渠道传输

与上面一点相联系的是，不同艺术种类有不同传播渠道、不同媒介因而不能“通约”，因此在某种意义上说不同艺术不能互相翻译，并且，每门艺术的审美信息都是单渠道传输。这是审美媒介的特殊性造成审美价值形态不同于其他价值形态的另一重要特征。

对这一特征论述得比较早也比较充分的，是苏联学者。他们从1960年代起就注意到这个问题，并且逐步深化，提出了许多富有创见的、新颖的理论思想。据苏联学者Л.А·泽列诺夫和Г.И·库利科夫合著的《美学的方法论课题》①一书介绍，至少有下列著作：莫尔《信息理论和审美感知》（1966年莫斯科版）、洛特曼《艺术本文的结构》（1970年莫斯科版）、卡冈《马克思列宁主义美学讲义》（1971年列宁格勒版）、费里皮耶夫《审美信息的信号》（1971年莫斯科版）等等，从各种角度，不同方面、不同程度地阐发了“审美信息单渠道性的规律”。

① Л.А·泽列诺夫和Г.И·库利科夫：《美学的方法论课题》，莫斯科高等学校出版社1982年版。该书第一章“美学学的课题”由施用勤同志译成中文，载《美学文艺学方法论》（上）；文化艺术出版社1985年版，第36—97页。

Л. А·泽列诺夫和Г. И·库利科夫在他们的书中谈到审美信息单渠道传输性时是这样的论述的:"审美信息单渠道性的规律。根据这个规律,作品中包含的审美信息与传递这一信息的渠道、表达这一信息的语言紧密相联,因而,按另一渠道或用另一种语言来传递时,就不可能绝对等值了。在这里,我们把审美信息理解为审美作品的内容,即艺术家通过作品的结构用审美符号系统传达给欣赏者的感觉和情感、思想和情绪、形象和状态的总和。审美符号是审美信息的载体。"①

不管作者的审美观念是否为我们所接受,他们的一些具体概念的使用是否得当,但仅就他们关于"审美信息单渠道性"问题的论述这一点而言,我认为是符合审美活动的实际的,是有道理的。

譬如说,绘画或雕刻的"审美信息",就不能用诗歌或音乐的"渠道"等值地传输——试想,达·芬奇《最后的晚餐》的审美内涵,能够用一首诗歌或一支乐曲(甚至是交响乐)完全表现出来吗?相应的,诗歌或音乐的"审美信息"也不能用绘画或雕刻的"渠道"等值地传输。

莱辛在《拉奥孔》中早就谈到"诗与画(及雕刻)的界限",指出诗与绘画、雕刻等造型艺术,在构思、表达、塑造形象的方式等方面都有重大差别,认为"诗中的画不能产生画中的画,画中的画也不能产生诗中的画"。莱辛说:"既然绘画用来摹仿的媒介符号和诗所用的确实完全不同,这就是说,绘画用空间中的形体和颜色而诗却用在时间中发出的声音;既然符号无可争辩地应该和符号所代表的事物互相协调;那么,在空间中并列的符号就只宜于表现那些全体或部分本来也是在空间中并列的事物,而在时间中先后承续的符号也就只宜于表现那些全体或部分本来也是在时间中先后承续的事物。"②莱辛对比了雕塑群像拉奥孔与维吉尔《伊尼特》史诗中描写的拉奥孔和他的两个儿子的故事,按照上述他所谓"诗画界限"的理论,指出二者的显著不同。莱辛在二百多年前提出的思想诚然是很精彩的。然而按照今天的"审美信息单渠道性"理论,

① Л. А·泽列诺夫和Г. И·库利科夫《美学的方法论课题》,施用勤译、林枚生校,见《美学文艺学方法论》(上),文化艺术出版社 1985 年版,第 83 页。

② 莱辛:《拉奥孔》,朱光潜译,人民文学出版社 1981 年版,第 74、82 页。

我们可以对莱辛作这样补充：二者所表达的审美信息之所以十分不同，重要原因之一正是在于诗传达审美信息的渠道与雕刻传达审美信息的渠道不同，它们各自审美信息的传达是由它们各自的渠道来单独完成的，而这不同的渠道，各自专线传输，彼此不能共享。

与此类似，建筑艺术的"审美信息"也不能用舞蹈的"渠道"等值地传输；戏剧的"审美信息"也不能用音乐的"渠道"等值地传输；文学的"审美信息"也不能用电影的"渠道"等值地传输；电视艺术的"审美信息"也不能用音乐、舞蹈、绘画、雕刻、建筑艺术、文学等的"渠道"等值地传输；等等。即使门类相近的艺术，如同样是造型艺术，油画、版画、雕塑、中国画、西洋画等等，它们互相之间，也不能等值地传输对方的审美信息——中国的山水画与西方的自然风景画所传达审美信息是截然不同的。即使同是雕塑，材质不同，所传输的审美信息也不完全一样，前面我们曾举维纳斯雕像的例子——若维纳斯像不是用大理石雕成而是用青铜铸造，那传输的审美信息还一样吗？再如，同是戏曲的秦腔、越剧、粤剧、京剧、评剧等等，它们互相之间，也不能等值地传输对方的审美信息——假若京剧《霸王别姬》用越剧或粤剧表演，效果是否一样呢？

Л. А·泽列诺夫和 Г. И·库利科夫在该书中还进一步写道："莫尔把信息分为语义(含义)信息和审美(形象)信息。语义信息(科学信息、军事信息、日常生活信息等)对体现它的符号来说是中性的，所以，它可以从一种渠道转入另一种渠道，从一种语言转到另一种语言：'同一数量的语义信息可以通过不同的渠道(书面、口头、广播、图表等等)传给别人，尽管这些渠道的传导能力往往是不同的。'[1]由于各种渠道传导能力不同而损失的信息，可以通过延长传导时间来补偿。审美信息不同于语义信息的地方首先在于：它是创造性地反映和改造现实的结果。比方说，与科学传导不同，在审美传导中，信息与语言密不可分，以致作品成为无法分割的系统，如果把各组成部分分开，势必损害系统本身[2]。审美信息对于传导它的符号及符号组织方法很敏感。由此产生

---

① 莫尔：《信息理论和审美感知》，1960 年莫斯科版，第 200—202 页。——原注

② 沃尔肯施泰因：《诗歌是复杂的信息系统》，《科学与生活》1970 年第 1 期。——原注

了美学信息的一个非常重要的属性,很多著作家都指出了这个属性:'……审美信息与它借以传递的渠道密不可分,一旦从一个渠道转入另一个渠道,它就会发生本质的变化。'①我们讲审美信息的单渠道性就是在这个意义上说的:音乐作品不能用诗歌等值地传达、诗歌不能用绘画、绘画不能用版画、版画不能用雕刻等等来等值地传达。"②

由此,我们可以更深入地了解审美信息之所以单渠道传输的内在根据:审美信息不像"语义信息(科学信息、军事信息、日常生活信息等)对体现它的符号来说是中性的",因而它借以传输的渠道也呈中性色彩,即渠道与信息可以相对分离和独立,同一信息可由不同渠道传达。审美信息的特殊性在于:它是与它的传输渠道密不可分地融为一体的,一旦将审美信息同它的专有渠道隔开、分离,就会造成传输的瘫痪,进而造成审美信息本身的消失。例如电影艺术是与它的胶片、镜头、蒙太奇手段等等传输渠道融为一体、不可分离的,它们是一而二、二而一的东西,假如将它们分开,也即消灭了它们之中任何一个,也就是消灭了它们的整体。这里我们可以同审美媒介问题联系起来。在审美价值的创造过程中,媒介已经融入价值本体运行之中,成为审美价值生长中的一部分;媒介不但与审美价值的生长不能分离,同时它还融入创造活动的结果之中,成为审美价值载体感性形式不可分割的一部分。审美信息单渠道传输的理论是可以与审美媒介与审美价值不可分割的理论互相支持、互相印证的。

八　一种新的媒介的产生,可能意味着一种新的审美价值形态的诞生

那么,由上面的论述,我忽然开启了另一种更加宏观的想法:一种新的媒

① 莫尔:《信息理论和审美感知》,1960年莫斯科版,第204页。——原注

② Л.А·泽列诺夫、Г.И·库利科夫:《美学的方法论课题》,施用勤译、林枚生校,见《美学文艺学方法论》(上),文化艺术出版社1985年版,第83—84页。

介会不会可能意味着一种新的审美价值特有品格的出现呢？一种新的媒介的产生，会不会可能意味着一种新的审美价值形态的诞生呢？完全可能。在现代，在电子媒介时代，尤其如此。

麦克卢汉说："每一种新技术都创造一种新环境，汽车、铁路、收音机和飞机都是这样的。任何新技术都要改变人的整个环境，并且包裹和包容老的环境。它把老环境改变成一种'艺术形式'——老式的福特牌T型车成了珍贵的艺术品，就像老式马灯，老式的任何东西一样。……新环境随时都用老环境创造新的原型和新的艺术形式。"[①]麦克卢汉还在1969年《〈花花公子〉访谈录》中畅想道："我们周围到处都在发生这样的变化。正如旧的价值体系崩溃一样，这些体系造就的制度性外衣和垃圾也随之崩溃。作为人体器官集体延伸的城市正在萎缩，正在像其他类似的延伸一样被转换成信息系统，例如电视和喷气飞机就是这样的。它们压缩时空，使全世界成为一个村落，摧毁原来的都市—乡村二元结构。纽约市、芝加哥和洛杉矶将要和恐龙一样消亡。同样，汽车也像它正在窒息的城市一样，很快就要过时。汽车将要被抗引力的技术取代。我们了解的这种营销系统和股市也会像渡渡鸟一样消亡。自动化会结束传统观念的职业，用角色取而代之。它会给人喘息的闲暇时间。电力媒介将会使许多人退出原来那种分割的社会——条条块块割裂的、分析式功能的社会，产生一个人人参与的、新型的、整合的环球村。"我极其钦佩麦克卢汉的洞察力和预见力。世界的变化令我们所有人吃惊。审美和艺术也在这种令人吃惊的变化中变化。

当然，麦克卢汉不是专对审美媒介而言，但是用这段话理解审美媒介，将会得到有益的启示。新的媒介和讯息对于审美和艺术来说又何尝不是如此？在电子媒介时代（电信技术王国时代），世界发生了巨大变化，环境发生了巨大变化，人间事物的尺度、速度和模式发生了巨大变化，人的思维、情感、感受的方式发生了巨大变化。美国学者J. 希利斯·米勒教授曾回顾了近一百五十年间的变化情况："照相机、电报、打印机、电话、留声机、电影放映机、无线电收音机、卡式录音机、电视机，还有现在的激光唱盘、VCD和DVD、移动电话、电

① 《麦克卢汉精粹》，第348—349页。

脑、通讯卫星和国际互联网——我们都知道这些装置是什么，而且深刻地领会到了它们的力量和影响怎样在过去的一百五十年间，变得越来越大。”由此就渐渐造成了目前世界范围内的如下状况：“民族独立国家自治权力的衰落或者说减弱、新的电子社区或者说网上社区的出现和发展、可能出现的将会导致感知经验变异的全新的人类感受（正是这些变异，将会造就全新的网络人类，他们远离甚至拒绝文学、精神分析、哲学和情书）——这就是新的电信时代的三个后果。”①这些变化，对于审美来说，它就创造了新的审美环境和审美尺度，新的审美“速度”、审美“模式”，创造了新的审美媒介、审美眼光，创造了新的审美感受、审美情感和审美方式，也创造了新的审美形式以及作为它的典型表现的新的艺术形式。

从审美和艺术的新现实、新实践来看，审美一艺术的新媒介是与审美一艺术的新现象、新形式密切联系着的：网络艺术，广场艺术，狂欢艺术，晚会艺术，广告艺术，包装和装饰艺术，街头舞蹈，杂技艺术，人体艺术，卡拉 OK，电视小说、电视散文，MTV 等等，它们在近年来迅速出现并以意想不到的速度发展，是与电子媒介（电信技术）的产生、发展不可分割地联系在一起的。同时，那些传统的已有的艺术形式也因电信技术等新媒介的介入，一方面受到强烈冲击，另一方面也得以注入新生命，发生新变化。

2006 年 8—9 月初稿，2006 年 10—11 月改定。

（作者单位：中国社科院文学研究所）

① J. 希利斯 · 米勒：《全球化时代文学研究还会继续存在吗?》，见《文学评论》2001 年第 1 期。

文学活动的去精英化

陶东风

［摘要］ 本文分析了当前消费主义时代中文学活动的祛魅/去精英化过程，认为这种去精英化的现象是当前文学活动的突出特征。文章一一剖析了这种现象的来源、形成过程、背后的心理动因、时代文化背景和价值虚无的性质，认为这种现象是以娱乐的自由和消费的自由取代了政治的自由，以娱乐消费领域的畸形繁荣掩盖了政治公共领域的萎缩，以消费热情取代了政治冷漠。

［关键词］ 文学活动 去精英化 祛魅 日常生活审美化 无聊

序言

在讲去精英化之前，先必须说说精英化，否则"去"就无从说起。精英化的过程发生在 80 年代或"新时期"。其核心是通过否定"文革"时期以"样板戏"为代表的"革命文化/文学"，否定"以阶级斗争为纲"的"工具论"文学，确立精英知识分子和精英文化/文学的统治地位。

中国文学的精英化过程不是孤立发生的，它是当时中国"思想解放"运动的一部分。整个"思想解放"就是一个精英化过程，其重要内容是对"文革"时期的"民粹主义"(工农兵崇拜)的否定，为知识分子翻案，尊重知识，尊重人才。"尊重知识，尊重人才"取代了"知识越多越反动"成为这个时代的标志性口号。这是精英主义对于民粹主义的胜利。这也表明这次的精英化并不是知识分子凭着自己的力量达到的，而是一种官方行为，是改革开放的意识形态和社会实践的一个组成部分。

这个精英化的过程大致可以分为两个阶段：

1. 精英化的第一个阶段：启蒙文学

第一个阶段是从80年代初期到中期，即启蒙文学时期。伤痕文学、反思文学、改革文学等是这个时期的主导文学类型。这个时期的文化与文学笼罩在精英知识分子的批判—启蒙精神之中，继承"五四"、以鲁迅为榜样、以建立自由民主的社会与文化为使命。他们有强烈的精英意识、启蒙情结和社会责任感、使命感。知识分子与大众的学生/老师关系被倒转为导师/学生关系。

2. 精英化的第二阶段：实验文学

第二阶段是80年代中后期，所谓"纯文学"时期或形式实验时期，"先锋实验文学"是它的主导存在形式。[①] 这个阶段的精英化和第一阶段不同，第一阶段的精英化主要体现在文学的意识形态内容和文艺观念上（批判"文革"的意识形态，弘扬新时期的新意识形态，倡导创作自由等，弘扬革命的人道主义等），基本上没有太多涉及形式的问题（朦胧诗以及一些关于现代派文学的研究是例外）。大约从1985年开始，作家评论家对于"怎么写"（语言、形式、文体）的关注逐渐超过了对于"写什么"（题材，内容，主题）的关注，就是一个很明显的信号，这表明精英化进入了形式层面。随着马原、格非、余华、孙甘露等一批先锋小说家的出现，"小说就是叙事"、"能指的狂欢"等批评语开始流行。从先锋文学的标准看，80年代初中期的启蒙文学仍然是不"纯"的，是不够精英的。李驼甚至认为：作为新时期文学开始标志的"伤痕文学"没有多少真正的文学创新意义，"基本上还是工农兵文学那一套的继续和发展，作为文学的一种潮流，它没有提出新的文学原则、规范和框架"，"伤痕文学基本是一种'旧'

① 尽管人们在谈论"纯文学"的时候常常总是笼统地说"80年代的'纯文学'思潮"，但是实际上80年代的情况非常复杂，用"纯文学"一言以蔽之并不准确。大体而言，80年代前期和中期并不是"纯文学"的主导时期，而是借助小说进行旧意识形态的批判和新意识形态建构的时期。

文学”①。2001年间主持《上海文学》关于“纯文学”讨论的蔡翔也认为:“所谓‘旧的文学’的存在正是‘纯文学’概念在当时赖以成立的先决条件。……‘旧的文学’实际上指的是那种把传统的现实主义编码方式圣化的僵硬的文学观念,这种文学观念在七八十年代仍然具有一定的影响力,而且直接派生出‘伤痕文学’、‘改革小说’等等‘问题文学’。正是在这一特殊的历史环境中,‘纯文学’概念的提出就具有了相当强烈的革命性意义。”②从这段话中可以发现一个信息:“纯文学”思潮在某种意义上是对于80年代初中期的另一种精英文学即启蒙文学的反拨,它的矛头所指既不是“文革”时期的“革命文学”(“纯文学”思潮出现的时候,清理“文革文学”的使命已经由启蒙知识分子完成了),也不是大众消费文化(在当时大众消费文化还根本不成气候),不如说是另一种精英文化(包括所谓“问题文学”在内的启蒙主义文化)。

因此,真正的“纯”文学思潮是在80年代中后期出现的。如果说启蒙作家是标准像是精神大师,那么,先锋小说家的标准像就是语言巫师,他们的精英化策略不是进行思想启蒙,而是制造语言迷宫,鼓吹形式崇拜。启蒙作家把大众当做了思想观念上的学生,而先锋作家则把大众当做了艺术形式方面的学生。这种“语言迷宫”拒绝缺乏解码能力(实为文化资本的特殊转化形式)的“凡夫俗子”进入,以此保证自己的神秘性,保证文学和文化资本的稀有性。

3. 精英化的价值核心:文学的自主性

“启蒙文学”和“纯文学”的核心是文学艺术的所谓自主性,反对文学的社会功利性(包括政治的,经济的),倡导文学艺术的审美距离,也就是“为艺术而艺术”,不为政治而艺术,也不为金钱而艺术,强调艺术和日常生活的距离。

---

① 李陀:《漫说“纯文学”》,《上海文学》2001年第3期。但是李陀认为当代文学发生真正的变革是在1985年以后,因为“那前后出现了汪曾祺、阿城、莫言、韩少功、李锐、王安忆、刘索拉等人的写作,开始打破伤痕文学、反思文学等在表面上进行‘变革’、实际上却沿袭‘工农兵文艺’路线这样一个文学局面”。这个判断却是有问题的,似乎1985年前的文学在审美形式和艺术观念上完全是旧的。事实并不是这样。比如80年代初期的朦胧诗即使在审美形式上也已经很“新”了,在观念的领域,同样是80年代初期关于现代派的讨论已经远远超出现实主义的范围。

② 蔡翔:《何为文学本身》,《世纪中国》网站 www.cc.org.cn. 发布日期:2004-08-31。

认为文学的本体是语言形式，其标志性的口号为“小说就是叙事”、“能指的狂欢”。

一　文学/文化活动的去精英化

新时期以后确立的精英知识分子的话语霸权在90年代文化市场、大众文化、消费主义价值观，以及新传播媒介的综合冲击下受到极大的挑战，精英文化感受到了极大危机。去精英化的矛头同时指向了“启蒙文学”、“纯文学”，更直接威胁到了其核心价值，即文学自主性。精英化否定和消解的就是关于启蒙、自主性和自律性的神话以及由这种神话赋予文学的那种高高在上的崇高性、神秘性和稀有性。

1. 自下而上的动力机制

80年代的精英化是自上而下的，而90年代以后的去精英化则是自下而上的，具有强烈的民间色彩和商业驱动与大众参与性。去精英化的直接动力来自文学活动和文化活动的市场化、现代传播工具的兴起和普及，以及大众消费文化的兴起。红极一时的“超级女声”现象、“芙蓉姐姐”、“菊花姐姐”现象，大量网络文学和网络写手的出现，手机短信文学出现，文学艺术向广告、时装设计、家庭装修等日常生活领域的渗透(所谓日常生活的审美化)，等等，都是典型的大众和商业结合的去精英化现象/思潮。这些新的文化和文学艺术形态用精英的标准看或许根本就不是文学艺术，甚至也够不上文化的资格，但是它们已经是今天的文学和文化生产的重要形态，其受众数量大大超过精英文化/文学。

2. “人文精神”新解

去精英化开始于90年代，但是在90年代初期和中期遭到了精英文化的强烈抵制和声讨——集中表现在“人文精神”讨论和“道德理想主义”的讨论，斥之为“旷野上的废墟”、“网络垃圾”。它们号召精英知识分子联合起来“抵抗投降”。但是到90年代末，大众消费文化已经牢固地确立了自己的“霸主”

地位。

90年代中期以“人文精神”的呼唤者为代表的对于“大众文化”的批判，目的在于维护80年代确立的精英/大众的等级，维护精英知识分子文学和文化的神圣光环和霸主地位。审美主义和道德理想主义是精英知识分子反抗文化的非精英化趋势的两个基本诉求。他们在维护高雅严肃的“纯文学”、批判大众文化的时候，是从审美和道德两个方面质疑大众文化的合法性，同时也从这两个方面为自己进行合法化辩护。从审美主义的标准看，他们认为大众文化在审美上是贫乏的、复制的、类型化的，缺乏创造性和想象力；从道德理想主义的标准看，他们更指责大众文化在道德上是低级的、堕落的、欲望化的。

我不否认他们对于大众文化的批评有很大的合理性，但是在我看来他们没有触及大众文化的根本缺陷，没有从社会政治理论的层面发掘大众消费文化的具体政治功能。他们没有能够看到大众消费主义的真正危害不是什么缺乏抽象的“理想”、“崇高”、“终极关怀”，而是以娱乐的自由和消费的自由取代了政治的自由，以娱乐消费领域的畸形繁荣掩盖了政治公共领域的萎缩，以消费热情取代了政治冷漠。

二　痞子文学：去精英化的始作俑者

去精英化以后的文学没有了“启蒙文学”那种严肃的政治主题和沉重的使命感，也没有了先锋文学对形式迷宫的迷恋，去精英化后的文学领域几乎没有“作家”，而只有“写手”，甚至没有了“文学”，只有“文字”。

去精英化的始作俑者，是被称呼为“痞子文人”的王朔。王朔是第一个用夸张的、极富挑战性的语言对精英文学和精英知识分子进行祛魅的人，他把文学和作家乃至整个文化从崇高的精神殿堂拉到庸常的物质地面乃至地下的文字工作者（“码字工”），王朔挑战了精英知识分子的启蒙导师和精神领袖的地位。王朔在他的小说中对文学进行了肆无忌惮的亵渎，什么“文学就是痛苦，得排泄，大大的快感，性交一样的干活”，“关键在于……得你操文学——不能让文学操了你”；什么“我们是主张文学为工农兵服务的，就是说为工农兵玩文学”；什么“看看我们现代文学中宝库中的经典之作大师之作，哪一篇不是在玩文学？”什么“现在全市的闲散人员都转业进了文艺界，有嗓子的当歌星，腿脚利索的当舞星，会编瞎话的当作家”；什么“谁让咱们小时候没好好念书呢，现在当作家也是活该”，“现在管流氓不叫流氓叫作家么”；什么“人家说自杀的办法有一百种，其中一种就是和作家结婚。”①

这是对于文学事业、对作家职业、对知识分子角色所进行的前所未有的贬损与亵渎，作家、文学家身上的神圣光环与职业尊严被一扫而光。当然，这也是王朔自己的自我嘲弄，因为王朔自己也是一个作家。王朔在这方面可谓“身体力行”，他自称“码字工”，他的小说中存在相当多的自我贬损与自我嘲弄的成分。什么“我是流氓我怕谁”，“千万别把我当人”，“我们是一群俗人，只知饮食男女”②。等等，虽然不能直接理解为王朔的自况，但至少这个“我”中有王朔的一半。

当然，王朔刚刚出道的80年代后期毕竟只有一个王朔，那个时代的整个文坛还没有完全去精英化，也还没有网络与网络文学。王朔在文学的“祛魅”方面堪称先驱和鼻祖。在网络大为发达，世俗化和消费文化也日益加剧的20世纪末、21世纪初，我们看见了千千万万个“王朔”，王朔也就贬值了。王朔其实也不是真正的“码字工”，他的言论有些故意挑战精英的意味，现在才真正有了大量的“码字工”，有了“痞子文学”的最新发展形态：“身体写作”。身体写作是痞子文学的嫡传，是把王朔在观念层面上对文学的亵渎真正落实在身体上或肉体上。王朔对棉棉的所谓“身体写作”的辩护印证了这一点。他认为“用身体写作”“是很高的赞誉”，“身体这东西比头脑实在得多，……有身体比有头脑要幸福一点，那差不多可以说是物种优越”，“我听到过关于小说的最傻的说法之一，就是从小说里学知识，受教育。”③而教育正是精神的文学、精英的文

① 以上见王朔小说《顽主》。

② 同上。

③ 见新浪网2000年6月7日文章《王朔评“用身体写作”的棉棉和〈糖〉》。

学的最根本诉求。这样,王朔的批判就具有浓厚的去精英化的特点。但是王朔自己只是说说而已,真实通过写作实现身体对精神(头脑)的颠覆的是木子美等人。

三 网络和文学的去精英化

如果说王朔的"俗"文学观念只是在心理层面、思想观念层面对精英文学的神圣性进行了有意冒犯,那么,去精英化文学实践的大面积实施则得力于大众传播手段的迅速发展和普及所导致的文学和文化的参与手段的非垄断化和大众化,文学和文化活动的"准入证"的通胀和贬值。网络在这里起了特别重要的作用。

文学和文化活动的精英化是由于各种原因造成的,其中最重要的原因之一是精英知识分子对于文学和文化生产的各种资源,特别是媒介资源的垄断性占有。从事文学活动的首要资源当然是人的识字能力,古代社会中从事文学事业的人数相当有限,其中根本的原因之一就是具备识字能力的人数非常有限,而文盲当然不可能舞文弄墨。现代普及性的教育制度逐渐打破了精英阶层对于识字能力的垄断,这使得有能力舞文弄墨的人数大大上升。但是,即使是在教育普及程度已经极大提高的现代社会,真正能够在媒体上公开发表作品、从事社会意义上的文学和文化生产(不包括自己写东西自己欣赏的那种"抽屉文学现象")的人仍然是非常有限的,原因是媒介资源仍然非常稀缺,并被少数精英分子垄断。这种垄断直至上个世纪末才被打破。大众传播——特别是互联网——的发展和普及,使得精英对于媒介的垄断被极大地打破,网络成为城市普通大众,特别是喜欢上网的青年一代可以充分利用的便捷手段。写作与发表不再是一个垄断性职业,而是普通人也可以参与的大众化活动。网络是最自由、最容易获得的媒介,没有编辑把关,没有一、二、三审,名人的优势也被降低到最小,发表的门槛几乎不存在。一个人写出的任何作品在任何时候几乎都可以上网,发表的空间打开以后写作也变得自由了,爱怎么写就怎么写，甚至胡说八道、文不对题都无所谓。这些“网络写手”和“网络游民”不是职业作家，但是往往比职业作家更加活跃。这是人人可以参加的文学狂欢节，是彻底的去精英化的文学。

如果没有网络这个低成本、低门槛、高效率的传播方式以及它为非精英的大众提供的方便的参与方式，无论是最近沸沸扬扬的“超女”现象，还是稍微早些时候的“芙蓉姐姐”现象，都是不可思议的。人们的自我表达欲望被大大激发。以“想唱就唱”为旗帜的“超级女声”现象是这种欲望的最集中的喷发。

网络造成的最戏剧性的去精英化效果，就是“作家”“文人”这个身份、符号和职业的通胀和贬值，这对于由浪漫主义所创造、并在中国的80年代占据主流地位的关于作家、艺术家的神话是一个极大的冲击。历史地看，独立自主、特立独行的天才式“作家”观念（布迪厄称为作家的“卡里斯马”神话）本身就是一个历史和文化的建构，它与德国浪漫主义有紧密的关系。德国浪漫主义者推崇个性、独特性、创造性、自我实现，是对启蒙运动推崇的理性主义和普遍主义的反动，浪漫主义者认为后者是“数量的”、“抽象的”，因而是“空洞的”。①这种卡里斯马式的个人英雄观念推崇少数个人天才及其神奇的创造力，崇拜独立的、与社会格格不入的作家、艺术家（他们狂放不羁地追求特立独行），既神化了作家也神化了他们的作品。

特别值得指出的是，无论是在西方还是中国，这种作家观念流行一时的时候也正是作家、艺术家们精英意识与特权身份得到大大强化的时候。

这个卡里斯马式的作家艺术家神话在80年代的中国同样曾经流行一时，特别是在知识分子自己的圈子内部。画家陈丹青回忆80年代初期见到作家王安忆时的感受：“……安忆通过领事馆找我，说她看过我写的创作谈，说是写得有意思，见见面吧。我也高兴极了：跟我一样大的知青里居然也有人在写小说——现在大家觉得小说算啥呢？太多了，我们随便就会遇见这种介绍：某某，小说家！可是我已经很难给你还原1983年那种情境：你遇见一个人，这个

① 参见史蒂文·卢克斯：《个人主义》，阎克文译，江苏人民出版社2000年版，第15页。

人递过来一篇小说，说是他写的，简直不可思议。”[1]但是，由于媒介手段的普及，文学的大门几乎向所有人开放，作家不再是什么神秘的、具有特殊才能的精英群体。于是文学被“祛魅”了，作家被“祛魅”了。“作家”这个名称的神秘光环消失了，作家也非职业化了，今何在、林长治等炙手可热的网络写手均非所谓职业作家。在少数作家“倒下”的同时，成千上万的“写手”站了起来。创作活动非神秘化了，人们再也不谈论什么文艺心理学、精神分析、无意识、灵感、非功利性、自主性(80 年代文艺理论界热衷于分析创作心理奥秘，这是因为人们把创作心理神秘化了)。

网络文化/文学的积极面是民主化，但它的消极面就是泥沙俱下，所谓“网络排泄”。没有入场券的文学场人人可以进入，当然也会产生大量不负责任、没有使命感和承担感，甚至趣味低下的文字，具有强烈的自娱自乐的倾向。网络的游戏化、自由化在消除禁区的同时也为低级趣味的表现提供了机会和土壤。

四 文化偶像的“祛魅”与“大学精神”的改写

去精英化当然还得力于中国社会文化的日益世俗化、多元化以及消费主义的盛行。它所导致的两个戏剧性的变化，一是“文化偶像”的易主，一是“大学精神”的改写。

“文化偶像”在 80 年代一直是被精英知识分子垄断的(鲁迅、陈景润等)，而新世纪文化界的一个戏剧性现象就是文化偶像的商业化、多元化、碎片化、世俗化。这方面最具戏剧性的例子，是在 2003 年新浪网等几十家媒体发起的关于“谁是今天的文化偶像”的评选。在评选结果中，鲁迅、钱锺书、雷锋、金

① 见《陈丹青、查建英访谈：八十年代》，http://www.cc.org.cn/newcc/browwenzhang.php?articleid=5492。

庸、王菲、张国荣等代表精英文化、革命文化和消费文化的人物赫然并列在一起。① 这表明今天的大众(至少是网民阶层)已经不再一致地追随某一个共同偶像和权威(颇有些类似于韦伯说的“诸神纷争”,价值多元化),更表明文化偶像的评选活动本身的娱乐化、时尚化和商业化,有人称之为“文化大派对”,很适合、很形象。更值得注意的是,大众传播的发达和文化平民化还使得大众渴望自己成为偶像而且有可能真的成为偶像,从而打破了偶像和权威的高度垄断。如“超女”就是非常典型的例子。李宇春、张靓颖这些今天炙手可热的明星昨天还是一般大众。网络释放了大众的参与精神,他们的口号是“想唱就唱”②。

精英文化“祛魅”的另外一个戏剧性的标志是消费主义逻辑对于大学精神的改写。这是大学的“祛魅”。

经过对于“文化大革命”时期的民粹主义思潮(工农兵管理大学)的沉痛反思,新时期以来精英知识分子达成的一致共识是:大学精神、大学灵魂是自主自律,是启蒙大众,是对权力和金钱说“不”,特别是不趋炎附势,有自己的独立品格,对现实持深刻的批判精神。由此大学自粉碎“四人帮”以来一直是精英知识分子垄断的神圣殿堂,是大众敬仰和艳羡的地方。这一切无疑使得大学被“魅化”,使得大学行使着把精英知识分子神化和圣化的功能。

而今我们却发现,消费文化及其商业逻辑迅速地改写了80年代刚见雏形的以超然独立为核心的大学精神。大量大众消费文化明星进军精英文化的殿

---

① 参见新浪网发布的消息《“20世纪以来我心目中的十大文化偶像”评选揭晓》,http://www.sina.com.cn 2003/06/20 11:59:“由新浪网与国内17家强势媒体共同推出的大型公众调查:20世纪文化偶像评选活动于6月20日正式落下帷幕。本次活动无论是在参与人数和公众关注度上,都创下了全新的纪录。根据新浪网友和多家报纸读者的热心投票,综合统计出了十大文化偶像排名,他们是鲁迅(57259票)、金庸(42462票)、钱锺书(30912票)、巴金(25337票)、老舍(25220票)、钱学森(24126票)、张国荣(23371票)、雷锋(23138票)、梅兰芳(22492票)、王菲(17915票)。”参加这个活动的媒体共有:新浪文化、《南方都市报》、《新民周刊》、《南风窗》、《北京娱乐信报》、《华商报》、《半岛晨报》、《中国财经报》、《郑州晚报》、《精品导报》、《江南时报》、《兰州晨报》、《南京日报》、《燕赵都市报》、《深圳商报》、《蓉城周报》、《辽西商报》、《都市消费晨报》等。

② 当然,从另外一个角度看,这些大众消费文化的偶像本身又被市场和大众传媒“赋魅”,但是它和宗教文化、精英文化中的赋魅存在很大的差异,限于篇幅本文无法涉及这个问题,只能在此简单提及。

堂——大学。金庸、周星驰、周杰伦、赵本山、李宇春等消费文化明星被各家名牌大学争相聘请为名誉/特聘/讲座教授,或邀请他们作演讲,成为新世纪中国文化界、教育界的一大景观。这是消费文化与商业逻辑对于大学精神的深刻改写。

1999年3月26日,金庸接受邀请担任浙江大学教授兼文学院院长,开"名人当教授""名校傍名人"的先河。随后跟进的有:2001年2月13日,牛群受聘为安徽大学兼职教授;2001年7月2日,赵本山被聘为国防科技大学思想教育课客座教授;2004年9月20日,成龙被聘为北京大学影视编导课的特座教授;2004年10月17日,唐国强受聘为南开大学兼职教授;2004年12月14日,周星驰被聘为人民大学商学院特聘讲座教授。① 相比于剑桥大学拒绝给撒切尔夫人和布莱尔两位首相颁发"荣誉博士"学位,哈佛大学拒绝基辛格回母校任教的举措②,中国大学的自律精神实在是太可怜了。

与大学的"祛魅"相伴随的必然是教授的"祛魅"。教授是精英知识分子的代表。而今天,人们对教授这个精英文化的代表有了非常低调的看法。在新浪网站关于"谁说周星驰不能当教授"的话题中,有位网友这样评论:"谁说周星驰不能当教授了,他最少可以做个搞笑教授,别以为大学出来的就能当教授,咱们小学出来的,在社会大学成长的也能当教授!"③这充分说明了人们心目中教授平民化的观念,教授的神圣光环被极大地解构,稀有性已然丧失。在关于超女李宇春是否能去北大"百年讲堂"(精英知识分子神往的圣地)演讲的讨论中,有一个化名"十年砍柴"的作者针对反对意见指出:"文化可能有雅俗之分,而无高低贵贱之分。俗文化不一定就是低贱的,就是上不了台面的。大

---

① 参见《周星驰等教授的"幸福"生活》,2005年1月13日《法制晚报》。

② 参见《以名声作嫁妆 名人患当教授症状之百态》,新闻中心 http://news.163.com, 2005-01-13 13:48:05 来源:东北新闻网。笔者在美国的时候还听到这样的美谈:有一年哈佛大学校庆,比尔·盖茨希望以哈佛毕业生的身份参加,并捐助一笔十分可观的资金,但是遭到学校的拒绝,理由是盖茨只是在哈佛进修过,而不是正式毕业生。

③ 关于周星驰兼职人民大学教授的事件,参见《周星驰——香港的喜剧之王兼职人大教授》,2004年12月15日《北京青年报》;关于周星驰是否应该当教授的网上评论,参见news.sina.com.cn/cul/2004-12-24/2457.html。

概在一些人的骨子里，还有着以职业或身份来分贵贱的观念。”①

而彻底使教授走下“神坛”的可能还是上海复旦大学的陆德明嫖娼事件。出人意料的是，使得教授去神圣化的与其说是教授嫖娼事件本身，还不如说是相当数量的大众对于这个事件的“宽容”。在网友评论中，绝大多数人认为教授嫖娼没有什么了不起的，因为教授也是人，中国古代和近代知识分子中嫖娼者代不乏人，我们本来就不应该对教授的道德水准抱太大的期望。笔者曾经从2004年11月1日到10日间新浪网讨论区出现的关于“陆德明事件”的近万条帖子中随机选择了1000条进行了统计整理，得到了以下数字：支持、同情陆德明的言论共920条，大约占92%，批评、指责言论80条，占8%。其中支持、同情的言论中，按照内容与主题大致可以分为三类：1. 认为嫖娼合乎“人性”、妓女应该合法化的占360条，占36%；2. 认为知识分子同样是人，不应该对他们有特别苛刻的道德要求的言论200条，占20%；3. 认为最可恨的是那些利用权力玩弄女性的官僚以及利用权力玩弄女学生的那些大学教师，而不是陆德明，陆德明至少是自己花钱嫖娼，相比之下是比较好的，这种言论400条，占40%；4. 认为陆德明是政治斗争的牺牲品的35条，占3.5%。② 对陆德明的“理解”与“宽容”与其说是对于教授的同情，不如说是人们早就已经在心目中破除了关于教授（以及高级精英知识分子）的道德神话。

五　日常生活的审美化、文学性的扩散和文学的“祛魅”

去精英化在文学形式上的冲击力表现为：纯文学的边缘化，文学性的扩散，日常生活的审美化等。我们在新世纪所见证的文学景观是：在严肃文学、

① “十年砍柴”文：《北大百年讲堂李敖来得李宇春就来不得？》，见《新京报》2005年9月23日。

② 参见陶东风：《从新浪网关于陆德明事件的评论看大陆网民的思想状况》，文化研究网（www.culstudies.com），2004-12-06。

精英文学、纯文学衰落和被边缘化的同时,“文学性”在疯狂扩散。

所谓“文学性”的扩散,可以从两个方面来理解(或者说有两个方面的表现),一是文学性在日常生活中的扩散,这是由于媒介社会或信息社会的出现,消费文化的巨大发展及其所导致的日常生活的审美化,现实的符号化与图像化等造成的。[①] 二是文学性在文学以外的社会科学其他领域的渗透。

我们要讲的是第一个意义上的文学性的扩散。

由于产业结构的变化(服务产业、文化产业的迅速兴起),出现了文化的经济化与经济的文化化趋势,文学与非文学、艺术与非艺术、审美和非审美的界限不断模糊。与农业、重工业相比,服务产业、文化产业有更突出的精神—文化含量,它的兴起使得非物质性的消费(比如视觉消费、生活方式的消费)变得更加重要。同时,生产力的发展使得人的闲暇时间越来越多,人的需求结构发生了相应变化,非实用性的审美、娱乐、休闲的需求在需求结构中的比例有所上升。除了物质商品的消费外,还出现了对符号、形象与美的消费。于是兴起了所谓“创意产业”(以出点子为职业)、“休闲娱乐工业”、“美丽工业”、“身体工业”、“精神经济”,等等。从传媒产业的发展看,大众传媒和影像产业的兴起极大地提高了图像与符号的生产能力,日常生活中各种符号和影像,人们空前重视商品的符号/象征价值。这种现象在一些名牌产品消费、时尚产品消费方面体现得尤其突出,至少在中国的大中城市中是有目共睹的。

于是,出现了纯艺术和纯文学的所谓“萎缩”与审美和艺术泛化、“文学性”的扩散齐头并进的现象。最富于神圣色彩的文学经典被广泛地戏说,广告中有优美的中外古典诗词或仿诗词(“安得广厦千万间,大庇天下白领尽开颜”,

① 目前文艺学界正在进行的关于文艺学学科边界的讨论,从一个特定的侧面——学科合法性的侧面——切入了文学“祛魅”的问题。关于第二次文学“祛魅”现象的争论原先是集中在审美和道德的层面上,比如大众文化是否是艺术,它是否表现了消费时代的道德堕落,等等。值得注意的是,今天,这个争论增加了另外一个维度:学术/学科合法性的维度。这几年文艺学界发生的关于日常生活的审美化和文学理论的边界问题的讨论,在我看来就是另外一种形式表现的“祛魅”和“护魅”的论争。也就是说,这个争论不只是学科问题,也是对文学“祛魅”现象的一种回应。关于这个问题,我在其他的文章中已经多次论及,这里就不再赘述。请参见拙文《日常生活的审美化与文化研究的兴起》,《浙江社会科学》2002 年第 1 期;《日常生活的审美化和文艺学的学科反思》,《天津社会科学》2004 年第 4 期;《日常生活的审美化与文艺社会学的重建》,《文艺研究》2004 年第 1 期。

等等),餐厅和酒吧摆满了各种艺术品,等等。

这些对于经典的戏说、改写、整形,形成了洋洋可观的所谓"大话"文艺思潮,它们是文学去精英化、去神圣化的最触目惊心的表现。艺术/审美的商品化和商品的艺术/审美化同时进行,艺术品和非艺术品之间、艺术一审美经验与非艺术一审美经验的界限越来越模糊。生活空间和审美空间之间的距离越来越小甚至完全丧失了。购物中心、超级市场、街心花园、度假胜地成为新的审美活动的主要场所(即使是精英知识分子也很少到高雅的美术馆、音乐厅去进行审美),这些场所与专门化的音乐厅、美术馆的区别在于其与日常生活空间之间的边界非常模糊。可以说,文学性的这种泛化现象构成了文学"祛魅"的最重要的经济/物质基础。

文学性的扩散可以说构成了对于"文学"、"艺术"的自主性的反动,也是文学去精英化的重要表现之一。自主自律的文学观是一个现代的建构,无论西方还是中国,"文学"一词在古代文论中都曾经包括实用功利性的作品,是"杂文学"的观念。这个建构运动是通过一系列的包含一排除(即区分)起作用的:"文学"必然要借助于对于"非文学"这个"他者"才能确立自身,同样,"纯文学"必然要借助于对于"功利性的文学"这个"他者"才能实现自我身份认同。这就是布迪厄说的"区隔"(区分和隔离)原则。这样的区隔、划界行为事实上也是文学的"赋魅"行为,因为"文学",特别是"纯文学",本来就是通过一系列的排除和划界行为维持自己的自主性、稀有性、神秘性和神圣性,这种稀有性、自主性、神秘性和神圣性达到一定程度就变成了文学之"魅";而文学性的扩散恰好打破了上述的这一系列区隔,因此对于"文学""艺术"特别是"纯文学"是致命的"打击"。

赋予文学以神圣性的纯文学观念、超功利观念本身就是历史的产物,维护文学的边界是在维护一种历史地建构的特殊文学观念,而不是在维护什么普遍的文学的真理。

六　经典的消费化、大话文学与文学的去精英化

文学经典是文学的权威性和神圣性(魅)的最集中体现。经典不仅被认为是最好的文学,而且也被奉为文化的法则和典范。正因为这样,分析经典的建构和解构,是分析文学的赋魅和祛魅的最有效方法。

"祛魅"的时代也必然是一个反经典的时代。比如"五四"。五四新文化运动是很典型的"祛魅"运动:祛传统文化之魅,祛儒家之魅,祛孔夫子之魅。当时的文化激进主义者与文化保守主义的斗争就表现为祛(传统文化之)魅和护(传统文化之)魅的斗争。保守主义者竭力维护传统文化经典的权威性,他们深知要保守传统就不能不维护经典。因为经典是储存传统的仓库。在以传统为主导的中国古代,士大夫阶层对儒家经典的尊奉赋予了经典神圣的权威性(魅),这种赋魅行为、敬畏态度在接受方式上集中体现为一种绝对忠实于原文的背诵方式。背诵实际上一直是中国古代文学教育乃至整个人文教育的基本途径,是精英文化的基本"护魅"手段,当然也是文化—权力规训的重要方式。与此相应,近现代激进主义知识分子对传统的反叛就从"离经叛道"开始,也就是对经典的"祛魅"。康有为经过"考证"把许多重要的儒家经典指斥为"伪书";顾颉刚辨古史的目的也是为了通过颠覆经典来反传统。鲁迅《狂人日记》中那个"狂人"的觉醒,居然开始在中国传统经典上读出了两个字"吃人"!这些不都是典型的祛魅行为么!

如果说,我们必须在中国现代启蒙主义的文化价值建构以及相应的现代民族国家建构的现代性语境中理解人们的"祛魅"行为(有点类似西方世俗化转型时代的宗教的"祛魅"),那么,到了今天这个中国式的消费时代,经典的"祛魅"就表现为经典的消费化和快餐化。五四启蒙知识界对经典的祛魅态度虽然偏激,其动力却来自真诚的变革愿望与强烈的社会文化使命感。这种对于经典的"祛魅"丝毫不带有商业动机与物欲色彩,祛魅是以现代启蒙主义价值理想的建构为正面的肯定性内容的,从而使之免于滑向虚无主义和犬儒主

义；而所谓20世纪90年代以降的经典祛魅(消费化)思潮，指的是在一个中国式的后现代大众消费文化的语境中，文化工业在商业利润法则的驱使与控制下，迎合大众消费欲望，利用现代的声像技术，对历史上的文化经典进行戏拟、拼贴、改写，以富有感官刺激的与商业气息的空洞能指(如平面图像或搞笑故事)，消解经典文本的深度意义与艺术灵韵，撤除经典的神圣光环，使之成为大众消费文化的构件与装饰。一个是政治意义上的祛魅，一个是消费意义上的祛魅。贝多芬的《命运交响曲》被用作音响产品广告的开头曲；各种宗教偶像被制作成商品在各个旅游景点出售(甚至有印制在文化衫上)；巨幅的《蒙娜丽莎》复制品被用作瓷砖广告挂在北京街头。还有各种各样的电影、电视剧在肆意地戏说历史、改写经典。

这些对于经典的"祛魅"形成了洋洋可观的"大话"文艺—文化思潮(一种新的文化类型，即所谓"大话文化")。从其创始人周星驰的《大话西游》，到最近出版的林长治的《Q版语文》，大话文艺的风潮几乎横扫古今中外各种文化与文学经典。其中既包括中国与西方古代的传统文学经典如《红楼梦》(如漫画版《红楼梦》)、《西游记》(除了《大话西游》还有《悟空传》、《沙僧日记》等)，也包括解放后创作的革命文艺经典如《林海雪原》、《红色娘子军》等所谓样板戏。《Q版语文》更是用模拟语文课本的方式把中学语文教科书中的那些所谓"范文"(如《孔乙己》、《荷塘月色》、《卖火柴的小女孩》、《愚公移山》等)大大地戏弄了一番。

当我们带着思想史研究的兴趣来讨论大话文艺/文化的时候，我们关注的首先是经典"祛魅"与90年代以来消费主义的关系，大话文艺很典型地表征了文化经典和文化权威在我们这个消费主义时代的命运。

大话文艺的基本文体特征，是用戏拟、拼贴、混杂等方式对传统或现存的经典话语秩序以及这种话语秩序背后支撑的美学秩序、道德秩序、文化秩序等进行戏弄和颠覆。在大话文艺中，经典不但不再是高高在上的膜拜对象，相反成为一种可以被偷袭、盗取的文化资源，其"魅"已经荡然无存了。

在"祛魅"的过程中，经典的作家、作品以及被时间和传统所固定了的文本意义与阐释符码，被彻底颠覆。"祛魅"也是一场文化的斗争：一方是对大话文艺持激进批判态度的文化守成主义者（教师、家长与教育部门），他们竭力护魅：维护经典的权威性和规训权力（不管是它的美学权力、意识形态权力还是其他权力）、限制经典的文化用途；而林长治等“大话一代”则通过大胆地篡改、戏说经典而祛魅（冒犯权威）。这种祛魅行为几乎指向文本的所有方面。人物、情节、时—空关系、话语方式，无不可以自由篡改。司马光砸缸后可以流出来有七个小矮人、圣诞老人、兔巴哥、机器猫、刘老根、西瓜太郎、流氓兔以及李亚鹏……，《背影》中的老爸会唱“快使用双截棍，哼哼哈嘿！飞檐走壁莫奇怪，去去就来！”《荷塘月色》里的“我”居然希望在荷塘看见MM在洗澡。大话文学继承了狂欢文化的精神，打破时间、地点、文化等级的限制，把古语和今语、雅语与俗语、宏大话语和琐碎话语随心所欲地并置在一起，组成话语大拼盘。“圣诞老人”、“兔巴哥”、“机器猫”、“刘老根”、“西瓜太郎”、“流氓兔”、“李亚鹏”，这些人物符号分别来自原先被截然划分的精英文化和大众文化，现在它们统统被抽离了原来的语境，跨时空、跨等级地拼贴在一起。什么白雪公主“爱穿着高叉泳衣去打猎”；什么卖火柴的小女孩成了时髦的促销女郎，贾宝玉竟然对贾政的丫环说“你别跟着我，我要去上网”。“爽”、“酷”、“MM”、“东东”、“886”之类的“新新人类”专用词语比比皆是。

大话文艺与大话文化的流行可以看做是当代人，特别是青年人一种非常典型的文化心态的表现：世界上没有神圣，也没有权威与偶像；一切都可以戏说、颠覆、亵玩。这是比“五四”时期还激进的“祛魅”，而且它祛的不仅是传统文化的魅，也包括现代精英文化的魅和革命文化的魅。

我们不能不承认：大话一代的这种“祛魅”精神——怀疑、叛逆精神——对于防止盲从和迷信权威是有积极意义的。但是也应该看到，一味地游戏、戏说的态度是一把双刃剑：它一方面消解了人为树立偶像、权威之类的现代迷信、现代愚民的可能性；但是另一方面，这种祛魅行为及其所代表的叛逆精神或怀疑精神由于采取了后现代式的自我解构方式，由于没有正面的价值与理想的支撑，因而很容易转变为批判与颠覆的反面，一种类似犬儒主义、虚无主义的人生态度。犬儒主义者想象力非常丰富、聪明绝顶，但是又玩世不恭、从来不认为世界上有什么值得献身的崇高价值。他们敢于嘲弄一切精神界的权威，却未必会去触及现实中的敏感问题，小心地避免真正的强权与压迫力量。历史与现实都证明：由于没有“非如此不可”的信念，犬儒主义与虚无主义者无法形成对权力的建设性对抗。①

七　众声喧哗背后的无聊及其社会根源

“犬儒主义”与“虚无主义”倾向恰恰与文学的第二次“祛魅”现象同时出现，这个问题必须引起我们的高度重视。在分析这个问题的时候，我想强调的是，第一，尽管我对文学“祛魅”现象（以及相关的大众文化消费文化、日常生活的审美化、文学性的扩散、经典的消费化等等）在学术上给予充分重视，或者说肯定其学科合法性，但这决不意味着对它的价值上的肯定。相反，我对于文学的去精英化现象一直持有深刻的反思态度。第二，与抽象的道德理想主义和审美理想主义的批判不同的是，我想引入具体的社会政治批判的视角来看待文学去精英化现象（以及相关的大众文化消费文化、日常生活的审美化、文学性的扩散、经典的消费化等等）。

如上所述，90 年代初中期的精英知识分子对于大众消费文化的批判是从审美主义和道德主义的角度出发的，它高扬“人文精神”、“超级主体”等宏大话语，但是这些话语是抽象的、大而无当的、不得要领的。与这种批判相反，我特别要强调政治批判的重要性。政治批判不同于 90 年代精英知识分子的抽象审美批判和道德批判，而强调对于导致文学“祛魅”现象出现的中国的具体社会文化语境的分析，对文学的“祛魅”的政治效果的分析。

一个特别明显却常常被有意无意地忽视的事实是：文学的去精英化是与全社会的政治冷漠的弥漫、消费主义的高涨、娱乐工业的畸形发达、精神价值的真空状态联系在一起的。中国式的畸形消费主义的特点是：政治上的冷漠和经济、物质上的消费主义、生活方式上的享乐主义同时并存。如果说“文革”

① 关于大话文学的更加详细的探讨，请参见陶东风：《大话文学与当代中国的犬儒主义》，《天津社会科学》2005 年第 3 期。

时期的政治化社会是一个全面限制和剥夺公民的各个方面自由(包括政治的、经济的、消费的、文化的和娱乐的等等)的社会,奉行禁欲主义,人的整个生活都单调乏味,死气沉沉;那么,今天的畸形消费社会的特点则是有限度、有选择地开放某些方面的自由、增加某些方面的权利,鼓励私人生活中消费和娱乐维度的所谓“个性”和“自由”。

一方面是消费领域和娱乐领域的开放以及媒体为进入、参与这些领域提供的便捷,另一方面则是大众在政治领域以及其他重大的公共事务领域的参与仍然存在相当大的限制。这样,大众常常自觉或不自觉地把自己的参与欲望发泄在(也只能发泄在)娱乐与消费领域。这种分裂(政治领域和消费、娱乐领域的分裂)和双重意识(即对于哪些领域有自由,哪些领域没有自由的意识)的结果,就是沉溺于所谓“消费自由”的人们在生活方式和心理上表现出强烈的犬儒化(怀疑一切、得过且过、及时行乐)、无聊化(“干什么都没有意思”,“没劲”,“懒得离婚”等等)倾向。这与80年代沉重的精英文学无疑形成鲜明的对比。在精英文学统治的时代,大众很少参与,只是听众,而在今天的消费文化时代,大众(主要是青年一代)在技术上有了表达自己的机会,但是由于非技术的原因,他们的表达和参与依然被限制在一个专门划出来的消费娱乐领域。

关于犬儒,我在别的文章中已经进行了比较详细的分析,这里想说说无聊。与犬儒一样,“无聊”也已经成为理解当今中国文学与文化的关键词。一方面,因为消费文化的发展,娱乐工业的发展,文化和文学在特定角度看民主化了;但是另一方面,依然存在的言论受制性又使得拥有这些机会的人不能讨论严肃的重大而又敏感的公共政治问题,无法表达真正另类的社会文化观念,他们不能不对很多敏感的问题保持沉默。他们不相信官话、假话、大话、空话,却又不能直接表示自己的不信和反抗,相反,在某些场合还必须违心地重复这些东西。只能沉溺于无聊的游戏和自我表现之中的人们,最后自己也不能不变得无聊,变成这个无聊世界的无聊成员,一起与无聊的人们玩无聊的游戏。时间长了还会可悲地把它看做是真正的自由。

一些批评家已经注意到了当前文学艺术和文化活动中的无聊化倾向。比如有批评家指出:贾平凹作品《秦腔》中充满了无聊琐细的日常生活描写,庸俗和琐碎[①];也有批评家认为,韩东的《扎根》中的人物"不再负有否定和解构'文革'的价值功能,也无意再寄生于'干预生活'或'改造国民性'等传统的文学命题之上。他们苟且偷生,敷衍世事,为邻里小事而翻脸折腾,勾勒出一幅活生生的人间世相图。"[②]但这些批评家对此的解释是却是艺术创作学的视角:比如"生活资源枯竭"、"叙事经验贫乏"、"丧失把握生活的思想能力"等等,这样的解释在我看来依然不能切中要害,找出无聊产生的社会原因。

当前的文学和文化的无聊化到底到了什么程度?我想提供两个例子。一个是周涛的狗散文系列,另外一个是所谓"芙蓉姐姐"现象。

周涛在新世纪推出了"狗散文系列",写狗的"日常生活",其中的《包包趣闻录》有这样一首"结尾诗":

啊啊呜呜兮呜呜啊啊,
包包可爱兮把人爱煞;
一只黄犬兮黄犬一只,
游戏草坪兮不赏桃花;
哼哼唧唧兮唧唧哼哼,
包包年少兮少年英雄;
乳虎啸谷兮试翼鹰隼,
威加四方兮力能拔鼎。
伊儿呀呀兮呀儿伊伊,
包包心中兮月朗星稀;
是敌是友兮分不清晰,
只要你认兮一认到底。

极度的虚妄无聊、萎靡不振,是鲁迅先生批评的"哼哼唧唧派",可以概括

---

① 参见李建军:《是高峰还是低谷——评长篇小说〈秦腔〉》,文化研究网(http://www.culstudies.com),发布时间:2005-07-07 13:21:12。

② 参见程光炜:《姿态写作的终结与无姿态写作的浮现》,《文艺争鸣》2005年第4期。

为“三无”:无聊、无耻、无行。[1] 中国人的宠物崇拜实在也是后极权社会中的一个畸形的现象,为了自己宠爱的猫狗居然可以残酷殴打他人甚至可以杀人。一方面是人情冷漠、政治冷漠,对各种人类、同胞的灾难置若罔闻,另一方面却变态地迷恋宠物,达到了匪夷所思的程度。周涛散文中赞赏地写到爱狗者言:“你知不知道我现在什么时候是幸福时刻?每天我为我的两个狗儿子抓屎抓尿的时候,是我最开心幸福的时刻。我是心甘情愿乐于为它们服务!”

另外一个无聊化的例子是“芙蓉姐姐”现象。

新浪网曾经对“芙蓉姐姐”现象产生的原因进行了一次调查,结果如下:

问题一:你为什么会成为芙蓉姐姐的“粉丝”(关注、支持者)?

回答:没什么道理,只是觉得她满好玩,79.54%

因为我欣赏她反世俗的勇气,14.85%

因为我欣赏她的容貌/身材/气质,3.29%

因为我羡慕她。老实说,我也想象她那样红,她是我们的偶像和先驱 2.32%

问题二:你觉得她适合做什么样产品的代言人?

回答:打发无聊的娱乐服务产品,47.22%

时尚用品,19.44%

私密产品,16.67%

个性化产品,8.33%

日常用品,8.33%

在我看来,这个调查结果透露的文化信息非常丰富、非常值得我们玩味:我们这个时代是一个无聊的时代,无聊的人们在玩无聊的游戏,无聊的大众在拿一个无聊的人开心。那么是什么东西使得我们大家集体无聊呢?

可以说,芙蓉姐姐无论其人还是其文,本身都没有任何值得炒作的价值。

---

① 王兆胜:《折翅与坠落——谈周涛近期散文的价值迷失》,《文艺争鸣》2005 年第 4 期。

一个其貌不扬的女性，在网络上写了一些自我吹嘘与自我表现的、自恋和扭捏作态的文字。这里只选择两段最有代表性的文字。一段是她的“自画像”：“我那妖媚性感的外形和冰清玉洁的气质让我无论走到哪里都被众人的目光‘无情地’揪出来。我总是很焦点。我那张耐看的脸，配上那副火爆得让男人流鼻血的身体，就注定了我前半生的悲剧。”另外一段是她的择偶标准：“最喜欢的GG的类型：高大，身高180cm以上；阳光，笑起来一口雪白的牙齿；倒三角的身材，宽宽的肩膀细细的腰，翘翘的臀部长长的腿，最好有二尺一的腰围。才艺学识和我旗鼓相当(如果比我高更好)，长相气质和我不相上下。这种GG自然是精品中的精品，但是也只有这样的GG才和我般配啊，所以我至今没有谈恋爱，不过我不着急，造物主既然能创造出我这么优秀的MM，哼哼哼，就一定有属于我的优秀的GG在等着我，嘻嘻嘻。”

一个内心充实的人，一个忙于自己有意思有价值的事务的人，大概不会对这些无聊的文字感兴趣。事实上，正是无聊的公众选择了让“芙蓉姐姐”蹿红。网友们把“芙蓉姐姐”的履历、“芙蓉姐姐”的言论、对“芙蓉姐姐”的评价等等贴到BBS供大家“讨论”，实际上是供大家开心。这种心理被有些人叫做“望着丑娃娃开心”。有人已经注意到这样的问题：为什么从高级知识分子到整个社会，都会一边斥责着“芙蓉”的无聊，一边自己又无聊地成为为其添柴煽风的“看客”呢？有评论者解释说，“我们的时代具有阶段性的无聊特征，随着物质的丰富、传播方式的变化，社会的宽容度增加，我们正在经历一个从‘去个性化’向‘个性化’时代转变的茫然时期。‘无聊’作为一种阶段性的特征一直被我们所忽视。”①

这个观点虽然看到了芙蓉姐姐现象与无聊的关系，但是对无聊的解释却是肤浅的、表面化的。首先，物质的丰富、传播方式的变化与无聊有必然关系么？回答应该是否定的。众所周知，物质比中国更加丰富、现代传播比中国更加发达的国家多的是，但是无聊感的蔓延却是一个颇具中国特色的现象(就是在1989年前的中国也没有这种情况)。这说明无聊感的蔓延必定具有更加深

① 参见《触摸芙蓉姐姐背后的大众“无聊”心理》，时间：2005-09-21 14:09:24 来源：华夏心理网。

刻的社会文化原因。

至于"社会宽容度的增加"云云就更是具有误导性的、似是而非的说法。什么是宽容？哪方面的宽容？对什么事情的宽容？宽容是对于各种异端观念和异端行为的容忍，特别是对各种涉及社会体制、意识形态等根本问题的异端的宽容。我们要问：对一些事关社会体制和意识形态根本问题的"异端"(而不仅是那些"奇装异服者")，我们社会的宽容度真的很大了么？显然，我们虽然可以发现对于大众的消费方式、娱乐方式的"宽容"度的确是在增加，但是在消费、娱乐以外的许多领域，禁区仍然存在并实质性地发挥作用。更加重要的是：宽容度的增加应该使人们活得充实，感到生活充满意义，因为当一个人能够按照自己的意愿选择生活理想和生活方式，全面自由地表达自己对于社会、人生各种问题的看法的时候，他应该感到自身价值的实现，怎么会反而导致无聊呢？事实很清楚：正是在一些根本问题上的不宽容和受制性，加上在一些无关紧要的消费领域的"宽容"甚至纵容，使得大众的潜能被有意识地引导到无聊的娱乐和消费领域。

最后，认为"我们处于一个从'去个性化'到个性化的茫然时期"的说法也是颇为可疑的。说改革开放以前的中国社会是"去个性化"的时代，这是没有错的。但是说今天是一个"个性化的茫然时期"是经不起推敲的。首先，个性化不一定导致"茫然"。就像宽容不会导致茫然一样，真正的个性化是个人价值的实现，它应该使人活得充实。个性是与宽容联系在一起的，没有宽容当然不可能有个性。但是虚假的"宽容"可能产生虚假的"个性"，残缺不全的"宽容"则可能产生残缺不全的"个性"。我们今天看到的情况就是属于后者。中国目前的情况是：私人消费领域的"自由"与政治领域、公共领域的自由不是同步发展的，结果产生出了没有政治意义和公共意义的、纯粹私人的所谓"个性"(实际上应该被称为消费领域的有限选择自由)。个性是与社会联系在一起的，不存在孤立的个性。比如，"五四"时期是所谓"个性解放"时期，那个时代的反传统、反权威带有解放自我和解放社会(建立一个新的社会)的双重使命，"五四"青年人反抗传统婚姻争取婚姻自主，既是解放自我和个性，也是社会革命和时代文化运动的一部分。那个时代的个性和自我追求恰恰是走出无聊沉闷的传统生活方式的表现。可见,只有改造压抑个性的社会、推翻压抑个性的制度,个性才能充分实现。个性解放和社会解放是结合在一起的,是一个硬币的两面。再比如在离我们较近的80年代,个性解放、自我表现与“五四”时期有相似之处。就拿那个时期的大众文化或大众娱乐来说,我记得很清楚的是70年代末、80年代初的时候,人们热衷于唱邓丽君的流行歌曲,看电视连续剧《霍元甲》,留长头发,穿喇叭裤,这些个性化的文化趣味和消费行为正出现在人们感到生活很充实的时候,充实的原因是:这些个性化的消费行为具有深刻的公共意义,是对“文革”时期占据霸权地位而且在当时仍余威犹存的“革命”禁欲主义的反抗,在娱乐领域的自我表达和个性选择表面上看好像只是个人的趣味表达,但其实有社会政治的意义在里面。

所以问题的关键仍然是:我们今天的所谓“个性”是什么样的“个性”,它为什么会伴随着无聊感的蔓延。如上所述,我认为对于这个问题必须从具体的环境,特别是体制环境来进行分析。现在人们虽然在娱乐、消费方面已经有相当程度的自由时间,但是却仍然有很多公共空间是封闭的,很多公共问题是不能讨论的。人们的闲暇时间除了用娱乐和消费等来填充以外几乎别无他用。于是相当多的人逐渐将自己的闲暇时间用于日常生活的打点,年纪大的一代人主要是过日子,而年纪轻的一代人则投身娱乐活动以展示自己的“个性”(这至少是大量的娱乐“粉丝”产生的重要制度性原因之一)。但是,由于这种娱乐和消费的个性和自由没有其他个性和自由的支持,或者说与其他更加重要的个性和自由脱离了有机联系,与公共领域的解放和自由脱离了有机联系,所以,它并不意味着真正的创新和参与,没有创新和参与就不能感受到“人”存在的真正意义,生活的真正意义。难道选择电冰箱、电视机的自由就是真正的自由?难道文身和穿另类的服装就是真正的个性?这些当然不是真正的个性,或者至多是残缺的个性。

这就是所谓“个性”导致无聊的秘密!

让我们回到文学与文化的“祛魅”这个主题。我从来不认为“祛魅”的文学与文化就一定是醉生梦死的大众文学、大众文化,更不认为大众天性中就没有参与公共事物的能力和兴趣。事实是,畸形的社会环境造成了人们醉生梦死的犬儒生活方式,而且这个环境绝对不是什么抽象的"市场经济"可以概括的。实际上,导致文学第二次"祛魅"的几个核心因素,如市场化,消费主义,世俗化等,都带有非常明显的中国特色。我们的文化艺术市场是被我们的制度环境扭曲的市场,而世俗化和消费主义的流行越来越显示出被人为引导和推动的性质。至于人们的无聊感更是特定的社会环境在人们心理造成的直接结果。在人的生活方式、生活态度全面犬儒化的社会,文学活动不可能不随之变得无聊化。

总之,今天的文学与文化"祛魅"了,走向大众了,民主化了,没有门槛了,没有神圣性了,但是它同时也犬儒化、无聊化了。这之间本来不存在必然的联系,使得它们联系一起的是我们生活其中的社会环境。

(作者单位:首都师范大学文学院)

论文学作品的文本分析

刘俐俐

［摘要］ 论文以白先勇的短篇小说《游园惊梦》个案分析入手，展示了叙事性文学作品文本分析这样一种文学研究方式，全面地探讨了文本分析作为一种文学研究方式的地位和性质，文本分析的对象及对象存在的样态，文本分析的路径与方法，文本分析的意义等理论问题。

［关键词］ 文本分析　叙事

一　一个文本分析的案例

白先勇的小说《游园惊梦》是《台北人》系列小说中的一篇，完成于 1966 年，是汉语读者非常喜爱的文学经典。对《游园惊梦》采用叙事学、意识流和互文性的思想及方法分析，可以发现《游园惊梦》由于采用隐喻艺术构思而形成的诗性本质。隐喻艺术构思主要依赖于《游园惊梦》与汤显祖的《牡丹亭》所构成的互文关系。《牡丹亭》中杜丽娘赏游了后花园之后颇有感悟，唱的那段“皂罗袍”：“原来姹紫嫣红开遍 /似这般都付与断井颓垣 /良辰美景奈何天 /便赏心乐事谁家院——”，是《游园惊梦》隐喻的核心。在《游园惊梦》的叙述语境中，钱夫人在南京时代那次昆曲票友们聚会，以及此次在台北昆曲票友们聚会的两次“游园”，与杜丽娘的游园形成相似性关系，一次次都在纵轴上相聚。或者说，以“皂罗袍”为核心，以戏中戏的形式，让相似的情境和人物感悟形成多次互文关系，每形成一次互文关系，其抽象的哲理意味就得到了一次提升，“皂罗袍”唱词的隐喻功能就得到了一次强化。为了形成抽象的人生哲理，白先勇在叙事视角方面采用了三个层次:第一层次,先是用第三人称俯视角叙述,全方位描绘窦公馆的豪华和铺排。第二层次,钱夫人出场后,虽然没有“我”这样的标志性第一人称叙述者出现,但是因为频繁地采用钱夫人视角,在实际上已经采用故事中人物的眼光来叙事了。于是,叙述视角发生了一个重要变化,即出现了叙事学所指出的第一人称回顾性叙事。第三层次,钱夫人的人物视角叙事。仿佛在积蓄力量。当钱夫人酒力上来,感情也蕴积到相当程度时,意识流呼之欲出:完全中断窦公馆宴请宾客唱昆曲的现实线索,钱夫人在意识流动中回到当年在南京酒席清唱会的情境中去。《游园惊梦》的圆熟精致艺术风格在很大程度上得益于后半部分采用意识流手法且转换自然。意识流本身不是艺术旨归,它的作用是为了形成戏中戏的结构关系并最终产生隐喻效应。所以,互文是《游园惊梦》的根本手法,而叙述视角的若干层次,以及意识流手法都是互文统帅下的具体手法。通过互文的根本手法形成的以“皂罗袍”为核心的隐喻,具有怎样的阐释空间呢?首先,因为互文营造了“戏中戏”,寓意人在戏中,人在演戏,人生就是一场戏,此时,人与戏的关系,已经不是哪个具体的人,哪出具体的戏了,而是普遍意义的人与戏的关系。其次,汤显祖给杜丽娘设计的“皂罗袍”唱词已经具有形而上意味。杜丽娘在游园时已经发现,姹紫嫣红开遍,原是应该让人去欣赏的,可是没有人欣赏,都白白地给予了断井颓垣。最后一句“锦屏人忒看的这韶光贱”似乎有具体所指,即批判封建礼教束缚了年轻人对青春和自然的热爱,忽视大自然的美好。但是更有深意的是,此语初步具有了康德哲学中的“物自体”的恒久不变独立存在的意味,“物”独立存在,而无论人是否意识到。“物自体”的恒久性,衬托出人世的变迁,或荣华富贵,或凋零落魄的永恒悲剧命运。具体到《游园惊梦》的叙述情境中,则是“姹紫嫣红开遍”也好,“良辰美景”也好,“赏心乐事”也好,作为客观的存在,都不固定地属于哪个地点,哪个时间,哪个人家,是永远的“物自体”,以此映照出人世的变迁和短暂,昨天得势的是钱夫人,今天宴宾客摆排场的则是窦夫人,那么明天呢?明天赏心乐事落在谁家呢?人生的悲凉意味由此生发出来。实际上这段唱词被文学创作使用次数越多,“物自体”的恒久所衬托出的人世变迁、短暂以及悲凉意味的形而上特性就越突出。作为人类灵魂的探险者和人生哲学的发现者，白先勇在形而上的探索中加进了自己的理解。再次，寓意了人永远都在游园，游园是常态，而人们又偏偏没有意识到这个玄机。游园中偶尔惊一次梦，是对人生的一次感悟，有感悟就有痛苦，所以，永远的游园伴随着梦醒时分的痛苦。因痛苦而收获。《游园惊梦》的互文性分析启示我们，在文本分析中互文性可以有更广阔的开拓空间。

我们对《游园惊梦》文本的分析是怎样一种研究方式呢？

二　文本分析作为一种文学研究方式的地位和性质

人类和文学最直接原始的关系是对文学作品的欣赏。对文学作品的审美经验是人类最基本的精神现象。“以审美态度完成的阅读”是人类重要的基本的阅读，在这种阅读中，“文学的艺术作品及其具体化不再是某种其他目的的工具而是成为读者的活动，尤其是他的意识和意识活动的主要对象”。[①] 人类和文学作品的这种关系，确认了人类的主体性质和特点，即这种欣赏活动的根本性目的是为了欣赏者自己的主观愿望。欣赏者对作品的喜爱是基本前提，被其感染、激动，浮想联翩为其特点。文学欣赏在人类和文学的关系中显示出最基础最本真的性质。

以文学欣赏为基础，人类开始文学研究活动，截至目前为止，人类对于文学研究的方式有很多种，中西方大致差不多，主要有文学史研究、文学思潮史研究、以作品为核心的作家论研究活动、与时代同步的文学评论等几种。

(1) 文学史研究是文学发展并丰富到相当程度之后的研究方式。文学史的主要任务是力求准确地描述和概括文学发展的线索和面貌。其基本方式是将散落的文学现象，作家作品，按照一定的文学观念，通过比较性的研究，排列出一个序列，给予其特定的文学史地位。首先，评价性是文学史工作的主要性质。文学史研究对于具体作家的评价立足在该作家全部重要作品的搜罗和概

---

① 英伽登：《对文学的艺术作品的认识》，陈燕谷、晓未译，中国文联出版公司 1988 年版，第 180 页。

括基础上。比如,由戈宝权任特约顾问,易漱泉、雷成德、王远泽为编辑小组编著的《俄国文学史》(湖南文艺出版社 1986 年版)的"第十九章契诃夫"中分别用四节介绍了契诃夫的"生平"、"短篇小说"、"《草原》、《第六病室》和《套中人》"及"戏剧"。在第二节"短篇小说"中写到:"契诃夫的短篇小说,是世界文学宝库中灿烂的珍珠。在他短短的一生里,写了七百多篇短篇小说,塑造了大约六千个形态各异、个性鲜明的人物形象。通过这些人物的活动,作家绘声绘色的笔触深入到俄国社会各个角落,广泛而深刻地反映了整整一个时代的风貌。俄国短篇小说这种体裁,到契诃夫创作的年代,发展到了高度成熟、极为完美的地步。他的一系列丰富多彩、美不胜收的短篇小说,是他对俄国文学和世界文学的最大贡献。"显然,这个评价是在对契诃夫全部作品概括基础上得出的。其次,比较是文学史研究的原则和基本方法。任何一位作家的定评都是与其他作家相互比较中得到确定的。比如,李白和杜甫在中国文学史中均占有一章的地位,是在与初唐四杰、杜牧、王勃、王昌龄等诗人比较的基础获得的。再次,比较的原则随着文学观念的改变也会发生变化,比如,在游国恩等主编的人民文学出版社 1963 年版的《中国文学史》中,诗人李商隐没有专章。而到了由袁行霈主编、高等教育出版社 1999 年版的《中国文学史》第二卷则发生了变化,李商隐和李白、杜甫、白居易与元白诗派处于同等文学史地位,提升到独占一章的文学史地位。一般说来,文学观念、比较和选择原则等发生变化和调整必然会提出重写文学史的要求。

(2) 文学思潮史研究在表面看来没有内在联系的一些文学思想、文学创作现象中发现具有连续性的思想潮流,描述其走向且给出历史性评价和理论说明。比较是文学思潮史研究的基本原则和方法。文学思潮史研究以评价性为主,分析性次之。这种研究方式最典型的著作是丹麦的勃兰兑斯(George Brandes,1842—1927)的《十九世纪文学主潮》。这部六卷本的著作,是对欧洲从 18 世纪下半叶开始到 19 世纪上半叶这样一个从前现代向现代转变时期的法、德、英三国文学中"一个带有戏剧的形式与特征的最重要运动的发展过程"的著述。在该书中,勃兰兑斯以文学思潮的发展演变串联起这三国作家和他们的创作。在宏阔的视野中,作者运用心理分析、比较和相互联系的方法,对作家和他们的作品给予了精到的品评。文学思潮史的研究在我国现当代文学领域有许多重要的著作,比如,朱寨主编的《中国当代文学思潮史》(人民文学出版社 1987 年版),谢冕主编的《百年中国文学总系》(山东教育出版社 1998 年版)。以后一本书为例,其研究方式是选择从 1895 年以来具有重要意义的若干年份(例如 1921 年,1942 年、1948 年等)进行描述,以这些关键性年份所发生的文学变化,把百年文学进展贯通起来,总系丛书整体为撰写更具有科学性的、深入的中国现当代文学史打下了扎实的基础,同时就总系中的任何单本著作来说,都是对当代文学发展过程中某些重要阶段的深入研究。

(3) 以作品为核心的作家论研究是个案性质的批评。它以对作品细致分析和批评为核心,但最终结论落脚在作家定位和评价。比较是其研究的基本思路和主要方法。作家论研究以特定的文学观念为依据,在比较中确定作家的地位。这种研究方式中最典型的著作是利维斯(F. R. Leavis, 1895—1978)的《伟大的传统》(*The Great Tradition*)。利维斯以知人论世的方法和比较的途径,对于作家及其代表作品加以洞幽烛微的分析,并且以此为基础描绘出英国文学的"伟大的传统"。利维斯在比较中确认了所谓的小说大家,即乔治·艾略特、亨利·詹姆斯、约瑟夫·康拉德三位小说作家,认为"他们即是英国小说的伟大传统之所在"①。利维斯的文学观念为,小说必须对人类的道德抱有关怀。法国文学史家和文学批评家朗松(Lanson, Gustave, 1857—1934)也是这样的文学研究者。我国自现代以来对于中国古代和现代作家所做的大部分研究,都属于这类研究,比如,赵逵夫的《屈原与他的时代》(人民文学出版社 1996 年版)在古代典籍中钩稽关于屈原及其相关史料,以进一步阐明屈原生平及其时代的著作,这是典型以文本为核心的作家论研究。

(4) 与时代同步的文学评论主要从文学社会功能的角度来评价和评论文学作品和文学现象。该种文学评论关注新近出版和发表的文学作品在当下社会文化和人们精神生活中产生的影响,对于社会进步和文学发展的意义等,较多从功用角度品评判断。文学评论一般以社会学方法为主,侧重评论而不注

① 利维斯:《伟大的传统》,袁伟译,三联书店 2002 年版,第 45 页。

重分析，并不执意追求学理性。我国当下发表于各种刊物和报纸上的跟踪性的文学批评文字大多属于这种研究方式。

综上梳理所获共识：第一，侧重于宏观文学及文学思想发展脉络、侧重作家创作和地位、侧重社会功能等方面的研究任务，都有相应的文学研究方式来承担。人类文学研究方式承担起了对于文学活动从作家到作品到读者各个环节的研究。第二，还有需要研究的领域需要特定的方式加以研究。这个问题来自如下思考：文学史上已有较高地位的作家的某部优秀作品的艺术构成及其特性，在哪种方式中予以研究呢？或者说，以具体的优秀作品为对象，探索和总结其中的艺术特性乃至进而获得对于其所属的文体的具体细致把握，这样的任务如何完成呢？显然，这不是简单的评价问题，或者说评价任务已经结束，继之而来的是分析的任务。那么，难道从来就没有理论家们涉足这样的研究吗？回答是否定的。让我们从西方文学批评中的一个现象入手：法国经典叙事学家热拉尔·热奈特在《叙事话语 新叙事话语·绪言》中开篇就说："本书研究的特定对象是《追忆似水年华》中的叙事。""和一切作品、一切肌体一样，《追忆》由普遍的或至少超越个别的要素组成，它把这些要素集合成特定的综合体，独特的整体。分析它，不是从一般到个别，而正是从个别到一般。……我在此提出的主要是一种分析方法，我必须承认在寻找特殊性时我发现了普遍性，在希望理论为评论服务时我不由自主地让评论为理论服务。"[①]热奈特从评论《追忆》入手，得到的却是《叙事话语 新叙事话语》这样的经典叙事学的重要理论著作。此即评论为理论服务。仅就我所阅读过的由对普鲁斯特的《追忆似水年华》的评论而升华为对于理论问题探讨的西方学者的著作就有瓦尔特·比梅尔(Walter Biemel)的《当代艺术的哲学分析》、美国著名的叙事学家希利斯·米勒(J. Hillis Miller)的《解读叙事》(*Reading Narrative*)中的第十二章以《追忆似水年华》为对象讨论"错格的谎言"。但是，这些著作，目前都是作为文学理论著作被认定的，并没有作为一种研究方式获得充分认识。

① 热拉尔·热奈特：《叙事话语 新叙事话语》，王文融译，中国社会科学出版社 1990 年版，第 4 页。

文本分析可以承担上文提出的特殊任务，也就是说，文本分析具有其他文学研究方式所不可替代的作用。我们暂且试探性地为文本分析下一个定义：文本分析作为一种文学研究活动，以优秀的文学作品为研究对象，探寻文学作品艺术价值形成的原因和机制。这种文学研究活动强调自觉方法意识，采取与文本相应的方法，对文本进行学理性分析，在分析中自然地转换对于文学作品的审美评价。从研究者主体角度来看，其目的与文学鉴赏迥然有别。如果说，文学鉴赏的目的是为了阅读者自己的愉悦，那么，文本分析的目的则是探索研究文本的艺术价值。这种文学研究方式，从研究对象角度来看，是以文学作品的艺术效果为基本前提的，也就是说，当文本分析工作开始的时候，已经是以认可了这个作品是值得分析为前提的。从文本分析的工具和方式的角度来看，由于文本分析是一种充满着理性的、对应着具体文学作品的、并且具有明确目的的研究活动，所以，工具即方法作为中介贯穿在研究者主体和研究客体之间。

三　文本分析的对象及对象存在样态

分析艺术价值构成的机制，潜在的逻辑是以优秀文学作品即文学经典为分析的对象。

文学经典是在文学史上经受住历史考验，被普遍认可的重要文学文本/作品。文学经典固然借鉴已有优秀文学的经验和成就，但是创造性远远大于借鉴性。这些文学文本/作品因艺术上的创新和成熟而成为经典。文学经典形成的原因很复杂。除去时代、文化、意识形态等外在原因之外，文学经典必然还有独属于文本自身的特性，也就是创新和成熟的因素。这些因素和特性值得研究。文学经典作为精神文化资源的体现在：其一，滋养人们的精神。文学经典作为人类感情的库存，其中蕴涵的人类感情丰富而且多样。伽达默尔(Hans-Georg Gadamer)在《真理与方法》(*Truth and Method*)中认为，历史流传下来的文物、传统哲学、经典文学等，都是历史流传物，这些东西一定能够向我们传递一些信息，并且具有教化功能，其教化功能通过历史流传物自身蕴涵的人性的、普遍精神的有效张力而实现。历史流传物在流传过程，不断被加进去新的理解，新的理解不断地被融合到这些流传物中去，丰富着这些历史流传物。文学经典对于人们精神的滋养是其他文化形式不可替代的。其二，文学经典对于文学理论的价值。从文学经典中总结文学理论，是文学理论发展的重要途径。我们在前面已经提及过法国经典叙事学家热拉尔·热奈特的《叙事话语·绪言》的研究方式。《追忆似水年华》的叙事现象非常丰富，出现了一些以前叙事性文学作品中没有出现过的创新的手法，可以从中提炼和概括出来普适性的理论，推进理论发展。由此，热奈特才说："我觉得不可能把《追忆似水年华》当做一般的叙事，或自传体叙事，或天知道什么别的等级、类别、种类的普通例子来处理：普鲁斯特叙述的特殊性从总体上看是不可缩减的，任何推论在这里都将是方法上的失着；《追忆》只说明它本身。但另一方面，这种特殊性并非不可分解，从分析中得出的每一个特点都可以进行对照、比较或展望。和一切作品、一切肌体一样，《追忆》由普遍的或至少超越个别的要素组成，它把这些要素集合成特定的综合体，独特的整体。分析它，不是从一般到个别，而正是从个别到一般……"《叙事话语 新叙事话语》在文学理论中的学术价值已经表明，《追忆似水年华》不仅对文学作出贡献，而且对文学理论也做出了巨大的贡献。张爱玲的《金锁记》已经成为中国现代小说的经典文本。笔者曾经在《"金锁"隐喻与诗性的故事——张爱玲〈金锁记〉的文本分析》一文中对其做过文本分析。发现故事情节设计明显地呈现为平衡结构，即曹七巧吸收聚集恶与释放恶的两个阶段所组成的完整过程是一个平衡结构。人物的形象就在这个结构中臻于完成。表层叙述结构来自深层原因，深层原因就是曹七巧在这个平衡中运行的动力究竟是什么？此外金锁意象在表层结构与深层结构的形成中也起到了非同凡响的艺术效果。而以往的文学理论对于这些问题尚未做出很好的回答。① 这些现象都印证了文学理论的诞生脱离不了具体的文学现象，任何一个理论命题的诞生都有特定的原始语境。文学经典对于

① 详见刘俐俐：《中国现代经典短篇小说文本分析》，北京大学出版社 2006 年版。

文学理论的价值有待于深入开掘。

确认对象的存在样态，是文本分析的基础。文学经典即文学作品存在样态是怎样的呢？关于文学作品存在方式问题，中西方学者曾经不约而同地深入探讨过。西方20世纪文论中，波兰现象学家英伽登(R. lngarden)在《文学的艺术作品》和英美新批评理论家韦勒克(Rene Wellek)、沃伦(Austin Warren)在《文学理论》中，都大同小异地提出了文学文本的层次结构问题；加拿大文学理论家弗莱(Northrop Frye)《批评的解剖》中则提出了相位的理论，从若干层面进入对文本的思考；中国公元5世纪南北朝时的刘勰的《文心雕龙·知音》篇中提出"先标六观"的思想，认为文学批评可以从六个角度进行。这些理论依据不同哲学体系基础，对于文本或者是从若干层次构成的结构，或者从诸多侧面加以把握。

从理论的共同点来看，英伽登和韦勒克、沃伦可以看成是一个理论平台上的理论家。作为现象学派的理论家，英伽登虽然师从胡塞尔，但是他不赞成胡塞尔的先验唯心主义，他希望确立独立于意识的实在世界的存在，而反对把知识的基础建立在纯粹的意识之上，并进而认为，我们认识对象的方式取决于它的存在方式与结构形式。英伽登首先排除了对文学作品存在方式的物理主义思路和心理主义思路，以此为基础提出"文学作品是一个多层次的构成"确证他的文学作品是以结构的方式存在的思想。韦勒克和沃伦在借鉴英伽登思想基础上，对于作品层次的归纳如下：第一层面，声音层面，谐音、节奏和格律。第二层面，意义单元，意义单元决定文学作品形式上的语言结构、风格与文体的规则。第三层面，意象和隐喻，这是所有文体风格中可以表现诗的最核心的部分。由这部分转换成第四层面，也就是存在于象征和象征系统中的诗的特殊"世界"，他们把这样虚构的、象征和象征系统称为诗的"神话"。

加拿大原型理论家弗莱则远距离地从宏观视角来考察文学作品。弗莱从意义和叙述这两个互相联系的方面对文学作品进行层次分析。他首先把文学艺术界定为"假设性的语词结构"，然后提出文学作品具有五个关联域，他称之为"五个相位"。分别为文字相位，也就是文学作品内部各词语和各象征间的关系，意义是内向的和含混的。描述相位，也就是文学作品对外部世界的描述、论断和教诲作用,意义是外向的、明晰的。形式相位,也就是文学作品作为一种假设性的语词结构对它所模仿的自然和真实命题的关系。在最接近真实的事实的一极和最虚构的一极之间,存在多种具有差别的类似于过渡色一样的形式。神话相位,这是文学自身的继承关系的体现,于此相位弗莱提出了文学原型的概念。总解相位,也就是文学作品同全部文学经验的关系,这是一个原型比较集中的阶段,多种原型密集地形成一个"原型中心",反映了人类普遍的经验和梦想。

刘勰《文心雕龙·知音》篇中的"六观"的思想早在公元5世纪就聚焦在20世纪西方学者关于文本结构性存在这个问题上。关于"六观",刘勰说:"是以将阅文情,先标六观:一观位体,二观置辞,三观通变,四观奇正,五观事义,六观宫商。斯述既形,则优劣见矣"。[①] 刘勰认为,六个方面与文学作品整体具有机联系。六个方面是可以进入文学作品的路径,在"面面观"中可以获得对文学作品整体的把握。"位体"基本是作品的题材风格与作品内涵、主题相互协调适应的问题。"置辞"基本是作品的语辞,用字修辞的问题。"通变",基本是文学作品对传统的继承和创新的问题。"奇正"基本是肯定以正驭奇,也涉及正统与新奇的问题。"事义"基本涉及作品中的材料、人物、事物等种种内容,以及典故的运用问题。"宫商"基本涉及的是作品的音乐性问题。

总括韦勒克、沃伦、英伽登、弗莱和刘勰关于文学作品的多层次立体结构或者面面观思想,可以概括他们对文学性存在于诸多层面的见解。这大致可以表述为文学作品存在于一个有语言构成的多层次的立体的结构中。各个层次分别为:1. 语词所具有的语音和语义。2. 句子和句子所组成的意群,这是重要的贮存文学性之所在。3. 已经形成的形象或者意象及其隐喻,其中已经具有了形象和比较完整的意义。4. 文学作品的客观世界。这是存在于象征和象征系统中的诗的特殊"世界"。5. "形而上性质"(崇高的、悲剧性的、可怕的、神圣的),这虽然不是以阅读可能意识到的对象样式而直接出现的,但是也是生成文学性的因素。

---

① 刘勰:《文心雕龙》,范文澜注,人民文学出版社1978年版,第715页。

确定文本多层次立体结构的存在对文本分析的意义在于：第一，为文本分析从“多层次的立体结构”来探索艺术价值构成开拓了思路。第二，确定层次性存在，可以采用各种方法分析不同的层次，并且在文学作品的各层次间进行对话和交往，形成批评话语的间性。也就是意味着拓宽了文本分析方法介入的空间。

那么，为什么叫做文本分析而不叫做作品分析呢？确实，文学经典是文本分析的主要对象，文学作品多层次的立体结构存在着，是一个假设性的语词结构。那么，既然文本分析是不同于文学史研究、文学思潮史研究、以作品为核心的作家论式研究以及其他一般文学评论的一种特殊的研究方式，那么，在另外一个维度上，即从文学活动的全部过程中如何界定作品呢？这就需要辨析作品和文本的关系。也就是说，要回答为什么叫做文本分析。作品和文本的区别及联系何在？罗兰·巴特的一篇论文《从作品到文本》[①]是我思考的主要借鉴材料。罗兰·巴特认为：作品是感性的，拥有部分书面空间（如存在于图书馆中）；文本则是一种方法论的领域。文本是基础，依据文本进行想象的产物就是作品，也就是文本被阅读就成为作品了。文本是对符号的接近和体验，作品则接近所指（signified）。也可以认为，作品自身作为一般符号发挥作用并代表了符号文化的一般类型。文本则相反，常常是所指的无限延迟（deferral）：文本是一种延宕（dilatory）；其范围就是能指部分。……从词源上讲，文本就是编织物的意思，textus，意谓“织成”，文本就是由此转义而来。每个文本，其自身作为与别的文本的交织物，有着交织功能，构成文本的引文无个性特征，不可还原并且是已经阅读过的：它们是不带引号的引文。作品则是在一个确定（filiation）过程中把握到的。在借鉴罗兰·巴特思想的基础之上，我对“作品”和“文本”的联系和区别的理解是：文学作品（work）可以被视为文学家创造活动的最终成果，意指源自特定的作者，具有文学属性并蕴涵特定意义的语言构造。文学中的文本概念，指的是具有文学属性的具体语言形态本身。“作品”与“文本”二者的内涵和所指皆有部分的重合，重合在于都是指称一个

① 〔法〕罗兰·巴特：《从作品到文本》，杨扬译，蒋瑞华校，《文艺理论研究》1988年第5期。

特定的语言构造形态。二者的区别是，作品是指某位作家所创作的，并且被读者所阅读了的、与审美价值相联系的文本；文本更侧重于语言形态本身，是没有被任何一种审美阅读所具体化了的语言形态，如果探寻艺术价值，只能在文本中进行。

四　文本分析的路径与方法

1. 面对文学经典的研究路径问题。我们说某作品是文学经典，意味已经认可了它的价值，可见研究文学经典是以效果为逻辑起点。这与文学经典研究的路径问题相关。索绪尔结构语言学所提出的共时语言学理论，把语言作为一种功能系统来理解，从共时的角度观察语言，努力把这个系统中使得语言的形式和意义得以存在的规则和程式说清楚。即从语言效果出发，说清楚效果如何产生。这个思路被文学理论家们所借鉴，并运用到文学研究中来。当今西方文学批评界的活跃而有影响的理论家，美国结构主义文论家、康奈尔大学教授乔纳森·卡勒(Jonathan Culler)在他的理论著作《当代学术入门：文学理论》(*Literary Theory: A Very Short Introduction*, 1997)中明确提出，“在文学研究中也有一个经常被忽略的基本区别，就是两个课题的区别：一个根据语言学的模式，认为意义就是需要解释的东西，并且努力证明为什么意义会成为可能。另一个与其相反，它从形式开始，力图解释这些形式，从而告诉我们这些形式意味着什么”。这就是诗歌学和解释学的对比，乔纳森·卡勒指出语言学的模式形成文学研究中相应的诗歌学研究模式，而文学研究中的解释学的模式则是从法律和宗教领域中借鉴的。在法律和宗教领域里，人们试图对具有权威的法律文本和神圣的宗教文本加以解释，目的是对如何行动做出决定。乔纳森·卡勒认为，“诗歌学以已经验证的意义或者效果为起点，研究它们是怎样取得的。而解释学则不同，它以文本为基点，研究文本的意义、力图发现新的、更好的解释”。他进而指出：“以意义或效果为出发点的方式(诗歌学)与寻求发现意义何在的方式(解释学)有着根本的区别。”[①]乔纳森·卡勒给我们描述出了面对文学经典可能有的两种姿态。其他一些理论家比如英国文学理论家燕卜逊也谈到过,具有审美价值的文学作品,都可以在理论上加以分析和解释。文学经典在漫长的历史隧道中如何逐步被经典化,这需要从文学、社会学、美学、心理学甚至政治学和经济学等多学科综合考察和解释,除却复杂的外部原因之外,必然有它们成为文学经典的内在依据。我们目前的研究模式应该是诗歌学的,即说清楚艺术效果形成的原因。怎么说清楚呢?不同于诗歌学的模式,我们以往习惯运用单一的社会学方法,其研究结论一般都属于社会和历史,与探索艺术效果的形成原因相距甚远。文学经典的构成中艺术特性的含量大,艺术手法和现象丰富,对于各种批评方法的承受能力强。即各种理论和方法在运用于对文学经典分析过程中更能得以发挥自己的力量。诗歌学研究与方法的运用密不可分,分析会有丰富的意外发现。中国现代短篇小说的经典文本艺术特性的蕴涵非常丰富复杂。笔者在《中国现代经典短篇小说文本分析》中分析废名的《桃园》时,发现王老大在街上买的玻璃桃子被孩子撞碎后,出现了一个隐喻效果,暗喻在家里的女儿阿毛死了。由此笔者联想起另外两个短篇小说几乎同样的艺术效果。一篇是爱伦·坡的小说《椭圆形的画像》,另一篇是我国当代作家聂鑫森的小说《呼儿湾童话》。这两部作品也都能引起神奇的联想,这是隐喻所产生的功能,即描写一处的物象以喻另一处的物象。都充分利用了意象,或者用一个意象置换另一个意象,如《椭圆形画像》,或者用一个意象比喻另一个意象,如《呼儿湾童话》。《呼儿湾童话》借用两个形象描写在同一时间里两个空间中发生的同一性质的事件,这个效果与《桃园》的效果一致,是同一种效果的会通现象。

诗歌学研究的路径是总结和归纳工作。如果我们纵览人类认识方式和科学研究史,可以发现一个规律,即某些时期人类的认知方式和研究方式以对现实和经验进行归纳、总结和抽象的思维逻辑为主。如文艺复兴时期的哲学,归纳逻辑打破了演绎逻辑的垄断。15—16 世纪的英国经验主义哲学中,培根指出

---

① 〔美〕乔纳森·卡勒:《文学理论》,李平译,辽宁教育出版社、牛津大学出版社联合出版 1998 年版,第 64—65 页。

由个别上升到一般原则的归纳法更有助于科学发明。他奠定了科学实践观点和归纳方法的基础之后,美学才有可能由玄学思辨的领域转到科学的领域。后来,英国著名的政治家和政论家、哲学家柏克也是放弃演绎思辨逻辑而改用归纳思维,而成为英国经验派美学的集大成者。可以说,当文学作品丰富和成熟到一定程度的时候,就需要从中总结艺术特性,就到了以归纳和总结为主的时期了。

2. 文本分析中为什么要采用方法?文本分析是学理性工作,是探寻文学文本艺术价值构成机制的工作。方法是抵达探寻文学作品艺术价值构成机制的工具。那么,方法在文本分析中具有怎样的功用呢?

第一,方法可以帮助我们发现更具个性的艺术特征。方法是理论的另一表述。任何文学理论都是对于文学现象的发现、概括和提升。相对于文学现象,我们目前所掌握的关于文学作品的文学理论就是可以用来分析文本的方法。比如,金圣叹的"草蛇灰线法"就是对于叙述结构的理论概括,不过就是概括比较形象化而已。文学经典凝聚了作家的创作经验、艺术技巧和创新。作家积累了大量的艺术经验,作家们追求不同于以往的表达方式。他们的艺术创新及对文学的理解凝练在文本中,文本就是他们表述的方式。但是,他们不善于用概念和范畴表述自己的理解和创新。对此,一些卓有成就而又能深刻认识作家的理论家认识得很清楚。比如,法国叙事学家热拉尔·热奈特在《叙述话语·后记》中说:"但我认为我们不应盲目相信一位作家,……一位大艺术家的美学意识可以说从来跟不上他的实践,这仅仅是黑格尔以密涅瓦之猫头鹰的迟飞为象征的启示之一。"作家们富有艺术创造性而不善于理性地概括表达的特点,呈现在他们作品中,就是在他们作品中"可以清楚看出其中处于萌芽状态的东西,尤其因为违反常规和审美创造在他作品中往往是不由自主的,有时是无意识的……"①理论家掌握了理论,在对具有创新性的文本分析中会有所发现,即发现原有的概念范畴无法解释和覆盖的文本现象,诸如叙事的方式,故事结构的独特等,而且用理论来为发现命名。比如,法国结构主义批评家

① 〔法〕热拉尔·热奈特:《叙事话语 新叙事话语》,王文融译,中国社会科学出版社1990年版,第188页。

克劳德·布雷蒙曾经提出过一种小说“三合一体”的假设,即任何小说都可以被概括描述成一种原子系列三阶段纵横交错的“三合一体”模式:

- 敞开一个可能性的情景
  - 可能性的实现
    - 成功
    - 失败
  - 可能性的非实现

这是最一般的叙述结构模式,也是我们分析文本经常采用的方法。在对不同文本分析中,可能发现其具体运用特点并予以总结,由此使“三合一体”模式细化了。笔者曾经运用“三合一体”模式分析过赵树理的短篇小说《催粮差》,发现赵树理自有他的艺术创新:将失败和成功两种情形都写得生动而有趣,每个情形都是一个可以单独阅读并具有可读性的故事,但又不是选择其一作为故事的全部,而是将两种情形组成一个更为完整深刻的故事。成功和失败的故事分别承担了一个笨人一个聪明人这样两个人物的刻画,赵树理在笨人故事和聪明人故事的组合中,表明对生活的理解和对社会的干预。这样,我们在实际上就为赵树理的《催粮差》的艺术特性命名了。我们可以说,这是综合运用“三合一体”模式,将成功与失败创造性地组合,以及在组合中呈现干预性和批判性意义。

第二,运用方法进入文本分析,能够产生比较机制。道理很简单,某一种方法,作为一种现象的总结,与其他现象有千丝万缕的关系,或相似,或有所重合,或者虽然有较大差异,但又有某些方面的相似。这样,当运用某方法分析文本的时候,会联系其他文本,由于面对生动具体而且多变的文本,所以分析中势必使方法细化了,从而有了更多的发现,相应地产生出若干个更加贴切该文本特性的命名。比如,克里斯蒂瓦提出了互文性概念,“任何文本都是由引语的拼接物构成的,任何文本都是对其他文本的吸收和转化。互文性的概念代替了互主体性概念,诗学语言至少是被当作双重语言来阅读的。”①互文性概念提出后,作为一种研究方法,已经广泛地被批评家所用。但事实是,优秀

---

① Kristeva, Julia, “Word, dialogue and novel” in *The Kristeva Reader*, ed. Toril Moi, Oxford: Basil Blackwell ,1986, p. 37.

文学作品总是创造性地使用互文。笔者在《意境和格调:艺术价值的主要来源》中分析沈从文《菜园》的时候发现,这个作品的淡远宁静、蕴藉而且充满书香气息,很重要的原因来自互文手法的运用。比如儿子、儿媳被杀害后,“这样打量着而苦笑的老年人,不应当就死去,还得经营菜园才行。她于是仍然卖菜,活下来了。秋天来时菊花开遍了一地。主人对花无语,无可记述”。一个“对花无语”,此处无声胜有声。效果来自与我国古典诗词几个典故的互文性。比如五代南唐冯延巳的《鹊踏枝》的“泪眼问花花不语,乱红飞过秋千去”;宋代柳永的《雨霖铃》的“执手相看泪眼,竟无语凝噎”等。再比如,叙述到玉太太和儿子在菜园中散步,“在微风中掠鬓,向天空柳枝空处数点初现的星,做母亲的想着古人的诗歌,可想不起谁曾写下形容晚天如落霞孤鹜一类好诗句”。这里是与唐朝的王勃的《滕王阁诗序》“落霞与孤鹜齐飞,秋水共长天一色”互文。其实,克里斯蒂瓦说的互文性并不局限于某一文体。这只是一个思想,在具体运用时需要对应具体文体。在分析《菜园》时我自然地提出了,小说的互文性和其他文体比如汉语的散文、诗歌的互文性是否有所区别呢?分析结果是,《菜园》中互文含而不露,每个互文的点,犹如一个个刚刚露出来一点的线头,叙述并不将全部线条(内容)都拉出来,也不发表议论,但是在露出来的线头上能隐隐约约感到没有完全言说出来的内容,并且在不知不觉中向前推进故事情节。一般读者在阅读中有含蓄蕴藉的感觉,文化修养深厚的读者又有自己伸展这些典籍的空间,这符合小说含蓄的文体要求。如果在散文中,则可能是要将“落霞孤鹜”这个典故彻底展开了。比如我国当代著名的散文大家王充闾的散文《回头几度风花》,叙写了自己从童年开始几度在风花满天时节的心绪。文中写到,“只觉得年华老大之后,面对着残红委地,落英缤纷的衰凉景色,总有些‘春归如过翼’,‘流年暗中偷换’的丝丝怅惋。在这方面,我们不能不佩服宋代女词人李清照感受力的敏锐与表现力的高超。她在一首调寄《清平乐》的词里,通过她在梅花面前的表现,刻画出自己青少年、中年、晚年心态的变化:‘年年雪里,常插梅花醉。’此时她在汴京,正处在待字闺中和新婚燕尔的花季,每当雪飘飞絮、梅吐清芬之时,她总要满含着盈盈笑意,如醉如痴地把那独占春先的梅花插在青丝秀发上。一个‘醉’字,就把小儿女春闺嬉戏的情景刻画得活灵活现……”接下去,又分别叙写了李清照中年所写的“挼尽梅花无好意,赢得满衣清泪”,晚年所写的“今年海角天涯,萧萧两鬓生华。看取晚来风势,故应难看梅花”。王充闾对李清照晚年的这阕词评述到:“在这里人与花的命运是相互映照的,花犹如此,人何以堪!‘看取晚来风势’,也正是词人审视自己晚年颠沛流离的处境和国亡家破的形式”。[①] 可见,散文不是仅仅露出一点线头,而是将露出的线头彻底拉出来,和所引的典籍的作者感情融合为一体,散文作者就此发表议论和感慨,或者说,散文放弃了含蓄而选择了倾诉和抒情。不同文体运用典籍各自呈现出不同的特点和手法。

3. 运用方法的基本原则和具体操作

方法论的基本原理就是文本分析运用方法的基本原则。基本原理分别为:(1)方法的合目的性原理。黑格尔说:“方法不是某种跟自己的对象和内容不同的东西”,方法是“对象的内在原则和灵魂”。(2)方法的两极否定原理。所谓两极否定,就是否定表现在目的里的直接的主观性,否定表现在方法里的直接的客观性。(3)方法的层次性原理。既有适应于所有研究对象的最一般方法,也有适应于具体对象的特殊方法,而一般方法和特殊方法需要结合。

下面我仅就“方法的层次性原理”展开。前面我们在讨论“文本分析的对象及对象存在样态”的时候,已经获得共识:文学作品存在于一个由语言构成的多层次的立体结构中:各个层次分别为:(1)语词所具有的语音和语义。(2)句子和句子所组成的意群,这是重要的贮存文学性之所在。(3)已经形成的形象或者意象及其隐喻,其中已经具有了形象和比较完整的意义。(4)文学作品的客观世界。这是存在于象征和象征系统中的诗的特殊“世界”。(5)“形而上性质”(崇高的、悲剧性的、可怕的、神圣的)虽然不是以阅读可能意识到的对象样式而直接出现的,但是也是生成文学性的因素。既然文本存在于多层次中,那么,对应于每一个具体层次,都会有最适合的方法。比如,原型理论作为方法,最适合在第3、4层次展开分析,叙事学、结构语义学等方法最适合在第4层次展开分析。让我们以对老舍短篇名作《断魂枪》的分析为例来说明,笔者

① 详见刘俐俐:《中国现代经典短篇小说文本分析》。

在《"不传！不传!"的魅力与"最后一个"的阐释空间》中，采用结构主义方法，分析三个人和一桩事，即沙子龙不传"五虎断魂枪"而得到心理平衡，王三胜和孙姓长者没有看到沙子龙操练这套枪法而心理不平衡。这是从故事结构，即在第4层次展开的分析，继而又采用叙事学理论分析"第三人称的叙述与个人情调的互渗"，从"文学作品的客体世界"进而采用故事模型理论分析沙子龙由于不传"五虎断魂枪"而成为"最后一个"的原因。沙子龙何以成为"最后一个"变成空白点。小说的艺术价值最根本之处就在于此。① 各种分析方法互相转换并且结合，由分析最终走向了对于老舍艺术追求和自身心理历程的审美评价。

提出方法的结合和转换，这是走综合的路子。综合需要时代条件。目前，各种学术思想及思潮、方法空前丰富，并且形成了当代学术视野，这为综合提供了条件。20世纪60年代，托多洛夫在回顾自己的学术生涯的时候就提出过，"现在是综合使用各种方法的时代，新的方法已不占统治地位，各种旧的方法也并未被否定，原因是各种方法的好的方面都已被普遍接受，学校课堂上都介绍它们，并被文学研究者所使用。所以现代文艺理论研究，从方法论观点看，正走向综合。不存在单一的方法，大家使用各种方法进行研究，所以很难说哪种方法占主导地位。当然，所谓综合，并不是有这样一个专门的方法，而是在研究中采用各种不同的方法。综合是一个总的倾向"②。可见当时各种批评方法层出不穷，视野空前开阔，提出综合思路也是时代使然。这更可以证明目前文本分析理论需要的综合路子。

五　文本分析的意义

1. 通过分析所获得的对于一个个具体文本的看法，形成相互比较和参照，从而深化对于叙事性文体诸如小说的见解，而且能够看出不同时代不同语

---

① 详见刘俐俐:《中国现代经典短篇小说文本分析》。

② 转引自钱中文:《法国文艺理论流派印象谈》,《文艺理论》1985年第4期。

言的文本的不约而同之处。

下面让我们看一组小说的文本分析。

所谓一组小说，分别是托尔斯泰的《舞会以后》，巴金的《复仇》，牛僧孺的唐传奇《周秦行记》。托尔斯泰的《舞会以后》有两个叙述者，其一是"我"，我讲述了和伊凡·瓦西里耶维奇等几个人一起聚会的一个场面，这个场面是一个谈话的现场，大家都感兴趣的一个话题是：一个人的生活成为这样而不是那样，并不是由于环境，"问题全在偶然事件"，这是对人生的一种看法，伊凡·瓦西里耶维奇为什么会形成这种看法，肯定有他独特的经历。于是，伊凡·瓦西里耶维奇作为另外一个叙述者，叙述了他亲身经历的一个故事，这个故事是小说的内核。谈论的现场及其进展，人们的插话等由"我"讲述了出来。巴金的《复仇》包括叙述者"我"在内，共有三个叙述者。分别为我、医生和福尔恭席太因。核心是福尔恭席太因以遗书的方式讲述他的复仇故事，医生又讲述了福尔恭席太因的故事，并且认为"最大的幸福是复仇"，而我则是在和医生等几个朋友在老友比约席的乡间别墅相聚时，"有一次我们不知道怎样谈到幸福上面来了"——一个话题出现了，就此问题各人发表了各自的看法。听到医生讲述了福尔恭席太因的故事后，现在以"我"的第一人称讲述出来。

牛僧孺的唐传奇《周秦行记》，以第一人称"牛僧孺"叙述。"余真元中举进士落第，归宛叶间。至伊阙南鸣皋山下，将宿大安民舍。会暮，不至。更十余里，一道，甚易。夜月始出，忽闻有异香气，因趋进行，不知远近。见火明，意谓庄家。更前驱，只一大宅……"这就走进了汉高祖的妃子，文帝刘恒的母亲薄太后的庙里。在这庙里分别与诸位不同朝代的女鬼们相会，她们分别是：汉高祖妃子戚夫人、汉元帝时的王昭君王嫱、魏晋南北朝时齐明帝萧鸾之子萧宝卷的爱妃潘贵妃、唐玄宗李隆基的贵妃杨太真以及西晋卫尉石崇的宠妾绿珠。一个薄老太后领着四个帝王的嫔妃和唐朝的牛僧孺会面了。用薄太后的话说："牛秀才邂逅逆旅到此，诸娘子又偶相访，今无以尽平生欢。牛秀才固才士。盍各赋诗言志，不亦善乎?"遂各授予笺笔，逡巡诗成。薄太后诗曰："月寝花宫得奉君，至今有愧管夫人。汉家旧是笙歌处，烟草几经秋复春。"王嫱诗曰："雪后穹庐不见春。汉衣虽旧泪垂新。如今最恨毛延寿，爱把丹青错画人。"戚夫人诗曰:"自别汉宫休楚舞,不能妆粉恨君王。无金岂得迎商叟,吕氏何曾畏木强。"杨太真诗曰:"金钗坠地别君王,红泪流珠满御床。云雨马嵬分散后,骊宫不复舞霓裳。"潘贵妃诗曰:"秋月春风几度归,江山犹是邺宫非。东昏旧作莲花地,空想曾披金缕衣。"绿珠诗曰:"此日人非昔日人,笛声空怨赵王伦。红残翠碎花楼下,金谷千年更不春。"叙述者"余"也赋诗一首,这首诗可看做是对这场不同朝代阳世与阴间诸鬼见面赋诗的意义,以及诸位女鬼心情所作的一个总结,"余"诗曰:"香风引到大罗天,月地云阶拜洞仙。共道人间惆怅事,不知今夕是何年。"传奇结尾处写道:"太后使朱衣送往大安,抵西道,旋失使人所在,时始明矣……"这篇传奇想象奇特,采用人鬼相聚对话,而且叙述的结构是故事套故事,每一位女鬼的诗都是第一人称写就,这些诗不是怀古诗,而是第一人称的咏史诗,每首诗就是一个主人公本人讲述的故事,所以,形成了分别由汉代,魏晋时代以及唐代不同时空故事的汇聚。

这三篇短篇小说的共同之处在于:(1)都是一群人(或者一个人与一群鬼)相聚,然后一个人出来向小说读者讲述了他们相聚的这个故事,而他们的相聚中又有人讲述了另外一个重要的故事,在《周秦行记》中则是几个女鬼又各自讲述了自己的故事。(2)均为第一人称叙事。因为有若干层次的故事,所以,也势必有若干层次的第一人称叙述者,在《复仇》中甚至有三个第一人称叙述者。(3)故事套故事为基本的叙事策略,最外层的故事是一个讲故事的现场。不同之处在于《舞会以后》中有两个故事叙述者,《复仇》中有三个故事叙述者。《周秦行记》中有若干个故事叙述者,而又分为两个大的层次,一个层次是"余"——牛僧孺,一个层次是各位女鬼。《复仇》多层叙述产生特殊的艺术力量,"幸福"话题由此在当代延伸。(4)作家显然在追求超越时间和空间的限制,希望能自由穿梭在不同时空之中,并且让不同时代的人们能互相对话。由此和读者一起体验时间和空间变化所产生的沧桑感。(5)唐传奇更为奇特的想象是采用不同时代的嫔妃诸鬼与闯入薄后庙的现世人的汇聚和对话,这样就解决了大跨度的时代与人生的有限,而又要用第一人称来叙事这样的两难困境,让亡灵成为无时间限制的讲述者。从这一想象方式,可以看出唐人小说很重视第一人称叙事以及大胆奇特的想象。[①]

2. 文本分析是文学史科学化的基础性工作。文本分析重在探索艺术价值形成的机制，不断地抵达文学作品的艺术奥妙，其分析结果，将会重新更正和补充文学史的已有评价，使文学史更为准确和科学。苏俄形式主义文艺理论家特尼亚诺夫在《关于文学的进化》(1927)一文中说过："文学史要最终成为一门科学，必须具备可靠性。"[②]事实是，文学史家对文学历史的描述以及对于作家的评价都是相对准确的，罗宗强在论文《文学史编写问题随想》中就说："再一个问题，是作者的立脚点、他的文学评价标准不可避免地要影响到对于文学发展的史的描述，也即影响到这种描述是否符合于历史的真实。""除了标准之外，从什么层面、什么角度去观察和描述文学史，也是一个影响文学史的真实性的问题。……除了评价标准之外，文学史撰写者的爱憎感情，亦必影响文学史的描述的真实性。""还有一个问题，就是全视觉地描述文学现象，还是特定视觉描述文学现象，也必然影响文学史的真实性。""以上种种问题，并不是说，我们可以随意编排文学史，而置文学史实于不顾。而是为了说明，在存世史料的认真清理之后，我们对于文学的史的认识，也只能相对的真实。这一点，是想要说明，这种相对的真实，存在着不同层面，存在着多种理解和描述的可能性"。[③]

例如，近十多年来，学者们运用包括一些新方法在内的各种方法，对于李商隐诗歌进行学理性的分析，比如，将李商隐的诗歌与李贺的诗歌进行比较，运用了数字统计的现代方法发现："李贺个性极强，在失落中追求心理上的补偿，有很强的感官欲求。所写的物象，往往具有特别的硬度和锋芒。又多用颜色字，瑰丽炫目。李商隐则是虽美艳而又少给人色彩刺激。比较两人诗中色彩字使用的次数和频率，很能看出双方的区别。李贺红、绿、青、紫四种颜色字使用的频率是李商隐的 2.3 倍，其中红、绿二色为 3.3 倍。可见一追求颜色刺

① 关于牛僧孺《周秦行记》分析的一些思想借鉴了李剑国教授的论文《亡灵忆往：唐宋传奇的一种历史观照方式》，《南开学报》2004 年第 3、4 期，在此向李剑国教授致谢。

② 转引自佛克马、易布思：《二十世纪文学理论》：现代外国文艺理论译丛第三辑(1)，林书武等译，三联书店 1988 年版，第 1 页。

③ 罗宗强：《文学史编写问题随想》，《文学遗产》1999 年第 4 期。

激,一比较淡雅。”①再比如上海古籍出版社 2003 年版的《中国诗学研究——李商隐研究专辑》(第 2 辑)中收有吴振华的论文《李商隐近体诗运用虚词的艺术成就》,文中分析到:“李商隐的近体诗,历来被认为是具有缠绵宕往之致的,这与他在诗中大量而巧妙地运用虚词不无关系。”最能代表他诗歌主体风格的是近体律绝,而他的绝大部分诗歌中均有虚词的镶嵌。据粗略统计,其全部近体诗歌中,虚词的用例超出 1200 句,占他全部诗歌总句数(5772 句)的五分之一强。在此基础上学者们认为:“一、李商隐拥有自己的意象群。所用的意象在色调、气息、情意指向上有其一致性。二、李诗技法纯熟。声调的和谐、虚字的斡旋控驭,事典的巧妙组织,近体在形式上的整齐规范,都增加了诗脉的圆融畅适。三、情感的统一。那种孤独、飘零、惘然、无奈、寥落、伤感的情绪,浓郁而又深厚,弥漫在许多诗中,使诗的各部分得以融合、贯通,成为浑然一体。”在这样全新的文本分析中,李商隐的文学史地位由此发生了极大的变化,一改人民文学出版社 1963 年出版的由游国恩、王起、萧涤非、季镇淮、费振刚主编的四卷本的《中国文学史》,以及人民文学出版社 1979 年出版的由中国社会科学院文学所中国文学史编写组编写的三卷本《中国文学史》的一节地位,在中国高等教育出版社 1999 年出版的由袁行霈主编的四卷本的《中国文学史》中,其中的第二卷中的第四编“隋唐五代文学”部分,李商隐占有了一章的地位,与李白、杜甫、白居易处于同样的地位。这一章对李商隐的评价是:“李商隐,他在中唐已经开始上升的爱情与绮艳题材、在向心灵世界深入等方面,把诗歌的艺术表现力提高到了一个新的高度,卓然成为大家。”

3. 文本分析具有文化传承和文学理论传承的重要价值。文学的传承,除了文学作品被一代代不断地出版,还有就是文学史、作家论研究性著作等。文本分析也是文化和文学理论的重要传承方式。回顾文化典籍,其中相当一部分就是以文本分析方式传承的。比如,金圣叹的小说戏曲评点,在他的《贯华堂第五才子书 · 水浒传》和《贯华堂第六才子书 · 西厢记》中,他既是《水浒》、《西厢》的阅读者,同时也是这些作品的创作者。金圣叹所刊刻的《第五才子书

① 袁行霈主编:《中国文学史》第二卷,高等教育出版社 1999 年版,第 425—442 页。

施耐庵水浒传》是一个删改本。他将一百二十回的《水浒全传》删去四十九回，又改动目次、润饰文字，诡称乃施氏原本。这个本子最后完结于梁山伯英雄排座次，截取了作品的精华部分，克服了《水浒全传》的拖沓毛病。这意味着他已经创造了另一个《水浒》。同时他还是批评家。从形式上看，金圣叹的《水浒传》小说评点，前面有序言、读法，每一回有眉批、夹批与回评。《读第五才子书法》是全面地比较系统地表述金圣叹自己文学观念的文字，眉批和夹批是即兴性质的，包括随文释义，有感想评价。回评则是集中讨论一两个话题。现在的读者，在阅读《水浒传》的时候，在实际上是连带着将这些评点部分一并阅读的。对于研究者来说，金圣叹既有感悟式的方式，也有说理分析的方式，现在这些都成为考察那个时代文学思想的珍贵资料。金圣叹的文学观念和文学思想，就是这样在评点中传承了下来，和其他纯粹的古代文学理论比如李渔的《闲情偶寄》等共同组成文学理论资源。

4．文本分析是文学理论概括和提升的基础性工作。理论相对于文学现象永远是落后的，文本分析在探寻艺术价值形成机制的时候，常常会遇到理论概括困难的现象，这表明该文本的叙事方式、视角，或者结构方式等尚未被诸如叙事理论、结构主义理论，或者原型理论注意到，理论无法覆盖这样一些文学现象。这时，分析已经不是理论为评论服务，而是评论为理论服务。即从某一具体文本的分析提升为普适性的理论。反观西方叙事学以及诸多优秀文学理论都是这样形成的。所谓文学理论概括和提升的基础性工作的含义，还在于文学经典文本的分析，也是文学经典的重读。重读会有一些很奇特的现象发生。我在分析茅盾的三篇历史小说《石碣》、《大泽乡》、《豹子头林冲》时曾有如下发现及总结：

“一个文本一旦产生，就会在此后各种阐释条件和阐释过程中生发出不同的意义来，或者说，借助于后来读者的文学能力，文本的潜在属性才能变为阐释者所中意的意义。《大泽乡》的叙述中有一些抒情色彩的词汇，比如‘三十万雄兵都不曾回来，知否是化作了那边的青燐蔓草哟！’还有一些现代语汇，比如‘地下火爆发了！……被压迫的贫农要翻身！他们的洪水将冲毁了始皇帝的一切贪官污吏，一切严刑峻法！’‘风是凯歌，雨是进击的战鼓，弥漫了大泽乡的秋潦是举义的檄文……’。可以肯定，茅盾在写作的当时，决不会希望这些字眼产生反讽效果，茅盾一定是希望这些字眼在‘向现代发言’时，或者是发掘了历史的高尚精神，给人们以鼓舞、向上的力量；或者是鞭笞了历史和传说中的‘坏种’，给现实恶势力以无情的揭露与诅咒。可是我们今天的读者，是‘实际的或有血有肉的读者——性格各异的你和我，我们的由社会构成的身份’。如今，不是茅盾写作《大泽乡》的1930年，中国历史上已经发生过文化大革命，我们或者亲身经历过，或者阅读过关于文化大革命的材料，从而对文化大革命有所了解。我们阅读‘风是凯歌，雨是进击的战鼓’、‘檄文’等字眼，自然有回到文化大革命的感觉。也就超越了单纯的‘向现代发言’的感受，在漫长的历史隧道中，诸多历史现象、历史过程，竟然出现了惊人的相似和对照，历史的慨叹也就自然产生了。当然，我这样描述是排除了任何阶级的、意识形态的价值判断的，而仅从文化现象角度。那么，如何对之作学理性的说明呢？我借鉴韦勒克和沃伦在《文学理论》中关于文体和文体学的思想来加以说明，韦勒克和沃伦认为，每一件文学作品都只是一种特定语言中文字语汇的选择。正如一件雕塑是一块削去了某些部分的大理石一样。他们还认为，研究语言的审美效果，也就是把语言研究作为文体学来研究的时候，才算得上是文学研究。对作品作文体性质分析的时候，可以从审美角度出发，解释它的特征，并且把特征的解释和意义的产生联系起来。具体地说，即可以分析诸如语音的重复、词序的颠倒、各种级别的子句的结构以及它们的审美功能等。这个思想启发我们，仔细辨析‘凯歌’、‘战鼓’‘檄文’，以及‘贪官污吏，一切严刑峻法’等字眼，其审美功能就是，此前所叙述的陈胜吴广农民起义的具体历史事件，通过这样一些从文化大革命的历史隧道中走过来并带有历史沧桑感的字眼的渲染，带有了造反者的普遍含义。读者似乎在恍惚中，既是读陈胜吴广的农民起义，也是在读一切农民造反事件，难以分清哪朝哪代。我以为，这是一些被文化熏染了的词汇，在历史文化河床中已经逐步渗透在人们的文学能力(literary competence)中之后所产生的审美功能。”①

① 详见刘俐俐:《借用历史材料(详见)以构筑别样世界的小说艺术——茅盾〈石碣〉等三篇历史小说的文本分析》，见《中国现代经典短篇小说文本分析》，北京大学出版社2006年版。

目前,回到文学现象本身,回到文本本身,是推进文学理论工作的重要学术选择。

(本文是国家社会科学基金项目的阶段性成果。项目名称及项目号如下:基金项目:国家社科基金 2006 年度项目“中国现代文学经典的当代读法研究”,项目号:06BZW017。)

(作者单位:南开大学文学院)

大学中文教育向何处去

——以现代文学观念为中心的反思

李茂民

［摘要］ 本文从现代文学观念和现代教育体制的形成入手，反思当前大学的中文教育。认为当前大学中文教育的理论根源在于现代文学观念，而这种审美的、狭小的现代文学观念已经不能适应于当前大学中文教育。本文认为大学中文教育应当打破现代文学观念的限制，在一定程度上恢复中国古典的“文”之观念，扩大教学内容，容纳广泛的各类文章体式，和儒道思想观念等宽泛内容。

［关键词］ 中文教育 现代文学观念 文

目前，大学中文教育正处于前所未有的挑战之中，同时这种挑战也为大学中文教育的发展提供了新的机遇。概括起来，目前大学中文教育面临的挑战包括以下几个方面：其一，随着近几年大学的大规模扩招，原来的大学中文系普遍由一个汉语言文学专业扩张成为包括汉语言文学、新闻传播、编辑出版乃至文化产业管理等多个专业的文学院。上述某些新的专业设置在文学院，在教育制度中是否具有合法性？如何合理安排这些新专业的教学内容？这些就成为亟待解决的问题；其二，大学中文教育缺乏明确的专业定位和人才培养目标，致使大学中文教育课程的合格要求设置太低，许多学生把主要的精力放在英语学习或休闲娱乐上，大学四年读书太少，进步太小，当他们大学毕业之后，只能成为缺少专业特长的万金油；其三，人格教育和价值观教育非常欠缺，尽管大学教育课程体系中有分量不小的思想品德教育和政治教育内容，但往往流于肤浅空洞的形式和教条，难以发挥其应有的作用，这就需要在大学中文教育中贯穿这方面的内容，但目前大学中文教育的课程和文学观念在这方面并没有做到自觉。所有这些问题，都是大学中文教育需要面对的挑战。如何解决这些问题，关涉到大学中文教育的发展方向；能否成功地解决这些问题，关涉到大学中文教育的成败得失，当然也关涉到青年人才的培养。本文无力在实践中解决上述所有问题，那需要大学教育制度的设计者去研究和实施，本文只是从文学观念和大学中文教育制度入手，从学理上来反思和探讨这些问题，为这些问题的解决提供一个可能的思路。

一　现代大学中文教育制度和现代文学观念

现代大学中文教育制度和现代文学观念具有一种共生关系。现代大学中文教育以现代文学观念为基础进行课程设置和教学安排，现代文学观念则通过大学中文教育制度得到巩固和确立，并在文化建设和社会发展中起到了重要作用。

现代文学观念是一个难以清晰界定的问题，不过我们可以从现代汉语对文学一词的使用中对它作如下描述：它通常包括诗歌、散文、小说、戏剧等作品样式，它是情感的和想象的，与社会生活具有密切联系，具有审美性、自律性和意识形态性，能够起到认识作用、审美作用和教育作用。用这个标准来衡量，文学可以说是很早就有的，但是作为一个独立的知识门类则是现代大学教育制度的产物。也就是说，在现代大学分科教育制度产生以前，文学并没有得到系统深入的研究，人们对文学的认识一直是模糊的、含混的；只有当文学成为现代大学教育的一个学科门类，人们对文学进行各种文学史、文学理论的研究之后，上述文学观念才逐步得到确立。因此，现代文学观念并不是自古就有的，而是在现代大学教育制度的发展中逐步得到确立的。这一点从现代大学教育制度的发展过程中可以得到证明。

在西方，13 世纪以前的大学划分为语法、修辞、辩证、算术、几何、天文、音乐七个专业领域，“此文科七艺涵盖了知识的划分，并借着中世纪大学的课程结构一直持续不变”。从 13 世纪到 17 世纪以前，大学的课程则分为两大类：

艺文和科学,艺文包括论理(或逻辑)和传讯(分为语法、修辞和诗歌),科学则包括神学、法学、医学及哲学。随着 17 世纪到 18 世纪物理、化学和生物等实验性的学科的快速发展,到 18 世纪末,自然哲学断裂成为各门独立的自然科学,现代诸学科才正式诞生。"社会科学稍后从道德哲学中分裂出来,'人文学科'是对那些遭排拒在自然和社会科学之外的学科的简便总称。现代哲学是由科学形成时清楚出来的东西界定的,其他现代人文科学则首先以古典语文学的形式出现,其后衍生出历史、现代语言甚至艺术史。"①由此看来,现代意义上的文学在 20 世纪以前并没有作为一个独立的学科进入大学教育制度中,尽管语法、修辞乃至诗歌都曾经分别作为独立的知识门类在大学教育制度中占据了一席之地,但语法和修辞在内涵上显然和现代意义上的文学是不同的;诗歌虽然成为一个独立的知识门类,但它显然不是作为多种文学样式中的一种得到研究的。从西方大学教育制度的发展过程中来看,在文学作为一个独立的知识门类进入到大学教育制度之前,现代文学观念并没有真正得到确立。

在中国,现代文学观念的确立同样与大学教育制度密切相关。现代意义上的"文学"概念是从"美术"这一概念中分化出来的,"美术"是明治维新后的日本从 fine art 意译过来的"新学语",属于以具有西方观念背景的"美"为词根的同族词。它是一切艺术的统称,包括文学。刊行于 1898 年的康有为的《日本书目志》介绍了当时日本的知识体系,其中就有"美术门",此外,还有"文学门"、"小说门"。这是当时日本的知识分类,同时也可以看出"美术"、"文学"、"小说"这些概念的内涵还没有厘清。随后"美术"就屡见于梁启超和王国维的文章。王国维偶尔亦"美术文学"并举,但分析其门类属性时,"美术"包括"诗歌"。另外,严复、刘师培在讨论"美术"时,也常常涉及文学。到五四新文化运动期,"文学"这个词稳定下来,"美术"一般不再包括文学。② 文学开始专门指称具有情感性、想象性、审美性和自律性的语言艺术作品,具有上述性质的诗

① 沙姆韦、梅瑟·达维多:《学科规训制度导论》,见华勒斯坦编:《学科·知识·权力》,三联书店 1999 年版,第 14—18 页。

② 王风:《刘师培文学观的学术资源与论争背景》,见陈平原编:《中国文学研究现代化进程二编》,北京大学出版社 2002 年版,第 21—22 页。

歌、散文、小说和戏曲都被看做是具有同等价值的文学作品,现代文学观念逐步得到确立。正是有了这种现代文学观念,五四时期的陈独秀和胡适等人才能大张旗鼓地鼓吹“文学革命”,而不必再像20世纪初的梁启超那样呼吁“诗界革命”、“文界革命”和“小说界革命”。

值得重视的是,这种现代文学观念确立的过程与中国现代大学教育制度的发展是同步的。“就教育制度的改革而言,晚清报刊大量介绍西方社会科学和人文学术的知识(其中自然包含文学知识,并且出现了专门的文学刊物和报纸的文学副刊),与现代大学建立社会科学和人文学科的各类‘分科之举’的要求是一致的。”①1903年,由张之洞等人主持制定的《奏定学堂章程》(俗称“癸卯学制”)把大学堂分为8科,即经学科、政法科、文学科、医学科、格致科、农科、工科和商科。其中文学科的课程中包括文学研究法、说文学、音韵学、历代文章流别、古人论文要言、周秦至今文章名家、周秦传记文学、周秦诸子。显然,其课程内容主要是文章,而不是现代意义上的文学,不过,我们已经可以从中看出其现代分科意识。随着清政府的覆灭,“癸卯学制”遭到废弃,1912年颁布的《大学令》明确提出以专业化教育和培养专才为大学教育宗旨,现代大学教育制度开始建立。与此相应,北京大学废经学而将其分入文科之哲学、史学、文学三门,1917年北大设立文科研究所,分设哲学、中文和英文三门,1919年废门改系。② 在这一时期,新的文学观念迅速崛起,在文化界形成了很大声势,占据了主流地位,但是在大学课程中,新文学所占的分量仍然微乎其微。当时文学系的主任是马裕藻,讲授小学音韵;刘师培讲授中国中古文学史,黄侃讲授《文心雕龙》,钱玄同讲文字形声,后来提倡罗马拼音字母,沈尹默讲唐、宋诗,沈兼士讲小学音韵、说文释义,黄节讲汉、魏诗,许之衡讲戏曲,鲁迅讲中国小说史,周作人讲新文学和东方文学。从内容上看,只有周作人所讲的新文学和当时白话文运动的思想主张密切相关,其他课程则仍然沿袭着中国传统语言文学的内容和研究方法。不过,现代文学观念已经显示出其强大的生命

---

① 罗岗:《对整体性危机的文化回应——现代文学的确立与王国维的“审美现代性规划”》,见李陀、陈燕谷编《视界》,河北教育出版社2001年版,第150页。

② 马越:《北京大学中文系简史(1910—1998)》,北京大学出版社1998年版,第4页。

力,其证据就是小说和戏曲已经被看做是和诗歌、散文具有同等价值的文学样式进入到大学课程之中。

在随后的几年中,中国现代大学得到了迅速发展,到1926年,北京的国立大学增加到9所,地方则有南京东南大学、广州广东(中山)大学、天津北洋大学、上海南洋、同济、政治大学,云南、陕西、四川、湖北、湖南、河南、山东、河北、奉天等省均已设立大学。这些大学一般都设有国文系或中文系,延请曾经留学欧美的学者和早年毕业于北京大学的学者担任教职,使中文系的课程安排和教学研究走向了规范化、制度化和现代化。中国文学史、欧美文学史和中国文学批评史成为当时各个大学中文系的必修课,另外,根据各个教师的研究专长,还设立了不少选修课。在1932年山东大学中文系所开设的课程中,必修课包括:国文名著选读、文字学、中国文学史、音韵学、诗学概论、中国小说史、汉魏六朝文、词学概论、目录学、中国文学批评史、戏曲概论,唐宋以降文;至于选修课,则根据各个教授的专长开设,例如中国学术史概要、毛诗学、楚辞学、赋学、乐府诗研究、说文研究、古器物学等。至于其他大学的中文系,所开始的课程也应当与此相差不多,因为当时任课的教师几乎都有着类似的教育背景和学术渊源。

从这些课程中可以看出,现代文学观念在这时已经在大学教育制度中得到确立,当时的大学中文教育制度正是依靠这种现代文学观念对中国古代以经、史、子、集为分类方式的学术文化典籍进行了重新整理、分类和阐释,寻绎和构建出了自己的传统,使古代和现代得以贯通。其中胡适的《白话文学史》、周作人的《中国新文学的源流》就是这方面的代表性作品。当人们用现代文学观念去规划和阐释古代,并把研究的成果应用在大学中文教育之中去的时候,这种现代文学观念就传承和延续下来,得到了巩固和强化。20世纪30年代前后,是中国现代大学中文教育制度逐步完善的时期,也是现代文学观念正式形成和确立的时期。这种现代文学观念通过大学中文教育制度从20世纪50年代一直延续到现在。尽管在20世纪50—70年代文学的意识形态属性和政治功能被过度强化,但在20世纪80年代以后就得到了扭转。在大学中文教育中,近年来沿用的一直是审美性和意识形态性相统一的现代文学观念。

这种审美性和意识形态性相统一的文学观念有其合理性。它通过对于文学审美性和自律性的强调,把文学从封建意识形态的教化和为政治服务的桎梏中解放出来;通过对于文学意识形态性的强调,把文学从个人情感的狭隘天地中解放出来。这样,文学就既有审美情感又有社会作用。这种文学观念的价值在于它能够尽可能地把古今中外文学史上的优秀作品容纳进去,并提供了一把评价文学作品价值高低的标尺。依靠这个标尺,中国各个阶段的文学史的研究、构建成为可能。到目前为止,我们一直依靠这种文学观念来安排大学中文教育的课程和教学内容,在很大程度上,这种文学观念也左右着大学中文教育的教学组织形式。

二　现代文学观念在大学中文教育制度中的问题和局限

以现代文学观念为基础的大学中文教育制度在人才培养方面缺乏明确的目标定位,其课程内容和教学组织形式难以满足人才成长的要求,这是目前大学中文教育中存在的问题和局限。

任何社会对于人才的要求都不外乎两个方面:一是较为完善的人格修养,保持个体心灵的健康和对于社会的责任感;二是具有一定的专业知识,能够找到适合的专业工作,满足职业的需要。大学对于人才的培养也应当立足于这两个方面,确定恰当的人才培养目标。从中国现代大学中文教育的发展历史中,特别是 20 世纪 80 年代以来的历史中,我们可以看到,以现代文学观念为基础的课程内容和教学组织方式难以满足人才成长的需要。

首先,就人格修养方面来说,大学中文教育并没有发挥出其应该具有的优势。本来以现代文学观念为基础的大学中文教育的课程内容非常有利于提高青年学生的人格修养,保持个体心灵的健康和对于社会的责任感。这是因为,现代文学观念认为文学是审美性和意识形态性相统一的,各个阶段的文学史正是以这种现代文学观念为基础建构的,学生通过对于文学理论、美学和文学史中的优秀作品的学习,不难领悟到文学中所蕴涵的审美情感和对社会的责任感,从而提高自己的文学修养和人格修养。其中中国古典文学尤其如此,中国古人认为人品和文品是统一的,通过对于屈原、陶渊明、李白、杜甫、苏轼、曹雪芹等作家作品的学习,不仅能够提高文学修养,而且能够领悟到这些文学家的光辉人格。但是,大学中文教育的教学组织形式在很大程度上阻断了对青年学生人格培养的道路。填鸭式的教学和过于简单的考试方式,使学生的学习局限于文学理论和文学史的教材和教师的讲义,大多数学生对于文学经典和理论经典的阅读和学习都非常欠缺。教材和讲义都是当代人编写的,不可避免地要受到编写者个人的知识结构、理论素养、偏见等各方面的局限,因此,它绝不能代替经典的阅读和学习。经典是需要学习、掌握和领悟的根本性的东西,而教材和讲义只能是通往经典的辅助性手段,但是现实的情况却是大多数学生对于教材和讲义的机械记忆代替了对于经典的阅读和学习。教材和讲义的内容是属于老师的,它最终要还给老师,只有对于经典的阅读和学习才是自己的,才会伴随自己的终生。

其次,就职业所需要的专业知识方面来看,社会上大概只有作家、教师和研究人员是单纯以现代文学观念的文学为专业的职业,在培育专业知识方面,以现代文学观念为基础的大学中文教育做得很不够。

众所周知,大学中文系并不是培养作家的地方,在 20 世纪众多有成就的现当代作家中,从大学中文系毕业的可以说寥寥无几。其原因无外乎两个方面:一是有成就的作家都近于天才,他需要创造性地打破既有的文学规范;而大学中文教育则是确立文学规范,并用这种规范对学生进行规训,即使有所谓的天才作家的苗子,通过四年本科中文教育,天才的苗子也被扼杀了;二是大学中文教育并不以培养作家作为目标,社会需要不了那么多的作家,如果大学中文教育以培养作家作为目标的话,那么即使是培养出了合格的人才,社会也无法给他们足够的生存空间。

以文学教育和研究为职业的教师和研究人员的确需要大学中文教育的培养,然而我们的大学中文教育培养出了这方面的合格人才了吗?现实的情况并不乐观。我们这个时代可以说是一个需要大师但缺乏大师的时代,所以不断有人站出来呼吁大师的出现，探讨大师稀缺的原因。的确，与上世纪之初的梁启超和王国维相比，与紧随他们之后的冯友兰、朱光潜、宗白华、郭绍虞、朱自清相比，我们这个时代的人文学者所做出的思想贡献和学术贡献实在难与比肩。就文学研究领域而言，我们近几十年来一直是把西方的文学思潮和理论思潮奉为圭臬，做些贩卖乃至抄袭的工作，并且有不少人借此成为了某个领域的学术权威。我们并没有发现和提出属于中国的和属于我们这个时代的有意义的问题，所以也就不能开辟新的学术领域，推动学术研究的实质性进步。于是，大师成为我们这个时代的稀缺资源就成为一种必然。有不少人把其原因归结为大学管理体制的缺陷，认为不合理的量化管理导致大学教师急功近利，不能安心于十年磨一剑，奉献出学术精品。其实这只是表面原因，其深层原因仍然在于我们的大学中文教育制度。上述大师之所以能够成为大师，其最重要的原因恐怕在于他们自幼熟读了中国传统思想文化经典，当他们受到西方文化的熏陶，学会了现代科学研究方法之后，自然就能够提出有意义的问题，开辟新的研究领域，做出开创性的贡献。由此反观我们的大学中文教育制度就会发现，在 20 世纪 30 年代中国现代大学中文教育走向规范化、制度化和现代化之后，课程内容局限在文学理论和各种文学史，再加上千篇一律的以教师讲授为主的教学组织形式，就使学生忽视了对于各种原始经典的阅读，功底越来越浅薄，视野越来越狭窄，当然就无法成为文学研究领域的大师。大师不是天生的，也不是靠单纯的呼吁就能够产生的，而是良好的教育制度培养出来的。造成目前这种状况的原因不在于我们这个时代的研究者的智力和努力程度比前人差多少，也不在于以量化为主的大学管理体制，而在于我们的大学中文教育制度——包括课程内容和教学组织形式——出了问题。试想，如果大学中文教育只是局限于教材和讲义，而不能走向经典的阅读和学习，所培养出来的学生怎么能不是跟着前人亦步亦趋，怎么能有学术的新发现。

造成这一切的根源在于大学中文教育制度与现代文学观念之间的矛盾与背离。以现代文学观念为基础的大学中文教育毫无疑问属于人文学科，人文学科的理念在于培养健全的人格和臻于完美的人性，在这个意义上说，它应当成为一种通识教育。然而当落实在大学教育制度中去的时候，以现代文学观念为基础的大学中文教育则成为一种专业教育和职业教育。“对文化特殊性的强调固然能使人文学科获得独立性,但人文学科在成为一个现代学科的同时也完成了专门化过程,成为另一种形式的职业教育。”①现在的问题在于,大学中文教育作为专业教育和职业教育,我们并不清楚大学中文毕业应当达到什么水准,应当掌握哪些应该掌握的真正有用的知识,能够写作哪些文体,能够胜任哪些工作?致使大学中文教育所培养的人才并不真正合格。这一点所导致的危险在大学生作为社会稀缺资源的情况下并不成为严重问题,在大学扩招和专业扩张所带来的就业危机中,就不能不引起我们的高度重视和反思了。

三 以文学观念反思为契机对大学中文教育制度的重新规划

社会的发展带来了越来越细的专业分工和不断涌现的新职业,它对大学教育制度提出了新的要求,以现代文学观念为基础的大学中文教育课程和教学内容已经无法满足这种要求,表现出诸多局限性来。现代大学教育制度需要重新规划,而其学理上的依据就是文学观念上的变革。

20 世纪 90 年代中期以来,报纸、电视、出版等文化产业进入快速发展阶段,需要大量的从业人员,而前几年大学还没有扩招,专业设置和专业规模一直延续着 20 世纪 80 年代以来的传统,远远无法满足上述文化单位对于专业人才的需求。大学中文系所培养的人才有很大一部分进入到这些文化单位。然而他们并不能很快适应这些单位的工作,因为这些职业都有特殊的专业要求,而这些专业要求并不是汉语言文学的专业目标,他们只有经过时间长短不等的专业实习和专业培训之后,才能够适应和胜任这些单位的工作。2000 年后,大学进入大规模扩张阶段,一方面各个大学的招生人数大规模扩大,另一

① 程正民、程凯:《中国现代文学理论知识体系的建构——文学理论教材与教学的历史沿革》,北京大学出版社 2005 年版,第 5 页。

方面，各个大学所设置的专业迅速增加。为上述文化单位培养专业人才的新闻学、广播电视新闻、新闻出版、广播电视编导、文化产业管理等专业有不少是设置在由原来的中文系扩张而成的文学院里，即使设置在其他学院或单独成立文化与传媒学院，其课程和教学内容也和中文系具有很多关联。现在需要追问的问题是：这些新专业设置在文学院是否具有合法性，文学院原有的大学中文教育制度是否能够为这些新专业提供课程内容方面的保证？以现代文学观念为基础的中文教育的课程内容在这些新专业中是否必要，如果必要的话应占有什么分量和位置？具有悠久历史的汉语言文学专业如何调整和改革课程内容与教学组织形式，以适应社会对于人才的要求？所有这些问题都是亟待解决的。在某种意义上说，这次大学变革所需要解决的问题并不比20世纪初所面临的问题少，其变革的程度、范围和意义也许比20世纪初的变革影响更为深远。而文学观念的变革，将为这些问题的解决提供学理上的依据。

以审美性为核心的现代文学观念是20世纪特定时代条件下的产物，它是社会分工走向专业化的结果，与现代大学教育制度的分科教学密切相关。几十年来，大学中文教育依靠这种现代文学观念规划了课程内容和教学组织形式，在人才培养方面发挥了一定的积极作用，同时也表现出许多问题和局限性。随着社会分工的更加细化和新职业的不断涌现，社会需要更多的复合型的能够胜任新职业的人才，在这种情况下，大学教育制度也必然要做出相应变革。然而就近几年的发展状况来看，这种变革并不成功：传统的汉语言文学专业依然在遵循着延续了几十年的课程内容和教学组织形式；新专业则成为原有中文教育课程和内容与新的课程和内容的拼凑，这种拼凑则是各种观念的冲突和各种力量角斗之后互相妥协的结果。在这种情况下，新的问题很快涌现出来了。原来为一些新兴的行业和职业设置的专业，教学质量普遍不高，就业面太窄，社会对这类人才的需求也有限，结果导致大批的学生找不到工作，反而不如传统的专业具有就业竞争力。这就需要我们在新的理念的指导下，合理安排这些相关专业的课程内容和教学组织形式。新的理念需要新的文学观念，而新的文学观念来自于哪里？在此，我们需要从中国古代“文”的观念中寻找思想资源。

中国古代"文"的观念不同于现代文学观念,中国古代的"文"较之现代的"文学"的内涵要远为丰富,其价值和意义也更高。

中国古代也有"文学"一词,《论语·先进》中曾讲到孔门四科:德行、政事、言语、文学。但是在这里文学的内涵和现代极为不同,正如郭绍虞所说:"周、秦时期所谓'文学',兼有文章博学二义:文即是学,学不离文,这实是最广义的文学观念,也即是最初期的文学观念。到两汉时期,'文学'虽仍含有学术的意义,但所谓'文'或'文章',便专指词章而言,颇与近人所称'文学'之意义相近了。到了魏晋南北朝时期,别'文学'于其他学术之外,于是'文学'一名之含义,始与近人所用者相同。而且,即于同样美而动人的文章中间,更有'文'、'笔'之分:'笔'重在知,'文'重在情;'笔'重在应用,'文'重在美感。文学观念至此逐渐明晰,但是从此以后,经过隋、唐与北宋两个时期,一再复古,而文学观念又与周、秦时代没有多大分别了。"①所以,直到清末民初的章太炎在给"文学"进行界定时,所采用的仍然是最广义的文学观念。"文学者,以有文字著于竹帛,故谓之文。论其法式,谓之文学。"②从中国古代文学观念的变迁中可以看出,在以单音节字为主的汉语中,当说到"文学"的时候,往往是指"文"和"学",也就是文章和学术。中国古代有诗、文、小说和戏曲,然而没有现代意义上的文学概念。由此看来,中国古代"文"的内涵比现代汉语中的"文学"远为丰富,它相当于现代汉语中的文章,包括各种文体。在刘勰的《文心雕龙》中,就分门别类地详细讨论了骚、诗、乐府、赋等文学文体,也讨论了颂赞、祝盟、章表、奏启等非文学文体,并且非文学文体比文学文体要多得多。无论是文学文体还是非文学文体,都要按照同样的规律进行写作。《文心雕龙》的《原道》、《征圣》、《宗经》三篇总纲,是对于所有文体的要求,其《神思》篇以下的二十四篇创作论对于创作规律的探讨,同样适用于所有的文体。遗憾的是,现代的研究者从现代文学观念出发,普遍认为《文心雕龙》的创作论只是对文学文体的研究。

① 郭绍虞:《中国文学批评史》,百花文艺出版社 1999 年版,第 5 页。

② 章太炎:《文学总略》,见《章太炎学术史论集》,傅杰编校,中国社会科学出版社 1997 年版,第 43 页。

古代的“文”的价值意义也比现代的“文学”要高得多。孔子说:“言之无文,行而不远。”这就把文和一个人在社会和历史中的影响联系了起来。曹丕说:“盖文章,经国之大业,不朽之盛事。”①这就把“文”的社会功用推到了极致。刘勰说:“文之为德也,大矣!……道沿圣以垂文,圣因文而明道;旁通而无滞,日用而不匮。”②这就把“文”和社会宇宙人生之道联系在一起。由此看来,“文”在中国古代关涉到人生的价值和意义,关涉到社会的稳定与和谐,也关涉到宇宙的规律。在最低限度上,它能够使人提高自己的人格修养,立身于社会;在最高限度上,它能够使人“赞天地之化育,与天地参”。因而,习文对于古代士人来说是非常重要的。

那么,中国古代的这种“文”的观念在当代社会还有值得重视的价值吗?我们是否能够以这种“文”的观念来重新规划陷入困境的大学中文教育制度?我想,当现代文学观念所规划的大学中文教育制度陷入困境的时候,用中国古代“文”的观念来重新规划大学中文教育制度是一种较好的也是较现实的选择。

其一,在课程内容上大学中文教育应当从以审美性为核心的现代文学观念中解放出来,用中国古代的“文”的观念重新规划大学中文教育的课程内容。审美性的文学对于学生而言是重要的,它能够使学生在阅读中获得情感的陶冶和人格的提升,但对青年学生人格成长能起到更大作用的是承载人文观念之“文”,传统儒家和道家的学说是其代表。当然,这些学说在进入大学中文教育的课程内容之前需要经过科学整理和现代阐释,抛弃其中腐朽落后的成分,汲取其中至今仍有生命力和现代价值的思想精华。既然大学中文教育的目标之一是进行人格修养教育,那么把经过科学整理和现代阐释的儒家和道家学说纳入到大学中文教育的课程内容之中就不仅是合理的,而且也是必要的。这样,以古代“文”的观念来重新规划的大学中文教育的课程内容就包括文学部分和古代儒家和道家学说两部分。

其二,大学中文教育应当成为通识教育的一部分。作为通识教育,不仅应当包括上述的中文教育,也应当包括西方文学、历史和哲学,更应当包括马列

---

① 曹丕:《典论·论文》。
② 刘勰:《文心雕龙·原道》。

主义、毛泽东思想、邓小平理论和三个代表的重要思想。现在我们的大学通识教育只是把后者作为课程内容，而把中国和西方的文学、历史和哲学排除在外，这是不恰当的。马列主义、毛泽东思想、邓小平理论和三个代表的重要思想作为人类文明史上的重要思想成果，有其来龙去脉，我们只有在弄清中国和西方古老的历史文化传统的基础上，才能理解其光辉的价值，要想使目前的大学通识教育不流于形式和教条，必须把中国和西方的文学、历史和哲学作为通识教育的一部分。另外，既然大学中文教育应当成为通识教育的一部分，那么它就不仅应当是汉语言文学专业的必修课，而且应当是所有专业的必修课。至于如何合理安排中文教育在通识教育中的比重以及通识教育在各个专业中的比重，则是一个需要探索的问题。

其三，从中国古代"文"的观念看，新闻、编辑出版、广播电视编导、文化产业管理之类的新兴专业和复合交叉专业设置在文学院有其合理性。在中国古代，"文"包括各种文学性文体和非文学性文体，这些文体有着相同的创作要求和写作规范，所以刘勰在《文心雕龙》中把它们放在一起研究其本质、功能和创作规律。当然，中国古代的许多文体随着时代的变迁已经成为死的文体，不过随着时代的发展也有许多新的文体在产生，例如新闻文体、影视文体、工作报告文体、各种创意策划文体。这些不同的文体对应着不同的专业，既然这些不同的文体都可以成为"文"，那么与这些文体对应的专业设置在文学院就具有合法性，至于是否称为文学院还是其他名称，事实上并不重要。另外，如何合理安排中文课程和其他课程的比重和阶段，同样需要不断探索。

其四，从教学组织形式上看，应当改变过去以教师讲授为主的教学方式以及记忆教材和讲义的考试方式。事实上这是文科教学长期以来存在的弊端。如何改正？笔者建议可以汲取理工科的教学组织形式，理工科的每门课程普遍都附带设有习题课或实验课，习题课由老师带着做习题，实验课由老师带着做实验。如果没有习题课和实验课，理工科的学生学不到真正的知识和本领，难以毕业。同样，对于中文和其他文科来说也是如此，如果没有对经典作品的阅读和学习，没有真正的写作实践，也难以获得真正的知识和本领。这就需要在每门课程中附带设置经典作品阅读课或各种文体的写作课，在教师的指导下阅读、讨论和写作，只有这样，才能使大学中文教育的质量得到提高，培养出社会所需要的合格人才。

当然，上述大学中文教育制度规划只是从对现代文学观念的反思中得到的一些启示和设想，至于是否合理，则需要讨论和修正；至于如何落实，则需要决策者的决策和教育工作者的落实。

（作者单位：山东师范大学传播学院）

海外学人园地

文学史断代与知识生产

——论“五四文学”①

贺麦晓(Michel Hockx)

文学史书写牵涉的问题复杂，从词的运用、到架构的铺设、到著作体例、到深层的思维模式，大大影响着知识的生产、传递以及再生产的过程。如何表述，不单是个人行文风格的问题，背后更牵涉了文化传统的对话、意识形态的争夺，以及如何形塑将来知识系统的形成等等。

本文探讨的是华文文学的英语研究与知识生产的一些问题，并以“五四文学”(May Fourth literature)这个断代名词(period term)作为一个独特的考察对象。在进一步说明这个断代名词为何干扰着华文文学史的书写之前，让我先说明本文的讨论范围——英语研究现代华文文学界。现代华文文学的英文研究是一个独立的学科，建立于 20 世纪 60 年代。这学科历史虽然较短，但早已形成了一些独立的研究范式(paradigms)。而像任何的学科范式一样，当中包含特定要回应的历史问题、论述方式、知识生产的语境以及读者群等。华文文学的英语研究论述，有时会与华文研究论述部分吻合，甚至互相渗透影响，有时却不相往来。我举一个例子说明：英文研究者一般很少查阅华文研究著作，而一旦以此为参考，主要目的是为了借用著作中所介绍的史料，而很少从那些著作中提取观点。同样，大部分华文学者，特别在大陆，因为种种的原因，很少引用到英文著作，特别是架构。虽然华文和英文一样流利的双语学者最近越来越多，但他们一般都承认，他们的研究著作的英文版本在形式和结构上都与华文版本有很大的区别。我们还会看到，一个在英国研究现代华文文学的博士研究生，撰写论文时往往只需要对现存的英文研究作出新贡献，不必考

① 在准备本文中文译文时曾得到我的学生刘泗翰、关诗珮的大力帮助，在此表示衷心感谢。

虑其观点在华文社群中会不会构成对知识体系的贡献(a contribution to knowledge)以及认同。

"五四文学"这个断代词,一直是现代华文文学英文研究的奠基石。这个断代词成为一个研究的出发点后,学者就以此为共识来讨论相关的议题,依靠此共同信念所生产的"知识"而严重歪曲了现代华文文学的历史面目。的确,从事文学史研究和文学史教学时,很少能够避免使用历史断代词。这个关注,中外皆然。最近,无独有偶,西方文学史学者亦重新开始讨论断代词所带来的问题。《现代语言季刊》(*Modern Language Quarterly*)杂志在2001年出版了以此为题的专辑;《新文学史》(*New Literary History*)杂志上也有所回响。[①] 参加争论的学者都同意,断代词难免过分简约(reductive);而意见不同的问题是,能否完全避免使用这种简约的概念。在这一点上,我个人并不反对所有的断代词,并基本同意马歇尔·布朗(Marshall Brown)在上述《现代语言季刊》专辑的序文中所说的话:

> 以往,关于断代词的争论经常只涉及其真理或谬误,其现实性或虚构性,其界线的正确或不正确,其内容的包含性或排他性。这种问题有一个共同的假设,即断代与知识有关系。其实不然;断代是与思维(thought),即与知识的他者(the Other of Knowledge)产生关系。断代是一种挑战,一种契机,一种资源,一种矫正。[②]

我认为,对"五四文学"断代词的质疑,正好为现代华文文学的英文研究者带来研究文学史的契机。如果我们在使用这个断代词之前,不充分了解这个词的意义与界线已经被膨胀到相当过分的程度,而继续盲目使用,使其不良影响超越思想范围而进入了知识生产的体系的话,那么我们可能不自觉地在教学上以及研究时犯了推广错误知识的嫌疑。在下文,我会简述这个断代词形成的历史背景,带出这个断代词的问题,并探讨可行的出路。

---

① Micah Mattix, "Periodization and Difference," *New Literary History* 35:4 (Autumn 2004): pp. 685—697.

② Marhsall Brown, "Periods and Resistances," *Modern Language Quarterly* 62:4 (December 2001): p. 316.

大部分英文研究者谈到“五四文学”的时候，是指1911年至1937年间中国大陆经典化了的文学。除了研究该时期的文学人物以外，研究当代大陆文学的学者也经常使用“五四遗产”(the May Fourth legacy)或“五四传统”(the May Fourth tradition)等概念，甚至将一切与这个时期有关的现象都简称“五四”("the May Fourth")。这种思路把1919年5月4日发生的，于同年6月结束的政治现象“五四运动”，跟几乎三十年来创作的文学作品连接在一起。这种连接问题众多，而最大问题是，这些作品的内容通常都跟“五四运动”毫无关系。我在教学中也发现，“五四”这个标签对学生来说极其方便。虽然每一年学期初我都会在课堂上花不少时间，解释“五四运动”和“新文化运动”之间有什么差别，但是到了学期末，还是有很多学生忘得一干二净，在他们交的期末报告中，无论他们处理什么问题，研究什么人物、或什么文学团体，他们只会不断地称之为“五四”，好像这个名词所代表的意义不辨自明，不需要做任何解释。“五四文学”和“五四文化”这样的概念，都太过简化，把一段有二三十年的所有中国文化经验，全都化约成一小批年轻知识分子的等同经验。这些年轻人一心渴望成为他们那个“时代”的代表人物，而这些人也确实令我们相信，他们真的代表了整个时代。

另外一个鲜为人留意的问题是，“五四文学”一词，是把一整段时间内所有的文学创作化约成某种统一的文类，就像过去我们把各朝代的文学作品化约成“唐诗”、“宋词”、“元杂剧”、“明清小说”一样；到了民国，就是“五四新文学”。其实，“新文学”只能算是现代文学的文类(genre)之一，并不能当做现代文学的总称，可是因为行文方便，很多教科书不加审视就用“五四文学”这个断代词。

然而，现存的问题是，不单要说明“五四”文化并不是1911年至1937年间唯一的中国文化。晚近二十年来，已经有许多学者彻底地重新检讨“五四”的价值，或者将“五四”“去中心化”(decentralised)①，并且企图寻找其他的“替代

① Hung-Yok Ip, Tze-Ki Hon & Chiu-Chun Lee, "The Plurality of Chinese Modernity: A Review of Recent Scholarship on the May Fourth Movement," *Modern China* 29:4 (October 2003): pp. 490—509.

品"(alternatives)。可是大部分的研究都没有反驳先前"五四"研究在逻辑论证上的谬误,即是,关于"五四"的二元对立思维方式。如果说"五四文学"以前是因为反抗传统文学而受人称道,则现在却因这个概念带来不能容忍同时期的其他文学形式的宰制性以及垄断性而要遭到非议。然而,不管是过去或现在,这些研究强调的都是"'五四'和'其他'"之间的冲突(譬如"五四"与鸳鸯蝴蝶派;"五四"与"新感觉派"等等)。而且这些研究所假设的是,"五四"的"胜利"是一个历史事实而非意识形态的编造。那么,如何回应这个断代词所带来的挑战?我认为首先要脱离"'五四'和'其他'"的思维模式,再找一个新的名词,能涵括在民国时期文坛所生产的所有作品。换句话说,现在的问题不是贬抑"五四"的价值或是使"五四"去中心化,而是根本就不用"五四"这个名词。在文学界不用"五四"的断代词,会比其他领域容易得多,因为把五四范式套用在文学上,至少在英文研究社群中,从一开始就没有很稳固的应用基础。据我了解,有关"五四文学"的华文研究论述,对于这个主题始终都有明确而一致的定义,不需要进一步厘清,因为大部分的华文研究论述都倾向于使用"五四时期文学"这个名词,而且讨论的时代也不会超过1926年,甚至还要更短;即使是修正派的学术研究,也只讨论到从1910年代末到1920年代初的文学现象[①]。然而在英语华文文学研究中,对于这个名词始终没有一个明确的定义。那么,五四论述到底如何进入了现代华文文学英文研究的领域?

在陈受颐(Ch'en Shou-Yi)于1961年出版《中国文学史述》(*Chinese Literature: A Historical Introduction*)中,"五四"还不是一个断代词;陈受颐在这本书的最后一章《文学革命》中,同时讨论到晚清和民国时期的文学,但是他并没有用"五四文学"这个名词。这个现象格外值得我们注意,因为陈受颐本人在1920年代曾经是"文学研究会"的成员[②],而根据使用"五四"范式的学者,"文学研究会"正是推广"五四"风潮的幕后主将,甚至不惜以牺牲同代的前

---

① 这种研究比较有代表性的成果是王晓明的著名文章《一份杂志和一个"社团"——重评"五四"文学传统》,《王晓明自选集》(广西师范大学1997年版),第249—268页。

② Michel Hockx, *Questions of Style: Literary Societies and Literary Journals in Modern China, 1911—1937* (Leiden: Brill, 2003), p. 273.

辈与友侪为代价。陈受颐在讲到五四运动的时候，虽然秉持传统的观点，认为五四运动对于当时的“新文学运动”有推波助澜之功，而这两个运动后来也合而为一，可是他的重点完全放在文学运动上，从头到尾都没有提到“五四文学”或者文学的“五四时期”。①

夏志清(C. T. Hsia)在同一年出版的《中国现代小说史》(*A History of Modern Chinese Fiction*)，也采取类似的立场。夏志清书中的第一章正好跟陈受颐的最后一章一样，不约而同地采用了同样的篇名，都叫做《文学革命》，不过夏志清是从1917年的1月(而不是从晚清)谈起。对于“五四运动”，他认为所谓的“五四运动”在华文研究中成为新文化运动的同义词，并不是没有原因，因为这是学生和知识分子第一次表现出足以改造全国的力量；此外，在“五四运动”之后出现的白话文刊物，也奠定了文学运动成功的基础。② 这种“没有五四运动，新文学就不会成功”的思维模式，虽然无法证明，但确实很普遍。可是“五四文学”的时间界线又是怎么界定的呢？这可不能怪夏志清，而得怪他的著名论敌。

众所周知，夏志清的书出版之后，遭到当时在欧洲研究华文文学的权威，捷克学者普实克(Jaroslav Průšek)的严厉抨击。他在1962年发表书评指出，夏志清对文学革命的理解有误，忽略了文学革命在华文文学史脉络中的重要性。他认为，欧洲花了好几个世纪才破除中世纪的封建文化和思想，而中国却必须在短短几年之内完成这个过程，所以势必要采取激烈的手段，因此像钱玄同、鲁迅、李大钊等人提出来的激进手段才是正确的道路。他同时指出，如果我们把新文学拿来跟1911年辛亥革命，乃至于五四运动之前的文学相比，胡适倡议的文学改革就明显不足了。普实克在书评中提出来的思想和用词，几乎是直接受到当时中国官方路线的影响③。

---

① Shou-Yi Ch'en, *Chinese Literature: A Historical Introduction* (New York: The Ronald Press Company, 1961), p. 638.

② C. T. Hsia, *A History of Modern Chinese Fiction* (New Haven & London: Yale University Press, 1961), p. 12.

③ Jaroslav Průšek, *The Lyrical and the Epic: Studies of Modern Chinese Literature*. Ed., Leo Ou-fan Lee (Bloomington: Indiana University Press, 1980), pp. 200—201.

两年后，普实克在《现代中国文学研究》(*Studien zur Modernen Chinesischen Literatur*)导论中，不但重申这样的看法，并且更直接点明：五四运动是新文学与旧文学之间的分水岭。他在《导论》中指出，中国的新文学不只是一个时间的概念而已，因为五四运动所酝酿的风暴，产生新旧文学之间的鸿沟，新旧文学之间的差异之大，令人难以相信这是同一个国家所产生的文学作品；他还认为，中国新文学变革的特性，就是在中国社会和文化等其他层面也发生的类似过程——也就是上层阶级的封建文学彻底失败垮台，取而代之的是反映人民生活、符合人民利益的文学。①

虽然普实克并没有把"五四"当做一个断代词来用，但是他几乎已经把这个运动和他所研究的时期连在一起；在同一篇《导读》中，他一度提到捷克学派研究的时期是1917年至1937年间，之后又有好几次把这段时期称之为"五四运动后的时期"②。

在以英语研究现代华文文学界中，正式使用"五四"作为断代词的第一人，是美国学者戈德曼(Merle Goldman)。翻开她于1977年主编的论文集《五四时期的现代中国文学》(*Modern Chinese Literature in the May Fourth Era*)，在第一页就可以看到一段献词，把这本书献给"普实克，因为没有他的作品就没有这本书"。戈德曼在《导言》中的第一句话，也完全追随普实克的路线，只不过少了他的马克思主义修辞：

> 五四运动刚开始的时候，是1919年5月4日发生的一次示威活动，抗议北京政府同意西方强权在凡尔赛和约中的决议，将山东省割让给日本。这次的示威活动也引发了其他的示威，包括1925年的五卅事件。然而，五四运动却不只是公开抨击国内的积弱不振和国外的帝国主义，还刺激鼓舞了一个刚刚萌芽的文化运动；这个运动从19世纪末开始成长，发

① Jaroslav Průšek, *The Lyrical and the Epic*: *Studies of Modern Chinese Literature*, Ed., Leo Ou-fan Lee (Bloomington: Indiana University Press, 1980), p. 39. 虽然《现代中国文学研究》应该属于德文研究而非英文研究，其导论的英文版本在英语研究界中影响很大。

② *ibid.*, p. 32.

展的方向是摆脱中国儒家的重负，吸收西文文化。而这个文化运动的最高潮则是20世纪开始的几十年间，在文学上的百花齐放，是现代中国史上最有创造力、也最辉煌灿烂的时期之一。①

在《导言》之后，她进一步指出书中讨论的年代是"1920和1930年代"；到了第三页，就出现了大家现在都耳熟能详的断代词：

本书的撰稿人——包括研究中国文学的学者，还有史学家和社会科学家——认为五四时代的政治、社会、经济、道德和艺术影响力，都跟五四文学有密不可分的关系。②

接着，这篇《导言》就依照书中各篇论文使用的研究方法，把撰稿人区分成"内缘研究"(intrinsic approach)和"外缘研究"(extrinsic approach)两种；后者就是捷克学派，并且用下面这段引文加以定义：

因为大部分的五四文学本身都有政治意图，而且在本质上属于记录的性质，因此在学术界普遍有一种看法，就是低估其艺术价值。这种看法认为五四文学滥情、冗长、花俏；五四文学急就章，不值得严肃批评家的认真分析。不过其他学者却反驳这种看法，他们认为文学若是能够吸引一整整一代知识青年的想象力，那么除了有记录历史和赚人热泪的功能之外，势必有其他的物质。接受捷克学派文学分析训练的米列娜(Milena Doleželová-Velingerová)及其学生米高·伊根(Michael Egan)就认为，文学作品若是能够忠实而动人地表现出激烈的政治与社会动荡，乃至于号召读者采取行动，那么这样的文学作品就一定有其艺术价值。……这些学者强调，因为作家创作文学，因此他们的作品研究要受到艺术标准的评价。五四文学就像所有的文学一样，不只是表现出某个时代的政治与社会现实；这些作家发展出自己的美学风格，呈现1920和1930年代在中国

① Merle Goldman ed., *Modern Chinese Literature in the May Fourth Era* (Cambridge, Mass.; London: Harvard University Press, 1977), p. 1.

② *ibid.*, p. 3.

发生的事件、态度和人际关系。①

这段引文不但好几次提到了"五四"这个断代词,同时第一句话就是仿效典型的文学史断代研究:先提出一个断代名词("五四文学"),然后笼统地概括这段时期的文学作品的特点("有政治意图","属于纪录性质","急就章")。《导言》中接着又解释所谓"内缘研究方法",并且大量利用断代词,把内缘与外缘方法合而为一:

> 强调"内缘"文本的研究,则充分证明了五四文学是个人灵感与艺术的产品;不仅如此,这些研究也证实,透过作家想象力与艺术所呈现出来的题材,是那个时代在社会、政治、经济和国际间所面临的紧急状态。"内缘研究"和"外缘研究"都是合理的研究方法,因为五四作家不但投入艺术,也投入社会;因此分析五四文学的研究方法,不能只局限于文学、史学或社会学。正因为文学与社会有这种密切的关系,所以必须综合所有的研究方法,才能彻底了解五四文学和五四时期。②

这篇《导言》中还有另外一段文字替所谓"五四时期"出现的文学典型下了明确的定义:"……一种只受到一小批中产阶级和知识分子关注的文学,以西化的语言和风格创作,完全脱离中国广大群众的经验……"③这段文字所介绍的论文,唯一一篇没有上述这些五四文学的特质,就是林培瑞(Perry Link)对"鸳鸯蝴蝶派文学"的分析;虽然这种文学跟"五四文学"都是在同一个时期创作的作品,但是戈德曼认为鸳蝴派作家跟"五四作家"迥然不同④。也就是说:戈德曼认为并不是所有的五四时期文学都是五四文学。

我在这里大段引述戈德曼书中的导言,目的并不是要批评"内缘研究"相对于"外缘研究"的这种模式,因为这种研究模式在 70 年代相当流行,同时也跟夏志清和普实克之间的论辩有直接的关系。我的用意是要说明,为何现代

---

① Merle Goldman ed., *Modern Chinese Literature in the May Fourth Era*, (Cambridge, Mass.; London: Harvard University Press, 1977), p. 6.

② *ibid.*, p. 8。

③ *ibid.*, p. 12.

④ *ibid.*, p. 13.

华文文学英文研究到了1977年会把1920和1930年代视为同一个独立的断代时期(这显然是受到捷克学派的影响),而又如何开始用“五四”作为这段时期的名称,进而用“五四文学”来称呼在这段时期所创作的作品,然后又用“新文学”风格代表这段时期的所有文学。这种做法,把历史学家和大多数现代华文文学的华文研究者所称的“五四时期”,延长了至少十年的时间。

最近出版的《文化资本的挪用》(*The Appropriation of Cultural Capital*)一书,仍然受到捷克学派的影响,并有献词指出编者有意“延续普实克教授的治学风范”。虽然书中推翻了原本对“五四文学”的正面评价,但是对“五四文学”的定义仍然没变,而且“五四文学”这个名词所涵盖的时期甚至还要更长,因为书中的《导言》开宗明义就把“五四时代”定义为“1910到1930年代”①。这篇《导言》中的评论到最后,似乎呼应了华文研究社群对“五四文学传统”的修正派观点,然而其中的差别在于,英文学术研究中对于“五四文学”的传统定义,涵盖了更长的时间,这固然使得论述更完整,但是也变得更难以理解。这篇《导言》的最后一段话说:

> 我们希望……这些新发现的研究领域,能够促使这个时期的研究复苏,重振新文化运动提倡的开放与多元的目标。从这个角度来看,20世纪的中国文学史不再局限于定义狭隘的五四运动论述,而终于扩张到涵盖整个五四所呈现的多样与动能,以及随之而来的一切。②

这段文字显示,即使是这本带有修正意图的论文集,也无法摆脱断代范式的沉重负担。作者指出,“五四运动”的论述“定义狭隘”,但是又说“五四”包含了“多样与动能”(而这里的“五四”指的是1910至1930年代这段时间)。如果在同一个句子里使用的隐喻词汇,可以代表这样迥然不同、甚至彼此相反的意义,那么我们实在就不应该再继续使用这个词汇了。我想大部分的学生都无法理解,单一的“五四运动”和多元的“五四文学”之间,有什么样的微妙差别,

---

① Milena Doleželová-Velingerová, Oldřich Král & Graham Sanders ed., *The Appropriation of Cultural Capital: China's May Fourth Project* (Cambridge, Mass; London: Harvard University Asia Center, 2001), p. 1.

② *ibid.*, p. 23.

尤其是我们讨论的这段时期又是建构在一个模糊的基础上,然后不断延长。因此我认为,我们最好是一致同意,根本没有“五四文学”这么一回事。

平心而论,如果我们能够以客观的态度,重新检视中国人在20世纪的前五十年间,究竟写了些什么、发表了些什么、读了些什么文学作品,那么认为“新文学”唯我独尊,压抑其他创作风格的看法,就难以成立了。在1949年之前的中国文坛,有各种风格迥异的创作和出版品面世,其中,“新文学”也许是最有计划推广,也最高高在上的一种文学风格,完全不把其他的创作风格放在眼里,一心想主宰当时的文坛,但是这毕竟只是一种野心,不应该视为实际上的文化权力。其实,事实正好相反:一些极力鼓吹“新文学”的人,以激烈的手段凸显他们与众不同的风格,结果在这段时期的大部分时间里,他们都自认为属于前卫派,也就是说,他们觉得自己是“遭到打压”而不是“打压别人”的文化创作人。

要彻底了解民国时期的文学现象,就必须重新定位“新文学”,把“新文学”视为许多不同创作风格的其中一支,并且以“平行阅读”的方式,重新检阅这些风格迥异的作品,才能对当时的实际情况有比较符合史实的观察。换句话说,我们必须自觉地重建当时歧异多元的文学现象,就好像消费者在1920或1930年代走进上海的书店,书架上琳琅满目的文学杂志能尽收眼底一样。唯有如此,才能彻底了解当时的文坛。修正派学者一直致力于寻找其他不同的文学风格,这样的研究方法也有相当的贡献;但是我觉得比较普遍的史观仍然值得一试,也就是说,对这个时期内所有的创作风格都一视同仁、不分高下。我相信,我们在这个领域中研究与教学的目标,应该是重建民国时期的文学经典、文本与历史,以期能表现出现代文学的所有创作风格,因为我们真的不能肯定,在那个时候是否有任何一种创作风格独领风骚,主宰文化。

在民国时期——也就是华文文学史上过去称之为“五四时代”,而现在则不应该再用这个名称的这段期间——有许多不同的创作风格都在角逐文化霸主的地位,而最后拔得头筹、成为经典的左派新文学,在这段期间确实吸引了许多信徒,这一点是毋庸置疑的。但是如果没有官方1949年后的大力支持,左派新文学是否能够成为经典,倒是值得怀疑。新文学风格,不论是过去的左派或是最近的现代派，之所以能够在西方学界成为经典，捷克学派的推波助澜固然功不可没，不过与这种文学风格非常西化，西方人容易接受，这也不无关系。至于在那个时候的其他创作风格，尤其是“通俗”的作品，其实也许更广受读者欢迎，这些所谓“通俗”的作品，也有精英知识分子参与创作以及阅读，因此其实并不那么“通俗”。这样的创作风格当然就不像新文学一样，那么担心自己的地位。另一方面，除了“通俗”作品以外，在“新”的声势之下，古典和保守的风格似乎也逐渐沉寂，没有这么多人创作，但是我相信在这段时期，古典风格仍然保有相当的声望；尤其是在诗歌创作方面，对于这个文类的形式和定义，保守派仍然有极大的影响力。

如果研究这个时期现代华文文学的学者能够一致同意，尽可能地拓展研究的目标，以齐头并进、不分高下的方式研究各种不同的创作风格，那么就有很多新的研究领域值得开发。第一，拓展研究主题的范围，对于我和我的学生来说，就表示我们必须学习如何“阅读”不同风格的文学作品，熟悉这些作品使用的不同语言和语言形式，换句话说，研究民国时期文学的英文研究者必须加强语言的基础训练，不但是现代华文，还有古文，都必须具备比过去更流利的程度。其次，教科书、文学史和文学选集也都应该改写或重编，才能涵盖不同的创作风格的作者和作品；这份工作可能要先从中国做起，但是在中国以外的学者也可以有所贡献，例如持续质疑现存经典的权威；或是在解释和评估文本时，勇敢地表达自己的意见；当然，更可以自己动手编著现代华文文学选集的英文译本。不过与此同时，对于那些虽然在现代时期被创作，但是却以传统文学观点为基础的作品，我们也要以开放的态度来看待其文化价值和权威的地位。总之，我们在灌输自己和学生这些价值观的时候，必须谨慎而灵活。我希望以后学生看到现代华文文学是如此地活泼多元，而不是只有单调的主流价值的时候，会感到振奋雀跃。我特别强调以文学杂志为研究对象，原因有二：第一，我认为阅读杂志更能强化文学的活力和多元性；第二，阅读杂志让我们深入思考文本定义、阅读与诠释方法等问题，这些问题跟广泛的（即非仅限于华文的）文学研究和文学理论研究都密切相关。

凡是从事文学史研究的学者都时时面临着断代问题。虽然断代是一种思维而不是一种知识,可是有的断代词,如英文研究著作中的"五四文学",语义一直被膨胀到无以复加的地步,最终变成了某种论述的关键字,而论述(discourse)则是知识生产的工具。现代华文文学英文研究的"五四论述"从 60 年代以来一直主宰了西方学者的知识生产。虽然大部分学者对"五四"的评价早已有所改变,但很少有人将"五四文学"这个论述看做一个问题去探讨。本文初步地探讨了这个论述的来源,其与捷克学派的直接关系及其与中国官方文学史论述的间接关系。总而言之,"五四文学"论述是冷战时代的遗物,要修正实在不易,倒不如干脆地扬弃这种思维模式。

(作者单位:伦敦大学亚非学院)

经典在对话中生成

程正民

［摘要］ 文学经典是多义的、多层面的，同时也是具有内在对话性的、开放的、充满张力的，因此才可能是永恒的，才可能活在长久的时间里。文学经典不是孤立的文本，它总是在一定的历史文化语境中生成的，是在作者同前代作家的对话中，在作者文本的内在对话中，在作者同各代读者的对话中生成的。

［关键词］ 文学经典 对话 内在对话性

什么是文学经典？各有各的说法，通常有所谓“层面说”，或“葱头说”。理论家说经典有历史现实层面，人文层面，形而上的哲理层面等等，作家说得就比较形象。吉尔吉斯作家艾特玛托夫在谈到自己的创作计划时说：“我正在考虑写一部什么样的作品。一方面我希望这部作品简单、明了。另一方面，我又不愿意简单化，我应该反映世界的全部复杂性，让读者和我一起通过巨大的精神空间，站得更高一些。我想要唤醒人们的良心，促使他们深刻地思考，以便让他们更好地理解自己的时代，自己的生活。”与他对谈的另一作家就说：“与您谈您的计划的时候，我脑子里出现了葱头的形象。据说葱头有七层皮。好的文学作品大约也是多层次的。我喜爱第一层就引人入胜的那种作品。有的读者不会从第一层往里走，有的可能达到第二层，如果他对书作长时间的思考，可以到达第三层和第四层。可是有的作品甚至还有第六层和第七层。有时候作者本人对自己的书也只理解到第六层，他也和读者一样，总觉得还有点藏而不露的东西。”①

① 《苏联当代作家谈创作》，北京师范大学出版社 1984 年版，第 10 页。

经典应当是多义的，多层面，有丰富的蕴涵的，这毫无疑义。但是多层面的作品就能成为经典吗？我认为还不够，经典还必须具有内在对话性，必须是开放的、充满张力的，也就是说作品的各个部分的内容，各个层面应当充满内在对话，因而形成一种艺术张力。正因为经典是多层面的，具有内在对话性的，开放的，充满艺术张力的，而不是单一的、独白的，封闭的，凝固的，它才能活在长久的时间里，才能有永恒的生命力。

那么，这样的文学经典是如何生成的呢？

以往常常只从孤立的文本出发，静止地考察经典，我认为经典总是在一定的历史文化语境中生成的，必须动态地考察经典和经典的生成。巴赫金把文学活动看成一种审美事件，认为文学活动是在作者同前代作家的对话中，在作者同作品主人公的对话中，在作者同后代读者的对话中进行。根据巴赫金的对话思想，我认为文学经典不只是一种孤立的文本，它的意义是在作者同前代作家的对话中，在作品文本的内在对话中，在作者通过文本同各代读者的对话中，不断生成和不断丰富的。

一 文学经典是作者在同前代作家的对话中生成的

经典不是从天上掉下来的，而有继承性的。作家在创作时面前总有前辈作家的文学文本存在，总要在思想和艺术两方面同它们产生关系。经典之所以能成为经典，就在于它善于吸收人类文学艺术千百年来积累下来的一切有价值的精华，并加以创新。列宁说："只有用人类创造的全部知识财富来丰富自己的头脑，才能成为共产主义者。"①同样，只有用人类创造的全部文学艺术财富来丰富自己的头脑，才能成为经典作家。经典的生成过程，从某种意义上讲也就是人类文化的积累过程。没有文化积累的作家是很难成为经典作家的。当代青年作家的创作后劲不足，就是因为他们缺乏丰厚的文化积累和文

① 《列宁论文学与艺术》，人民文学出版社 1983 年版，第 106 页。

学积累。

经典生成的继承性是毫无疑义的，问题是如何理解这种继承性。作者同前辈作家的关系过去往往被理解成为一种学习、借鉴，被理解成为一种被动的接受和受影响，其实这样的理解是很不够的，他们的关系应当是一种对话关系。所谓的对话，强调的是作者的主体性、作者的主动性和创造性。作者只有通过同前辈作家的对话，吸收他们创作的精华，并加以创新，才可能有经典的生成。从这个意义上讲，没有对话能力的作家，没有创新能力的作家，是很难成为经典作家，很难生成文学经典的。在作者同前辈作家的关系中，既强调继承，又强调对话，在继承中突出对话，这更符合文学经典生成的实际。

普希金的历史题材悲剧《鲍里斯·戈都诺夫》是历史剧创作的经典，而这部剧作的创作是作家在同莎士比亚历史剧的对话中生成的。普希金对莎士比亚十分景仰，称他为"天才人物"，他曾经系统地阅读过莎士比亚的作品，特别喜爱莎士比亚的《哈姆雷特》、《理查三世》、《麦克白》等历史题材的悲剧。《鲍里斯·戈都诺夫》，就是遵照莎士比亚现实主义戏剧原则创作的。剧本打破古典主义的三一律，时间和地点灵活多变；剧本内容来源于历史又不拘泥于历史；剧本的人物性格复杂丰满，鲜明生动。普希金本人曾说他是"按照我们的鼻祖莎士比亚的体系撰写悲剧"。然而普希金和莎士比亚之间不是简单的学习和借鉴，不是简单的继承关系，而是一种对话。莎士比亚的剧本的主人公是国王、贵族，普希金则描写了人民和人民的命运。剧本最后一句是"人民沉默无语"，别林斯基认为，"这句话本身包含了堪与莎士比亚媲美的深刻特点。……在老百姓这种一言不发中可以听出新的涅墨西斯（希腊神话中的复仇女神——引者注）可怕的、悲剧的声音"。[①] 此外，在人物塑造、多场景安排和散文语言的运用方面，普希金对莎士比亚都有发展和创新。

在俄罗斯文学中，从普希金的《驿站长》、果戈理的《外套》，再到陀思妥耶夫斯基的《穷人》形成了"小人物"形象的画廊。这些作品写的都是善良的、受侮辱受损害的小人物。但陀思妥耶夫斯基写的《穷人》又不同于《驿站长》和

① 《别林斯基选集》第4卷，辛未艾译，上海译文出版社1991年版，第676页。

《外套》,他向普希金和果戈理学习,又同他们展开对话。他笔下的小人物不再只是善良和受侮辱、受损害,同时开始有了自尊心,作家在小人物身上突出了自我意识的增长。这是作家对生活的新发现,而这种对生活的新发现在作品中又通过他所创造的复调形式得到新的展现。普希金和果戈理的小说是独白小说,作品中的主人公是由作家控制的,而在《穷人》这种复调小说中,作者突出主人公的主体性,主人公完全按照自己的眼光去看待自己和看待世界,"对陀思妥耶夫斯基来说,重要的不是主人公在世界是什么,而首先是世界在主人公心目中是什么,他在自己心目中是什么"。① 这种艺术形式的创新恰恰最能充分展出小人物自我意识的增长的内容。陀思妥耶夫斯基就是这样以对生活的新发现和对艺术形式的创新,同普希金和果戈理展开对话,他的文学经典也正是在这种对话中生成。

二　文学经典是在文本内在对话中生成的

经典的生成尽管同前辈作家的对话有密切的关系,但归根到底是取决于经典文本的内在特性和内在结构。这种内在特性和内在结构主要是指经典文本的内在对话性。作为经典作家,总是力求完整地表现人和人的世界,总是要通过反映现实生活的种种矛盾和对话来揭示世界的全部多样性,揭示人的全部复杂性。在他的笔下,人物形象不是单一的,而是充满人物之间的性格冲突和对话,充满人物内心的冲突和对话。在他的笔下,不是只有单一的话语和单一的声调,对生活不是只有一种观点和一种理解,而是存在多种话语和多种声调,存在对生活的多种观点和多种理解。经典文本所存在的不同话语和不同声调,又恰恰反映了现实生活中不同世界观、不同思想、不同思维方式的冲突和对话。正是经典文本结构这种内在对话性造就了文学经典无比丰富,无比复杂的思想蕴涵和艺术容量,也为后代对经典进行不同的、各自言之成理的阐

---

① 巴赫金:《陀思妥耶夫斯基诗学问题》,白春仁、顾亚铃译,三联书店 1988 年版,第 82 页。

释创造了重要的前提。

就拿战争文学的经典来说，它能打动和震撼千百万读者的心灵，就在于这些经受历史考验的战争文学经典是充满内在对话性的。在对待战争的问题上，在战争文学中，历史和人文的冲突表现得格外尖锐。在政治家和军事家看来，战争是分为正义与非正义的，正义的战争是推动历史进步的。在文学家看来，战争是双重的，战争的参与者不仅是战士，而且是人。他关心的不仅是战争的胜利、得失，更主要的是关心战争中的人和人的命运，人的价值。以苏联的战争文学为例。苏联反映卫国战争的文学作品虽然层出不穷，常写常新，但它也是逐渐走向成熟，最终才出现战争文学经典。早先的战争题材作品重视写战争和战争英雄主义，不重视写人，不重视写战争的真实，甚至把战争写成盛大的节日，如电影《攻克柏林》。反来又出现另一个极端，在“写真实”的旗号下极力渲染战争的残酷和血淋淋的场面，如《一寸土》。自从出现肖洛霍夫的小说《一个人的遭遇》和后来的电影《这里的黎明静悄悄……》之后，战争文学才有了新的转折，才响起了战争文学新的调子。这些作品并不谴责卫国战争，它肯定为保卫祖国英勇战斗的主人公，不过作家描写的重点转到了对战争中的人和人的命运、人的价值的关怀。在作品中充满了人文和历史的对话，既有英雄主义的话语，又有悲剧的声调。作者的历史判断是明确、清晰的，对正义战争是肯定的，但作品的基调又是低沉忧伤的。作家的情感和沉思是沉重的，历史和人文孰轻孰重，在作品中并没有提供明确的答案。但作家起码告诉读者：在历史中和在战争中至轻的东西对人来说是至重的。作品在历史和人文两个角度中游移，在两种话语的对话中显示出艺术的张力，对读者产生巨大的震撼力，也给各代读者的思考、阐释留下了广阔的空间。这种经典作品所固有的品格，就是我所理解的内在对话性，经典也就是在这种内在对话中形成。

三　文学经典是在作者同各代读者的对话中生成的

经典在不同时代在不同的历史文化语境中有不同的历史命运，会产生不同的影响，经典的意义和价值会在同各代读者的对话中不断生成。别林斯基在谈到普希金经典文本的历史命运时，曾经说过这么一段话："普希金不是随生命之消失而停留在原有的水平上，而是要在社会的自觉中继续发展下去的那些永远活着和运动着的现象之一。每个时代都要对这些现象发表自己的见解，不管这个时代把这些现象理解得多么正确，总要留给下一代说一些什么新的、更正确的话，并且任何时代都决不会把一切话都说完……"①正因为如此，才可能有说不尽的莎士比亚，说不尽的托尔斯泰，说不尽的《红楼梦》。

经典的意义和价值为什么能在同各时代读者的对话中不断生成呢？这取决于两个因素。首先是经典文本的内在对话性，它具有丰富的审美潜能，这是最基本的因素。有人认为经典文本是个筐，什么东西都可以往里装，读者可以对经典文本随心所欲进行阐释，其实这是不对的，读者的接受必须受到经典文本本身的制约，否则就完全成了读者的再创造。其次，经典的意义和价值需要在同各个时代读者的对话中得到激发。这是对话，这是激发，而不是一般的接受，这里存在接受者的主体性，他的精神需要和审美需要。经典文本中有被同代读者理解到的已体现在作品中的现实内容，也有尚未被完全揭示的潜在内容，还有作者没有意识到的内容。这些潜在的内容就需要各代读者根据各个时代的精神需要和审美需要，通过对话得到激发。经典通过同各代读者的对话，其结果是有些内容逐渐淡化，甚至丧失，而另一些内容却被揭示出来，突显出来。正是通过对话，经典文本丰富的艺术潜能才能不断地展现出来。事实上越是经典的作品，同各个时代读者的对话就越是多种多样。同时，这种对话又是双向互动的，通过对话，一方面经典丰富的潜能得以激发，得以显现，丰富的意义和价值得以生成；另一方面不同时代读者的精神需求，心理需求和审美需求也得以满足。

就拿作为经典作家的托尔斯泰的创作来说，他的创作的思想艺术蕴涵非常丰富，有人说它像高山，有人说它像海洋，但它丰富的艺术潜能也是通过同不同时代读者的对话不断得到揭示，不断展示出来的。其中，列宁对托尔斯泰

① 《别林斯基选集》第3卷，上海译文出版社1980年版，第276页。

的评论就很能说明这个问题。乍一看来，把托尔斯泰同俄国革命拉到一起，说“托尔斯泰是俄国革命的一面镜子”，似乎是一十分荒唐的事。连列宁自己也说：“把这位伟大艺术家的名字同他显然不了解、显然避开的革命联在一起，初看起来，会觉得奇怪和勉强。”[①]实际上，列宁确实不是无中生有，生拉硬扯，而是托尔斯泰作为伟大的艺术家在自己的作品中完整地反映出历史和现实的多样性和复杂性，他的作品存在着内在的对话性，存在丰富的艺术蕴涵，不是只有一种思想，一种观点，而是多种思想，多种观点在作品中展开对话。诚为列宁所说：“托尔斯泰作品、观点、学说的矛盾的确是显著的。”[②]这种矛盾体现在作品中，就是对现实的无情揭露，彻底批判企图用道德自我完善和不以暴力抗恶的方法解决社会问题之间的矛盾，就是撕下一切假面具的最清醒的现实主义同宗教说教的矛盾。同时，列宁敏锐地发现这种尖锐的矛盾恰恰是俄国农民心理强处和弱处的艺术反映，因为无论是贵族作家还是资产阶级作家，都不可能对俄国封建专制制度和资本主义作出如此真诚、如此直率、如此彻底、如此无情、如此大无畏的揭露和抗议。列宁正是从总结第一次俄国革命失败的教训的时代要求出发，通过同托尔斯泰作品的对话，激发出托尔斯泰作品潜在的思想艺术蕴涵，而这是其他读者和其他评论家所未曾发现的。当然，其他时代的其他读者和评论家也可以从自己的精神需求和审美要求出发，通过同托尔斯泰作品对话，激发出挖掘出托尔斯泰创作另外一些艺术潜能。

（作者单位：北京师范大学文艺学研究中心）

① 《列宁论文学与艺术》，人民文学出版社 1983 年版，第 201 页。
② 同上书，第 202 页。

红色经典剧改编的困境在哪里

——以《沙家浜》为例

赵　勇

[摘要]　由于种种原因，红色经典剧改编过程中的一些问题变得越来越模糊。本文通过对《沙家浜》前世今生的详细考察，一方面是要说明作为样板戏的《沙家浜》是“三突出”、“主题先行”的产物，以郭建光为中心的故事线本来就乏善可陈；一方面是要论证作为电视剧的《沙家浜》因其绝对忠实于原著，而使原来的老问题暴露无遗。这些问题既使电视剧版的《沙家浜》尴尬，也将会成为未来红色经典剧改编继续尴尬的主要因素。

[关键词]　红色经典　改编　原著　样板戏　电视剧　《沙家浜》

近年来，红色经典剧的改编问题一直牵动着政府主管部门、影视编导者、观众等方面的敏感神经，故较重要的红色经典剧，都能引起一些讨论或争论。然而，由于种种原因，这种讨论似乎又无法深入下去——专家学者因顾及主流意识形态的禁忌而不得不在一些问题的思考上被迫止步，普通观众又因关注于改编、拍摄过程中的技术性问题而对其他问题视而不见。于是，红色经典剧的改编不但没有使一些重要问题得以澄清，反而使原来比较清楚的问题也变得模糊了。2006 年 5 月以来，随着 30 集红色经典电视剧《沙家浜》在各地电视台的陆续播放，与红色经典剧改编相关的诸问题又一次获得了呈现机会。因此，在下文中，笔者将以《沙家浜》为例进行思考，以求管中窥豹，见其一斑。

一

迄今为止,《沙家浜》及其相关文本其实已有六个。它们是崔左夫的纪实文学《血染着的姓名——36 个伤病员斗争纪实》(1957 年,第一文本),文牧根据第一文本执笔写就的现代沪剧《芦荡火种》(起初命名为《碧水红旗》,上海人民沪剧团于 1960 年 11 月 27 日首次演出,第二文本),汪曾祺等人根据第二文本改编的京剧现代戏《芦荡火种》(第一稿名为《地下联络员》,第二稿恢复为《芦荡火种》,北京京剧团排演此剧,并参加了 1964 年的"京剧现代戏观摩演出大会",第三文本),在第三文本基础上经过反复演出、修改、锤炼的革命现代京剧《沙家浜》(1970 年 5 月定本,并发表于当年的《红旗》杂志上,第四文本)①,薛荣创作并引起广泛争议的小说《沙家浜》(《江南》2003 年第 1 期,第五文本),高景文编剧、沈星浩导演的电视连续剧《沙家浜》(第六文本)。但很显然,第六文本却只和第四文本存在明显的改编关系(后面详述),因此,在进入电视剧《沙家浜》之前,需要对革命现代京剧《沙家浜》的生成情况作一交代;而要想把革命现代京剧《沙家浜》说清楚,又需要从沪剧《芦荡火种》谈起,因为这是我们理解电视剧《沙家浜》的重要维度。

虽然当今的回忆文章明确了沪剧《芦荡火种》与崔左夫之纪实文学的血缘关系,但在当时并无此种说法。据《沪剧〈芦荡火种〉创作记事》交代,沪剧团计划写一部反映抗日游击队革命斗争剧本的想法诞生于 1958 年的"创作跃进规划"之中。1959 年,由于南京军区某部的支持(提供大批参考资料),创作提到了议事日程。剧团把任务交给文牧,他就调动了自己记忆中的经验材料,花 10 个月时间写出了初稿。但这个初稿却"很不成熟",因为剧本中"阿庆嫂与敌人智斗的几场戏虎虎有神;而写到芦荡中的战士生活时非常软弱。战士们在困难面前精神也不够昂扬"。之所以如此,是因为文牧"虽然听了不少传说,

① 蒋星煜:《我所知道的〈沙家浜〉事件》,《检察风云》2003 年第 22 期;汪曾祺:《关于〈沙家浜〉》,《汪曾祺全集》第 5 卷,北京师范大学出版社 1998 年版,第 237—243 页。

但与新四军游击队平生从未见过一面”，故只能靠想象去弥补生活之不足。初稿既成，却存在问题，故无法开排，剧团便把加工剧本的任务交到杨文龙(导演)、丁是娥(阿庆嫂的扮演者)等人手里。杨文龙感到修改剧本非常棘手，因为他对身陷芦荡的新四军战士的生活同样非常陌生。如何解决这一创作难题呢？让我们注意一下如下的文字：

正当他们为提高这个戏的思想性，进一步树立革命战士的光辉形象而感到困难的时候，剧团党支部领导同志建议他们学毛主席著作。这时，杨文龙心想：“剧本等着要排，不抓紧时间想想办法，难道学理论能解决唱词问题吗?”但是当他们朗读了《论持久战》和《星星之火，可以燎原》等文章以后，空气由沉闷变为活跃了。毛主席对革命力量成长过程的分析、对暂时困难的看法和对中国革命前途的乐观估计，大大地鼓舞了他们。他们设想，毛主席这两篇文章，在芦荡中指挥斗争的指导员郭建光也看到，因而他是以毛主席的思想教导战士，而使战士们在暂时性的敌强我弱的形势前，个个精神振奋，斗志昂扬。从这一思路前进，他们觉得十八伤病员的情形是可以理解的了。这样，一段段符合毛主席战略思想的唱词也写出来了，就一改剧本初稿写到芦荡时所流露的抑郁气氛，而把指导员的高瞻远瞩，以及他在困难面前的革命乐观主义精神和革命坚定性有力地表现了出来。剧本提高了一步。①

这里面虽然可能已有虚浮不实之辞，但考虑到这是1964年的文字，也许还能在一定程度上反映当时创作的真实情况。那么，这种表白说明了什么问题呢？第一，以阿庆嫂为中心的故事线生活气息浓郁，具有很强的艺术表现力，所以才会“虎虎有神”；第二，以郭建光为中心的故事线一开始就存在着先天不足，而后来虽然靠毛泽东的两篇文章解决了问题，但这种解决方式一方面已经违背了创作的基本规律，一方面也意味着革命/政治话语已堂而皇之地进入到了作品之中。同时，这一事实也表明：当人们认为革命现代京剧《沙家浜》

① 徐洁人：《在集体关怀下成长——沪剧〈芦荡火种〉创作记事》，《文汇报》1964年3月21日。

作为红色经典存在着诸多可疑之点进而想去寻找一个更为纯洁的源头时，沪剧《芦荡火种》却显然难胜此任，因为实在说来，第二文本从一开始就不是一个健全的文本，它体现了那个年代政治审美化的创作理想，也为后来的诸多改编埋下了隐患。

革命现代京剧《沙家浜》的前身是京剧现代戏《芦荡火种》，《芦荡火种》虽然两易其稿，且也是"打磨"（后来江青有了"十年磨一戏"的说法）之作，但一是由于"和江青的关系不大"①，二是因为完全脱胎于沪剧剧情，所以它在很大程度上保留了沪剧的长处和缺陷。当年的冯其庸曾撰文指出："《芦荡火种》的演出给人们的突出印象之一是内容和形式的统一，京剧的形式和现实生活的内容得到了较好的结合。"而为了克服演员在表现现代生活上遇到的困难，剧团演员曾集体下连队"当兵"，以解决第一次彩排中发现的问题（阿庆嫂演得不像党的地下工作者，剧中的新四军战士演得不像兵）。结果，第二次彩排获得较大成功。"例如赵燕侠同志为了准确地刻画阿庆嫂这个党的地下工作者的形象，表现她机智勇敢地与敌人面对面的斗争，她没有原样搬用旦行的全部身段动作，而是根据这个人物的身份特点重新设计全部动作；同时，我们又可以分明看到在这些新的身段动作中，化用着京剧的传统程式，也就是说这些身段动作并不是自然生活中的动作，而是被舞蹈化的，经过艺术夸张的，具有鲜明的节奏和具有美感的动作。她的泼茶、倒水、抖抹布，她在与胡传魁、刁德一言语应对之间的神情目光、举止动作等等，无一不是从生活出发而又紧紧结合京剧的表现特点的，这样就使观众感到她的表演既不失京剧的特色又有了新鲜的味道。"②《北京日报》的社论也特别强调："京剧《芦荡火种》的演出，除了得到上海人民沪剧团的其他帮助，更重要的是受到了他们从生活出发、从刻画人物形象出发进行创作的启示，才避免了许多可能走上的弯路，而能够比较顺利地完成。"③从生活出发进而深入生活体验生活，是那个年代的政治律令，它虽然

---

① 汪曾祺：《关于〈沙家浜〉》，《汪曾祺全集》第5卷，北京师范大学出版社1998年版，第239页。

② 冯其庸：《从京剧〈芦荡火种〉谈起》，《文艺报》1964年第6期。

③ 《再谈〈芦荡火种〉为什么能获得成功》，《北京日报》1964年5月11日。

能够解决演员的表演问题，却很难解决剧本本身遗留的创作问题。我们现在能够确定的是，尽管《芦荡火种》存在着一些缺陷，但与后来的《沙家浜》相比，它的真实性程度和还原历史的程度可能会更高一些。因为在《芦荡火种》中，阿庆嫂还是一号人物，以阿庆嫂为中心所生成的故事线因其“虎虎有神”，它本身已足以支撑起全部故事，而处于陪衬位置的郭建光的故事线甚至可以忽略不计。

使京剧现代戏《芦荡火种》大变模样的是革命现代京剧《沙家浜》，之所以如此，原因有二：第一，1964 年 7 月 23 日，毛泽东观看京剧现代戏《芦荡火种》之后提出几点意见，江青代为传达。这些意见是：兵的音乐形象不饱满；后面要正面打进去，现在后面是闹剧，戏是两截；改起来不困难，不改，就这样演也可以，戏是好戏；剧名可叫《沙家浜》，因为故事都发生在这里。[①] 第二，1964 年 7 月，江青在京剧现代戏观摩演出人员的座谈会上发表讲话，标志着她抓“样板戏”的系统工程开始启动。她在讲话中特别指出：“京剧艺术是夸张的，同时，一向又是表现旧时代旧人物的，因此，表现反面人物比较容易，也有人对此很欣赏。要树立正面人物却是很不容易，但是，我们还是一定要树立起先进的革命英雄人物来。上海的《智取威虎山》，原来剧中的反面人物很嚣张，正面人物则干瘪瘪。领导亲自抓，这个戏肯定是改好了。现在把定河道人的戏砍掉了一场，座山雕的戏则基本没有动（演座山雕的演员是很会做戏的），但是由于把杨子荣和少剑波突出起来了，反面人物相形失色了。听说对这个戏有不同看法，这个问题可以争论一番。要考虑是坐在哪一边？是坐在正面人物一边，还是坐在反面人物一边？听说还有人反对写正面人物，这是不对的。”[②]既然毛泽东提出了修改意见，江青又要树立革命英雄人物，《芦荡火种》自然是不得不改。

而且，由于有了毛泽东的指示和江青的讲话精神，原来不是问题的方面成

---

① 汪曾祺：《关于〈沙家浜〉》，《汪曾祺全集》第 5 卷，北京师范大学出版社 1998 年版，第 238 页。

② 江青：《谈京剧革命——一九六四年七月在京剧现代观摩演出人员的座谈会上的讲话》，《红旗》1967 年第 6 期，见《赞革命现代京剧〈红灯记〉》，人民出版社 1971 年版，第 4—5 页。

了问题。当时的一篇文章指出：京剧《芦荡火种》虽是一个比较优秀的剧目，“但这个戏在主题思想上也存在着相当的局限性，主要表现在两个方面：第一，剧本过分地强调了阿庆嫂地下斗争的作用，依靠智斗消灭敌人，解决战斗，而没有强调武装斗争的作用，因而不符合历史真实。第二，在描写阿庆嫂与敌人的智斗中，主要表现她在与敌人周旋应付中的机智，没有把她的斗争，明确地提到利用敌人的矛盾以打击敌人的策略思想的高度。这使这个戏在反映历史真实程度和主题思想的深度上，受到了一定的限制”[①]。今天看来，所谓的“不符合历史真实”、“反映历史真实程度受到限制”并无道理，但既然通过按图索骥已经发现原剧本存在着重大问题，修改也就势在必行。那么，如何修改呢？其实有了指示和讲话精神，也就有了修改的具体方案。结果，毛泽东的意见最终被落实成“以武装斗争为主”，江青的讲话最终被于会泳概括成“三突出”（在所有的人物中突出正面人物，在正面人物中突出英雄人物，在英雄人物中突出主要英雄人物）和“主题先行”，再加上江青发明的“三结合”创作法（即领导、群众、作者相结合：领导出思想，群众出生活，作者出技巧），所有这些，都成了革命现代京剧《沙家浜》的修改指南。

于是，《沙家浜》有了重大修改。根据相关资料的描述，其修改主要体现在如下几个方面：首先，把郭建光提到一号人物，阿庆嫂压成二号人物。这种变动体现了一个所谓的原则问题：究竟是武装斗争领导地下斗争，还是地下斗争领导武装斗争。其次，与此相对应，改变原来故事线的总体布局，把原来以阿庆嫂地下斗争为主的故事线改成两条线并重并最终把重心落在新四军伤病员的故事线上。第三，通过给予郭建光大段唱腔（如第二场《转移》中《祖国的好山河寸土不让》，第五场《坚持》中的《毛主席党中央指引方向》）来刻画他的心理活动和精神面貌，想方设法突出郭建光的英雄形象。第四，根据“三突出”创作原则，一方面通过舞美造型等手段突出主要英雄人物，一方面大幅度削减次要人物的戏份。北京京剧团《沙家浜》剧组在总结改编的舞蹈经验时特别强调：“在表现突击排战士的同时突出郭建光，在整齐一致的动作中使郭建光居

① 郭汉城：《试评京剧〈沙家浜〉的改编》，《人民日报》1965年3月18日。

于一个显著的位置，在目的性一样的动作中利用高低和角度的不同，使郭建光和战士既统一又有区别，使郭建光有单独亮相的机会。”[①]有学者也曾做出如下统计：在原始沪剧《芦荡火种》中，七龙(即四龙)戏份很重。连同“序幕”在内的12场戏中，七龙8场有戏，第4场还主要是表现他的机智勇敢和担任送粮任务的艰巨。他参与了57轮对话，有67句唱词。可是在“样板戏”中，七龙的戏份被减到只有4场戏，4句唱词，尽管参与了18轮对话，但有10轮都是以独词句的结构形式来参与的。[②] 第五，把原来“以阿庆嫂智斗取胜的结尾，改为新四军战士们在伤愈后配合大部队的进军，并与阿庆嫂的地下斗争相呼应，以武装战斗消灭敌人的结尾，突出了武装斗争的重要性”。新添的后三场戏《奔袭》、《越墙》(后改为《突破》)和《聚歼》，“充分发挥了京剧翻、腾、搏、击的武功，表现出战士们矫健灵活、英勇善战的英武姿态，同时也衬托出郭建光周密果断的指挥才能。经过这样改动以后，改变了新四军战士在斗争中的从属地位，并且由于他们在戏剧冲突中的行动性加强了，新四军战士们的英雄群像，有了正面表现的机会”[③]。通过这些改动，《芦荡火种》变成了《沙家浜》，从而也变成了“受工农兵欢迎的革命样板戏”[④]。

作为八个样板戏之一，《沙家浜》的修改与打磨自然在当时获得了高度评价，这是可以理解的，但问题是，我们今天该如何看待这种改动呢？必须承认，如果从京剧艺术形式推陈出新的层面看，《沙家浜》乃至其他的七个样板戏确有可取之处，所以，这方面的一些改动是有道理的。一个经常举到的例子是《智斗》一场戏中，原来只是阿庆嫂和刁德一两个人的“背供”(自言自语)唱，江青提出要把胡传魁拉进矛盾中来，由两人“背供”唱改为三人“背供”唱，汪曾祺等人接受了修改意见并认为这种改动有道理。因为“这样不但可以展开三个人之间的心理活动，舞台调度也可以出点新意——‘智斗’的舞台调度是创造

---

① 北京京剧团《沙家浜》剧组：《〈在延安文艺座谈会上的讲话〉照耀着〈沙家浜〉的成长》，《红旗》1970年第6期，见《京剧革命十年》，人民出版社1975年版，第106—107页。

② 祝克懿：《语言学视野中的“样板戏”》，河南大学出版社2004年版，第283页。

③ 郭汉城：《试评京剧〈沙家浜〉的改编》，《人民日报》1965年3月18日。

④ 北京京剧团《沙家浜》剧组：《〈在延安文艺座谈会上的讲话〉照耀着〈沙家浜〉的成长》，《红旗》1970年第6期，见《京剧革命十年》，人民出版社1975年版，第102页。

性的。照原剧本那样,阿庆嫂和刁德一斗心眼,胡传魁就只能踱到舞台后面对着湖水抽烟,等于是'挂'起来了"①。其他诸如舞美、唱腔、唱词等方面的反复锤炼,如果不考虑所表达的内容,许多方面也具有新意。

但问题是,其实又是没办法不考虑内容的;而一旦进入内容层面就会发现,《沙家浜》显然存在着重大缺陷。或者也可以说,《芦荡火种》本来就存在着先天不足,而后来的《沙家浜》却是把这种不足放大并修改成了重大缺陷。以最后的三场戏为例,汪曾祺以"可以发挥京剧特长"肯定了后来的改动②,但他似乎忘了这种改动恰恰却是"主题先行"的产物,它牺牲掉的很可能是历史真实的基本原则。而且,原剧结尾靠在阿庆嫂的故事线上做文章,"闹喜堂"一场戏应该更具有民间气息,后来的改动则是用政治话语替换了民间话语,民间意味大大削弱。《沙家浜》剧组在总结经验时特别指出:"当时旧北京市委主管文化工作的某负责人就多次煽阴风,胡说什么'不要老是改。这是个有群众影响的戏,不要把一个好戏改坏了'。为了腾出篇幅表现新四军远途奔袭的军事行动,我们删掉了原来后面的闹剧性场子,但是他却说'后三场有戏,拿掉了可惜'。他反对删掉原来'闹喜堂'一场戏。这一场戏阿庆嫂在那里指挥一切,郭建光和新四军战士化装成为各行业的人,完全听从阿庆嫂的部署而行动。他们的目的,就是要颠倒武装斗争和秘密工作的关系,把秘密工作凌驾于武装斗争之上,要由秘密工作来领导武装斗争。"③面对这段批判性文字,我们今天完全可以从相反的角度作出理解:若从生活气息、民间意味和历史真实的方面衡量,原剧本后三场戏拿掉了确实可惜,因为它本来是更符合生活真实和艺术真实的逻辑的;但是由于它不符合当时的政治逻辑,所以也就成了政治逻辑的刀下之鬼。

这就是当时的红色经典。毫无疑问,这样的经典之作是"三突出"、"高大全"和"红光亮"的产物,是政治审美化过程中所生产出来的畸形儿。在这一问

① 汪曾祺:《关于〈沙家浜〉》,《汪曾祺全集》第5卷,北京师范大学出版社1998年版,第240—241页。

② 同上书,第239页。

③ 北京京剧团《沙家浜》剧组:《〈在延安文艺座谈会上的讲话〉照耀着〈沙家浜〉的成长》,《红旗》1970年第6期,见《京剧革命十年》,人民出版社1975年版,第110页。

题上,从头至尾参加了革命现代京剧《沙家浜》生产过程的汪曾祺应该最有发言权,他说:“我以为从总体上看,‘样板戏’无功可录,罪莫大焉。不说这是‘四人帮’反党夺权的工具(没有那么直接),也不说‘八亿人民八出戏’,把中国搞成了文化沙漠(这个责任不能由‘样板戏’承担),只就‘样板戏’的创作方法来看,可以说:其来有因,遗祸无穷。”[①]笔者以为,此说乃持平之论,值得后来者三思。大概只有具备了这样一种“前理解”,我们对电视剧《沙家浜》才能有一个比较准确的认识和判断。

二

经历了小说《沙家浜》被批判(2003),电视剧《林海雪原》遭唾骂(2004),国家广电总局出台改编红色经典电视剧的相关规定(2004),《红旗谱》、《苦菜花》、《红色娘子军》等剧或反应平平或遭到质疑(2004—2005)等一系列事件之后,再来改编红色经典剧《沙家浜》无疑会面临极大的压力,也会承担巨大的风险。《沙家浜》在各地电视台播出获得成功后,制片方的许多说法都耐人寻味。编剧高景文说:“首先有一点是坚持的,改编红色经典绝对百分之百忠实于原著,这是从以往改编的教训中得来的。所以我们是绝对忠实于原著的。”“我们确定的原则是不戏说,不搞笑。”[②]出品人之一的朱洪坦言创作之初的压力特别大,“那段时间红色经典改编剧总是遭到观众的骂声和媒体的批评,在这种舆论环境下,《沙家浜》是冒着很大的风险去拍摄的,能否得到观众认可,能否收回投资都是需要考虑的问题,因此,我们当初给《沙家浜》定下的目标就是‘老同志有回忆、年轻人会了解’。现在有好反响和高收视,我们就没什么遗憾

① 汪曾祺:《关于“样板戏”》,《汪曾祺全集》第4卷,北京师范大学出版社1998年版,第325—326页。

② 陈璐、孟园园:《〈沙家浜〉:红色经典的幕后传奇》,http://www.njnews.cn/v/ca780943.htm。

了。”[①]而据导演沈星浩的说法：为了重现经典，剧中演员的服装完全拷贝了京剧版中的戏装。[②] 与此同时，许多媒体也关注着《沙家浜》的拍摄。一家媒体事后这样报道：“每部‘红色经典’出炉，人们最关心的总是‘是否忠于原著’。对此，‘阿庆嫂’的扮演者许晴肯定地说，电视剧版《沙家浜》没有戏说红色经典，阿庆嫂的精力也全用在‘智斗’上，而拍摄期间人们不断揣测的‘阿庆嫂跟郭建光到底有没有谈恋爱’问题，如今也真相大白，两人只有战友情，完全没有男女私情。”[③]

“完全没有男女私情”的《沙家浜》也许会让媒体感到失望，但是对于拍摄者来说，出此上策，却是选择了一套安全而又稳妥的拍摄方案。因为任何一家打算拍摄红色经典剧的生产商都会明白，他们必须既能在主流意识形态设置的种种关卡面前顺利过关，同时又能获取巨大的商业回报，这才是电视剧生产的一条光明大道。同时，生产商显然也懂得如下道理：现如今，红色经典剧的生产既不是一项政治任务，也不是一种冲击禁区的先锋艺术，它只不过是一种可以赚钱赢利的大众文化产品。选中红色经典作为改编与拍摄对象，是因为当下复杂而又微妙的现实语境可以使红色经典成为一种有利可图的宝贵资源。资源可以开发、再生产并最终为我所用，却不能浪费。在此境况下，与主流意识形态叫板，与许多有着革命情结的观众叫劲，显然是一种不明智的行为，也是对资源与商机的极大浪费。

然而，不戏说、不搞笑、百分之百地忠实于原著、好反响和高收视，是不是也意味着这样一个事实：《沙家浜》在让“二老”（老干部和老百姓）满意或基本满意的同时也遮蔽了更大的问题？为了能充分地呈现这一问题，让我们从电视剧的可改编性说起。

并不是任何作品都可以改编成电视剧的。仅就红色经典而言，那些越是具有民间传奇色彩的作品，可改编性就越高。否则，它就会面临意想不到的困

---

① 陈璐、孟园园：《〈沙家浜〉：红色经典的幕后传奇》，http://www.njnews.cn/v/ca780943.htm。

② 同上。

③ 赵斌：《新〈沙家浜〉各地收视率飘红 红色经典拒绝暧昧》，http://news.16dao.com/20060704/xw_269232.htm

难。以这个尺度来衡量革命样板戏(如果它们也能算作红色经典的话)的改编问题,有的可改编性高一些(如《智取威虎山》),有的可改编性低一些(如《红灯记》),有的则完全没有可改编性(如《海港》、《龙江颂》)。依我之见,《沙家浜》居于可改编与不可改编之间。

为什么说它具有可改编性呢?因为革命现代京剧虽然对《沙家浜》做了重大改动,但它毕竟保留了阿庆嫂的故事线。而阿庆嫂的"眼观六路,耳听八方,胆大心细,遇事不慌"(样板戏中刁德一台词)和双重身份(江湖中人和组织中人)使阿庆嫂以及与其相关的故事具有了民间传奇色彩。事隔40年之后,大部分过来人只记住了《沙家浜》中《智斗》一场,而《智斗》中又只有三人对唱被各种晚会反复演唱,这一事实足以表明,人们感兴趣的既是三人的道魔斗法,也是阿庆嫂的"江湖义气"。汪曾祺说,《沙家浜》修改期间,"垒起七星灶"等大段唱词差点被江青砍掉,原因无它,因为江青认为那是"江湖口",阿庆嫂、胡传魁等人的"江湖口太多了"。① 江青的判断是准确的,而政治话语对民间话语的警觉以及唯恐后者冲淡或破坏前者也由此可见一斑。另一个有意思的例子是,当年黄子平插队海南岛深山农场,看完《智取威虎山》后与农友们回家,农友们已记不得那些豪情激荡的大段革命唱腔,反倒将"天王盖地虎,宝塔镇河妖"之类的土匪黑话大声吆喝。② 由此可知,样板戏的精髓是在何处,观众的兴奋点又在哪里。

那么,为什么又说它不具有可改编性呢?这主要是针对郭建光的故事线而言的。样板戏中,虽然增加了郭建光与伤病员的戏份,却主要是通过唱腔(第二场与第五场)、舞蹈动作(第五场)和武打(最后三场)表现出来的,而几无故事可言。如果说京剧中的这一条线还能通过种种艺术手法支撑起场面的话,那么,去掉这些艺术包装,留给郭建光的就只有一些空洞、干涩的豪言壮语了。与阿庆嫂的那条故事线相比,这条线不具有生成故事情节的基本元素。

然而,编导却说,电视剧要百分之百地忠实于原著。如此一来,问题便进

---

① 汪曾祺:《关于〈沙家浜〉》,《汪曾祺全集》第5卷,北京师范大学出版社1998年版,第241页。

② 黄子平:《"灰阑"中的叙述》,上海文艺出版社2001年版,第68—69页。

一步变得复杂起来,因为人们马上就会追问:你所绝对忠实的原著究竟是哪个原著?如前所述,在电视剧之前,《沙家浜》及其相关文本已有五个。电视剧版的《沙家浜》对第一文本只字不提,这意味着最原始的原著根本不在编导者的视野之内。电视剧的片头倒是打出一行字幕:"本剧取材于上海沪剧院文牧先生执笔创作的沪剧《芦荡火种》",但种种迹象表明,这只是出于一种策略上的考虑,实际上电视剧与沪剧版的原著并无关系(文牧的后人与电视剧制作方打开官司后,高景文一不留神说了实话:"官司目前是老板的事。你要问我的话,我没看过《芦荡火种》,只看过《沙家浜》,他告我有什么道理?要告的话先告北京京剧院。据我所知,故事是很多人凑在一起搞的,文牧只是执笔。"①)。那么,与京剧版的《芦荡火种》呢?依然没有关系。证据之一是电视剧版的结局依然突出的是武装斗争的重要性,这不是第三文本的路数。当然,它更不可能与小说版的《沙家浜》有什么瓜葛了,第五文本对于电视剧的改编来说只具有警戒意义,它提醒编导注意这样一个事实:如果你胆敢戏说、恶搞,只会出现后果很严重、损失很惨重的结局。

如此说来,电视剧的编导是把革命现代京剧《沙家浜》作为原著了?是的。电视剧中的主题歌《春来沙家浜》嵌入了"垒起七星灶,铜壶煮三江,摆开八仙桌,招待十六方"的唱词和曲调,片尾歌《十八棵青松》是对《要学那泰山顶上一青松》的完全挪用,主人公的相貌、身材与着装也力求与样板戏中的扮演者神似(如郭建光的扮演者任程伟像谭元寿一样高大英武,胡传魁的扮演者刘金山像周和桐一样方头愣脑、五大三粗,陈道明更是把一张样板戏的影碟带到现场,为的是反复琢磨刁德一扮演者马长礼的神态动作,《智斗》一场戏中许晴因穿一件紫色小褂拍摄而不得不推倒重来,因为样板戏中阿庆嫂的扮演者洪雪飞穿的是那种蓝色印花图案的上衣)。为了唤醒人们的历史记忆,第 22 集和第 27 集完全克隆了样板戏中《智斗》(第四场)和《斥敌》(第七场)中的细节与台词,甚至不惜把原唱段中的戏文转换成电视剧中的台词,或以画外音的形式直接把京剧唱段搬到电视剧中,让它承担叙事的功能(如胡传魁向刁德一介绍

① 张守刚:《高景文:〈沙家浜〉没"戏说"》,http://www.bjd.com.cn/xwzx/whyl/jj/200605/t20060529_17126.htm。

阿庆嫂是他的救命恩人时，剧中响起了“想当初老子的队伍才开张……”的京剧唱段），凡此种种，都在提醒样板戏的《沙家浜》作为原著的合法性；显然，编导所谓的忠实于原著就是要忠实于样板戏的原著。

从营销策略的层面考虑，这样的选择是无可指摘的，因为在“八亿人民八出戏”的年代里，样板戏已把戏中主要人物的扮相、舞台造型、唱腔唱段等等以非常形式植入人们的记忆之中。所谓“老同志有回忆”，就是要唤醒 40 岁以上者的记忆，让当年的政治/文化符号成为今日商业大众文化的市场卖点。但问题是，若要忠实于原著，不光是要忠实于那些耳熟能详的政治/文化符号，还得忠实于原著的主题思想和布局结构；更准确地说，是要忠实于原著中有着重大缺陷的主题思想和布局结构。在样板戏中，郭建光这条主线的戏主题思想突出故事情节淡薄或许还能藏拙，但是，把两个小时的京戏抻成 30 集的电视连续剧，且两条故事线依然是平起平坐，该如何解决这一难题呢？

编导显然也意识到了这一问题的严重性，高景文说：“写郭建光的戏最难了！在样板戏中，他是高大全的形象。京剧中最精彩的智斗和他基本没有关系，部队进了芦苇荡他开始有戏，但光坚守芦苇荡，也没多少戏。当时我就苦思冥想，到底怎么写郭建光，让他更幽默一点、更平民一点。比如不是工作的时候，他也跟小王开玩笑，给老马穿衣服；他说话有点夸夸其谈，但打仗的时候很能打；小凌死的时候，他有大段的革命性讲话，这在当时的历史情景下，是合理的，不是硬凑。”①从这段表白中可以看出，编剧非常努力，也希望问题能够得到妥善解决，但实际效果却依然差强人意。以郭建光为中心的故事线倒是让原来那些处于匿名状态或被郭建光巨大身影遮蔽掉的伤病员走到了台前，甚至还在革命队伍中增加了一个不断犯点小错误的国民党老兵马喜财，以此作为生成故事情节的基本元素，但一方面，“养伤无故事”（治伤疗伤打针吃药有什么故事性可言）的套路已然注定这些“元素”无法有多大作为；另一方面，靠在原来的主题思想上做文章并以此衍生出来的一些故事依然是“主题先行”的产物，这样的故事显然无法摆脱“假大空”的嫌疑。拿高景文认为表现到“很

---

① 张守刚：《高景文：〈沙家浜〉没“戏说”》，http://www.bjd.com.cn/xwzx/whyl/jj/200605/t20060529_17126.htm。

到位”的一场戏来说，沙四龙跟老马练枪走火，误伤新四军战士小王，沙奶奶便用家法把儿子打得遍体鳞伤。郭建光闻知此事与战士雨中下跪求情，沙奶奶大为感动。沙四龙受伤之躯需要上药，但他知道新四军缺少药品，便拒绝了郭建光的好意。这场戏拍得非常煽情，也确实有一些艺术效果，但是它的目的却是为了演绎样板戏中那个“军民鱼水情”的主题。在样板戏中，“军民鱼水情”主要是通过《你待同志亲如一家》的唱段表现出来的，当然显得空洞；电视剧不过是把这个空洞的主题充实了一下而已。一样的“主题先行”，区别只在于前者是原创性的，后者是继发性的，新瓶装旧酒，换汤不换药，如此而已。

更耐人寻味的是，为了忠实于原著，在郭建光这条故事线上，编导照搬了样板戏中那些借助于特殊创作法所生产出来的革命/政治话语，却违背了历史真实。试举一例，样板戏中第五场《坚持》中，有如下台词和唱段：

班　长　指导员你看，这芦根、鸡头米不是可以吃吗？

郭建光　是可以吃呀！同志们，只要我们大家动脑筋想办法，天大的困难也能克服！毛主席教导我们：往往有这种情形，有利的情况和主动的恢复，产生于“再坚持一下”的努力之中。同志们！

（唱）【西皮散板】

困难吓不倒英雄汉，

红军的传统代代传。

毛主席教导记心上，

坚持斗争，胜利在明天。

同志们！（纵身跃上土台）这芦苇荡就是前方，就是战场，我们要等候上级的命令，坚持到胜利！

众战士　对！我们要等待命令，不怕困难，坚持到胜利！①

在电视剧的第24集中，郭建光与阿庆嫂和叶排长一起坐在一条船上，有如下对话：

① 《革命现代京剧 沙家浜》，人民出版社1970年版，第42页。

郭建光　我们的处境怕是会越来越严峻，我们的战斗力其实极其薄弱。我们目前的情况是，国民党和日本鬼子一样，同时把枪口对准了我们。既要面对日本人的枪口，又要背对国民党的枪口，可以说我们正处在一个极其被动又非常危险的战略困境里。但是我记下了这样一段论述：往往有这种情形，有利的情况和主动的恢复，产生于再坚持一下的努力之中。

叶排长　太好了，这是谁说的？

郭建光　毛主席。

毛主席语录是"文化大革命"的产物，也是那个年代非常流行的政治话语。据有的学者研究，样板戏中直接引用或间接糅入的毛主席语录、毛主席诗词不计其数。毛主席语录作为政论语体大量进入文艺语体当中，"文艺语体就会显得负载过重，出现吸收困难，消解乏力，两种语体的风格特征发生冲突等一系列问题。而且最终会导致文艺语体自身规律失控，危及到文艺语体本位的地位问题"①。以此观点加以衡量，我们就会发现，样板戏《沙家浜》中的毛主席语录已经使它与其他的文艺语体发生了冲突，电视剧中却又把它原封不动地拿来并两次使用(第 28 集郭建光又重复了一次)。为什么编导要如此处理？不得而知。可以推测这依然是忠实于原著的改编精神在起作用。当然，编导也许会说，虽然是挪用，毕竟还是有些不同。样板戏中郭建光通过"呼告"，从而使毛主席语录得以呈现。而当扮演者说到"毛主席教导我们"的台词时，表情多云转晴，两眼放光，声音也变得高亢有力。电视剧中的郭建光却是平静地叙述出这段文字的，且让叶排长成为话托儿，以避免直言其好的生硬。但是，这样处理不过是让样板戏中"高八度"的叙述变成了电视剧中的普通叙述。如此"降调"，只是淡化了原话语的情绪色彩，其精神实质区别不大。

值得一提的是，样板戏中郭建光的这段"呼告"起因于"芦根可以吃"的铺垫，但样板戏中的这个细节却是违背历史真实的。芦根当然可以吃，现拔现吃，口感不让冰淇淋。可是据《血染着的姓名》记录，"夏光等领导同志却坚决

① 祝克懿：《语言学视野中的"样板戏"》，河南大学出版社 2004 年版，第 307 页。

阻止战士拔芦根,因为这密密匝匝的芦苇是天然的屏障,芦苇愈多,日伪军要想寻找新四军战士就愈困难,如果天天去拔,芦苇逐渐稀疏,那就等于自己把目标暴露在敌人面前了,那当然使不得”①。样板戏为了表现新四军战士的“坚持”而罔顾历史事实,今天看来已是离奇;电视剧却也原封不动地挪用了这一细节,并由郭建光上升到“粮食”的高度做了进一步的发挥和阐释(第 28 集)②,更是会给后人留下笑柄。忠实于原著甚至要忠实于原著中的错误,如此书写出来的革命历史究竟是可信还是可疑,确实令人深长思之。

如果与阿庆嫂为中心形成的故事做一对比,郭建光的故事线更是显得局促贫乏。如前所述,样板戏中,阿庆嫂的故事线本来就充满了民间传奇色彩;电视剧中,编导在这条故事线的基础上一方面深化了主人公的故事(如阿庆嫂、胡传魁、刁德一的戏份均增加了许多),另一方面或让样板戏中已死的人物活了过来(如刁老太爷),或让原来只有很少几句台词的人大出风头(如刁小三、邹寅生等),或是根据需要造出了一些可以生成故事情节的人物(如先当土匪后进保安队最终归顺新四军的蒋福顺,怪腔怪调说着一口中国话的日本军官小野,总是慌慌张张向刁老太爷禀报、奴性十足的刁管家),如此一来,便使本来就具有传奇色彩的故事情节变得迭宕起伏了。再加上对反派角色的脸谱化和丑化(比如刁小三的分头和甩发动作,小野脱去军帽之后那个滑稽的发型),对这条故事线中部分故事的戏说和搞笑处理(如小野告诉邹寅生黑田做过脑神经切除手术,小野那句“兔子不吃窝边草”的台词等等。——必须承认,

---

① 蒋星煜:《我所知道的〈沙家浜〉事件》,《检察风云》2003 年第 22 期。

② 电视剧中这一细节的对话如下。林大根:“指导员,指导员,指导员。”郭建光:“怎么了?”林大根:“你看这芦根不是可以吃吗?”郭建光:“这芦根当然是可以啊。大根,好样的,好样的。”……郭建光:“同志们,这是什么?”众战士:“芦苇根。”郭建光:“不,这是粮食。这是大根同志在我们最需要的时候找到的粮食。同志们,我要为林大根同志请功。功就在于他能在最困难的时候,表现出最积极的战斗精神。如果我们每一个人都有这样一种战斗精神,天大的困难我们都是可以克服的。我想起了一句话,同志们! ‘往往有这种情形,有利的情况和主动的恢复,产生于再坚持一下的努力之中。’”林大根:“指导员,这是谁说的?”郭建光:“想想看。”林大根:“你!”郭建光:“我? 只有身经百战的人才可能说出这句话来。”众战士:“那是谁呀? 说,告诉我们吧。”郭建光:“毛主席!”众战士:“毛主席?!”郭建光:“是的,毛主席。毛主席是我们的领袖。他什么仗没打过,什么样的困难没经历过? 坚持再坚持一下,一定是他在经历了无数次战斗和艰难困苦以后,总结出来的经验之论。”

在这条故事线上，编导有戏说和搞笑之嫌。但因为戏说和搞笑的对象是反面人物，审查制度不会计较，革命观众也会觉得大快人心)，最终使这条故事线呈现出了光彩。高景文说："胡传魁太好处理了，我不敢太放开写，怕抢戏。当时就怕"正不压邪"。你看，陈道明、刘金山、程前……演的全是反面角色，磁场都在反角那边。"①在这个问题上编剧可谓说了句大实话。实在说来，如果抛开政治因素不谈，样板戏中的磁场本来就在反角一方；电视剧虽依然想象样板戏那样保持两条线的均衡，但种种设计和相关处理却是进一步加大了反角一方磁场的能量。观众之所以去看这部电视连续剧，很大程度上看的也是反角的戏。于是，电视剧版的《沙家浜》终于出现了一种有趣的景观：正角个个长得英武漂亮，一与反角相比却马上变得黯然失色(许晴打造出来的阿庆嫂因其江湖气不足亦无法与几位反角争辉，这既是因为演技，更是因为编导囿于其改编理念不敢在正角那里造次所致)；反角个个扮得歪瓜裂枣，一与正角相比却全部变得熠熠生辉。与此同时，两条故事线戏份的大体相当并不能说明什么问题，因为不怕不识货，就怕货比货，两条线往那儿一放，孰优孰劣，孰好孰赖，无须细想，一望便知。

关于电视剧《沙家浜》，笔者的分析将告一段落。而之所以不厌其详地呈现《沙家浜》的前世今生，是想说明这样一个事实：《沙家浜》作为红色经典，它的合法性本来应该受到质疑，但是如今人们却有意无意地省略或者忽略了这个前提。既然不再谈论这个前提，我们就只好面对经过当代人阐释、理解并转换成另一种艺术形式的红色经典剧了。然而，就是在这部据说改编得比较成功的《沙家浜》里，我们依然发现了它所存在的致命问题。这些问题不是因为戏说带来的新问题，而恰恰还是原来的那些老问题——因为忠实于原著使得老问题有了借尸还魂的机会。而这些老问题也明白无误地表征着红色经典在由革命群众文化(比如样板戏)转换为商业大众文化(比如电视剧)过程中的尴尬处境：主流意识形态本来想借助于大众文化的新形式缅怀流金岁月，温习红色记忆，但是革命话语的政治性过剩和文学性匮乏却对这种缅怀和温习构成

---

① 张守刚：《高景文：〈沙家浜〉没"戏说"》，http://www.bjd.com.cn/xwzx/whyl/jj/200605/t20060529_17126.htm。

了一种消解；大众文化制作商本来是想通过红色经典的改编达到其商业目的，但审查制度的限制、观众的质疑却又很难使他们甩开膀子，迈开大步。结果，不但影响了收益，而且还使他们淡忘了需要开发的娱乐元素和游戏精神。而电视剧《沙家浜》的成功只是表明，编导者明修栈道、暗渡陈仓的功夫如何了得——他们通过忠实于原著的承诺对老干部和老同志有了一个妥善交代，实际上却是要打造“老蒋、鬼子、青红帮”（样板戏中胡传魁唱词）的江湖传奇。他们只是有意无意地暴露了那些隐藏得很深的问题，却并不打算对那些问题作出解决（事实上他们也无法解决）。而那些问题，显然将会成为未来红色经典剧改编继续尴尬的主要因素。须知：它们是试金石，同时也是绊脚石。

（作者单位：北京师范大学文艺学研究中心）

大地哀歌和精神重力
——海子论

陈 超

［摘要］ 海子是朦胧诗之后最重要的先锋诗人之一，从精神背景到话语方式，都体现出鲜明的个人性。针对诗论界长期以来将海子定位于“乡土诗人”，以及将海子长诗《太阳·七部书》的精神向度简单地指认为“向上升华”的看法，本文经由文本细读提出了另一种观点，即海子笔下的乡土题材，是一种精神家园的隐喻，而非对农耕时代的依恋，“回不去的大地”，是海子对现代人精神飘泊唱出的哀歌。而海子笔下系统的核心意象“太阳”，亦绝非单向度的升华，而是由求真意志中自我争辩所拉开的噬心张力场。海子的诗歌具有特殊的精神重力，真切地体现了个体灵魂超越的艰辛和分裂的痛苦。在当下平面化的诗歌写作成为诗坛主导潮流时，海子对精神问题的专注的探询，具有某一角度的启示意义。

［关键词］ 海子 大地 精神重力

在《观点》一文中，笔者曾从宏观上论述了 20 世纪 80 年代先锋诗歌与 90 年代先锋诗歌相比，在写作状态和接受期待方面所体现出的差异性：

80 年代诗歌侧重于生命冲动的表达，诗人不断为词语注入新感性，是一种抒情和体验写作。近年（90 年代以降）的诗则致力于对具体生存处境的显现，词语负荷着较多具体历史语境和文化内涵，是一种叙述和反讽型写作。80 年代诗人的“怀疑主义”建立在一般认识论背景上，他们不堪忍受这噬心状态，企望找到最终可靠的价值安慰。因此，挽歌和咒语背后隐藏着“光明”。而近年诗中之“怀疑主义”，更多建立在本体论背景上。

诗人不但愿意忍受相对主义和怀疑主义，将之视为诗歌的基本成分、存在依据，而且还在努力捍卫“怀疑主义”，时刻警惕它被技术时代微笑的暴力和物质放纵主义许诺的“进步”幻觉所消解。80年代大多数诗人看重词语间偶然冲撞所产生的超验效果，其文本呈迸射状态。他们对阅读中的“过度阐释”期待放高。近年的诗，更喜欢按照清醒的意向选择恰当的词语，其内涵准确、稳定、内敛、完整，诗人吁求“合法阐释”，而不大信任读者“超量再创造”的僭妄价值……①

这里，宏观的差异对比中的前一项，如“新感性、抒情和体验”，“企望找到最终可靠的价值安慰，挽歌和咒语背后隐藏着‘光明’”，“超验效果和‘过度阐释’”等特性，也可用来约略概括80年代重要诗人海子②诗歌所类属的创造力型态。然而，对一个优秀的诗人而言，重要的不是他能归于何种宏观的类属，而是他在这一类属中鲜明隆起的个人性价值何在。海子诗歌独特的抒情向度和基本材料，“价值安慰”的维度，“挽歌”发生的渊源，“光明”的超验所指……如此等等个人性价值，均使其成为同类诗歌中真正的翘楚。本文对于海子的论述，将略去此类诗人的共性方面(或者说将“共性”作为不出场的背景)，而侧重于海子鲜明的个人性。

需要特别注意的是，与日常的诗歌批评工作状态不同，讨论甚至仅仅是阅读海子诗歌，我们都会遇到一个巨大的“磁场”——换一个说法，也可称为“干扰源”——由诗人自杀所带来的强劲后制作用力的吸摄，它会强使海子纷杂丰富的诗作迅速排列好规则的磁力线，似乎海子短暂一生的诗歌生涯，就是一场不断的死亡演习和最终的“实战”。关于海子的自杀，其朋友诗人西川在《死亡后记》中已谈得很全面和中肯③，这篇文章对于扼制那些借诗人之死的事件来言说自己那点莫名其糊涂的“宗教渴望”，或以“道德升华”来简化海子诗歌的

---

① 拙文收入《打开诗的漂流瓶》，河北教育出版社2003年版，第201页。

② 海子，原名查海生，1964年5月生于安徽怀宁县高河查湾。在农村长大。1979年15岁时考入北京大学法律系，大学期间开始诗歌创作。1983年秋天自北大毕业后分配至北京中国政法大学哲学教研室工作。1989年3月26日在河北山海关卧轨自杀。著有《海子的诗》、《海子诗全编》等。

③ 可参见《海子诗全编》，上海三联书店1997年版，第919页。

意蕴，用海子诗歌对当下诗坛进行道德指控，或是仅将海子定位于“乡土乌托邦诗人”而否定的诸多论说，起到了很大作用。我基本认同西川的看法，诗人赴死的原因是多方面的，既有精神或灵魂的，同时也有日常的具体的个人事件触发，更有心理、病理等综合因素，它们的分量是同等的。

所以，本文的论述将不从海子之死去逆推他的诗歌，将诗人简化为一个“殉诗烈士”，而是直接面对诗人提供的文本世界，看看那里发生了什么？即使涉及“死亡”，那也主要是就诗歌文本所提供的语境来谈，而不直接通向诗人现实性的自杀事件。我认为这不仅是对诗人文本的尊重，也是对诗人个人秘密的尊重。一厢情愿地、无端地对诗人“本事”的猜测，无助于我们更好地理解他的诗歌，甚至它也无助于我们理解作为个人的海子本身。诗人欧阳江河在《冷血的秋天》中说得好，谈诗就是谈诗，“把喊叫变成安静的言辞，何必惊动那世世代代的亡魂，它们死了多年，还得重新去死”。

一

海子诗歌大致可分为两类。其一，是大量抒情短诗，以农耕文化的衰亡，来隐喻“精神家园”的丧失，并写出一个大地之子对千百年来生存真正根基的感念和缅怀。但是，语境中的明澈与幽暗，称颂与哀伤，“神恩普照”与“天地不仁”，充实与陡然袭来的空虚……如此等等，彼此纠葛的意向扭结一体，使它们截然区别于那些简单的“农耕庆典诗歌”，获具了更纵深的背景。其二，是“现代史诗”类型，即诗歌长卷《太阳·七部书》。《太阳》与诗人抒情短诗的不同不仅仅在于篇帙宏大，还在于它更多体现了诗人对终极价值的渴慕，以及与它的缺席相伴而生的不安和绝望。从语境上看，《太阳》也不是抒情短诗那样由即境即灵所带出的联想的“歌唱”，而是自觉地置身于人类诗歌共时体，进行的有方向的“建筑”。

当然，海子的两类诗歌，肯定有着精神意向上的连接点和递进性。为论述方便，笔者仍将分别论及。考虑到“海子生涯”早已为人们所熟悉，这里基本不从"传记"批评的角度进入,而主要是"就诗论诗"[①]。

1979年,15岁的海子考入北京大学法律系。这个自小生长于安徽农村的孩子第一次置身于大都市时,正值中国社会历史、思想史和艺术史上"追寻现代性"的激变年代。按照哈贝马斯对"现代性"的说法,现代性这一概念表达了"未来已经开始了"的信念:这是一个为未来而生存的时代,一个向未来的"新"敞开的时代。在这个历史形象中,现在就是一个持续的更新过程。革命、进步、解放、发展、危机和时代等,至今仍然是流行的关键词。现代性一方面以这种历史意识为合法性基础,另一方面又使得现代性不再能从别的时代获得标准,而只能自己为自己制定规范。[②] 它同时表明,现代人类生活的时空,开始具有了由上/下维度的信仰阶段,向前/后向度的世俗阶段转型的整体性和广延性。

80年代初期,海子开始诗歌创作。从年龄上看,他属于60年代出生诗人群,这一代诗人大多受到朦胧诗浪潮之后"第三代诗歌"的吸引,走上了以口语方式书写日常生活体验之路。而海子或许由于乡村文明背景,由于选择读物的趣向等,对那种泛都市化的"现代性"体验的写作感到隔膜。比照以上说法,海子诗歌"开启"的向度却不是"未来",毋宁说是"过去";其诗歌的"标准"和"规范"也不是由"时代进步"的幻觉所透支的,而是朝向但丁、歌德、荷尔德林、莎士比亚以及浪漫主义经典诗歌的努力;而从精神维度上,海子也试图再造新时代的上/下维度的信仰,指向精神空间而非世俗"时间"。

那么海子的诗歌是没有"现代性"的吗?我认为,海子充满创造活力的诗歌同样深具现代性。只不过我们应对这一概念有所限定:这是一种"反思现代性的现代性",和对这一反思的不断反思。这种精神姿态与美国学者艾恺指出的忧虑相似:"现代化在物质生活中所起的成效显而易见、立竿见影,而对整个社会的冲击造成的隐患,则难以察觉。现代化真正的影响是深刻而长远的,就

① 关于海子生平已有三种著作。在笔者看来,诗论家燎原先生所著《海子评传》(其修订本由时代文艺出版社2006年出版),较为深入、可靠,读者可参阅。

② 参见哈马贝斯:《论现代性》,载王岳川编:《后现代主义文化与美学》,北京大学出版社1992年版,第9页;以及汪晖对哈贝马斯观念的引申,《韦伯与中国的现代性的问题》,载《学人》第六辑;汪晖:《死火重温》,人民文学出版社2000年版,第4页。

拿个人的社会生活方面为例，它造成了社会的群体向个体的转变，功利概念的加强以及个人私利的计算，这一倾向在现代化的社会中有增无减，发展趋势难以预测。”①因此，应该明确我们认识海子诗歌的精神框架，仍应建置于“现代性”这个背景中。

海子的诗歌不但不同于表达日常经验的口语诗写作，也与朦胧诗人社会批判的写作向度不同。虽然他曾自称早期受过江河、杨炼的启发，但他们的诗也只是在寻求“文化感”和“历史意识”的向度上启发过海子，二者之间的差异性是极为明显的。海子既怀疑“走向未来”意义上的“时间神话”，又不愿意像日常经验口语诗人那般只强调“当下”即时欣快式的“小叙述”，于是，在三种时间中，他选择了回溯“过去”。在《思念前生》等早期作品中，他试图找到可供自己加入和服从的“过去”的写作资源或文化谱系：

庄子在水中洗手
洗完了手，手掌上一片寂静
庄子在水中洗身
身子是一匹布
那布上沾满了
水面上漂来漂去的声音

庄子想混入
凝望月亮的野兽
骨头一寸一寸
在肚脐上下
像树枝一样长着

也许庄子是我
摸一摸树皮

① 艾恺：《世界范围内的反现代化思潮》，贵州人民出版社 1991 年版，第 3 页。

开始对自己的身子

亲切

亲切又苦恼

月亮触到我

仿佛我是光着身子

光着身子

进出

母亲如门，对我轻轻开着

然而，“母亲如门，对我轻轻开着”，“我”却渐渐感到了迟疑。因为诗人发现，即使走进这扇“门”，也难以真正找到足以安顿自己的心灵和当下存在体验的东西，“我恨东方诗人的文人气质。他们苍白孱弱，自以为是。他们隐藏和陶醉于自己的趣味之中。他们把一切都变成趣味，这是最令我难以忍受的。比如说，陶渊明和梭罗同时归隐山水，但陶重趣味，梭罗却要对自己的生命和存在本身表示极大的珍惜和关注。这就是我的诗歌理想，应抛弃文人趣味，直接关注生命存在本身。这是中国诗歌的自新之路”①。虽说海子的认识不无偏激之处，但的确击中了传统诗歌与现代诗的重要歧异点：前者是流连光景、即景咏述的，主要关涉人与自然和人与生活的关系；而后者则更显豁地增补了“人与自我的关系”（我的生命和生存，是写作中的“我”所观照、探询的准客体）。前者是对既成境况的提炼、点染，后者则更多是凝聚着“意志性体验”的文本，诗人表达的是生命的意志和“对自我的意识”，有独立个体的“思”的开阔背景贯注其间。就此而言，我们可以说，传统诗歌的写作方式在现代的中断，在某种意义上也是由其本身的这种欠缺造成的。在中西文化冲突中打开更宽视野的青年诗人，在他们思索和表达现代生存经验和生命体验及“对自我的意识”时，从传统诗歌的价值形态中找不到某种根本性的确实可以

① 海子：《海子诗全编》，西川编，上海三联书店 1997 年版，第 897 页。

依靠的东西(简单讲,古典诗歌很好,但对现代诗人而言,它的方式“不够用”了)。

因此,海子的回溯“过去”,不再是通向传统的价值形态和审美性格,而是返回粗砺的大地、河流、村庄、农耕等永恒的人类生存和生命之庞大根块。很显然,这个彼此勾连的根块,是被置于现代社会的参照背景下推出的,它既有实体性,但更有文化意向的象征性,是一种形而上的“文化乡愁”,是一股寻找“灵魂栖居地”的冲动。① 象征主义诗人里尔克说:“大自然以及我们的环境和习惯对象都只是脆弱、短暂的事物。……因此,我们应当不仅不要去污染和削弱那‘实在’,而且,正因为它与我们共享短暂性,我们应当以最热情的理解来抓住这些事物和表象并使它们变形。使它们变形?不错,因为这是我们的任务:以如此痛苦、如此热情的方式把这个脆弱而短暂的大地铭刻在我们心中,使得它的本质再次不可见地在我们身上升起。我们是那不可见物的蜜蜂。我们任性地收集不可见物的蜂蜜,把它贮藏在那不可见物的金色大蜂巢里。”② 这里的关键词,“实在”与“变形”,“本质”与“表象”,“不可见”与“铭刻”,似乎是构成了矛盾,但在现代诗人的意识中,它们并不矛盾,因为,他们所关心的不仅是大自然的景色,更是它与主体心灵互相的感应契合,是内/外世界相互打开,是由“客观对应物”所激发出的对“未知”的体验和表达。这也就是海子所说的,他不是歌咏景色,而是命名“景色中的灵魂”。

海子诗歌中的大自然,特别是大地、村庄、作物、河流乃至蒙古、西藏、青海……如此等等,都同时饱蕴着巨大的心理本质暗示性,他像蜜蜂一样“收集”它们,构成了他个人独特的心理和情感场域。批评家崔卫平说,“海子诗歌的抒情性质来源于他的乡村生活经验,他作品中经常出现乡村生活的某些意象,……但是海子从来不是一位田园诗人,不是一位牧歌诗人,他来自农村,但并不是一位乡土诗人。……在海子那里,土地变迁的命运,是通过诗人本身的主体性来呈现的,主体性即某种精神性,也就是说,海子是通过某种精神性的眼光来看待土地的。在海子那里,‘土地’同时意味着一个巨大的隐喻,一种精

① 参见拙著《打开诗的漂流瓶》,第 299 页。

② 里尔克:《说明》,《里尔克诗选》,黄灿然译,河北教育出版社 2002 年版,第 3—4 页。

神性的存在:远去的、被遗弃的土地,意味着现代社会中人们精神上的被放逐、漂泊不定;土地的'饥饿',也是人们精神上的饥渴、焦虑、流离失所;土地的悲剧,折射出现代社会中的人们痛失'精神家园'、无可依傍的悲惨处境"[1]。这个结论不主故常,与笔者是一致的。这对于那些至今仍将海子定位于"乡土诗人"的论者,应该说是整体方向性的纠正。让我们来看看海子的关键词"村庄"和"麦地"——

村庄,在五谷丰盛的村庄,我安顿下来
我顺手摸到的东西越少越好!
珍惜黄昏的村庄,珍惜雨水的村庄
万里无云如同我永恒的悲伤

——《村庄》

在青麦地上跑着
雪和太阳的光芒

诗人,你无力偿还
麦地和光芒的情义

一种愿望
一种善良
你无力偿还

你无力偿还
一颗发射光芒的星辰
在你头顶寂寞燃烧

——《麦地与诗人·询问》

① 崔卫平:《海子、王小波与现代性》,《当代作家评论》2006年2期。

麦地
别人看见你
觉得你温暖，美丽
我则站在你痛苦质问的中心
　　被你灼伤
我站在太阳　痛苦的芒上

麦地
神秘的质问者啊

当我痛苦地站在你的面前
你不能说我一无所有
你不能说我两手空空

麦地啊，人类的痛苦
是他放射的诗歌和光芒！

——《麦地与诗人·答复》

无疑，这里有大地之子对地母的感恩、歌赞，但又不仅于此。这里的田野、村庄呈现着光明后的凄凉。对"别人看见你觉得你温暖，美丽"的"村庄"和"麦地"，诗人看到的毋宁还有更多不同的东西，它们是一个有如剩日般悲伤的，清洁而岑寂，寒冽而闪耀的"心理场"。与其说它们是温暖的家园，不如说其是一个已经无法回去也无法挽留的"它在"，一个"它者"——迫使诗人自省、惭愧、痛苦的"神秘的质问者"。不难感到，急促排比句型的"你不能说我……"，却有着骨子里的虚弱、恳求、祈使色彩，其意味中已基本"认同"了麦地的质问。就在写作这些诗不久前，诗人还对"重建家园"有所信心："生存无须洞察/大地自己呈现/用幸福也用痛苦/来重建家乡的屋顶//放弃沉思和智慧/如果不能带来麦粒/请对诚实的大地/保持缄默和你那幽暗的本性//风吹炊烟/果园就在我身旁静静叫喊/'双手劳动慰藉心灵'。"(《重建家园》)然而，此时在对"诚实的大地"的诚实中，诗人不得不承认，这个意味着劳动、义德、信实和清寒的"家园"，正在无可挽回地消逝而去。家园、大地作为"拯救"的力量已不可能，面对麦地的"质问"，诗人已双重性地从"时代"和"内心深处"挖掘出了痛苦的答复。依循着本然的生存境况，历史宿命和个人心灵的体验进程，"大地"(包括与其相关的语词谱系)已日益难以作为诗人的精神依恃了。

我们看到，在海子诗中，"大地"及与此相关的词语系列，其含义又是渐渐地变化的。如果说上述"大地"主要是指代"精神乡愁"的话，稍后诗人笔下的"大地"在此基础上又被增补了"土地"本身的实体性(甚至包括生态危机)。在长诗《土地》中，海子写出了现代社会中"欲望"对土地的替代，与其说诗人是在"批判"，不如说同时更是在无奈、无告地宿命性叙说，"在这一首诗(《土地》)里，我要说的是，由于丧失了土地，这些现代的飘泊无依的灵魂必须寻找一种代替品——那就是欲望，肤浅的欲望。大地本身恢弘的生命力只能用欲望来代替和指称，可见我们已经丧失了多少东西"[①]。这样，海子诗中"大地"的丧失，就等同于"此在"之基被连根拔起的"黑夜"——

黑夜从大地上升起
遮住了光明的天空
丰收后荒凉的大地
黑夜从你内部上升

你从远方来，我到远方去
遥远的路程经过这里
天空一无所有
为何给我安慰

丰收之后荒凉的大地
人们取走了一年的收成

① 海子:《诗学:一份提纲》,《海子诗全编》,第889页。

取走了粮食骑走了马

留在地里的人,埋得很深

草叉闪闪发亮,稻草堆在火上

稻谷堆在黑暗的谷仓

谷仓中太黑暗,太寂静,太丰收

也太荒凉,我在丰收中看到了阎王的眼睛

黑雨滴一样的鸟群

从黄昏飞入黑夜

黑夜一无所有

为何给我安慰

走在路上

放声歌唱

大风刮过山冈

上面是无边的天空

——《黑夜的献诗——献给黑夜的女儿》

作为一个精神意义上的"地之子",海子短暂的一生始终深深依恋着乡土中国。但与那些廉价的土地歌者不同,海子不是空洞地歌唱土地,盛赞农夫,写下一些陈旧的农耕庆典;而是将大地作为生命的循环、灵魂的指称,和"巨大元素对我的召唤"。这首《黑夜的献诗——献给黑夜的女儿》就是一首抵达元素的诗篇。这首诗,以几组彼此纠葛的意向,表达了诗人对"大地"命运的复杂感情:"黑夜—光明","大地—天空","丰收—荒凉","远方—这里","一无所有—给我安慰"。这些意向使诗章充满了张力,我们读着它,感受到一种复杂难辨的滋味,它是沉稳宽阔的,但又有内在的倾斜和速度;它是果实累累的,但又蕴涵着羸弱清寒的迟暮秋风;领受了地母的神恩,但心灵陡然袭来一阵空洞之感……我们究竟在读一首"献诗",还是在读一阙"挽歌"?它究竟是在写土地,还是在写具体历史境遇中的心灵?海子诗歌的丰富意蕴和魅力正体现在这里,它包容了如上杂陈的各义项,搅得我们的心智深深不安。那种和谐的土地颂歌时代结束了,“可怕的美已经诞生”(叶芝语),“献诗”与“挽歌”已边界模糊。

“大地的本质”在这个欲望和利润统治一切的时代被深深遮蔽了,它不再是令人敬畏的地母。人类除了自相倾轧,还将自己巨大的努力和智慧倾泻到对大地的疯狂掠夺上。为了无尽的获取利润的欲望,人类不惜使大地超量地破碎、流血、耗尽,他们丧失了对土地对自然的慈护、恭谨、明智的感情,代之以贪婪、愚昧和残忍。这一切乃是诗中“黑夜”、“荒凉”的隐喻基础。辽阔大地像慈母温暖的袋囊呵护和哺育了我们,但我们只知无耻地掏空它,殊不知我们是在自设世界的暗夜。“黑夜从大地上升起/遮住了光明的天空/丰收后荒凉的大地/黑夜从你内部上升。”空空的大地袋囊无言,它甚至不能发出叹息的悲音。在这万劫不复的所谓“向现代化进军”中,诗人首先预感到了前程的危险,他要说出“欲望的陷阱”,唱出挽歌。如果说大地是“母亲”的话,人类就是它的“孩子”。但这些孩子如此不肖、如此贪婪、如此具有男性式的进攻和掠夺性格,因此,海子说此诗是“献给黑夜的女儿”的。人类在海子的心目中,应是大地的“女儿”,她是懂得羞愧、懂得慈爱、懂得敬畏,有一颗纯净敏感的心灵的大地之精华。她应有能力仰望天空,同时又谛听大地“巨大元素”的召唤,将精神清澈与沉思默祷凝而为一。

虽然大化流行,无物常驻,一代代人类只不过是“遥远的路程经过这里”,最终都是“留在地里的人,埋得很深”,但人作为万物的灵长,在短短的一生中应有能力“诗意地栖居在大地之上”,人固然充满劳绩,可人之为人,却应秉有精神和灵性,在劳作中“仰望天空”,“此仰望穿越向上直抵天空,但是它仍然在下居于大地之上。此仰望跨于天空和大地之间”①。海德格尔所言的“天空”,基于天地人神的四重整体性关系,仰望天空是指对神性的渴望。但在一个没有宗教感的种族,海子对“天空”的仰望不是基于神性,而是指一种精神和情怀

① 海德格尔:《诗·语言·思》,彭富春译,文化艺术出版社 1991 年版,第 192 页。

维度,人性的高迈、纯洁,对灵魂与道义的护持、追慕。因此,诗人既坚定又迟疑地说出:“天空一无所有/为何给我安慰?”“天空”作为一种精神维度,有这个维度存在,我们才得以澡雪精神,抑制无休止的粗鄙欲望,使“黑暗的谷仓”变得澄明朗照,在丰收中看到人性的光芒,而不是“太黑暗,太寂静,……也太荒凉”的“阎王的眼睛”。

此诗就建立在彼此纠葛、渗透、互动的语义关系中,显现了诗人精神世界的矛盾。“天空一无所有/为何给我安慰”,“黑夜一无所有/为何给我安慰”,这些追问是高贵而伤感的。“走在路上/放声歌唱/大风刮过山冈/上面是无边的天空”——诗人为何要走在路上? 又据何歌唱呢?

就这样,海子的精神在回溯“土地”但未找到可靠皈依时,变为伸向“远方”——尽管他已约略感到并反复咏述过“远方除了遥远一无所有”,“更远的地方 更加孤独/远方啊　除了遥远　一无所有”,“这些不能触摸的 远方的幸福/远方的幸福 是多少痛苦”(《远方》)。如果说在当年,象征主义诗人兰波宣告“生活在别处”时,尚有一腔豪迈的话,那么海子却有着更为痛苦的内心纠结,知其不可为而为之,“我要做远方忠诚的儿子/和物质的短暂情人”(《祖国,或以梦为马》),他举念要触摸那些不能触摸的东西,荒凉的村庄,更其荒凉的内蒙、青海、西藏大野,甚至更其辽阔无边的太平洋,都成为诗人情感的投射对象。而在这些不同的景色中,我们看到的却是同一的灵魂内质。正如西川先生说:“海子有一种高强的文化转化能力,他能够随时将自己推向或者存在或者不存在的远方,与此同时他又能够将这或者存在或者不存在的远方内化为他生命本质的一部分。”[1]所谓“生命本质”的一部分,依然是指海子对建立“灵魂家园”可能性的执意探寻。这时海子的“大地之歌”进入了最后一个高音区,他曾清醒地命名为“最后一夜或第一日的献诗”,这是设置在陷落与拯救、黑暗和澄明临界点上的最后一问。然而,失望的答案已在内心深处写出:“黑夜比我更早睡去/黑夜是神的伤口/你是我的伤口/羊群和花朵也是岩石的伤口……今夜 九十九座雪山高出天堂/使我彻夜难眠”(《最后一夜或第一日的

① 西川:《水渍》,百花文艺出版社2001年版,第201页。

献诗》)。再如:“这是绝望的麦子:永远是这样/风后面是风/天空上面是天空/道路前面还是道路。”(《四姐妹》)

试图依托“大地”的人发现了“黑夜从大地上升起”,欲向“远方”的人预感到的是“一无所有”,歌吟“麦田”的人最终看到的是“绝望的麦子”——这几乎是那些敏感的理想主义诗人们在现代社会的宿命。这里,我想到诗人乔治·特拉科尔一首同样咏述“麦田”的名诗中的句子:“……风低声叩击着门/门打开,发出清朗的响声//而门外有一亩哗啦作响的麦田/太阳烧得噼噼啪啪,在天帐里面//灌木和树林垂满累累的硕果/空旷中乱舞着鸟和飞蛾//农夫们在田间忙于收割/正午的空白,一片沉默//我将十字架扔到死者身上/让我的足音无语地消失于青野之乡。”(《地狱》)与其说这是一首宁谧的田园牧歌,不如说这是一首“反牧歌”。诗人先是认领了为“父亲守灵”的身份,但是守灵总应是有时间的,所谓的“地狱”一说,也同时包含着诗人“扔掉”这一身份,由此逃离的决定。同样,海子也在很大程度上意识到了这种充实/空无的一体性,正是在这个“二而一”的境况里,进入1988年后,海子将自身的分裂表达得格外惊心动魄:

我把天空和大地打扫干干净净
归还给一个陌不相识的人
我寂寞的等,我阴沉的等
二月的雪,二月的雨

泉水白白流淌
花朵为谁开放
永远是这样美丽负伤的麦子
吐着芳香,站在山冈上

荒凉大地承受着荒凉天空的雷霆
圣书上卷是我的翅膀,无比明亮
有时像一个阴沉沉的今天

圣书下卷肮脏而快乐
当然也是我受伤的翅膀
荒凉大地承受着更加荒凉的天空

我空荡荡的大地和天空
是上卷和下卷合成一本
的圣书,是我重又劈开的肢体
流着雨雪、泪水在二月

——《黎明》

这里,“圣书”上卷和“圣书”下卷的分裂,被恰当地隐喻为“我”内心的分裂,“我”曾试图将“上卷和下卷合成一本”,但结果不过是被“重又劈开”。“沉浸于夜晚,倾心死亡”的海子无法真正“扔掉”他的命运,虽然他说“这种绝境,这种边缘。在我的身上在我的诗中我被多次撕裂”,但客观的命运的叩门声也变成主观的心声,诗人越是劝慰自己认同世俗生活而“不关心人类(命运)”,就越显得更为关心它们。其内心争辩以“复调”的方式凄楚而清晰地鸣响着:

姐姐,今夜我在德令哈,夜色笼罩
姐姐,今夜我只有戈壁

草原尽头我两手空空
悲痛时握不住一颗泪滴
姐姐,今夜我在德令哈
这是雨水中一座荒凉的城

除了那些路过的和居住的
德令哈……今夜
这是唯一的,最后的,抒情。
这是唯一的,最后的,草原。

我把石头还给石头

让胜利的胜利

今夜青稞只属于她自己

一切都在生长

今夜我只有美丽的戈壁 空空

姐姐,今夜我不关心人类,我只想你

——《日记》

1989年初,海子在那首广为人知又广为人误读的《面朝大海,春暖花开》中,既道出了自己勉力说服自己去认同基本世俗生活,做个“幸福的人”(不过有些像是“喂马劈柴”的梭罗精神的中国版),但又在更鲜明地将“我”与“你们”(即复数的“陌生人”)严格区分开。诗人愿后者“在尘世获得幸福”,而“我只愿……”。如果说这依然是与复数的“你们”隔绝开来的单数的“我”的话,那么在海子生前写的最后一首诗《春天,十个海子》中,“我”不但与“你们”分开,“我”甚至与“我”生命中渴望基本生存幸福,渴望基本价值安慰的成分也要自我“分开”了——

春天,十个海子全部复活

在光明的景色中

嘲笑这一个野蛮而悲伤的海子

你这么长久的沉睡究竟为了什么?

春天,十个海子低低的怒吼

围着你和我跳舞,唱歌

扯乱你的黑头发,骑上你飞奔而去,尘土飞扬

你被劈开的疼痛在大地弥漫

在春天,野蛮而悲伤的海子

就剩下这一个,最后一个

这是一个黑夜的孩子,沉浸于冬天,倾心死亡

不能自拔,热爱着空虚而寒冷的乡村

那里的谷物高高堆起,遮住了窗户

他们把一半用于一家六口人的嘴,吃和胃

一半用于农业,他们自己的繁殖

大风从东刮到西,从北刮向南,无视黑夜和黎明

你所说的曙光究竟是什么意思

——《春天,十个海子》

这首诗写于1989年3月14日,凌晨3点到4点,距诗人弃世只有12天。海子经历着怎样的内心挣扎,已永远成为他个人的秘密了。但就文本本身而言,我们看到的是诗人死志已定,高度清醒(当然也可以从另一角度说是偏执)。“十个海子全部复活”,不排除其喻指对自己身后留下的诗作极其自信的成分,但更主要是指诗人在内心曾经发生过的多重自我争辩/分裂。“嘲笑……”,“被劈开……”,是对自己生存处境甚至死后被包围的“话语处境”的指认(这个情境是现在时的,但也有预叙,与普拉斯的名诗《拉扎勒斯女士》以双重时间处理“死亡”类似);而说“就剩下这一个,最后一个/这是一个黑夜的孩子”,在这里,海子是要将自己与那些单纯的“田园牧歌诗人”严格区分开来,他“不能自拔”,也不屑于自拔,他要忠实于自己所见、所感、所思。他已经清楚自己生活的时代、历史、生存境况的性质,他热爱的“乡村”,不再是乌托邦,它承受不起人精神的托付,而是冬天、死亡、空虚和寒冷的所在。在这最后的时刻,诗人灵魂最深的角隅被掀起,他最后怀着痛断肝肠的愧疚想到了亲人们艰辛的生活……但几乎是同时,更巨大的悲风冲卷而至,它不但要带走海子,甚至也将带走诗人刚才预想到的可能的“全部复活”和“光明景色”——“你所说的曙光究竟是什么意思”?“你”——是在追问“这一个野蛮而悲伤的海子”之外的十个海子,也是在追问所有空洞地言说“曙光”的人们。正如荷兰汉学家柯雷所说:“《春天,十个海子》立即打动我,甚至打击我。……海子在这里不再向读者喊着可预告的陈词滥调,文本却发散一种独自的绝望而且暗示诗中的海子根本不在乎读者的反应如何。‘真实’是虚构而狡猾的概念,但我读《春天,十个海子》比《祖国,或以梦为马》要真实得多。《春天,十个海子》的诗歌自

我已蜕掉了主流风格的皮,不再寻求社会承认,换上个人化的东西——既是更具体,又是更荒谬、更异常、更疯狂的东西。十个海子这意象尤其如此,就是因为作品的平静的、悲哀的、怀疑的语调,才避免《祖国,或以梦为马》那种妄自尊大。”①

在笔者看来,海子的许多抒情短诗无论是从发生学的真实性,文本的质地,还是接受效果史上看,都是极为出色的,可以代表现代汉诗抒情向度的极高成就。上面的论列中,我主要围绕海子抒情诗中的主要线索之一 ——“回不去的家园”展开讨论,它们具有明晰的心智和情感演进线索,甚至建立了心理完型意义上的个人话语场(个人的心灵词源、意蕴、措辞基础),这是货真价实的“有方向的写作”。与其像诸多评论所说的海子建立了“大地乌托邦”,我宁愿说从海子这里,大地乌托邦在诗中才开始“以问题的形式存在”。对大地家园的持续探寻,虽然并没能解决海子的情之所钟、魂之所系的灵魂归宿问题,但在旷日持久的专注的体验和写作中,却累积了他的“精神重力”。他带着这种精神重力开始了抒情史诗写作,向着“太阳”冲刺。

二

从海子的构想看,现有的《太阳·七部书》是一部未完成的作品。海子辞世后,其友人骆一禾、西川整理出了已成部分,并补充了诗人已列出的写作提纲,称之为“七部书”。“太阳·七部书”包括:《太阳》(诗剧),《太阳·断头篇》(诗剧),《太阳·但是水,水》(诗剧),《太阳·土地篇》(长诗),《太阳·弥赛亚》(第一合唱剧),《太阳·弑》(仪式和祭祀剧),《太阳·你是父亲的好女儿》(诗体小说)。在这些诗章间,“太阳”构成了复杂的互文关系。海子这部长诗不同于习见的“史诗”模式,而是以意志性感受贯穿起来的。虽然各章之间具有相对的独立性,但是在关注连贯的意志性感受和中心语象的前提下,它并不太影

① 柯雷:《实验的范围:海子、于坚的诗及其它》,载《现代汉诗:反思与求索》,作家出版社 1998 年版,第 402 页。

响我们以相应的“心理完型”来阅读、考察。下面,笔者兼用原型读法和系谱读法,集中分析海子抒情史诗《太阳·七部书》中“太阳”这一主干语象的复杂纠结内涵,并纠正海子研究中“舆论化”了的学术认识,即将“太阳”视为单向度“升华”的倾向。

“太阳”,从精神维度上是“向上”的,似乎这使之自动带有“绝对诉说”的神性意味——但是,对一个没有稳定的宗教皈依的诗人而言,这种“绝对诉说”,其对象是不明确的(当然这并非是什么缺失)。因此,海子这部诗中“神性”的出场,不是基于其“先在之因”,而只是一种“借用因”。这部诗中神性音型的强弱,是与诗人对当下“无告”和“酷烈”的心灵遭际成正比的。我们只能说,海子一面“发明”出了自己的“神性”,继而或同时又自我盘诘这一“发明”。这是两面拉开的力量,海子本人的生命过程受害于这种噬心而绵长的分裂体验,但他的这部长诗却恰恰因此获具了某种真切的张力和心灵的可信感,而非向上一味升华、蒸发而“不知所终”。就此而言,在海子辞世后,无论是将之视为单纯的“升华者”而赞美的人,还是基于同样的理由而贬低他的人,都是只看到了诗人某一方向(方面)的特征而将其简化。在这种简化中谈海子,赞美或贬低都是令我们不踏实的,因为双方的矛盾性在此都“统一”乃至“同一”于认识力的盲视。

笔者使用的“精神重力”一词,借用了法国基督教思想家薇依的表述。她认为与物理世界和世俗此在的万有引力的向度相悖,“精神重力”具有上升性质,“人通过强力行为释放自身的能量,而强力使能量有减无增,人只有高高在上才有可能从这个恶性循环中解脱出来,……精神重力就是上升,精神重力使我们跌到高处”①。海子本人并无固定、自明的某一种宗教信仰,但有着类宗教情怀。所以与那些教徒不同,他没有上升而“跌入”到神恩的怀抱,却穿行于赤道跌入了“太阳”。“跌入”不是简单的“飞入”,比之后者,有着更多的艰辛、无告和勇气。

在写作大量抒情短诗稍后,1987 年以降,海子已日渐感到对抒情短诗的

---

① 薇依:《重负与神恩》,顾嘉琛、杜小真译,(香港)汉语基督教文化研究所 1998 年版,第 35—36 页。

不满足。它们可以即时地处理自己的情绪和情感，但始终无法承载在他看来是完整自足的灵魂归宿问题：“抒情，质言之，就是一种自发的举动。它是人的消极能力：你随时准备歌唱，也就是说，像一枚金币，一面是人，另一面是诗人”，而这种不满足是导致海子转向抒情史诗的原因之一，他说：“我写长诗总是迫不得已。出于某种巨大的元素对我的召唤，也是因为我有太多的话要说，这些元素和伟大材料的东西总会涨破我的诗歌外壳”，“伟大的诗歌，不是感性的诗歌，也不是抒情的诗歌，不是原始材料的片断流动，而是主体人类在某一瞬间突入自身的宏伟——是主体人类在原始力量中的一次性诗歌行动……这一世纪和下一世纪的交替，在中国，必有一次伟大的诗歌行动和一首伟大的诗篇。这是我，一个中国当代诗人的梦想和愿望。”①由以上申说可以见出，在海子心中，即时性的抒情是自发的，而严整的“大诗”（海子对抒情史诗的另一种说法）建构则是自觉的；抒情是对物象实体的感兴，而大诗则是对巨大元素和伟大材料的穿透；抒情是“你（诗人）歌唱”，“大诗”则是主体人类的“一次性诗歌行动”。海子最亲密的朋友、诗人骆一禾如此评价《太阳·七部书》：

《七部书》的意象空间十分浩大，可以概括为东至太平洋沿岸，西至两河流域，分别以敦煌和金字塔为两极中心；北至蒙古大草原，南至印度次大陆，其中是以神话线索“鲲（南）鹏（北）之变”贯穿的。这个史诗图景的提炼程度相当有魅力，令人感到数学之美的简赅。海子在这个图景上建立了支撑想象力和素材范围的原型谱。……他必须承受众多原始史诗的较量。从希腊和希伯来传统看，产生了结构最严整的体系性神话和史诗，其特点是光明、日神传统的原始力量战胜了更为野蛮、莽撞的黑暗、酒神传统的原始力量。这就是海子择定“太阳”和“太阳王”主神形象的原因：他不是沿袭古代太阳神崇拜，更主要的是，他要以“太阳王”这个火辣辣的形象来笼罩光明与黑暗的力量，使它们同等地呈现，他要建设的史诗结构因此有神魔合一的实质。②

---

① 《海子诗全编·文论》，第879、889、898页。

② 骆一禾：《海子生涯》，见崔卫平编：《不死的海子》，中国文联出版社1999年版，第4页。

这是就《太阳》长卷的辽阔语境与核心象征体内部的紧张关系而言。而就诗人个体生命体验而言，骆一禾在另一篇文章中说，“他在这个广大的自然地貌上建立和整理了他自己的象征和原型谱，用以融贯他想象的空间，承载他的诗句，下抵生命的自然力根基，又将他真切的痛苦和孤独，自身的能量和内心焚烧的‘火’元素弥漫其间”①。只有将这两种意向互补来认识海子的抒情史诗《太阳·七部书》，才会完整。前一种意向涉及了海子诗歌的史诗材料及建构载力，后一种意向则表明，海子的“史诗”不是常规的“史诗”类型（绝对非个人化的历史叙述性），而只是“现代抒情史诗”，其中不乏浪漫主义诗歌的主体的浓烈抒情性，饱涨的意志力，以及隐喻化了的个体生命的身世感。这从海子心目中共时崇仰的来自不同系谱的诗歌“人格神”中也可看出：但丁、歌德、莎士比亚、雪莱、荷尔德林、兰波、凡·高。批评界普遍认为，海子写作长诗的悲剧在于“史诗（构架）抱负”与“浪漫冲刺方式”之间的矛盾，这种说法是有道理的。不过，如果我们不将“史诗”这一概念“本质化”或先验体制化，而是从海子以个人方式写出的诗歌文本看，诗人的《太阳·七部书》还是为诗界提供了个人化的新异的诗歌类型。

海子所趋赴的“太阳”，其实不是一个具体的精神“地址”，甚至其内在意蕴也非单纯自明，而是一个精神过程——一个涵盖了诸多彼此纠葛的力量，“笼罩光明和黑暗”，“神魔合一”，诗人用来综合表达灵魂超越之路的痛苦和澄明，自身的求真意志力和内心争辩的整体象征。作为一个极度敏感的诗人，海子对具体历史语境和生存压抑的既定事实有足够的体验（有他的短诗为证），但在他那里，“既定的事实”并不等于是应该接受的事实，个体灵魂的超越向度很可能比它的对立面（认同既定事实）更符合人的性质。他是把自己的灵魂作为一个有待于不断“形成”的、而非认同既存世俗生存条件的超越因素，来纵深想象和塑造的。在他的长诗中，人的“整体存在”依然是诗歌所要处理的主题。而既然是整体的存在，就不仅仅是意味着“当下自在的存在”，它更主要指向人的灵魂自由的“自为”存在——按照存在主义的理念，意识的超越性就是人对

① 骆一禾：《“我考虑真正的史诗”》，中国文联出版社1999年版，第9页

自身存在特性的主要表达之一。因此,"太阳"为海子提供的不是一条由此及彼的直线升华,而是一个庞大纠结的话语场域,一种大致的精神方向。"它并不意味着是一种柏拉图式的'理念',一种悬在的、规范的人的定义或'本质',毋宁说它是一种规范性、理想性,它的作用不在于提供具体标准,而是给生存提供一种自我超越、自我完善、自我确认的意识,它使自我在使自身向之努力的关系中,进入生存。"①而用海德格尔的形象表述就是——"此仰望穿越向上直抵天空,但是它仍然在下居于大地之上。此仰望跨于天空与大地之间"②。这里,两者之间形成的张力而非单向的升华,才是海子《太阳·七部书》的真正维度和重量所在。

正如前文所述,海子这部长诗不同于习见的"史诗"模式,而是以意志性感受贯穿起来的,各部分构成紧密的互文关系。《太阳》(诗剧)的开篇是意味深长的:

我走到了人类的尽头
也有人类的气味——
在幽暗的日子中闪现
也染上了这只猿的气味
和嘴脸。我走到了人类的尽头
不像但丁。这时候没有闪耀的
星星。更谈不上光明……

在我看来,开头这重重纠结的话语,为海子整个的"太阳之旅"定下了基调。"我走到了人类的尽头/也有人类的气味",是喻指精神在加速度超越,但"我"的肉身还不得不深陷于"人"中。"我"的精神行旅是格外艰辛的,甚至不乏荒诞感——"我"跌入太阳的行程决非明确坚定的信仰举念,毋宁说"我"也不确知自己为何走上这条不知终点的赤道。"我不像但丁",但丁的神曲之旅是由"地狱——炼狱——天堂"这一明确向度构成,甚至在《地狱篇》的结尾,但

① 李钧:《存在主义文论》,山东教育出版社 2000 年版,第 56 页。
② 海德格尔:《诗·语言·思》,文化艺术出版社 1991 年版,第 192 页。

丁已有把握地写出:“直到透过一个 /圆形的洞口,我看见了一些在天上 /才会有的美丽的事物。我们从 /那里出来,再次见到那些闪耀着光明的星星。”然而,海子说自己的精神行旅,“没有闪耀的星星。更谈不上光明”。与但丁不同,他没有终极神圣之光的归所,甚至没有维吉尔式导师的指引,和贝亚特丽齐式永恒之女性的陪伴,海子跌向太阳的道路更多的是苦难、无告和试图自我获启的艰辛。所以,与但丁的最终指向升华的线条结构不同,海子的《太阳》是一团拉奥孔式的扭结的自我争辩的话语矩阵。他走上的是一条疼痛的“单足人”般的天路历程,是瞽者般的返诸内心的黑暗与光明含混难辨的道路。

在“人类的尽头”,诗人接着说“我还爱着”,但与但丁所言的“是爱在推动太阳和星群”中的爱不同,并非教徒的海子还“有着人类的气味”,这爱是对世界的“爱情”。所以他看到(毋宁说是他“愿意看到”),“在人类尽头的悬崖上那第一句话是:‘一切都源于爱情’。/一看见这美好的诗句 /我的潮湿的火焰涌出了我的眼眶。”海子其实深知,与其说“一切都源于爱情”,莫如说一切都源于欲望。但他不忍心这么说,他宁愿在“尽头”回望世界时,投给世界一道赤子的眼光,他流出了伤感的眼泪,因着这眷恋的回头,这眼泪总是滴在肩胛上。然而,海子的内心继续在剧烈地自我盘诘,生存的真相迫使他“又匆匆地镌刻第二行诗:爱情使生活死亡。真理使生活死亡”。第二行箴言诗与第一行构成了无法回避的冲突,这种冲突造成的张力或分裂力量,始终折磨着诗人。海子不愿也无法悬置这个短兵相接、空手入白刃的辩难关系,所以才说“在空无一人的太阳上 /我怎样忍受着烈火 /也忍受着人类灰烬……我已被时间锯开”。接着,诗人将“光辉的第三句在我的头盖骨上镌刻”——“与其死去! 不如活着!”这句语义肯定,节奏斩钉截铁的箴言,却透露出更深远的忧伤、失望和奋力自勉。人仅靠本能就在实施的“活着”的状态,诗人海子却需要拼命全力喊出。的确如他所说,“我是在我自己的时刻说出这句话”,自己的时刻不同于“你们的时刻”。因为“一根骷髅在我的内心发出微笑……/那时候我已经来到赤道 /那时候我已被时间锯开 /两端流着血 锯成了碎片”,我的内心在格斗,在互否,“翅膀踩碎了我的尾巴和爪鳞 /四肢踩碎了我的翅膀和天空”。向上的路和向下的路是同一条路,“我像火焰一样升腾 进入太阳 /这时候也是我进入黑暗的时候”——

赤道，全身披满了大火，流淌于我的内部。

在谈到海子有些长诗为何以诗剧方式写成时，骆一禾的话可谓一语中的：“这里就有着多种声音，多重化身的因素。”“太阳”（火焰和热血是其变体）在海子诗中，既是“它者”，又是众多的“我”形成的“众声话语”说话人，具有复杂经验缠绕的含义：它是在黑暗和冷漠中发掘或挽留光明的要素；是甘愿担荷生存之悲哀乃至罪孽的诗人情怀（涤罪和熔炼）；是趋赴由人类伟大诗歌共时体汇聚而成的神圣光照；是诗人个体生命熔炉的烘烤的显现；也是生命能量的“熵”化过程，破碎、耗尽、热寂、失败、灰烬、死亡。……总之，“太阳—火焰”作为海子诗歌的首要元素，并非仅是单向度的自我陶醉的“比德”，而是包容了探索生存，发现自我，甘冒危险，勇于献身的生命和艺术激情。正如巴什拉在谈到火—太阳在艺术中的地位时说的，“在形象的各种因素中，火是最具有辩证性的。只有火才是主体和客体。在泛灵论的深处，总可以发现热能——富有生命的东西，直接富有生命的东西就是热的东西”①。对于“太阳—火”这一元素的纵深挖掘，海子始终是清醒自觉的。早在1987年，他开始写作《太阳》时的一篇日记就明确谈到这一点：“我仿佛种种现象，怀抱各自本质的火焰，在黑暗中冲杀与砍伐。……我要把粮食和水、大地和爱情这汇集一切的青春统统投入太阳和火，让它们冲突、战斗、燃烧、混沌、盲目、残忍，甚至黑暗。我和群龙一起在旷荒的大野闪动着亮如白昼的明亮眼睛，在飞翔，在黑暗中舞蹈、扭动和厮杀。我要首先成为群龙之首，然后我要杀死这群龙之首，让它进入更高的生命形式。……但黑暗总是永恒，总是充斥我骚乱的内心。它比日子本身更加美丽，是日子的诗歌。创造太阳的人不得不永与黑暗为兄弟，为自己。”②我们只有意识到诗人是在“主动寻求的困境（或悖论）中表达”，才不至于将《太阳·弥赛亚》中的复活意志，与《太阳·弑》中人类之间彼此疯狂屠戮的境况对立起来。它们本是一场永劫轮回的人类命运图式，既是噩梦和绝望，又是新新

① 巴什拉：《火的精神分析》，转引自陈超编：《当代外国诗歌佳作导读》，河北教育出版社2000年版，第908页。

② 《海子诗全编·日记》，第883页。

顿起不断重临的强力意志的苏生。

诗人西川曾指出海子诗歌精神意向和情调的变化:“1987 年以后,海子放弃了其诗歌中母性、水质的爱,而转向一种父性、烈火般的复仇。他特别赞赏鲁迅对待社会、世人‘一个也不原谅’的态度。他的复仇之斧、道之斧挥舞起来,真像天上那严厉的‘老爷子’。但海子毕竟是海子,他没有把这利斧挥向别人,而是挥向了自己,也就是说他首先向自己复仇。他蔑视那‘自我原谅’的抒情诗。”①我认为,这里所说的海子的“复仇”,不是源于个人世俗功利欲望受挫后的怨愤,而是认清了“事实真理”和“价值真理”并不对应,反而常常对立(前者只关乎真,后者主要关乎善与美)的现实后,诗人内心生产的焦虑、忧愤和无告感。西川还谈到“海子的形而上学,那就是‘道家暴力’。我一直不太明白‘道家暴力’到底是什么意思”。我认为,这里的“暴力”,可能是指东方道家的“天地不仁”(道在万物之上,无所偏爱地纯任一切按客观规律运行),和《圣经》故事所昭示的持刀者未必最终将死于刀下,不持刀的人(或放下刀的人)未必不死于十字架,这一客观性。因此,“暴力”在海子个人词汇表中的可替换词,或许就是“残酷的必然性”。上帝跟生活中的光明与黑暗同时相关,二者同时存在。对于这个年轻、单纯而敏感的诗人海子来说,认识到这一点真是太过残酷了。

因此,对海子《太阳·七部书》中充溢着的彻骨的绝望感,我们理应主要从这一向度来认识:“在价值的彻底毁灭中,诗人的内心被一种巨大的苦恼所纠缠。……绝望感不等于厌世感或虚无感。与厌世主义和虚无主义的玩世不恭和无谓心态相反,绝望感坚持价值真实的意义,它像是对仿佛永远不要想得到任何解答的问题的追问,这就是对世界的无意义性的永远不可能消解的焦虑和操心。坚持对价值和意义真实的祈求才会导致绝望感……绝望感只产生于置身在价值的虚无能够为价值真实操心的诗人的内心。”②不过需要引申的是,绝望和焦虑,也是克尔恺郭尔、雅斯贝尔斯、保罗·蒂利希、荷尔德林、R. S·托马斯、艾略特、奥登、雅姆等存在主义神性哲学和诗歌谱系所陈述的生存前提,而且只是“前提”。如何理解这个前提所带来的可能意义,这些哲学

---

① 西川:《死亡后记》,见《海子诗全编》,第 923 页。

② 刘小枫:《拯救与逍遥》,上海人民出版社 1988 年版,第 63—64 页。

家和诗人都有明确的超越性的宗教方向和归所(所谓“神的家中鹰在集合”——海子《秋》)。而在海子这里,“前提”与“结果”却是完全重合的,我认为,这正是一个没有固定宗教信仰的中国诗人勇于面对自身生存真相的结果(所谓“秋天深了/得到的尚未得到/该丧失的早已丧失”——海子《秋》),它可真是又凄楚又明亮。如果说海子的《太阳·七部书》当得起“史诗”之名的话,我认为就是它局部地超越了个人化,并勾勒出一个种族的(诗歌)精神历史发展到特定阶段,所遇到的特有的困境图式。

在一个普通的夜里,清点星辰和自己手指
于是我考虑真正的史诗
是时候了
太阳之轮从头颅从躯体从肝脏上轰轰辗过
——《太阳·断头篇》

这就是一个“太阳神之子”,而非“太阳王”的处境:“远方除了遥远一无所有”,“今夜,我仿佛感到天堂也是黑暗而空虚。所有的人和所有书都指引我以幻象,没有人没有书给我以真理和真实。”[①]走到这里,海子的生命与他履践的“一次性伟大诗歌行动”猝然终止了。这个终止,意味深长。前面已谈到,海子的创作时间与“第三代诗”是重合的,但他与第三代诗人的向度完全不同。诗人麦芒说,“如果以现代主义为基准,那么‘第三代’是顺向而动,按照历史时间的顺序走向后现代主义,而海子则是由此回头,溯根寻源,重建背景。但海子与‘第三代’时间上的重合也不是没有某种意味的”[②]。

那么这个重合的时间“意味”何在?

生活在20世纪后期的历史语境中的诗人,要建构通向“本质真理”的“大诗”,诚实的海子也不得不遭遇到一个利奥塔所指出的严酷“寓言”:人们相信有一个绝对的宏大的真理之源,每个这一情况的叙述者都宣称他所叙述的真理跟他“一直听人这么说的”一样。他是这一真理的听众,而告诉他这一真理

① 《海子诗全编》,第901页。
② 麦芒:《海子与现代史诗》,见《不死的海子》,第219页。

的叙述者也曾是听众。顺着(也可说是回溯着)这条真理传递链一路都是这样,结论暂定为真理的主人公一定是最早的叙述者。但是,“他”是谁?谁能肯定“他”存在过?我们在此碰上了可怕的循环:“Y 对 X 拥有权威是因为 X 授权 Y 拥有这种权威;其中偷换的论点就是:授权赋予了权威以权威。”①海子的诚实于斯可见,这就是他勇于承认的赤道上的冰川纪——“天堂在下雪/冰河时期多么漫长而荒凉/多么绝望”。与其说这是先知般的声音,不如说这更像是一个“反先知”的“先知”的声音。

尽管海子的诗歌也有明显的缺失——多年前,笔者曾在一篇文章中指出其过度的“那喀索斯情结”,长诗的语言和结构尚缺乏精审的打磨、提炼和夯实——但在诗人们以“庸人”自炫自美的今天,我却更愿意积极肯定海子诗歌不容低估的开拓性价值。今天,我们重温曼海姆的忠告也许才真正地别有会心:“乌托邦的消失将带来静止的状态,在这种状态中,人几乎成为物。那时,我们将面临一种难以想象的两难境地,即人类虽然获得了对现实存在的最大程度的理性控制,却也失去了任何理想,变成了仅仅凭冲动行事的生物。于是,人类在经历了长期艰难而英勇的发展之后,刚刚达到最高程度的自觉,……却又将创造历史的愿望随着乌托邦的消失而丢掉。”②

回溯海子跌向“太阳”的诗歌道路,依然有着特定时代“非如此不同”的重要价值,只有这个高度,才使他获得了一个整体把握大地生存的视点,并为之做出特殊角度的命名。笔者套用王国维先生的话就是:“中国先锋诗自海子,境界始大。”海子留下的诗歌,无疑是属于现代汉诗中将恒久闪光的那些册页的一部分,并有着丰富的内涵等待人们继续发掘。

(作者单位:河北师范大学文学院)

① 利奥塔:《后现代性与公正游戏——利奥塔访谈、书信录》,谈瀛洲译,上海人民出版社 1997 年版,第 172—173 页。

② 转引自郑也夫:《代价论》,三联书店 1994 年版,第 150 页。

一个时代的考察：史料的发掘与穆旦的新诗史状貌

——《穆旦诗全集》、《穆旦诗文集》的变动及新诗史意义

霍俊明

［摘要］《穆旦诗全集》和《穆旦诗文集》的出版对于推动穆旦研究无疑具有重要的新诗史意义，其中一些史料的增补可以看出穆旦新诗的改动情况。穆旦的日记、书信和诗作，极端年代特殊的诗人心态、新诗观念和新诗传播方式都为考察建国后的诗人写作提供了崭新而宽远的视域。知识分子的心态史和写作史是在时代语境转换中完成的"丰富的痛苦"。

［关键词］ 穆旦　史料变动　诗学观念　新诗传播　书信日记

历史犹如遥远而模糊的景象，而关于历史的叙述一方面是时间进程中人类生活经验的总体呈现与记忆，一方面则是史家根据自己对过往资料的理解而拼贴重组出的图像。然而不管文学史家能否复现历史的原貌和真实，我们都会注意到史料在文学史研究以及具体文学史写作过程中的重要性。而对于曾长期在新诗史写作与研究中被忽视的穆旦而言，由李方编选于1996年出版的《穆旦诗全集》和事隔10年在南开大学召开的"穆旦诗歌创作学术研讨会"前夕出版的《穆旦诗文集》对穆旦的研究而言无疑具有重要的史料价值和推动作用。① 李云在《穆旦诗文集》的《编后记》中说：

> 从1996年《穆旦诗全集》编定，到2005年《穆旦诗文集》重编，不觉又近十年过去。其间世纪交替，社会转型，时尚与落伍相反相成，起伏变幻，

① 当然也有一些穆旦诗作因为种种原因没能收入到《穆旦诗全集》和《穆旦诗文集》中，如"文革"时期穆旦所写的600多行的"八行体"长诗《父与女》等。

令人目眩。然而，作为中国现代诗史上堪称奇崛的“穆旦现象”，却始终未如某些聪明的臆测那样“热”起来。显然，编纂这部诗文集并非想要什么“风行”与“火爆”，因为诗意这个终难界定清楚的东西，似乎生就并在更多时候是同沉寂与沉郁相伴。①

《穆旦诗全集》和《穆旦诗文集》的史料是有增删和变动的，而尤其穆旦在不同时期改动诗作的情况对于研究诗人的写作是很有裨益的，版本研究在新诗史写作中应该受到重视。穆旦日记和书信则使穆旦的新诗史形象更为丰富和复杂，这对于考察穆旦在建国后特殊的诗人心态、诗学观念和特殊的新诗传播方式都相当重要。

一　史料挖掘与文本的变动情况

在穆旦和“九叶诗派”逐渐受到研究者倚重并几已成为新诗史经典的今天，需要注意的是穆旦诗歌的不同版本及变动情况。李方在《穆旦诗全集·编后记》中谈到所收诗作除个别文字错讹核改外，均以诗人的正式发表稿或手稿为准，“不同时间或不同版本发表的同一作品，文字若存差异，则以作者的修订稿或最后版本为准”②。而看下穆旦不同时期诗的手稿、诗集、报刊就会发现这些诗不只是在标点和字句上有改动情况，有的变动则是相当大的③。这些诗作之间的变动与差异比较明显，应该引起研究者的注意。而通过考察《穆旦

① 李方：《编后记》，《穆旦诗文集》（第2卷），人民文学出版社2006年版，第393—394页。

② 同上书，第420页。

③ 穆旦的主要诗集（选）有《探险队》（昆明文聚社，1945年）、《穆旦诗集（1939—1945）》（沈阳自费刊印，1947年；人民文学出版社2000年版）、《旗》（上海文化生活出版社，1948年）、《九叶集》（江苏人民出版社，1981年）、《八叶集》（香港三联书店、美国《秋水》杂志社联合出版，1984年）、《穆旦诗选》（人民文学出版社，1986年）、《九叶派诗选》（人民文学出版社，1992年）、《穆旦诗全集》（中国文学出版社，1996年）、《蛇的诱惑》（诗歌书信集，1997年）、《穆旦代表作》（梦晨编，1999年）等。再参阅闻一多编定的《现代诗钞》中所收穆旦的诗，以及刊登在《中国新诗》、《文哨》、《文学杂志》、《大公报》、《青年文艺》、《人民文学》、《诗刊》、《人民日报》的诗作。

诗全集》和《穆旦诗文集》的史料的变动，则可以相当有力地呈现出一个特殊时代的诗人的写作史与多难的灵魂挣扎史，并且呈现出穆旦修改诗作的大致情况。

在80年代以来重写新诗史和重叙诗歌史的过程中，研究者和新诗史家将眼光更多是投注在“文革”时期的地下诗歌上。在当下的新诗史写作实践与研究中，文革时期的“地下诗歌”写作随着80年代中后期以来相关史料的挖掘受到前所未有的重视和“青睐”。在洪子诚看来，“地下诗歌”史料的挖掘在80年代以来“经历了因服从于某种意图，而在叙述上不断累积的‘清晰化’过程。”[①] 洪子诚所说的“服从于某种意图”的叙述的“清晰化”的过程显然指涉诗歌史家在新的历史语境下的整体走向，即研究者更情愿追随和挖掘与“现代主义”相关的诗歌史线索，这条线索在许多当代新诗史实践和新诗研究论著中都有着相近的处理。[②] 而在这一发掘与“构造”过程当中，一个相当重要的问题就是文本的写作时间与发表时间相互龃龉的问题。这也是韦勒克所强调的学术研究的第一步工作就是搜集研究资料，细心地排除时间的影响，考证作品的作者、真伪和创作日期。[③] 对于特殊时期内的“非主流”诗歌的叙述以及构造，研究者往往遇到难题。一是在“文革”期间采取特殊的传播方式在不同范围内秘密传抄和流传的作品，如穆旦、食指、多多、芒克、北岛、舒婷、顾城等早期诗作。这些作品一般是迟至“文革”结束之后才得以在正式刊物发表。另一种情况就是在50至70年代的一些由于在思想艺术上与当时的主流文学规范相抵触，不被认可因而也不可能公开发表的作品。这两种情况，都有写作时间和发表时间不一致的现象。尽管这是远非稀奇的现象，但由于写作时间和发表时间

---

① 洪子诚、刘登翰：《中国当代新诗史》，北京大学出版社2005年版，第109页。

② 如洪子诚、刘登翰：《中国当代新诗史》（人民文学出版社1993年版）、杨健：《“文化大革命”中的地下文学》（朝华出版社，1993年）、王光明：《艰难的指向——“新诗潮”与20世纪中国现代诗》（时代文艺出版社，1993年）、李新宇：《中国当代诗歌艺术演变史》（浙江大学出版社，2000年）、王光明：《现代汉诗的百年演变》（河北人民出版社，2003年）、陈超：《打开诗的漂流瓶——现代诗研究论集》（河北教育出版社，2003年）、程光炜：《中国当代诗歌史》（中国人民大学出版社，2003年）、张清华：《中国当代先锋文学思潮论》（江苏文艺出版社，1997年）。

③ 韦勒克、沃伦：《文学理论》，刘象愚等译，三联书店1984年版，第49页。

处于两个差异很大的时期，显然写于“文革”和写于“文革”后的文本的文学史意义是不可同日而语的，所以洪子诚在研究中很注意这些文本的时间问题。“确定作品的写作、特别是发表的年代，是文学史研究（包括与此相关的作品编选）的一项基础性工作；这对所有的文学史写作来说都是这样。不过，中国‘当代’诗史在这个方面有它的特殊问题”。既然如此我们是否可以根据公开发表时篇末注明的时间来确定作品的写作年代？这些文本在从写作到发表过程中是否经过了修改？

对于读者而言，一首诗写在什么年代可能并不重要，读者也往往是从美学角度来评判一首诗的优劣，而对于新诗史研究而言，有时时间界限对判定一首诗的文学史价值就不是无关紧要的。而且对于诗史写作来说“它还承担了考察诗歌文体沿革，诗歌精神流脉的任务。所以，时间的确定就不是可有可无的工作”①。需要注意的就是《妖女的歌》一诗的写作时间问题，在《穆旦诗全集》中该诗的写作时间注明是1956年，而在《穆旦诗文集》中则更改为1975年。对于建国后的新诗研究而言，一首诗作写于相对宽松的1956年和写于严苛的“文革”时期，其新诗史意义肯定是有区别的。

而关于作品系年的认定工作是相当复杂的，对作品语境的确认也历来是文学史最基本的工作。按照福柯的观点，重要的不是话语讲述的年代，而是讲述话语的年代。韦勒克和沃伦在《文学理论》中说：

> 作品的系年在许多情形里，都可借印有书名的书页上所附的刊印日期，或借当时出版、印刷方面的证据来确定。但这些明显的外在证据常常缺失，例如，许多伊丽莎白时期的剧本和中世纪的手抄本都有这种缺失的情形。一个伊丽莎白时期的剧本很可能是在首次演出以后很长一段时间才刊印出来的；中世纪的手抄本可能是抄自原作写成后数百年的另一个抄本。因此，外在的证据必须由文本里的内在证据来补充，如从同时代一些相关的事件找到暗示，或从别的可查考的日期的事件引出的线索等都是这类内在的证据。但这种能补充说明外在证据的内在证据，只能确定

① 《穆旦诗文集》（第1卷），人民文学出版社2006年版，第379页。

该作品与那些外在事件有关的部分的写作日期。①

值得注意的是《穆旦诗文集》收入了以往穆旦各种诗集包括《穆旦诗全集》在内未收入的一些诗作,如《法律像爱情》和《伤害》,这对于穆旦研究尤其是文革诗歌而言其意义是不言自明的。②《穆旦诗文集》中出现了以往的穆旦诗集和诗选从未出现过的一首写于"文革"后期的诗《法律像爱情》(1976年):

法律是太阳,园丁说,/法律是一种规格/一切园丁都得遵守/昨天,今天,以至永久。//法律是古老的智慧,/曾被无力的祖父尖声责备;/孙儿吐舌发出最高音:/法律是年青人的理性。//法律,教士以教士的神情,/对一群没有教士派的人解释/法律是,我的传教书里的文字,/法律是我的讲坛和教堂的尖顶。//法律,法官以视线一扫鼻尖/最严厉而又清楚地说,/法律是,我曾告诉你们过,/法律是我想对你们很明显,/法律是,让我对你们再解释一遍/法律就是法律。//可是守法的学者书写:/法律不是什么对和错/法律只是一些罪恶/受到时间和地点的惩处,/法律是任何时间,任何地点,/人们所穿的衣服,/法律是早安和晚安。//又有人说,法律是我们的宿命/又有人说,法律是我们的国家/又有人说,又有人说/法律不再存在,/法律已经走开。//那总是声势汹汹的人群,/非常愤怒而高喊着说:/法律是"我们",/还是那总是轻柔的白痴的"是我"。//假如我们知道,亲爱的/我们不比他们更懂得法律,/假如我不比你更懂得/我们该做和不该做什么,//只知一切人都同意/也许高兴也许悲哀地。③

穆旦在《法律像爱情》这首诗中相当理性地呈现出"文革"中法律的搁置、人性的扭曲、自由的无望。在强大的无主体性的"汹汹"的对"权力"膜拜的绝对服从的人群("我们")中,诗人感到了作为个体的"我"的无助的"白痴"状态。

首次在《穆旦诗文集》中露面的《伤害》一诗最初是发表在1942年2月27日的《贵州日报·革命军诗刊》上,全诗如下:

---

① 韦勒克、沃伦:《文学理论》,刘象愚等译,三联书店1984年版,第59页。

② 《穆旦诗全集》收入穆旦"文革"期间的诗作28首(1975年1首,1976年27首),《穆旦诗文集》收入同时期诗作29首(1975年2首,1976年27首),并且所选诗作有变动。

③ 《穆旦诗文集》(第1卷),人民文学出版社2006年版,第368—370页。

这样的感情澎湃又澎湃:/酸涩,是的。因为你们底自尊心/践踏了我底;你们底目光/含蓄,把我底世界包围;/你们底偏见随着冷淡底武器要在/我无防而反复的心上开垦,/你们,你们,你们,/即使你们全是地面,我是海水。//你们是施与者/注来沉郁和外界底影——不,/独立从愉快中伸出来,愉快/把我漂浮。我是拒绝反映的/液体,是抱紧你们的波涛,/我将要笑过嘴里的剑锋,/无形的网,热带和寒带:/没有你们底存在能够拦阻,/我将向自己底偏见奔跑。/以我底热血和恐怖/那里,把它塑成一个神,/一个神永远潜伏在海底,/一个神发光,统治,复仇。//我将要歌唱/生底威胁,生底严密;/说我是狭窄的,谁肯/永远忍耐着,等死后的判断和遗忘?/我不愿意存在像不动的真理,/平衡,解说,甚至怜悯/一切胜利和失败底错综,/这一切是吸力,我是海水。/我不愿意你们善良,像贼,/送来歉意,和我妥协,/因为现在是这样真实而孤单的/我拒绝的痛苦:我底记忆![1]

实际上,穆旦在“文革”后期,在他生命的暮年集中爆发和闪现的诗歌写作的光辉并不只是为我们目前所见的近30首诗作。李方根据穆旦家属提供的穆旦遗存手稿辑录成的《穆旦晚期诗作遗目》共列诗人晚期诗作59首,其中有一部分收入到了《穆旦诗全集》和《穆旦诗文集》中,但其余的则已散佚[2]。

《穆旦诗文集》由于增加了大量的图片、手稿从而将遥远发黄的历史拉近到当下,在与历史的对话中相当真切而直观地呈现出历史的现场感。相当有意味的是穆旦这些诗作手稿的新诗史意义在于呈现和证明了穆旦在不同时期

---

① 《穆旦诗文集》(第1卷),人民文学出版社2006年版,第217—218页。

② 《穆旦晚期诗作遗目》如下:《历史》、《碉堡》、《词藻小史》、《幻想的旅程》、《鸟瞰》、《盛大的夏天》、《爱情》、《火热的语言》、《某人写照》、《描圆》、《时间不会讲话》、《保M》、《沉没》、《理想》、《神塔》、《大厦》、《魔影》、《镀金时代》、《演出》、《体面的语言》、《自己》、《妖女》、《苍蝇》、《“我”的形成》、《瞑想》、《口头G》、《美好的故事》、《真理》、《原谅》、《不宣而战》、《诗》、《听说》、《我老了》、《老年的梦呓》、《悼》、《失眠》、《奔月》、《城市的街心》、《智慧之歌》、《童年》、《普通人》、《友谊》、《好》、《梦》、《问》、《失败者》、《欢呼声中》、《停电之夜》、《神的变形》、《软体》、《父与女》、《四季之歌》、《苦水》、《半真半假的》、《这儿一切都好》、《茅屋》、《一加一(二、三)》、《这个世界》、《我受伤了》。参见李方编:《穆旦晚期诗作遗目》,《穆旦诗文集》第1卷,人民文学出版社2006年版,第379页。

修改诗作的大致状况。这些诗作手稿分别是:1940 年 1 月应同学赵瑞蕻(阿虹)之邀抄在赵瑞蕻给杨苡的书后面的《怀恋》,《自然底梦》手迹(1942 年 11 月),《智慧底来临》手迹(1944 年 1 月 30 日),《冬》、《友谊》、《秋》(1976)等手迹。《怀恋》一诗未收入到以往的穆旦诗集和各种相关诗选中,此次由于种种原因也没能收入到《穆旦诗文集》中来。《怀恋》全文如下:

秋晚,灯下,我翻阅一页历史……/窗外是今夜的月,今夜的人间,/一条蔷薇花路伸向无尽远,/色彩缤纷,珍异的浓香扑散。/于是有奔程的旅人以手,脚/贪婪地摸抚这毒恶的花朵,/(呵,他的鲜血在每一步上滴落;)/他青色的心浸进辛辣的汁液/腐酵着,也许要酿成一盅古旧的/醇酒?一饮而丧失了本真。/也许他终会像一匹老迈的残马,/披戴无数的伤痕,木然嘶鸣。//而此刻我停伫在一页历史上,/摸索自己未经世故的足迹/在荒莽的年代,当人类还是/一群淡淡的,从各方投来的影,/(朦胧,可爱,投射我心上。)/无雨无晴,一切是广阔无边,/一切都开始滋生,互相交溶。/无数荒诞的野兽游行云雾里,/(那时候云雾盘旋在地上,)/矫健而自由,嬉戏地泳进了/从地心里不断涌出来的/火热的溶岩,蕴藏着多少野力,/多少跳动着的雏形的山川。/这就是美丽的化石。而今那野兽/绝迹了,火山口经时日折磨/也冷固了,空留下暗黄的一页,/等待十年前的朋友和我讲玩。//灯下,有谁听见在周身起伏着的/那痛苦,呻吟,人世的喧声?/被冲激在今夜的隅落里,而我/望着等待我的蔷薇花路,沉默。①

比照穆旦的这些诗作手稿、抄件和《穆旦诗全集》和《穆旦诗文集》以及各种诗歌选本会发现这些诗作存在不同程度的改动情况,如《自然底梦》:

我曾经迷误在自然底梦中,/我底身体由白云和花草做成,/我是吹过林木的叹息,早晨底颜色,/当太阳染给我刹那的年轻,//那不常在的是我们拥抱的情怀,/它让我甜甜的睡:一个少女底热情,/使我这样骄傲又这样的柔顺。/我们谈话,自然底朦胧的呓语,//美丽的呓语把它自己说

① 诗下有小注:"阿虹非要让我在这本送给你的好书上写下这篇脸红的东西,我遵命,于是玷污的这本书。"时间是 1940 年 1 月。

醒，/而将我暴露在密密的人群中，/我知道它醒了正无端地哭泣，/鸟底歌，水底歌，正绵绵地回忆，//因为我曾年轻的一无所有，/施与者领向人世的智慧皈依，/而过多的忧思现在才刻露了/我是有过蓝色的血，星球底世系。

——《穆旦诗文集》第1卷

我曾经迷误在自然底梦中，/我底身体由白云和花草做成，/我是吹过林木的叹息，早晨底颜色，/当太阳染给我刹那的年青，//一个少女它底思想底化身，/呵，为了我毒害的，诱人的热情，/是这样的骄傲又这样的柔驯。/我们谈话，自然底朦胧的呓语——/美丽的呓语把它自己说醒，/而将我逐出了在密密的人群中，/我知道它醒了正无端地哭泣，/鸟底歌，水底歌，正绵绵地回忆，/因为我曾年轻的一无所有，/施与者领向人世的智慧皈依，/而过多的忧思现在才刻露了/我是有过蓝色的血，贵族底世系。

——穆旦手迹

此外，《智慧的来临》、《冬》、《秋》、《友谊》、《停电之后》[①]等都有改动情况。如《智慧的来临》：

成熟的葵花朝着阳光转移，/太阳走去时他还有感情，/在被遗留的地方忽然是黑夜，//对着永恒的相片和来信，/破产者回忆到可爱的债主，/刹那的欢乐是他一生的偿付，//然而渐渐看到了运行的星体，/向自己微笑，为了旅行的兴趣，/和他们一握手自己是主人，//从此便残酷地望着前面，/送人上车，掉回头来背弃了/动人的忠诚，不断分裂的个体//稍一沉思会听见失去的生命，/落在时间的激流里，向他呼救。

——《智慧的来临》，《穆旦诗文集》第1卷

盛开的葵花朝着阳光转移，/太阳走去时他还有感情，/在被遗留的地

① 在1976年10月30日写给郭保卫的信中，穆旦抄录了这首诗，但是信中该诗名为《停电之夜》。可参见《穆旦诗文集》第2卷，人民文学出版社2006年版，第212页。

方忽然是黑夜,//对着永恒的像片和来信,/破产者回忆到可爱的债主,/刹那的欢乐是他一生的偿付,//然而渐渐看见运行的星体/孤独的在各自的轨道上,/和他们一握手自己是主人,//于是便残酷地从他们走过,/稍一沉思会听见过去的生命,/在时间的激流里,向他呼救。

——穆旦手迹

《冬》在"文革"结束后发表于《诗刊》1980年第2期,刊出时每节的最后一行均为"人生本来是一个严酷的冬天",而1976年的该诗手迹则是受了诗友杜运燮的意见而进行了一些改动,全诗4节的最后一行分别改为"多么快,人生已到严酷的冬天","呵,生命也跳动在严酷的冬天","人生的乐趣也在严酷的冬天","来温暖人生的这严酷的冬天"。比照《友谊》的手稿与后来发表于《诗刊》1980年第2期时的文本会发现也有改动,"细致的雕琢"改为"细致的雕塑","冷冻"改为"冰冻","留下破产的我,面对严厉的岁月,/梦想那丧失的财富,丧失的自己"改为"留下贫穷的我,面对严厉的岁月,/独自回顾那已丧失的财富和自己"。

穆旦在不同时期对诗作的改动一方面说明诗人在不断追求诗的完美,另一方面也为新诗的版本研究设置了一些难题,比如在新诗史写作中究竟以哪一版本作为参照。这些问题不能不让新诗史家谨慎从之。

二 穆旦日记和书信:特殊境遇下的诗人心态、诗学观念及新诗传播

当代新诗的史料工作成了重要问题不能不与当代长期的外在力量对新诗发展的戕害和规训有关。由于频繁而激烈的政治运动使得史料以及相关的新诗史叙述在不同时期都处于相当大的变动当中,对同一个诗人和诗歌史现象往往会出现完全肯定或完全否定的奇怪现象,并且为了政治的需要而不惜篡改历史、涂抹历史。在这样的时代语境下,每当政治运动袭来的时候,诗人在因一首诗就可能罹难的状况下为了避祸而不得不亲手烧掉那些诗稿、信件,

而大量珍贵的史料就这样在一次又一次的政治大火中灰飞烟灭，而这种现象在“文革”时期达到了登峰造极的地步①。

应该说，《穆旦诗全集》和《穆旦诗文集》的编选和出版的意义正是体现了新诗史料研究工作的成果，尤其是《穆旦诗文集》中穆旦的 71 封书信和首次结集的穆旦建国后的日记②为穆旦研究提供了不无广阔的空间。

穆旦的这些书信和日记能够在严苛的政治岁月中保存至今并终得以重见天日不能不说穆旦的家人、亲友和诗友是为此承担了怎样的风险、为此付出了怎样的令人难以想见的艰辛与努力。当然也不无遗憾的是，穆旦在建国后尤其是“文革”中所写的诗作很多也已遗失了。透过《穆旦诗文集》所呈现的部分书信和日记，我们可以从中窥视一段特殊岁月中诗人特殊的交流方式和新诗的传播方式，而穆旦在书信和日记中所表露的心态和诗学观念则呈现了那段历史的“丰富的痛苦”。

尽管从 1957 后穆旦失去了在报刊公开发表诗作的机会，但是穆旦仍在频繁的运动中冷静而清醒地观察文坛的走向和状况。“听说袁水拍正在挨批，因为他是文化副部长。大概为‘四人帮’污染了，很可惜。”③在“四五”天安门诗歌运动后穆旦问郭保卫“传抄作品盛行吗？”④无不表达了诗人作为知识分子对时局和诗坛的关注和隐忧。

穆旦对新诗传统、建国后狭隘、僵化而低下的新诗写作和审美水平进行了批评，而在诗人众口一声的顺役时代这是弥足珍贵的。“你谈到你的学生看你的‘冬与春’而‘不易懂’，欣赏的水平如此之低，真是哭笑不得。所以如此，因为他光喝过白水，没有尝过酒味。国内的诗，就是标语口号、分行社论，与诗的

① 在“文化大革命”的红卫兵“破四旧”运动中更是销毁了大量的珍贵史料。在大跃进运动和“文革”期间，采用集体的、群众的方式编辑出版的书籍，包括一些史料性的书籍，改动、删减、错误是惨不忍睹的。

② 《穆旦诗文集》所提供的日记手稿为 4 部分：1959 年 1 月 1 日至 1960 年 3 月 23 日，1968 年 10 月 26 日至 1970 年 10 月 17 日，1970 年 10 月 17 日至 1972 年 11 月 10 日，1973 年 2 月 16 日至 1977 年 2 月 23 日。

③ 《1976 年 11 月 28 日致巴金二封》，《穆旦诗文集》第 2 卷，人民文学出版社 2006 年版，第 138 页。

④ 《1976 年 12 月 9 日给郭保卫的信》，同上书，第 222 页。

距离远而又远。”[①]“中文白话诗有什么可读呢？历来不多，白话诗找不到祖先，也许它自己该作未来的祖先，所以是一片空白。现在流行的，是想以民歌和旧诗为其营养。”[②]而在穆旦看来，要改变这种新诗写作和审美的“哭笑不得”的状态就必须吸收外国诗的传统，“在这种情况下，把外国诗变为中文诗就有点作用了。读者会看到：原来诗可以如此写。这可以给他打开眼界，慢慢提高欣赏水平。只有广大水平提高了，诗创作的水平才可望提高。”[③]穆旦对新诗与古诗的关系的体认是相当深入的，杜运燮曾希望穆旦多看看旧诗，吸收一下旧诗的传统，穆旦对此是持保留意见的。

> 你提到我该多看看旧诗，这一点我接受。的确我在这方面缺少接触，可是马上拿些旧诗来读，却又觉得吸收不了什么。总的说来，我写的东西，自己觉得不够诗意。即传统的诗意很少，这在自己心中有时产生了怀疑。有时觉得抽象而枯燥。有时又觉得这正是我所要的：要排除传统的陈词滥调和模糊不清的浪漫诗意，给诗以 hard and clear front。[④]

因为在穆旦看来古典诗学已经与现代人复杂的生活经验不相适宜，“现代生活能否成为诗歌形象的来源？西洋诗在 20 世纪来一个大转变，就是使诗的形象现代生活化，这在中国诗里还是看不到的”[⑤]。

即使是在与公开诗坛渐渐远隔的情况下，穆旦仍坚持可贵的诗歌观念，在穆旦看来，从文体上讲诗是不同于散文的，诗“实在和写散文不一样，要把普通的事奇奇怪怪地说出来，没有一点‘奇’才是办不到的。我说你可以写就是这个意思，因为把诗仅仅写成分行散文，无论如何是没有味道的”[⑥]。正是因为当代新诗写作忽视了新诗的本性并使诗沦为分行的政论文和阶级斗争口号，所以穆旦对当代诗坛相当失望。“听说何其芳等老诗人都有作品发表了，我没

---

① 《1977 年 2 月 4 日给杜运燮的信》，《穆旦诗文集》第 2 卷，人民文学出版社 2006 年版，第 149—150 页。

② 《1975 年 9 月 2 日给郭保卫的信》，同上书，第 183 页。

③ 《1977 年 2 月 4 日给杜运燮的信》，同上书，第 150 页。

④ 《1976 年给杜运燮、王春旭的信》，同上书，第 145 页。

⑤ 《1975 年 9 月 6 日给郭保卫的信》，同上书，第 183 页。

⑥ 《1975 年 8 月 22 日给郭保卫的信》，同上书，第 181 页。

有看到，反正多半老一套吧。现在时兴的，还是小靳庄之类的诗，如果能改变成三四十年代的新诗，那就很不易了，标语口号一时不易（也许永远得存在）。”①

穆旦认为从诗与现实的关系来看，当代新诗不仅没能有力而深刻地揭示现实生活，相反倒是因为一元的、狭隘的诗歌观念的限制和主流诗学的规训而遮蔽了现实并留下诸多缺憾和“空白”。

> 谈到文学写作，过去的文学题材内容既窄而又不符合许多现实现象。因此留下生活上的一大片空白没有得到反映。这是我感到值得注意的。平平常常的人，每日看到周围一些人，他们想的是什么？他们的问题和忧喜是什么？写出这些来变得非常需要了，因为太缺乏了。还有，从什么角度看一切现象？仅仅使用一个角度，放弃了其他许多角度，这也留下空白。②

值得注意的是，文学与政治的关系一直就是禁忌的话题，即使提到这个话题也是认为文学要为政治服务，而有意味的是穆旦在写给郭保卫的信中引用了鲁迅在 1927 年所写的谈论文艺与政治关系的文章《文艺与政治的歧途》，借鲁迅之口对歌颂文学和革命文学进行了反思。

为什么穆旦在“文革”后期仍在坚持秘密写作？穆旦的书信提供了答案。在写给杜运燮的信中穆旦提到“写诗恐怕更是如此。可能是一焚了之，又何必绞脑汁？但活着本身就是白费力气，最后白白回到泥土了事。所以明知其为傻事而还可以兴致勃勃。”③穆旦在生命的暮年爆发出熠熠的诗歌光辉来照亮最后的黑暗，而穆旦在“文革”后期如此集中地写下大量的诗作也能说明穆旦对当时的政治环境是相当敏感也是怀有相当清醒的认识的。穆旦在“文革”刚刚结束的时候对新时代的诗坛还是充满了乐观的期望的，他还是希望自己的诗作能够发表的。尽管穆旦仍对政治的发展心存疑虑，但这对于沉寂 20 年的诗人来说肯定是长期郁积内心的夙愿。

---

① 《1977 年 1 月 3 日给郭保卫的信》，《穆旦诗文体》第 2 卷，第 223 页。
② 《1976 年 10 月 16 日写给郭保卫的信》，同上书，第 209 页。
③ 《1977 年 2 月 4 日给杜运燮的信》，同上书，人民文学出版社 2006 年版，第 150 页。

今天忽动诗思，写了一首“退稿信”，是由于看到对“创业”的批示而有感。想到今后对百花齐放也许开放一些了吧。前十多天，在听到“大批判组”的垮台后，写了一首“黑笔杆颂”，这两首看来是可以发表的，但我自己已无意发表东西，想把它们送给你，由你去修改和处理，如果愿送诗刊，（我想是可以送诗刊）那就更好，那就是你的东西，由你出名字，绝不要提我。①

不久，穆旦在写给郭保卫的信中再次提到了《退稿信》和《黑笔杆颂》是否发表的问题。“你看情况吧，如把握不定，等些时再寄也好。像‘退稿信’，现在也许太早，等一等看，杂志上提倡百花时，再拿出也不晚。凡有点新鲜意见的东西，都会惹麻烦，人家都不太喜欢的。”②根据穆旦 1976 年 12 月 2 日写给郭保卫的信中可以知道郭保卫将《退稿信》和《黑笔杆颂》投寄给了杂志社，但是这两首诗并没能发表，可见像穆旦这两首充满了批判色彩和良知的诗作在文革刚刚结束的语境中还是属于不被接受的“另类”或“异端”。

通过考察穆旦 1959 年至 1977 年的日记，我们会发现穆旦在对知识分子的改造运动中也不得不时时检讨自己、批判自己。在 1959 年日记的开头穆旦即明确说明写作日记的主要内容和目的就是表现自己“思想斗争的过程，反省到的自身错误，自勉的决心及计画”③。这位现在看来深受奥登等西方现代主义诗人影响的诗人也不得不在主流诗学的规训面前放弃了写作，值得注意的是穆旦在 1969 年 1 月 8 日的日记中抄录了 13 首毛泽东诗词④。

从 1970 年 2 月开始，穆旦的日记已经不像此前的日记而变得相当俭省，基本是每天只写短短的一句话就匆匆收笔。而在这些相当繁琐的日常叙述中，有意味的是穆旦在日记中提到最多的内容就是收到了谁的来信并复信。在写作被限制并基本上失去了文学自由的时代，通信成了穆旦最为特殊的对

① 《1976 年 11 月 10 日写给郭保卫的信》，《穆旦诗文集》第 2 卷，第 215 页。

② 《1976 年 11 月 22 日写给郭保卫的信》，同上书，第 218 页。

③ 《日记手稿(1)》，同上书，第 255 页。

④ 穆旦抄录的毛泽东诗词是：《沁园春·雪》、《沁园春·长沙》、《菩萨蛮·黄鹤楼》、《七律·和柳亚子》、《浪淘沙·北戴河》、《七律·到韶山》、《七绝》、《卜算子·咏梅》、《七律·和郭沫若》、《西江月·井冈山》、《忆秦娥·娄山关》、《清平乐·会昌》、《七律·冬云》等。

话方式，也许正是在与家属、亲戚尤其是与诗友的通信中使穆旦的文学冲动不至于泯灭并在文革的后期爆发出写作的高潮。在穆旦的通信中，他基本上不和家人、亲戚谈论新诗和文艺，而与其在文学上通信最多的就是杜运燮、郭保卫和萧珊。而在这些与文学和新诗相关的通信中，穆旦在特殊年代所写下的诗作通过这种不无特殊的方式得以存留下来，这也呈现了特殊时代的新诗的传播方式。穆旦在给好友杜运燮、郭保卫、江瑞熙、董言声等人的信中抄录的诗有《冬》、《秋》、《友谊》、《苍蝇》、《还原作用》、《老年》①、《演出》、《退稿信》、《黑笔杆颂》等。此外穆旦还给诗友们抄录(译)了《两人的结婚》(路易士)、《葡萄》(普希金)、《暗藏的法律》(奥登)、《太亲热，太含糊了》(奥登)等诗。需要强调的是穆旦在 1976 年 12 月 29 日写给杜运燮的信中提到了郭小川的《囚人之歌》。穆旦说："郭小川咱们和他见过，你记得吧？他在 73 年写过一首纪念主席横渡长江的诗，被内部通报为'大毒草'，大概又下放回干校了。这是四人帮乱扣帽子乱害人。他最近逝世是因为高兴多喝了酒，引起火，听说是如此。你看到他的诗'囚人之歌'吗？我只听说而未见。"②而翻遍广西师范大学出版社 2000 年出版的《郭小川全集》没有穆旦所提到的这首《囚人之歌》，这可能是《秋之歌》之误。

应该说，《穆旦诗全集》和《穆旦诗文集》的出版对于推动穆旦研究是相当重要的，而通过考察《穆旦诗全集》和《穆旦诗文集》中一些史料的增补和变动不仅约略看出穆旦诗文的改动情况，而且在他留下的日记、书信和诗作中，特殊年代的诗人心态、新诗观念和新诗传播方式都为考察建国后的诗人写作提供了崭新而宽远的视域。

(作者单位：北京教育学院中文系)

① 该诗在《诗刊》1994 年第 2 期刊出时名为《老年的梦呓》，此后的相关诗集、诗选都采用了《老年的梦呓》这个名称。

② 《1976 年 12 月 29 日给杜运燮的信》，《穆旦诗文集》第 2 卷，人民文学出版社 2006 年版，第 148 页。

“两间”之思:鲁迅诗学旨趣漫议

孟 泽

[摘要] “两间”一词,在鲁迅的早期文章中多次出现。本文把它作为理解鲁迅精神的一个钥匙,通过鲁迅徘徊于“两间”的精神与行动选择,考察鲁迅的诗学旨趣,认为鲁迅以“两间”为依托的精神世界以及他的诗学的真正旨趣所在。

[关键词] 两间 狂人 摩罗 文 真 俗 欧穆亚

鲁迅早期文献中,“两间”一词,不止一见:“摩罗诗人”“不为顺世和乐之音,动吭一呼,闻者兴起,争天抗俗,而精神复深感后世人心,绵延至于无已。虽未生以前,解脱而后,或以其声为不足听;若其生活两间,居天然之掌握,辗转而未得脱者,则使之闻之,固声之最雄杰伟美者矣。”“文章之于人生,其为用决不次于衣食,宫室,宗教,道德。盖缘人在两间,必有时自觉以勤劬,有时丧我而惝恍,时必致力于善生,时必并忘其善生之事而入于醇乐,时或活动于现实之区,时或神驰于理想之域;苟致力于其偏,是谓之不具足。严冬永留,春气不存,生其躯壳,死其精魂,其人虽生,而人生之道失。文章不用之用,其在斯乎?”[①]“为自由张其元气,颠仆压制,去诸两间,凡有危邦,咸与扶掖,先起友国,次及其他,令人世间,自由具足。”[②]“两间”最著名的表述自然是他 1933 年作的《彷徨》题诗:“寂寞新文苑,平安旧战场。两间余一卒,荷戟尚(独)彷徨。”[③]

---

① 《鲁迅全集》卷 1,人民文学出版社 1981 年版,第 66、71 页。

② 《鲁迅全集》卷 8,第 34 页。

③ 见《鲁迅诗集》,人民文学出版社 2001 年版。《鲁迅全集》卷 7,第 150 页。倪墨炎释“两间”为“敌人和革命战线之间”,真是心裁别出,匪夷所思,见《鲁迅旧诗探解》,上海书店出版社 2002 年版,第 205 页。

“两间余一卒，荷戟独彷徨”，这是鲁迅越来越痛切悲凉的自我感受，也是他所甘于领受的“自我赋形”。“两间”者，充满了是非、困扰、残忍与琐碎压迫的“人间”是也。1936 年 2 月鲁迅《致曹靖华》信中提到自己想要编辑的创作集，除关于小说的学术撰述名为“说林偶得”外，其余全部小说、散文、杂文，以“人海杂言”“荆天从笔”命名①，所谓“人海”“荆天”，其实同样可以看做是鲁迅心目中“两间”的别名。既然“人在两间”，就只能以“两间”来范围“人”的思想，来设计“人”的作为。在这里，鲁迅的“两间”之思，不是个人置身于天地间的哲学领悟，更无关于往来天地、比肩造化、“玄对自然”的自我安顿，而是他逐渐失望于过去的不可托身，同时并不草率冀望于渺茫的未来，只有此时此地可以立脚，也只能在此生此世“立言”“立论”的自觉与自决。

同时，“两间”作为一种无可逃逸的“籍贯”与“身份”，在鲁迅的思想深处，又无法不是纠缠于人我之间永无终结、究诘于过去未来之际难以泊停的伦理的进化的“中间”“中间物”的某种象征：“人多是‘生命之川’之中的一滴，承着过去，向着未来，倘不是真的特出到异乎寻常的，都不免并含着向前和反顾。”②即于此，“两间”与“两间”之外终不免含着龃龉和悖论，鲁迅的诗学选择与实践，则未尝不是建立在有关这种“龃龉和悖论”的纠缠与清理之上，并以“两间”情怀超越了这种“龃龉和悖论”可能导致的任何自我立场的暧昧与“宽容”，任何自我作为的妥协与迁就。他以“生命的亲证”，最终否定了一切不以“两间”为指归的审美取向，不论是高蹈自诩的，还是浅薄自慰的，不论是自我神化的，还是自我矮化的。

一 “文章误我”

鲁迅早年有一方篆刻印章“文章误我”，又自号“戎马书生”，表达的虽然是

① 《鲁迅全集》卷 13，第 305 页。王得后编：《鲁迅自传》，江苏文艺出版社 1997 年版，第 418 页。

② 《〈十二个〉后记》，《鲁迅全集》卷 7，第 300 页。

"拏云"的"少年心事",但1898年由绍兴至南京,"走异路,逃异地,去寻求别样的人们",习"格致,算学,地理",医学,"将灵魂卖给鬼子"[①],鲁迅为自己设计的人生之路是直接参与现实,参与维新革命,所以述"斯巴达之魂",期待"掷笔而起者"[②],"同革命的亡命之徒混在一起并自认'土匪'"[③]。日后在文章中也屡屡言及,当年多少有着"易水萧萧"之感,"我一生的失计,即在向来不为自己生活打算,一切听人安排,因为那时豫料是活不久的"[④]。

1925年6月16日,鲁迅在《坟·杂记》中谈道:"有人说G. Byron的诗多为青年所爱读,我觉得这话有几分真。就自己而论,也还记得怎样读了他的诗而心神俱旺,尤其是看见他那花布裹头,去助希腊独立时候的肖像","时当清的末年,在一部分青年心中,革命思潮正盛,凡有叫喊复仇和反抗的,便容易惹起感应。那时我所记得的人,还有波兰的复仇诗人Adam Mickiewicz,匈牙利的爱国诗人Petofi Sándor。……有一部分人,则专意搜集明末遗民的著作,满人残暴的记录,钻在东京或其他的图书馆里,抄写出来,印了,输入中国,希望使忘却的旧恨复活,助革命成功。于是《扬州十日记》,《嘉定屠城记略》,《朱舜水集》,《张苍水集》都翻印了,还有《黄萧养回头》及其他单篇的汇集,我现在已经举不出那些名目来。别有一部分人,则改名'扑满''打清'之类,算是英雄。这些大号,自然和实际的革命不甚相关,但也可见那时对于光复的渴望之心,是怎样的旺盛。"[⑤]

1905年在仙台往东京途中,鲁迅曾专程去参观朱舜水的遗迹。[⑥] 正如他的老师章太炎同吴稚晖论争"苏报案"事,曾述及自己入狱的动机说"胡逆挑衅,兴此大狱,盗憎主人,固亦其所。吾辈书生,未有寸刃尺匕足与抗衡,相延入狱,志在流血,性分所定,上可以质皇天后土,下可以对四万万人矣"[⑦],全然

---

① 《〈呐喊〉自序》,《鲁迅全集》卷1,第270—271页。

② 《鲁迅全集》卷7,第374页。

③ 李书磊:《一九三五年一月的鲁迅》,见《二十一世纪:鲁迅与我们》,人民文学出版社2001年版,第187页。

④ 《两地书》之八十三,《鲁迅全集》卷11,第221页。

⑤ 《鲁迅全集》卷1,第220—221页。

⑥ 见《鲁迅年谱》,人民文学出版社2000年版,第164页。

⑦ 章太炎:《复吴敬恒》,《章太炎书信集》,河北人民出版社2003年版。

是一种自我牺牲的行动者的表白，鲁迅虽然早就意识到自己“决不是一个振臂一呼应者云集的英雄”[①]，自谓因为“不能”所以并“不豫备自杀”[②]，“常常想到自杀，也常想杀人，然而都不实行，我大约不是一个勇士”[③]，也不想成为“牺牲”[④]，但“志在流血”、以身许国、“杀身成仁”的刚烈勇毅之气，“野蛮”体魄、敏于实行的作风，无疑洗礼过鲁迅早年的精神世界，这其中甚至有着某种尚武任侠、“悔儒冠”的士人影子[⑤]。

无论人们如何看待和评价鲁迅晚年杂文写作所体现的“投枪、匕首”的面目与诉求，事实上，“荷戟”“战士”的情怀构成了鲁迅人格以及他绝大部分文字的底色，只是“见过辛亥革命，见过二次革命，见过袁世凯称帝，张勋复辟，看来看去，就看得怀疑起来，于是失望，颓唐得很了”，以至于对于五四的所谓“文学革命”，也“其实并没有怎样的热情”[⑥]。

“革命”的“经历”，使鲁迅重新定位了自己的姿态和作为，但“精神界之战士”的命名，早就昭示了他倾向于行动者的思想动机。即使在以“改变他们的精神”的“文艺”[⑦]作为自己志业后，他依然确信“改革最快的还是火与剑”[⑧]，“第一要图，还在充足实力，此外各种言动，只能稍作辅佐而已”[⑨]，依然以“倘有敌人，我们就早该抽刃而起，要求‘以血偿血’了”[⑩]相期许。“五四”以后，当知识者独立的批判精神逐渐消失或萎缩在体制化的利益阵营与“高尚”生活中时，鲁迅对于现实有一种越来越激烈的关注，同时充满了无力感。

“不独英雄式的名号而已，便是悲壮淋漓的诗文，也不过是纸片上的东西，于后来的武昌起义怕没有什么大关系。倘说影响，则别的千言万语，大概都抵

---

① 《〈呐喊〉自序》，《鲁迅全集》卷 1，第 417—418 页。

② 《且介亭杂文二集·论人言可畏》，《鲁迅全集》卷 6，第 329—330 页。

③ 《鲁迅全集》卷 11，第 431 页。

④ 《坟·题记》言及“遭笔祸”“为烈士”，见《鲁迅全集》卷 1，第 4 页。

⑤ 参见陈平原：《中国现代学术之建立》第七章《晚清志士的游侠心态》，北京大学出版社 1998 年版。

⑥ 《〈自选集〉自序》，《鲁迅全集》卷 4，第 455 页。

⑦ 《〈呐喊〉自序》，《鲁迅全集》卷 1，第 270—271 页。

⑧ 《鲁迅全集》卷 11，第 39 页。

⑨ 同上书，第 46 页。

⑩ 同上书，卷 3，第 90 页。

不过浅近直截的‘革命军马前卒邹容’所做的《革命军》。”[①]“讲话和写文章，似乎都是失败者的征象。正在和命运恶战的人，顾不到这些，真有实力的胜利者也多不做声。譬如鹰攫兔子，喊叫的是兔子不是鹰；猫捕老鼠，啼呼的是老鼠不是猫；鹞子捉家雀，啾啾的是家雀不是鹞子。又好像楚霸王救赵破汉，追奔逐北的时候，他并不说什么；等到摆出诗人面孔，饮酒唱歌，那已经是兵败势穷，死日临头了。”[②]“掉弄笔墨的，从实行者看来，究竟还是闲人之业。”[③]“我们从来没有见过候补的饿殍在沟壑边吟哦；鞭扑底下的囚徒所发出来的不过是直声的叫喊，决不会用一篇妃红俪白的骈体文来诉痛苦的。正当苦痛，即说不出苦痛来，佛说极苦地狱中的鬼魂，也反而并不叫唤！”[④]

此种对于“文”的“轻视”，显示出鲁迅对“文”作为一种社会诉求的有效性、可靠性乃至真实性的怀疑。在以求生存为唯一目标、以效用为排他性原则（效用的讲求又以立竿见影式的速效为最有说服力）的语境中，面对生存的严酷与紧迫，很容易成长出功利主义的文化标准和态度。此种标准和态度，同时强化“文”相对于“质”“实”的生存现实的轻薄与空虚，相对于行动的软弱与苍白。经世与文章无关，甚至文章有碍于经世的悖论命题，便生长在这样的观念预设之下，这正是儒家诗学所常常要遭遇的困境。它作为一种普遍的矛盾的动机，也隐晦地烙印在鲁迅对于“文学”的态度上，潜在地规定着鲁迅的诗学。[⑤]

置身“两间”的严酷惨烈的生存选择，首先甚至是行为主义取向的，行动者需要或者自以为需要放下审美的和精神性的羁绊。某些被视为具有重大抉择性、决定性的事件与时代背景，可以更加彰显行动主义诉求的正当性，与此同时，往往带来知识者的自我清算。[⑥] 1927 年，在《关于知识阶级——十月二十五日在上海劳动大学讲》中，鲁迅说“革命时代是注重实行的，动的；思想还在

---

① 《坟 · 杂忆》，《鲁迅全集》卷 1，第 221 页。

② 《鲁迅全集》卷 8，第 133 页，卷 3 第 22 页也出现过这一表述。

③ 《叶永蓁作〈小小十年〉小引》，《鲁迅全集》卷 4，第 147 页。

④ 《华盖集》，《鲁迅全集》卷 3，第 68 页。

⑤ 参见拙著《两歧的诗学》第三章《审美的倾斜与审美的异化：王国维鲁迅诗学的困境》第三节《“人为美而存在”或者“美为人而存在”》，湖南人民出版社 2006 年版。

⑥ 谭嗣同在《莽苍苍斋诗补遗自叙》中说“天发杀机，龙蛇起陆，犹不自惩，而为此无用之呻吟，抑何靡与？”见《谭嗣同全集》，中华书局 1981 年版，第 81 页。

其次,直白地说:或者倒有害。至少我个人的意见如此的”,“知识阶级对于别人的行动,往往以为这样也不好,那样也不好”,“知识和强有力是冲突的,不能并立的;强有力不许人民有自由思想,因为这能使能力分散,在动物界有很显的例”,“总之,思想一自由,能力要减少,民族就站不住,他的自身也站不住了!现在思想自由和生存还有冲突,这是知识阶级本身的缺点。”[①]此处的“知识”“思想”不是某一种具体的“知识”“思想”,而是从人类进化的视角打量到的“知识”“思想”,相当于“思虑”“精神”“情感”——它们是“动物原则”下的“生存的累赘”。[②] 在基于生存需要的集体的行动策略中,被质疑和边缘化的是“思想自由”以及“知识阶级本身”。“思想”、“自由”和“知识”并不存在一种绝对的意义和价值,其价值和意义是寄生于特定的“行动”,由“行动”来决定与取舍。因此,罗素、罗曼·罗兰、托尔斯泰之类的反战、人道、宗教思想,在这里也是“行”不通的[③]。

鲁迅所揭橥的此种“思想”与“行动”的有条件的对立,无疑内含着极大的真理性。但是,如果脱离其特殊所指而泛化成为一种普遍的指导原则和解释原理,特别是以此施之于社会进步的具体规划,却极有可能构成对“思想”、“自由”和“知识”的无条件的剥夺。在所谓“行动的大诗”的书写中,难免落入思想肃杀,精神荒芜,人道堕为兽道的荒诞局面。

同样出于强调行动与行动力的逻辑,鲁迅并不讳言“强力”与“蛮性”,肯定素朴和初生。文明的反思,常常延伸到原初,鲁迅《摩罗诗力说》曰:“古民神

---

① 《鲁迅全集》卷 8,第 188 页。

② 李长之说,鲁迅“似乎也憎恶那把人弄柔弱了的知识”,“他憎恶知识,则可以不致落了文绉绉的老套,又被牵入旧圈子里去”。见《鲁迅批判》,北京出版社 2002 年版,第 161 页。

③ 见《鲁迅全集》卷 8,第 190 页。又,王国维 1907 年作《托尔斯泰传》曰“托尔斯泰者,非俄国之人物,而世界之人物也;非一时之豪杰,而千古不朽之豪杰也。以之为文学家,则惟琐斯披亚、唐旦、格代等可与颉颃。以之为宗教家,则惟路得可与肩伍。”“托著《何为艺术》一篇,至诋戏曲小说等为恶魔”,“所著《何为艺术》之中,谓粗浅之俚谣优于高尚之歌曲。然至近日,则并歌谣二者而斥之为愚。就中如军歌,尤易助长人间之罪恶,其性与酒同”。此种晚年托尔斯泰的文学“主义”,在中国传统文化中可以找到共鸣,尽管“中庸之道”常常可以对过于激进的主张作某种挽回。对文明与文化过于苛刻的审视,最终容易走向文明文化的取消,清洁精神变成拒绝精神,对于生命的简化,可以导向另一种专制,特别是以之作为普遍的社会实践的时候。

思，接天然之秘宫，冥契万有，与之灵会，道其能道，爰为诗歌”，又谓“尼采不恶野人，谓中有新力，言亦嶲嶲不可移。盖文明之朕，固孕于蛮荒……文明如华，蛮野如蕾，文明如实，蛮野如华”[①]，“朴素之民，厥心纯白”[②]。《摩罗诗力说》以后的表述更加直接：“便在中国，只要心思纯白，未曾经过‘圣人之徒’作践的人，也都自然而然的能发现”“没有读过‘圣贤书’的人，还能将这天性在名教的斧钺底下，时时流露，时时萌蘖；这便是中国人虽然凋落萎缩，却未灭绝的原因。”[③]“有人论中国说，倘使没有带着新鲜的血液的野蛮的侵入，真不知自身会腐败到如何！这当然是极刻毒的恶谑，但我们一翻历史，怕不免要有汗流浃背的时候罢。”[④]

“蛮野”意味着生机和力量，意味着“人”“文”的一致。人文初始的时代是野蛮强力的时代，也是诗的时代，是诗原，是生命的元气原声之所在。鲁迅强调原始活力，强调人文中的蛮性，对“陈、熟、老、旧”充满警觉，对古典文化及其诗学中标榜的“老苍之境”、“古雅之言”、神韵、趣味很少有所认同。在《〈静静的顿河〉后记》中说：“风物既殊，人情复异，写法又明朗简洁，绝无旧文人描头画角，宛转抑扬的恶习，华斯珂普所说的‘充满着原始力的新文学’的大概，已灼然可以窥见。”[⑤]鲁迅“拒绝”感激，“防范”爱与“慰安”，他说“善于感激，是于自己有害的，使自己不能高飞远走。我的百无所成，就是受了这癖气的害”，“感激，那不待言，无论从那一方面说起来，大概总算是美德罢。但我总觉得这是束缚人的。譬如，我有时很想冒险，破坏，几乎忍不住，而我有一个母亲，还

① 《鲁迅全集》卷1，第63—64页。

② 《破恶声论》，《鲁迅全集》卷8，第30页。

③ 《我们现在怎样做父亲》，《鲁迅全集》卷1，第135页。

④ 《鲁迅全集》卷1，第192—193页。

⑤ 《鲁迅全集》卷7，第361页。王国维在1904年作《尼采氏之教育观》中说，尼采所谓“返诸自然一语，与谓返诸强健，快活，少壮，德义者命意正同。又言苟今日人类之内部尚有原始的活力，未至为旧文化所驯染，所澌灭，而尚留自然的状态之痕迹，则必也，新文化以是为发轫之始矣。”浦江清《王静安先生之文学批评》言及王国维在清华研究院一再称扬《元秘史》的文学价值，且谓“野蛮民族有真正之文学”，见陈鸿祥：《人间词话人间词注评》，江苏古籍出版社2002年版，第71页。又，《人间词话》中王国维以“自然之眼”、“自然之舌”、“初入中原，未染汉人风气”说明纳兰词之所以是“北宋以来，一人而已”。上述感想与鲁迅的思路非常接近。

有些爱我,愿我平安,我因为感激他的爱,只能不照自己所愿意做的做,而在北京寻一点糊口的小生计,度灰色的生涯。因为感激别人,就不能不慰安别人,也往往牺牲了自己,——至少是一部分。""我以为绝望而反抗者难,比因希望而战斗者更勇猛,更悲壮。但这种反抗,每容易蹉跌在'爱'——感激也在内——里"①,类似的表述似乎都在诉求一种刚健的更具有行动力量的人性与作为,而不屑于"人性的、太人性的"伦理与情感。

在此种观念之下,"作文"更显得是属于所谓"阴性气质"范围内的"阴性行为",正像"文弱"一词似乎表征了"文"与"弱"之间的某种对应关系。这多少导致了鲁迅对于自己之所作为的不信任感乃至无聊感,也加重了他对于喜欢他的作品的青年的两难态度,《写在〈坟〉后面》说:"我就怕我未熟的果实偏偏毒死了偏爱我的果实的人,而憎恨我的东西如所谓正人君子也者偏偏都矍铄,所以我说话常不免含胡,中止,心里想:对于偏爱我的读者的赠献,或者最好倒不如是一个'无所有'"②。

鲁迅的质疑与自我质疑是多方面、多层次的,不止因为他所置身的时代与文化语境复杂而且十足尴尬,同时也与他对于生命的悲剧性体验与省察有关。对于"文"的悖论式的态度与言说③,只是其中"冰山一角",而这一点,却构成了鲁迅全部诗学思想的某种前提和逻辑起点:"少看中国书,其结果不过不能作文而已。但现在的青年最要紧的是'行',不是'言'。只要是活人,不能作文算什么大不了的事。"④

二 "转俗成真,回真向俗"

鲁迅去世前,作《关于太炎先生二三事》、《因太炎先生而想起的二三事》,

① 《鲁迅全集》卷11,第440、442页。

② 《鲁迅全集》卷1,第284页。

③ 由此联系着鲁迅的言说方式,一种否定性的言说方式,从"对立"到"取消",在"否定"中建构。

④ 《青年必读书》,《鲁迅全集》卷3,第12页。巴金在文学创作上初具声名时一度声称要停笔,认为"做一个文人是件非常堕落的事"。

竟成绝笔。在生命的脉息仅存一线中追忆授学先师,对于鲁迅来说,更多的却不是一种情感的倾吐,而是对于“志行出处”“大节大义”的分辨。称章太炎为“有学问的革命家”,说自己早年追慕他是“神旺”于他所向披靡的斗争作风,而深惜于他革命之后退居为宁静的学者,“衣学术的华衮,粹然成为儒宗”,“自藏其锋芒”,“用自己所手造的墙,和时代隔绝”,不满于他在手定的《章氏丛书》中刊落“驳难攻讦,至于忿詈”的文字。[①] 但是,鲁迅并不以宵小之徒对于章氏的菲薄为然,“既离民众,渐入颓唐,后来的参与投壶,接收馈赠,遂每为论者所不满,但这也不过白圭之玷,并非晚节不终。考其生平,以大勋章作扇坠,临总统府之门,大垢袁世凯的包藏祸心者,并世无第二人;七次追捕,三入牢狱,而革命之志,终不屈挠者,并世亦无第二人:这才是先哲的精神,后生的楷模。”[②]

与此类似的,是鲁迅曾经对刘半农的批评与“回护”。鲁迅说“我爱十年前的半农,而憎恶他的近几年。这憎恶是朋友的憎恶,因为我希望他常是十年前的半农,他的为战士,即使‘浅’罢,却于中国更为有益。我原以愤火照出他的成绩,免使一群陷沙鬼将他先前的光荣和死尸一同拖入烂泥的深渊。”[③]

对章太炎革命家而非学问家身份的激赏,对于刘半农作为“战士”的认同,其实也暗示了鲁迅对于个人身份以及“志行出处”的自我安排。

鲁迅的一生,有几次曾经被人们指认为走向更加“进步”与“革命”的大的调整与转折,一方面指向“客体化”“具体化”的生命实践,一方面更逼近精神的极致和本真。权衡于“虚”“实”,纠缠于“独”“群”,婉转于“你”“它”[④],折中于事务性的作为与精神的召唤,考量生死当前与泽被永远,鲁迅的“功业”与创造,

---

① 《鲁迅全集》卷 6,第 547—549 页。

② 与鲁迅相对,周作人在《谢本师》中言及当年章太炎先生在东京“提倡国学,思假复古之事业,以寄革命之精神,其意甚可悲,亦复可感”。然而,对后期章氏行状,则目为“好作不太高明的政治活动”,“太轻学问而重经济”,“出书斋而赴朝市”,“不肯移了在上海发电报的功夫与心思来著书”。周氏兄弟对于章太炎晚年行状的不同理解,表明了二氏已然分途的人生态度:让鲁迅心仪的依然是面向社会与民众的“广场意识”与作为,周作人则在苦雨苦茶的怡情中苦心经营着自己的精神自由与旷达。此种分途的含义,值得专门申述。

③ 《忆刘半农君》,《鲁迅全集》卷 6,第 73 页。

④ 按照宗教哲学家马丁·布伯在《我与你》中对“你”“它”两种不同境界与世界的分辨,简单地说,“它”的世界是一个外在于自己的世界,“你”的世界则是一个与自我一体化了的世界。参见《我与你》之《译者前言》,陈维纲译,三联书店 1986 年版。

展开在“真”“俗”之间。

在某种意义上，“真”意味着鲁迅体验空虚与绝望，彻悟生命与世界，立终点为“坟”①，解构“有聊”的“意义”，认“惟黑暗与虚无乃是实有”②，更有类似《野草・墓碣文》中表达的，向“本真”存在的攀引和诘难，所谓“有一游魂，化为长蛇，口有毒牙。不以啮人，自啮其身，终以殒颠。”“抉心自食，欲知本味。创痛酷烈，本味何能知？”“痛定之后，徐徐食之。然其心已陈旧，本味又何由知？”“俗”意味着鲁迅投身“两间”的事务，并且施展自身有限的作为。可以把“真”理解为鲁迅纯粹思想与审美的创造；“俗”则指向对于时世、对人生的干预，包括通过“文学”的干预。出入“文学”，正是婉转“真”“俗”之间的题中应有之义，其情节用章太炎描述平生学术的话说，就是“始则转俗成真，终乃回真向俗”③。只是对于鲁迅来说，“真”“俗”并非截然两歧，向“真”的体认同时是向“俗”的逼近，存在的深入伴随着对眼前世界的深入和担当。

1906年，鲁迅放下持续近两年的学医，决然从事于可以改变“愚弱的国民”的精神的文艺运动。④ 但是，求索“精神界之战士”、翻译“域外小说”而毫无反响，筹办《新生》流产后更“感到未尝经验的无聊”，以至感叹“叫喊于生人中，而生人并无反应，既非赞同，也不反对，如置身毫无边际的荒原，无可措手的了”。此时，正是“辛亥革命”的前夜。很快，武昌事起，民国告成，在直接的社会实践与革命行动面前，“文学”不再重要，鲁迅也进入谋生处事的“实业”——作为教员与职员，在绍兴会馆抄“没有什么用”，也“没有什么意思”的古碑。⑤

但是，相对的沉默并不表明鲁迅内心世界的空白，相反，这可能是鲁迅精神感应最剧烈的时候。直到“五四”前，鲁迅感觉到文学启蒙可以重新开始，也许还必须开始。革命远未达成理想的结果，那几个“先前是怎样地使我激昂”

---

① 《鲁迅全集》卷1，第284页。

② 《两地书》四，《鲁迅全集》卷11，第20页。

③ 章太炎：《菿汉微言结语》，《中国现代学术经典・章太炎卷》，河北教育出版社1996年版，第641页。

④ 《〈呐喊〉自序》，《鲁迅全集》卷1，第417页。

⑤ 同上书，第417—418页。

的“摩罗诗人”的形象“竟又时时在我的眼前出现”。鲁迅参与《新青年》阵营，表面看是别人劝导的结果，实际上毕竟是鲁迅内心思想和情感的驱策。“五四”的语境激发了他当年建立的确信，也使他的写作天分获得了恰逢其时、合乎其愿的释放。他并不是在“五四”以后才明确自己的文学观念的，而是通过“五四”实践了他当年的文学观念。如此，他又回到了当年弃医从文的亢奋与热情中。只是，这种热情已多了怀疑与自我质疑，行文也多了犹豫、反讽和近乎黑色幽默的怪诞。

张新颖说：“《狂人日记》的逆转，隐约透露出鲁迅思想变化的痕迹，这种变化也许就是在他十年沉默内发生的。‘超人’式的‘精神界之战士’，意味着从身在其中的世界中脱离出来，独自觉醒，然而，这是一种‘尚未经过将自身客体化的‘觉醒’’，处于脱离现实世界的状态，因而这个世界上也就没有了自己的位置，无从担负起变革现实世界的责任。因此需要获得再一次觉醒，回到社会中来。狂人的‘我也吃过人’的反省就是这样的第二次觉醒，获得了这样的‘有罪的自觉’，个人的主体位置就降落到现实的境遇中。”“《狂人日记》的逆转，标志了‘超人’的‘精神界战士’重返人间现实的再次自觉。”“一个多少带着浪漫色彩、处于脱离状态的主体，质变为一个‘对世界负有真正责任的主体’。”[①]

按照张新颖及其所引伊藤虎丸的描述，鲁迅觉醒的觉醒，也就是由一个空洞的英雄式的个人“主体”，这个主体是自我膨胀的、骄傲的、优越感的，过渡到一个具有自我批判性和自我反思性的“主体”。其实，与其说这是鲁迅思想境界与精神境界的一次提升，还不如说他是通过此种自我调整以获得一种生命的现实性和具体性。同样地，鲁迅最终几乎放弃了“文学”写作，而以更自由的写作方式和形式应对“精神围剿”、应对“内心的荒芜”，完成作为“启蒙者”与“革命者”的双重使命，与其说是出于觉悟和认识(对于现实社会状况及其可能)的提高，还不如说是生命的“客观化需要”——以拥有足够的现实感和具体感——所带来的并非完全自觉自为的改变。

鲁迅“转俗成真”“回真向俗”的生命历程，正是在此种转换中，获得了更加

① 张新颖：《20世纪上半期中国文学的现代意识》，三联书店2001年版，第78—79页。

具体明确的释义:“我的生命,至少是一部分的生命,已经耗费在写这些无聊的东西中,而我所获得的,乃是我自己的灵魂的荒凉和粗糙。但是我并不惧惮这些,也不想遮盖这些,而是实在有些爱他们了,因为这是我辗转而生活于风沙中的瘢痕。凡有自己也觉得在风沙中转辗而生活着的,会知道这意思。”[①]“但我也久没有做短篇小说了。现在的人民更加困苦,我的意思也和以前有些不同,又看见了新的文学的潮流,在这景况中,写新的不能,写旧的又不愿。中国的古书里有一个比喻,说:邯郸的步法是天下闻名的,有人去学,竟没有学好,但又已经忘却了自己原先的步法,于是只好爬回去了。我正爬着。但我想再学下去,站起来。”[②]所谓觉悟与自身境界的提升,鲁迅在这里已经表述得足够清楚,“辗转而生活于风沙中”,不惜“自己的灵魂的荒凉和粗糙”,通过生活的具体性(“俗”)获得生命的真实性。废名曾经迷惑于鲁迅的既作为个人主义者又勾连了大众,——“他是不相信群众的,结果却好像与群众为一伙,我有一位朋友曾经说,‘鲁迅他本来是一个 cynic,结果何以归入多数党呢?’”[③]其契机正在这里。

张新颖举鲁迅逝世前不久写的《“这也是生活”……》[④]为例,说明鲁迅在《呐喊》、《彷徨》之后的杂文写作,仍然是“出于一个主体对于现实世界的自由责任”:“这种交织着他人的毁誉、褒贬,消耗着自己的精血和心神的杂文,这种与平庸、繁琐、肮脏甚至是令人愤怒、厌恶、绝望的现实血肉粘连的杂文,写作它的最根本的内在动因……都是出于一个主体对于现实世界的自由责任。对于现实的自由责任,是构成这个主体的核心因素,处在主体的内部,对于主体来说,它不是来自外部的动力。”[⑤]

鲁迅选择的动机有着充分的内在性,这一点毫无疑义。但是,把“处在主体的内部”的“核心因素”诠释成“对于现实的自由责任”,则似乎仍然只强调了

---

① 《〈华盖集〉题记》,《鲁迅全集》卷 3,第 4—5 页。
② 1933 年《英译本〈短篇小说选集〉自序》,《鲁迅全集》卷 7,第 390 页。
③ 《废名文集》,东方出版社 2000 年版,第 120 页。
④ 《这也是生活》文中说 “外面的进行着的夜,无穷的远方,无数的人们,都和我有关”。见《鲁迅全集》卷 6,第 600—601 页。
⑤ 张新颖:《20 世纪上半期中国文学的现代意识》,第 82—83 页。

鲁迅作为文化“精英”的一面,而忽略了其主体性中偏向于个人意志的潜意识动机与心理动力。

事实上,源于生命意志和生存(精神上的)的“客观化需要”,往往是没有神学和宗教背景的知识者,获得生活实感和生命感性力量的重要的实现方式。鲁迅一步步陷入更深的“现实的具体人事的纠缠”(其实人事的纠缠是表面的,与时代的现实的精神纠缠才是更本质的),写作“与平庸、繁琐、肮脏甚至是令人愤怒、厌恶、绝望的现实血肉粘连的杂文”,以至“牺牲”了“完整的”文学写作和学术写作,几乎无意识的动机、动力、出发点显然是有关生命的自我安顿、自我平衡的,是生命自身的调整,带来了写作方式的调整,这种转变因此是必然的。在此基础之上,他的“自由责任”才获得成立,才具有基于个人的真实性和悲剧性。鲁迅是那样一个情感上不能作“自了汉”(他无法不让自己“感动”)、思想上怀抱天下(传统的天下意识,近代科学视野中人类观念与危窘的民族国家身份,共同支配着他的关怀)的人,他的自我调整,关涉着时代要求和历史使命。

但是,对于鲁迅来说,这不是一种空洞的时代要求和历史使命,而是渗透着他的生命动机的要求和使命。一种与外部世界的言说和“对话”的方式,本质上就是一种自诉的方式。“摩罗诗力”时代以后,鲁迅与外部世界的言说与“对话”,就不再是一件“舒服”、“愉快”的事,可以径情直遂地抒情和表达,而变得艰难曲折。不仅因为鲁迅更多质疑与自我质疑,而且因为鲁迅所面对的世界越来越见得生态参差、利益分殊、言人人非。

郭沫若曾说:“王国维喜欢德国浪漫派的哲学与文学”,“鲁迅的早年译著都浓厚地带着浪漫派的风味”,“王国维停留在旧写实主义的阶段上”“成了苦闷的俘虏。鲁迅则从此浸浸日进了”,“解脱了一切旧时代的桎梏,而认定了为人民服务的神圣任务。他扫荡了敌人,也扫荡了苦闷”。[1] 这种表述,虽然具有十足的时代特色和意识形态味道,但在鲁迅作为个体生命通过选择出离“苦闷”这一点上,却无疑是真实的。需要指出的是,王国维由“文”入“学”、“反经

① 郭沫若:《鲁迅与王国维》,《宋元戏曲史》附录,上海古籍出版社 1998 版。

信古”、“文化托命”，同样是规避形而上的热情和苦闷，回避自我的分裂，但“主困臣辱”，知其不可为而为之，王国维“带辫遗老”的身份似乎并不能完全缓解他的苦闷。

李欧梵对于鲁迅有与郭沫若意见相仿的看法：“鲁迅最后对政治的左倾是众所周知的。在他晚年所写的一册又一册的杂文中，我们知道他顺利地将自己早期的沮丧中释放出来。1926年之后，也就是他‘彷徨’时期结束之后，他理会了，在他那无边际且荒凉的灵魂中寻求意义的痛苦探索（生动地描写于《野草》中），不过是一个毫无意义的自我折磨。因此，他引了匈牙利诗人裴多菲的话‘绝望之为虚妄，正与希望相同。’”“五四作家的政治化只是他们早期对社会改革的意见的延伸。”[①]在进一步谈到五四作家对于个体、个人的有限省思时，李欧梵说：“这个内向性的旅程并没能在最终将这群作家带领到存在主义式的绝望或艺术上的超越现实。同时他们也未能达到如魏晋时期的新道家人士那种哲学性或艺术性的超越境界。对中国现代作家而言，他们最终的依据依旧是他们那个时代的历史现实。”[②]确实，当这种“历史现实”最终被定格之后，“个人主义”无论在政治还是在艺术上，都成了一个只剩下负面性释义的名词了，而类似鲁迅《野草》中的某种存在主义式的体验[③]，或者被视为个人迈入更高境界之前的苦闷，有待自肃和超越，或者干脆被划入精神的与思想的“异端”，需要批判和否定，而鲁迅本人，则多少令人“失望”地交代了他写作其中每一篇的直接动机与具体指对。

“内向性”的生命体验与自我澄清（用他自己的话说就是“解剖”）是构成鲁迅存在境界与精神深度的重要依据。他不止应答了“历史现实”，也应答了生命的内在困境。“艺术工作者永远是站在世界的边缘，他的身后是巨大无边的空虚，他要抵挡扑面而来的世俗，又要避免跌入虚空而消失。当他抵挡世俗的入侵时，他追求那种纯净的虚无；当他与虚无感搏斗时，世俗又成了他的寄

---

① 李欧梵：《中国现代文学与现代性十讲》，复旦大学出版社2002年版，第39页。

② 同上书，第45页。

③ 鲁迅本人并不如此深奥地解释《野草》中的篇章，他自述那些被当代学者读出存在主义意味的篇什都是有感而发，主题明确，有直接的现实针对性。

托”①，鲁迅辗转出入的“真”“俗”，与残雪所说“艺术工作者”面对的“空虚”与“世俗”，含义有相似之处。但不可大而化之的是，鲁迅对“真”的领悟以及对“俗”的践履，有着属于他个人的范围于“两间”的具体性，不是可以轻松服膺的空洞“教义”②，也不是可以简单附和和沿引的“方术”，更无与乎那种可以导致自我迁就、自我放任的“渺渺茫茫”的理论“自囚”与“自慰”。

《〈华盖集〉题记》说：“我知道伟大的人物能洞见三世，观照一切，历大苦恼，尝大欢喜，发大慈悲。但我又知道这必须深入山林，坐古树下，静观默想，得天眼通，离人间愈远遥，而知人间也愈深，愈广；于是凡有言说，也愈高，愈大；于是而为天人师。我幼时虽曾梦想飞空，但至今还在地上，救小创伤尚且来不及，那有余暇心开意豁，立论都公允妥洽，平正通达，像‘正人君子’一般；正如沾水小蜂，只在泥土上爬来爬去，万不敢比附洋楼中的通人，但也自有悲苦愤激，决非洋楼中的通人所能领会。”③“‘彼亦一是非，此亦一是非’，记住了来作危机之际的护身符，似乎也不失为漂亮。然而这是只可暂时口说，难以永远实行的。喜欢引用这种格言的人，那精神的相距之远，更甚于叭儿之于老聃，……就是庄生自己，不也在《天下篇》里，历举了别人的缺失，以他的‘无是非’轻了一切‘有所是非’的言行吗？要不然，一部庄子，只要‘今天天气哈哈哈……’七个字就写完了。”④

传统哲学所提供的“二元互动”的处世策略（在漫长历史的演绎应对中，不仅儒家与释道哲学之间形成了不同层面的互动互补的系统稳定性，儒、释、道哲学本身，也各自发展了自身的适应性以及相互之间的共生性品质），特别是其中以“自我收缩”达到“自我扩张”、以“自我消泯”实现“自我膨胀”、以“自我解构”获得“自我建构”（在认识论和审美的层面，显得更有意味）的老庄一翼，常常应用于激烈的社会生活中，用仿佛天聋地哑、无动于衷的姿态，获得自我平衡与自我保存，鲁迅对此一直没有太多好感，尤其不耐烦现实文化中那种

① 残雪：《为了报仇写小说》，湖南文艺出版社 2003 年版，第 91 页。
② 《再论雷峰塔的倒掉》中说“道大，无所不包故也”，《鲁迅全集》卷 1，第 192 页。
③ 《鲁迅全集》卷 3，第 3 页。
④ 《“文人相轻”》，《鲁迅全集》卷 6，第 298—299 页。

"借尸还魂"的机巧表演,尽管他对于老庄思想与文章的解读,有着堪称卓绝的学术识见。在《出关的"关"》中,鲁迅述及自己写作的《出关》说:"至于孔老相争,孔胜老败,却是我的意见:老,是尚柔的;'儒者,柔也',孔也尚柔,但孔以柔进取,而老却以柔退走。这关键,即在孔子为'知其不可为而为之'的事无大小,均不放松的实行者,老则是'无为而无不为'的一事不做,徒作大言的空谈家。要无所不为,就只好一无所为,因为一有所为,就有了界限,不能算是'无不为'了。我同意关尹子的嘲笑:他是连老婆也娶不成的。"①这种对于"无不为"而最终"一无所为"的警觉,正像他对于"一无所信"而结果只是方便了自己"无所不为"的批判,其实也是鲁迅的自我警戒。他洞察了一切所谓"无是非""无动机"常常是作为个人的是非与动机的匿名口实而已,或者是不可告人,或者是自我逃避。只要活着,就脱不出是非与动机,如同王国维意识到"解脱"或者自杀的意志也是一种意志,这从根本上阻断了他们在认识论上为自己留下自我妥协的余地。与王国维一样,在人格上鲁迅有所认同于孔子,他无意于让自己作成那种其实是自我逃避的"空心老大"②以自炫。

《叶永蓁〈小小十年〉小引》中说"志愿愈大,希望愈高,可以致力之处就愈少,可以自解之处也愈多"。这是鲁迅所洞察的。"旧的传统和新的思潮,纷纭于他的一身,爱和憎的纠缠,感情和理智的冲突,缠绵和决撒的迭代,欢欣和绝望的起伏。"③这正是鲁迅自身精神状态的写照。在此种状态中,鲁迅选择的是"明确的是非,热烈的好恶"④,"像热烈地主张着所是一样,热烈地攻击着所非,像热烈地拥抱着所爱一样,更热烈地拥抱着所憎"⑤。

对于通达与偏执,对于包容与苛刻,鲁迅的选择是明确的,他是宁可在具体中落入是非,也不想在空虚中保全完美正确,宁为狂狷,不为乡愿,尽管这种选择和有关表达,是带有"修辞性的",他当然希望获得一种既永恒又不失现实意义的立场与选择。但无法容忍"渺渺茫茫""和平、中正,吞吞吐吐""而无聊

① 《鲁迅全集》卷 6,第 521 页。
② 同上书,第 552 页。
③ 同上书,卷 4,第 146 页。
④ 《"文人相轻"》,《鲁迅全集》卷 6,第 299 页。
⑤ 《再论"文人相轻"》,《鲁迅全集》卷 6,第 336 页。

之状于是乎可掬”的东西[①]，“我对于佛教先有一种偏见，以为坚苦的小乘教倒是佛教，待到饮酒食肉的阔人富翁，只要吃一餐素，便可以称为居士，算作信徒，虽然美其名曰大乘，流播也更广远，然而这教却因为容易信奉，因为变得浮滑，或者竟等于零了”[②]，但现实偏偏是“渺渺茫茫”胜于是非分明，“释迦牟尼出世以后，割肉喂鹰，投身饲虎的是小乘，渺渺茫茫地说教的倒算是大乘，总是发达起来，我想，那机缘就在此”[③]。鲁迅痛疾于这种俯仰皆是的“机缘”。甚至，在大革命时期，他认为“血的游戏已经开头”，“倘再发那些四平八稳的‘救救孩子’似的议论，连我自己听去，也觉得空空洞洞了”。“人哪有遥管十余代以后的灰孙子时代的世界的闲情别致也哉？”[④]

这种取向，既是出于现实社会的考虑，也是鲁迅为了获得自身立场、思想、生活、生命的真实性与具体性的必由之路，既是对于传统思想中无是非主义生存策略的着意回避，是对左右逢源的功利主义文化伎俩的抵制，也对应了鲁迅认识上的“虚无”观，以及骨子里的怀疑倾向，所谓“绝望之为虚妄”，“彷徨于无地”。

越是内心痛苦、渺茫，他越不得不返回人世间的具体是非、具体的爱憎取舍中。这是使生命进入到确定（肯定或否定）状态的凭藉，也是热烈敏感的内心免于寂灭的一种选择。

一如鲁迅在《魏晋风度及文章与药及酒之关系》中说嵇康之流反礼教是因为太相信礼教[⑤]，鲁迅的满身“是非”，是因为其心性纯净、精神清洁，以至难以忍耐那种无端横逆的“是”“非”，只是鲁迅的选择似乎更主动。《两地书》中说“因为我常觉得惟‘黑暗与虚无’乃是‘实有’，却偏要向这些作绝望的抗战，所以很多着偏激的声音。”[⑥]“中国自民元以来，所谓文艺家，没有萎黄的，也没有受伤的，自然更没有消灭，也没有苦痛和愉悦之歌。这就是因为没有新的山崩

① 《鲁迅全集》卷3，第24页。
② 同上书，卷8，第163页。
③ 同上书，卷4，第146页。
④ 同上书，卷3，第454、456—457页。
⑤ 同上书，第513页。
⑥ 同上书，卷11，第20页。

地塌般的大波，也就是因为没有革命。"①

对于鲁迅来说，"挑战"、"反抗"、"革命"，既是他洞察历史与现实之后的反应，出于对时代的感受与认识，有着充分的理据和前提条件，也是一种生命逻辑的延伸，事关于他对于生命的信念：鲁迅对于诗歌"指归在动作，立意在反抗""善撄人心"的要求，不止是一种诗学策略，也是一种人生态度，"杀机之方，与有生偕；和平之名，等于无有"②，鲁迅承认或者说认识到，生物间的竞存原则，同样适用于观察人类，承认争斗是一种根本的生物性，也是根本的人性。他曾说"为安闲计，住北平是不坏的，但因为和南方不同了，所以几乎有'世外桃源'之感，我来此已十天，却毫不感到什么刺戟，略不小心，确有落伍之惧的。上海虽烦扰，但也别有生气。"③"冷冰冰阴森森的平安的古冢中，怎么会有生人气？"④。

而且，"中间物"观念，也使鲁迅超越循环论的生命观和历史观，以"中间物"作为自我承担与自我安排的依据，不惧怕被历史翻过去，屡屡申言自己与自己的言论的消失是"进化"的必然篇章⑤，以至同情于"以自己的沉没，证明着革命的前行"⑥。汪晖在《死火重温：以此纪念鲁迅逝世六十周年》中言及，"对于鲁迅来说，只有'永远革命'才能摆脱历史的无穷无尽的重复与循环"⑦。落实在具体的生命层面，"永远革命"的姿态也与鲁迅借以抵抗内心的寂寞、荒凉、虚无、妥协的"无意识动机"不无关系。因为在他的否定性的思维中，几乎排除了一切可以简单地让生命获得寄托、服膺和归结的东西，譬如宗教、国粹、

① 《华盖集续编》之《马上日记之二》，约作于1926年7月。《鲁迅全集》卷3，第343页。

② 《摩罗诗力说》，《鲁迅全集》卷1，第66页。

③ 《两地书》，《鲁迅全集》卷11，第295页。李长之言及"求刺戟，要生气，这也只有鲁迅那样的人才如此"，见《鲁迅批判》，北京出版社2003年版，第48页。

④ 《七论"文人相轻"——两伤》，《鲁迅全集》卷6，第405页。

⑤ 《写在〈坟〉后面》："在进化的链子上，一切都是中间物""和光阴偕逝"，见《鲁迅全集》卷1，第286页。《〈热风〉题记》中说"我以为凡对于时弊的攻击，文字须与时弊同时灭亡。"见《鲁迅全集》卷1，第292页。《热风》随感之四十一："将来总有尤为高尚尤近圆满的人类出现""我们自然心悦诚服的消失"。见《鲁迅全集》卷1，第325页。

⑥ 《在钟楼上——夜记之二》，《鲁迅全集》卷4，第36页。

⑦ 汪晖：《反抗绝望——鲁迅及其文学世界》新版导论，河北教育出版社2002年版，第23页。

审美。“求刺激，要生气”，这是一种对象性的诉求，也是一种自我诉求。

相应地，鲁迅的审美选择也内含在这种现实的与生命的逻辑之中，他说：“完全超于政治的所谓‘田园诗人’‘山林诗人’，是没有的。完全超出于人间世的，也是没有的。既然是超出于世，则当然连诗文也没有。诗文也是人事，既有诗，就可以知道于世事未能忘情。”①“我想，普遍，永久，完全，这三件宝贝，自然是了不得的，不过也是作家的棺材钉，会将他钉死。譬如现在的中国，要编一本随时随地，无不可用的剧本，其实是不可能的，要这样编，结果就是编不成。”②“伟大的文学是永久的，许多学者们这么说。对啦，也许是永久的罢。但我自己，却与其看薄凯契阿，雨果的书，宁可看契诃夫，高尔基的书，因为它更新，和我们的世界接近。”③“如果艺术之宫里有这么麻烦的禁令，倒不如不进去；还是站在沙漠上，看看飞沙走石，乐则大笑，悲则大叫，愤则大骂，即使被沙砾打得遍身粗糙，头破血流，而时时抚摩自己的凝血，觉得若有花纹，也未必不及跟着中国的文士们去陪莎士比亚吃黄油面包之有趣。”④

对于曾几何时士大夫们驾轻就熟而轻易延伸到了现代中国知识阶层的“文人趣味”，学者曾经提供反思道：“在鲁迅的同时代人中，多多少少都会读到那股熟悉的气味，惟独鲁迅没有。而鲁迅，本来是比他们中的任何一个都更有资格过上那种精巧雅致的文人生活。在鲁迅的精神世界里，通常是文人用以吟花品月的地方，他填上的是几乎老农一般的固执。他是被这块土地咬住不放，还是他咬住这土地不放，已经无关紧要。要紧的是，他出自中国文人，却可能是唯一一个没有被中国的文人传统所腐蚀的人。这是一件很平淡的事，却应该值得惊奇。我曾经以俄国的车尔尼雪夫斯基、别林斯基和陀思妥耶夫斯基的高度苛求过鲁迅。后来才明白，在一个没有宗教资源的世俗国度，鲁迅坚持在那个世俗精神能够支撑的高度上，已经耗尽了他的生命。”⑤在或许可以

① 《鲁迅全集》卷 3，第 516 页。

② 《答戏周刊编者信》，《鲁迅全集》卷 6，第 147 页。

③ 《叶紫作〈丰收〉序》，《鲁迅全集》卷 6，第 220 页。

④ 《〈华盖集〉题记》，《鲁迅全集》卷 3，第 4—5 页。

⑤ 朱学勤：《想起了鲁迅、胡适与钱穆》，见谢泳编：《胡适还是鲁迅》，第 293 页，中国工人出版社 2003 年版。这样的体谅似乎逐渐不见于朱学勤日后越来越“理性”的鲁迅评论。

闲适的环境里使自己严厉起来,或者在严厉的环境里使自己闲适,鲁迅的取向分明决绝到令人不自在的程度。离开此种在特定境域中的生命吁求,便难以获得关于鲁迅诗学的完整解释。

三 “心里受伤,永不痊愈”

《怎么写——夜记之一》是鲁迅直接谈写作的重要文字,其中“假中见真”与“真中见假”的说法①,是关于“真实”与“虚构”最内行的见识,多为研究者引用,证明鲁迅决不缺少创作技术上的高明。其实,文中更有可以交代出鲁迅真实的创作状态的绝妙文字:

> 我的头里是如此地荒芜,浅陋,空虚。可谈的问题自然多得很,自宇宙以至社会国家,高超的还有文明,文艺。古来许多人谈过了,将来要谈的人也将无穷无尽。但我都不会谈。记得还是去年躲在厦门岛上的时候,因为太讨人厌了,终于得到“敬鬼神而远之”式的待遇,被供在图书馆楼上的一间屋子里。白天还有馆员,钉书匠,阅书的学生,夜九时后,一切星散,一所很大的洋楼里,除我以外,没有别人。我沉静下去了。寂静浓到如酒,令人微醺。望后窗外骨立的乱山中许多白点,是丛冢;一粒深黄色火,是南普陀寺的琉璃灯。前面则海天微茫,黑絮一般的夜色简直似乎要扑到心坎里。我靠了石栏远眺,听得自己的心声,四远还仿佛有无量悲哀,苦恼,零落,死灭,都杂入这寂静中,使它变成药酒,加色,加味,加香。这时,我曾经想写,但是不能写,无从写。这也就是我所谓“当我沉默着的时候,我觉得充实,我将开口,同时感到空虚”。
>
> 莫非这就是一点“世界苦恼”么?我有时想。然而大约又不是的,这不过是淡淡的哀愁,中间还带些愉快。我想接近它,但我愈想,它却愈渺茫了,几乎就要发见仅只我独自倚着石栏,此外一无所有。必须待到我忘

① 《鲁迅全集》卷4,第24页。

了努力，才又感到淡淡的哀愁。

那结果却大抵不很高明。腿上钢针似的一刺，我便不假思索地用手掌向痛处直拍下去，同时只知道蚊子在咬我。什么哀愁，什么夜色，都飞到九霄云外去了，连靠过的石栏也不再放在心里。而且这还是现在的话，那时呢，回想起来，是连不将石栏放在心里的事也没有想到的。仍是不假思索地走进房里去，坐在一把唯一的半躺椅——躺不直的藤椅子——上，抚摩着蚊喙的伤，直到它由痛转痒，渐渐肿成一个小疙瘩。我也就从抚摩转成搔，掐，知道它由痒转痛，比较地能够打熬。①

这可以读成关于鲁迅创作的一则隐喻：他无法回避置身具体的现实中身体与心灵的“伤”“痒”“痛”，因为“腿上钢针似的一刺”，所谓“世界苦恼”，所谓“淡淡的哀愁”，所谓“无量悲哀，苦恼，零落，死灭”、寂静、夜色等等，因此都飞到九霄云外去了。李长之曾说到其中描写夜色的文字：“这是多么美，而近于诗的呢！不过鲁迅不常有这样的文字，这没有别的理由，只因为热情驱使他，对于社会的关怀逼迫他，使他常忘了自己的寂寞，而单是挺身而出、做战士去了。”②李长之说出了现实情境对于鲁迅精神状态以及选择的决定性，鲁迅在审美、思想、学术与现实的及时的批判之间的选择，正是在此种纷扰到不能自主中完成的，“目前是这样离奇，心里是这么芜杂”，想在“纷扰中寻出一点闲静来”而不能③，常常要“不假思索地用手掌向痛处直拍下去”，用“感应的神经”“攻防的手足”“立刻给以反响或抗争”④。

这是鲁迅在“两间”的真实处境与状态。他曾经说到创作《不周山》被“打岔”而使作品趋向“油滑”的事，说出的是同一种情景：“我做的《不周山》，原意是在描写性的发动和创造，以至衰亡的，而中途去看报章，见了以为道学的批评家攻击情诗的文章，心里很不以为然，于是小说里就有一个小人物跑到女娲

---

① 《鲁迅全集》卷 4，第 18—19 页。

② 李长之：《鲁迅批判》，北京出版社 2003 年版，第 122 页。

③ 《〈朝花夕拾〉小引》，《鲁迅全集》卷 2，第 229 页。

④ 《〈且介亭杂文〉序言》，《鲁迅全集》卷 6，第 3 页。

的两腿之间来，不但不必有，且将结构的宏大毁坏了。”①

1934年8月13日鲁迅在《致曹聚仁》信中议及林语堂，说“当《人世间》还未出世，《论语》已很无聊时，曾经竭了我的诚意，写一封信，劝他放弃这玩意儿，我并不主张他去革命，拼死，只劝他译些英国文学名作，以他的英文程度，不但译本于今有用，在将来恐怕也有用的。他回我的信是说，这些事等他老了再说。这时我才悟到我的意见，在语堂看来是暮气，但我至今还自信是良言，要他于中国有益，要他在中国存留，并非要他消灭”②。

劝林氏翻译，事实上有点类似于像劝鲁迅进行纯粹的文学写作与学术写作一样，除了性情、趣味、自我抱负的因素外，在他们本人，正有着相同的不得已的“苦衷”。鲁迅有过自述，在“荆天棘地”的时世，做学问无条件，作小说，更无此从容。那么，林氏呢？困境是同样的，不同的是由此而来的应对方式，其中最深刻的动机是，没有从事文人的或非“文人”的“专业”写作的精神状态，不断地被眼前和身边的人事所激发和感动，不停地想要立刻说出自己的感想和心情，应对时代，表达取舍，分辨是非，提供指导，修正自我。沉着而沉潜的思想、信仰与作为，可以持守的相对恒定的个性与独立性，被不断挤压，而外在的直接的诱惑与压力，更加可以使挤压变成剥夺。

在某种意义上说，审美需要一点“自私”和容纳个人“自私”的“宽裕”，审美者必须能够沉溺于自己所关注和幻想的境界，正像学问家需要有“隔离的智慧”和“超越的心灵”③，“作家是很脆弱的，写作是很脆弱的”④，这是快一个世纪后的今天，学术和文学从业者所发出的感慨。

鲁迅的时代及其文化，激昂窘迫，难以容纳个人注意力以及精神的孤独深入，而对于现实的明敏关情，原本就联系着他的“志业”。鲁迅自嘲“切己的琐事总比世界的哀愁关心”⑤，他无法不分心于某些“切己”的事，这些事甚至左右了他毕生的情感和理智，如“中华民国十五年三月十八日”刘和珍她们的被

---

① 《我怎么做起小说来》，《鲁迅全集》卷4，第513页。

② 《鲁迅全集》卷12，第506页。

③ 《一条没有走完的路》，《张灏自选集》，上海教育出版社2002年版，第333页。

④ 见《南方周末》2003年11月13日《叶兆言访谈》。

⑤ 《怎么写——夜记之一》，《鲁迅全集》卷4，第22页。

虐杀[1];“我一生从未见过这么杀人的”的大革命“血的游戏”[2];“一九三一年的二月七日夜或八日晨”“五个青年作家”的“同时遇害”[3],直到 1936 年 4 月 15 日致颜黎民信,鲁迅还提到不赴朋友之邀,去“看桃花的名所”龙华,“我有好几个青年朋友就死在那里面,所以我是不去的”[4]。

懂得这些事件在鲁迅心中留下的创伤,就无法不认同鲁迅的情感:那种噬人的悲愤和彻骨的仇恨,那种无法化解的疼痛、揪心,如同被粉碎一样的绝望。只要在情感上无法平复,思想也就无从宽容,所谓“心理受伤,永难痊愈”,鲁迅毕生的情感和思想就无法不以此为底色,一切怀疑、冷漠、愤激与绝对之辞,于是都有了依据。无论怎样“客观”的认知要求和洞察力,无论怎样认识上的通达和胸襟的大度,也无法抵挡由于情感上的倾斜所带来的价值判断和取舍上(认同或否定)的绝对化。1926 年 11 月 11 日《写在坟后面》中说到《论“费厄泼赖”应该缓行》一篇:“虽然不是我的血所写,却是见了我的同辈和比我年幼的青年们的血而写的。”[5]1935 年 9 月 12 日《致胡风》:“其实,我的有些主张,是有许多青年的血换来的。”[6]

那种几无回旋之地的是非观,那种一步之差、一念之隔即有云泥之别、人兽之异的险峻的道德考量,也是由此生发出来的(联系民族存亡语境中知识者分殊的选择,这种考量又何曾是空虚的或独断的)。审美的考虑尚在其次。《病后杂谈》中鲁迅说:“真也无怪有些慈悲心肠不愿意看野史,听故事;有些事情,真也不像人世,要令人毛骨悚然,心里受伤,永不痊愈的。残酷的事实尽有,最好莫如不闻,这才可以保全性灵,也是‘是以君子远庖厨也’的意思。比灭亡略早的晚明名家的潇洒小品在现在的盛行,实在也不能说是无缘无故。不过这一种心地晶莹的雅致,又必须有一种好境遇,李如月仆地‘剖脊’,脸孔向下,原是一个看书的好姿势,但如果这时给他看袁中郎的《广庄》,我想他是

① 《鲁迅全集》卷 3,第 273 页。
② 同上书,卷 7,第 85 页。
③ 同上书,卷 4,第 479 页。
④ 同上书,卷 13,第 358 页。
⑤ 同上书,卷 1,第 289 页。
⑥ 同上书,卷 13,第 211 页。

一定不要看的。这时他的性灵有点儿不对,不懂得真文艺了。”[①]

在《小品文的危机》中,鲁迅钩沉了被现代小品家忽略或歪曲了的小品文的意义与内含,提出既要能杀出一条生存的血路,也能给人愉快和休息,然而不是抚慰和麻醉的“生存的小品文”的概念:“麻醉性的作品,是将与麻醉者和被麻醉者同归于尽的。”[②]“至于文人,则不但要以热烈的憎,向‘异已’者进攻,还得以热烈的憎,向‘死的说教者’抗战。在现在这‘可怜’的时代,能杀才能生,能憎才能爱,能生与爱才能文。”[③]“我们要叫出没有爱的悲哀,叫出无所可爱的悲哀。”[④]但是,“目前的中国,真是荆天棘地,所见的只是狐虎的跋扈和雉兔的偷生,在文艺上,仅存的是冷淡和破坏。”[⑤]

在这里,可以看到鲁迅吁求反抗的“摩罗”性格,看到类似当年《破恶声论》中沉痛的告示:“浊流茫洋,并健者亦以沦没,朕朕华土,凄如荒原,黄神啸吟,种性放失,心声内曜,两不可期已。虽然,事多失于自臧,而一苇之投,望则大于俟他士之造巨筏,吾未绝大冀于方来,则斯论之所由作也。”[⑥]1936年3月26日《致曹白》:“人生现在实在苦痛,但我们总要战取光明,即使自己遇不到,也可以留给后来的。我们这样的活下去罢。”[⑦]

文场如战场,为“生存”计,成为了为“文”的排他性的首选的条件和资格。鲁迅希望通过文字表达一种战斗者必需的姿态与情感装备,以“爱”“憎”、“生”“杀”相对待,而不是抹平它们,这是鲁迅心目中“你死我活”时代唯一可取的人道主义,是特殊语境中的人性出口。在悲愤、仇恨的压迫与压抑中,“审美”几乎要成为虚弱和颓败的主体人格的表征,“审美”的心境与趣味则仿佛是不知自身死活、不关人间痛痒的堕落的奢靡。此种感受在半个多世纪后还可以找到并不特别恰当的“同情”:“我们未尝不可以这样说,在那样残酷的时代,沈从

---

① 《鲁迅全集》卷6,第167页。

② 同上书,卷4,第574页。

③ 同上书,卷6,第405页。

④ 《且介亭杂文二集·七论文人相轻——两伤》,《鲁迅全集》卷1,第322—323页。

⑤ 1934年1月作《〈引玉集〉后记》,《鲁迅全集》卷7,第418页。

⑥ 《鲁迅全集》卷8,第26页。

⑦ 同上书,卷13,第337页。

文写出那样美丽的文字来，不仅是一种虚伪，而且是一种残忍。”[1]鲁迅自己曾经也并不恭维地提及写诗的徐志摩，写小说的沈从文等的漂亮文字，虽然并不完全是从审美的角度立论的。[2]

章太炎在民国成立后，曾自署“中华民国遗民”。[3] 鲁迅以另一种言辞表达过同样的悲慨，他说：“我觉得仿佛久没有所谓中华民国。”[4]“说起民元的事来，那时确是光明得多，当时我也在南京教育部，觉得中国将来很有希望。”[5]在广州，他说“青天白日旗插远去，信徒一定加多。但有如大乘佛教一般，待到居士也算佛子的时候，往往戒律荡然，不知道是佛教的弘通，还是佛教的败坏？”[6]“中华民国”越来越成为一个梦想、一个消失了的精神象征，他本人则成了“民国”精神的孑遗，以至“民国告成”，“摩罗诗人”却又在眼前出现，而所谓眼前，“试将记五代，南宋，明末的事情的，和现今的状况一比较，就当惊心动魄于何其相似之甚，仿佛时间的流驶，独与我们中国无关，现在的中华民国也还是五代，是宋末，是明季”[7]，“偶看明末野史，觉现在的士大夫和那时之相像，真令人不得不惊”[8]。

虽然没有王国维那样从名到实的遗民身份与僵固的需要寄托的遗民情感（遗民身份与情感并不能全盘锁定王国维的精神世界与作为），但鲁迅的精神

---

① 旷新年：《被背叛和禁锢的遗产》，一士编：《21世纪：鲁迅和我们》，人民文学出版社2001年版，第221页。

② 1930年鲁迅作长文《“硬译”与“文学的阶级性”》说“我的译作，本不在博读者的‘爽快’，却往往给以不舒服，甚而至于使人气闷，憎恶，愤恨。读了会‘落个爽快’的东西，自有新月社的人们的译著在：徐志摩先生的诗，沈从文，凌叔华先生的小说，陈西滢先生的闲话，梁实秋先生的批评，潘光旦先生的优生学，还有白璧德先生的人文主义”（《鲁迅全集》卷4，第197—198页）。

③ 1928年章太炎挽黎元洪，自署“中华民国遗民章炳麟哀挽”，见《章太炎书信集》，河北人民出版社2003年版，第710页。

④ 《忽然想到》之三，《鲁迅全集》卷3，第16—17页。

⑤ 《两地书》，《鲁迅全集》卷11，第31页。

⑥ 《在钟楼上——夜记之二》，《鲁迅全集》卷4，第33页。

⑦ 《鲁迅全集》卷3，第17页。

⑧ 同上书，卷13，第11页。

气质无疑为“遗民”文化所沾溉过[①]。他对屈原与楚辞的热爱众所周知,也对《心史》作者南宋遗臣郑所南有所倾心,手录过《锦钱余笑》中的篇什[②],只是其情怀所向、理想所托,已不再是对于具体政权政治的信仰(他的倾向于左翼政权的作为,未必如被人为地放大的那样有眉有眼),而是泛化为对主体力量、对人格境界的诉求。特别是当现实足够让人沮丧时,这种诉求也更加“理直气壮”。在关于审美,关于政治,乃至关于日常事务的观察与考量中,气节、品行与德性常常是作为底色的底色,标准的标准,对“心术”的推究,似乎更重于对“主义”的权衡,正如章太炎所谓“主义之是非,与心术之是非,二者不可同论”[③]。

显然,鲁迅自有他特别的清明和宽容,他不能宽容的是伪善、假道学、奴才、主子、圣人之徒的嘴脸,而思想的歧异、观点的区别(所谓“主义之是非”)还在其次。或者说,这种思想、观点,总是让鲁迅拷问出潜在的利益立场或道貌岸然的自私卑怯。他对于对手的攻击,很多时候与其说是关于思想的方法的,还不如说是关于情感的、人格的,是有所偏重于“道德”主义的,而不完全是“科学”主义的,是为“善”的,而不只是为“真”的,首要的不一定是基于认识的差异,而更可能是要求“良知”与“勇气”的有无。对现实的陌生感与彻底的否定倾向,虽然出于理性的洞察,但也充满热烈的情感色彩。

然而,对于鲁迅来说,否定并不导致视而不见的瞒骗或自我欺骗,而意味

① 鲁迅除了对王国维的治学表示激赏,说“要谈国学,他才可以算一个研究国学的人物”(见1922年11月6日作《不懂的音译》,《鲁迅全集》卷1,第398页),对王国维作为遗民中“鼻孔出的气”是“真”气的“老实人”身份,也给予过分辨(见1927年12月24日作《谈所谓“大内档案”》,《鲁迅全集》卷3,第543页)。晚年书信中,鲁迅还不止一次求人购买自己没有买齐全的王国维遗书之第一册,表现出的殷切,令人感动。1928年11月《致章廷谦》:“王国维的著作,分为四集,名《王忠悫公遗书》或《观堂遗书》,我买了二三四共三集,初集因较贵未买,现在上海一时没有了。不知杭州有否?”(见《鲁迅全集》卷11,第643—644页)1932年6月5日《致台静农》又提到王氏的著作,“前几年《王忠悫公遗集》出版时,因第一集太昂,置未买,而先陆续得其第二至四集,迨全集印齐,即不零售,遂致我至今缺第一集。未知北平偶有此第一集可得否,倘有,乞为购寄,幸甚。”(见《鲁迅全集》卷12,第89页)

② 《锦钱余笑》是南宋遗民郑所南的组诗,鲁迅1935年3月22日日记中写道:“为今村铁研、增田涉、冯剑丞作字各一副,徐讦二副,皆录《锦钱余笑》。”(见《鲁迅全集》卷15,第218页)

③ 1908年《复吴敬恒》,《章太炎书信集》,河北人民出版社2003年版,第220页。

着更深的介入,他拒绝因为憎恶的“出逃”,也无可逃逸:1927年1月作《绛花洞主小引》说:“在我的眼下的宝玉,却看见他看见许多死亡;证成多所爱者,当大苦恼,因为世上,不幸人多。惟憎人者,幸灾乐祸,于一生中,得小欢喜,少有挂碍。然而憎人却不过是爱人者的败亡的逃路,与宝玉之终于出家,同一小器。”[①]1931年《致李秉中》说:“时亦有意,去此危邦,而眷念旧乡,仍不能绝裾径去,野人怀土,小草恋山,亦可哀也”[②]。从鲁迅身上,其实可以找到类似王国维所称道的屈原那样的“廉贞”品质。

四 “欧穆亚”与屈子性情:鲁迅审美姿态的一种解释

王国维1906年发表的《屈子文学之精神》列“吾国之文学”为“南方学派”与“北方学派”。此一概括,未必熨帖。王国维进而又认为,南方人“长于思辨而短于实行,故知实践之不可能,而即于其理想中,求其安慰之地,故有遁世无闷、嚣然自得以没齿者”;北方人的情感则多“坚忍之志,强毅之气”,“彼之视社会也,一时以为寇,一时以为亲,如此循环,而遂生欧穆亚(Humour)之人生观。”

王国维说:“屈子南人而学北方者也”,“就屈子文学之形式言之,则所负于南方学派者,抑又不少。彼之丰富之想象力,实与庄、列为近。《天问》《远游》凿空之谈,求女谬悠之语,庄语之不足,而继之以谐,于是思想之游戏,更为自由矣。变《三百篇》之体,而为长句,变短什而为长篇,于是感情之发表,更为婉转矣。此皆古代北方文学之所未有,而其端自屈子开之。然所以驱此想象而成大文学者,实由其北方之肫挚的性格。此庄周等之所以仅为哲学家,而周、秦间之大诗人,不能不独数屈子也”。“盖屈子之于楚,亲则肺腑,尊则大夫”,“其于国家,既同累世之休戚,其于怀王,又有一日之知遇,一疏再放,而终不能

① 《鲁迅全集》卷8,河北人民出版社2003年版,第145页。

② 《鲁迅全集》卷12,第39页。

易其志。于是性格与境遇相待,而使之成一种之欧穆亚。《离骚》以下诸作,实此欧穆亚所发表者也。”①

佛雏考察王国维《屈子文学之精神》一文中所说的“欧穆亚(Humour)”(今译作“幽默”),来源于海甫定的《心理学》第六篇《感情心理学》②与叔本华《意志与表象的世界》第二卷《关于滑稽的原理》。按照海甫定的说法,幽默不是讥讽和纯粹的滑稽,最重要的情感是“同情”,这可以发展出一种人生观:“一面既知世界人生之局促苦痛,愚暗不平,一面仍不失对一切生物之爱情,及对管辖自然及历史之势力之信仰故也。”海氏甚至将莎士比亚的“欧穆亚”提升到宇宙信仰的层次来解释,“夫狭斯丕尔(指莎士比亚,王国维又译作“莎士比”)之欧穆亚乃其对宇宙之信仰之一部分也。何则?自人类之位置观之,一面必加其实力于其周围,而生种种之抵抗;但在他方面,对自然及历史之势力,亦不能不自觉其弱小。惟不喜亦不惧者,始能内有以胜自己,外有以胜世界。”“至欧穆亚之中,则吾人自感其大,亦同时自感其小”,叔本华将严肃(崇高)藏于诙谐的背后,谓之“欧穆亚”,以“欧穆亚”为诗人的一种(自己跟外在世界之冲突中的)调节,谓“幽默依赖于一种主观的,然而严肃和崇高的心境,这种心境是在不情愿地跟一个与之极其抵牾的普遍外在世界相冲突,既不能逃离这个世界,又不会让自己屈服于这个世界”③。

佛雏认为,叔本华、王国维眼中的“幽默”,偏于悲剧与崇高的范畴,“欧穆亚诗人处于跟他的外在世界之一种无可消解的巨大矛盾之中。现实社会对他和他的‘美’的理想,仇视、排摈,不遗余力,——此其所以为‘寇’;而他对这个现实社会却总又充满情热,矢志‘改作’,始终不稍变移,——此其所以为‘亲’。‘亲’‘寇’的斗争往复交替于胸中,既决不屈服,又无可逃离。其间憔悴忧伤,侘傺无聊,郁结既久,无可奈何之余,于是故意借一种诙谐游戏的语言和场景,以抒愤懑,遣悲怀,而愈励其‘强毅之气’与‘坚忍之志’,其中的喜剧成分,非以

---

① 《静安文集续编》,《王国维遗书》册五。

② 据佛雏考订,此书由王国维翻译,1907年商务印书馆出版。见佛雏:《王国维诗学研究》,北京大学出版社1999年版,第346页。

③ 佛雏:《王国维诗学研究》,北京大学出版社1999年版,第93、347—349页。

供谐笑,而毋宁诗人深悲极憾的一种自我'调节',一种特殊的表现形式"[①]。

朱熹在《楚辞集注》中谓屈子"不知学于北方,以求周公、仲尼之道,而独驰骋于变风变雅之末流,以故醇儒庄士或羞称之"[②],表明朱熹在以"周公、仲尼之道"规范性情的"政""治"目光下,已无从读懂屈原情感的肫挚深沉,更难以懂得从这种情感之上生长的审美风格。郭沫若在《屈原研究》中谈到屈子如果"能够'突梯滑稽,如脂如韦',即是'幽默'得一点,他一定可以'从俗富贵',何至于失意?"[③],郭沫若说出了"幽默"背后可以伴生的苟且与平安,这里的"幽默"自然不是屈子"达观"的"逍遥"、"远游"、"高丘求女"、"欣欣自美"与"偷娱淫乐",因为这一切并不能改变屈原"肫挚之情感",而是真正的自我矮化与游戏化,也不是鲁迅热到发冷、敲骨入髓的观照与省思,而正是鲁迅曾经不以为然的某种文坛文人"时尚"。处于智力"国际化"、意识形态多元化、忠诚的对象也可以不止一人一地的"战国"语境中,屈子可以"楚材晋用",也可以"遁世无闷、嚣然自得"。然而,王国维说"屈子之自赞曰'廉贞'。余谓屈子之性格,此二字尽之矣"[④]。王国维所称扬的"屈子文学之精神",其本质就在这里:"肫挚"的而非"儇薄冷淡"的心性情感,比"想象的原质"(这是庄子的长项,但无奈其心性情感的"儇薄冷淡")对于诗歌更具有决定性。

王国维以"廉贞"、"欧穆亚"描述屈子性情与美学姿态,同样可以用来描述鲁迅。阅读鲁迅,特别是在带点所谓"后现代"文化意味的语境中,很容易读出朱熹似的对屈子不能苟同,读出郭沫若似的"感叹"。用鲁迅自己评述屈骚的话说,就是"扬之者谓可与日月争光,抑之者且不许与狂狷比迹"[⑤]。

对于鲁迅自己认为"不免时有油滑之处"、艺术上"速写居多"[⑥]、"真是'塞责'的东西,除《铸剑》外,都不免油滑"[⑦]的《故事新编》,在某些禀"异端血液"

① 佛雏:《王国维诗学研究》,北京大学出版社 1999 年版,第 94—95 页。
② 朱熹《楚辞集注》弁言,上海古籍出版社 2001 年版,第 2 页。
③ 《郭沫若全集》历史编,第 4 册,人民出版社 1982 年版,第 73 页。
④ 《静安文集续编》,《王国维遗书》册五。
⑤ 《汉文学史纲要》,《鲁迅全集》卷 9,第 372 页。
⑥ 《〈故事新编〉序言》,《鲁迅全集》卷 2,第 342 页。
⑦ 《致黎烈文》,《鲁迅全集》卷 13,第 299 页。

的当代作家视野中显得越来越重要[①]，这与他们在当前的文化语境中更能体贴鲁迅《故事新编》写作的心情与用心有关。或者说，在《故事新编》，包括它所体现的美学风格中，他们更加清楚地感受到了鲁迅一生中最无可告诉、无可解释的精神和情感状态，而这种状态并不是突兀地出现的，这从《故事新编》写作持续的时间[②]可以看出。

学者或以为，《故事新编》不同于鲁迅的其他作品，其语言有一种“怪味”，这种“怪味”特征可以概括为“戏拟”。从语言的“戏拟”中，“可以看出鲁迅是如何地把握其置身的世界的特征:荒诞感。在‘戏拟’所造成的语言形式的扭曲、躁动、喧哗之中，浸透着、流淌着鲁迅心灵中某种不安、苦涩的情绪。语言的戏拟造成了《故事新编》中所特有的悲剧喜剧化，喜剧悲剧化和悲剧喜剧不断冲突、融合、转化的叙述格调……”，“《故事新编》的文体创造显然不同于《呐喊》、《彷徨》，在《故事新编》中，幻想的与现实的、想象的与真实的、古代的与现代的、庄严的与滑稽的、诗的与杂文的、形象的与理论的等等，各种不同的因素都创造性地融合在一起”，构成一种“奇书文体”。此种“奇书文体”，来源于《庄子》、《史记》与中国民间诙谐文化。[③]

以“戏拟”概括《故事新编》的“语言”特点，以及由此对于语言背后的主体精神状态的描述，显然不失精当。但是，因为要强调《故事新编》在“文体”上与《呐喊》、《彷徨》的区别，而有意无意地忽略了《故事新编》的情感特征以及鲁迅创作在基本的美学姿态上的一致性，这种批评的“定势”总是让我们希望全面地感知研究对像的愿望落空。鲁迅心灵中的不安、苦涩情绪，以及深刻的怀疑倾向与悲剧性的荒谬感、荒诞感，是他的作品越来越趋向嘲讽的内在原因，技术上的“文体”上的原因并不是决定性的，他的创作品格与《庄子》、《史记》及中国民间诙谐文化的关系，也不是到《故事新编》才开始建立的。

嘲讽可以阻止滥情，阻止过分的亲密感和崇拜感，阻止没有顾盼的自我投

① 张承志《致先生书》、残雪《艺术复仇——读〈铸剑〉》均有对于《故事新编》中的篇章的精彩解说。

② 第一篇在《呐喊》中就出现了。

③ 郑家建:《被照亮的世界——〈故事新编〉研究》，福建教育出版社 2001 年版，第 10、14 页。

人。这既是对人的，也是对己的。1920年11月14日鲁迅在《致青木正儿》中说："我写的小说极为幼稚，只因哀本国如同隆冬，没有歌唱，也没有花朵，为冲破这寂寞才写的，对于日本读书界，恐无一读的生命与价值。今后写还是要写的，但前途暗淡，处此境遇，也许会更陷于讽刺和诅咒罢。"①这是鲁迅预言式的自我揭破与把握，也是对于他所取的美学姿态的可靠诠释。

这种"美学"姿态是鲁迅经历辛亥革命后发展起来的，是因为"绝望"带来的调整。在《摩罗诗力说》的时代，鲁迅没有日后那样深入骨髓的怀疑倾向。相反，他是虔诚地相信(自己和以自己的努力改善现实的可能性)和全力以赴的。尽管他对一些压倒性的"启蒙"话语和取径并不认同，以至有《文化偏至论》、《破恶声论》中迥异时流的诘问，但这多是认知上的质疑，而不是情感上的别异。他的行文充满了崇高的献身感，充满悲壮的情怀。辛亥以后，鲁迅对历史、对现实、对人性有更深入的洞察，这种洞察不只是因为知识的增长而获得的明智，而更多是现实的经验获得的体贴，是因为现实生活的戏剧性搬演，让鲁迅不得不怀疑、沮丧，所谓"专制使人们变成冷嘲""共和使人们变成沉默"②，"中国现在的事，即使如实描写，在别国的人们，或将来的好中国的人们看来，也都会觉得grotesk(德语，意思是古怪的、荒诞的——引者注)"③。鲁迅说的这种"荒诞"其实也可以包括他对于某种自我心境的感受。于是，鲁迅不自觉地走向了"美学"上的嘲讽，借以攻击"沦丧"与"腐败"，也借以自存。李欧梵说："早期作品中那尖锐的、挑战的狂人和烈士，逐渐为痛苦的冷嘲者、中年的往事追忆者，以及失去了往昔的自信、失望而伤感的厌世者所替代。这些不同的画像，似乎反映了他的情绪从'呐喊'转向'彷徨'的那种日益增加的失望。"④

其实，从"呐喊"到"彷徨"的转变，与从"摩罗"到"狂人"的转变相比，实在已算不得什么。而"狂人"与"摩罗"之间的转变，也并不能够掩盖他们之间清晰的"血脉"连接。

---

① 《鲁迅全集》卷13，第453页。

② 《小杂感》，《鲁迅全集》卷3，第530页。

③ 《〈阿Q正传〉的成因》，见《鲁迅自传》，王得后编，江苏文艺出版社1997年版，第342页。

④ 《中国现代文学与现代性十讲》，复旦大学出版社2002年版，第160页。

鲁迅早年与中年以后的主要区别不在思想,尽管他越来越尖锐、深刻,而在情感。情感的区别,也不是说他对身世家国的刻骨铭心的关怀有何不同,对于人性的揭櫫与自我的省思迥然异样,而是表现出来的情感态度的区别。

当表达已经不能诉诸一种"直接"的文字,一方面说明作者所确立的是文学家的身份,而不再是充满"歧路"的现实与人生的简单指画者;同时也证明,作者与他所处的社会隐含了某种深刻的对立,而不再是一种可以充分对话的关系,甚至是一种僵持的势不两立的关系。内含了嘲讽和反讽的"欧穆亚"姿态,意味着书写者下意识的自我调整,以便与既"亲"又"寇"、且"怨"且"慕"的对象,保持必要的心理距离和情感距离。1934 年 2 月 15 日作《过年》说:"有些英雄的作家,也曾经叫人终年发奋,悲愤,纪念","一定是自己毫不知道悲愤,劳作的人物。在实际上,悲愤者和劳作者,是时时需要休息和高兴的。古埃及的奴隶们,有时也会冷然一笑。这是蔑视一切的笑。不懂得这笑的意义者,只有主子和自安于奴才生活,而劳作较少,并且失了悲愤的奴才。"[①]这可以看做是鲁迅对自己的"欧穆亚"的诠释。鲁迅在《忆韦素园》中说"他太认真;虽然似乎沉静,然而他激烈。认真会是人的致命伤的么?至少,在那时以至现在,可以是的。一认真,便容易趋于激烈,发扬则送掉自己的命,沉静着,又啮碎了自己的心。"[②]这也未尝不可以看成是鲁迅的自我分析。因为已经融入性格气质的"认真""虔敬",鲁迅的精神与生命处于"临界状态"[③],"发扬则送掉自己的命,沉静着,又啮碎了自己的心","欧穆亚"的姿态可以多少舒缓其中的紧张,而这种"欧穆亚"也深深染上了鲁迅的悲愤、慷慨、廉贞、意力和他特殊的理性和清醒。[④] 包括他对于"欧穆亚"本身的认识,"中国究竟有无'幽默'作品?似

---

① 《鲁迅全集》卷 5,第 440 页。

② 同上书,卷 6,第 64 页。

③ 赵圆《读人》之一,见《独语》,辽宁教育出版社 1996 年版,第 215 页。

④ 胡兰成《今生今世》中(中国社会科学出版社 2003 年版,第 172 页)说"王国维是以尼采哲学附会《红楼梦》的人,他不知汉文明是连楚辞都嫌太认真",胡兰成的说法从一个角度正可以见出汉文明内的某种"宽容"与"堕落",胡"亦是亦非"的附会之说与胡的平生作为是可以互为诠释的。在同书第 271 页,胡还说:"原来悲悯激昂的话,多半是自身不得清安"。单独看这句话,无疑称得上智者之言,但"不得清安",正是那个时代的普遍状态,对于"悲悯激昂"没有同情和理解,个人的"清安""机智",难免轻薄苟且,这同样可以用胡氏本人的身世与作为证之。

乎没有。多是一些拙劣鄙野之类的东西。""中国没有幽默作家,大抵是讽刺作家。"①

"幽默"意味着主体具有较强的自省能力,"人心""人性"中有着一定的包容性,过于道德化的语境中的"幽默",常常停留为一种讽刺。鲁迅本人的"幽默"除了释义为讽刺之外,还有着远不止于讽刺的内涵,即悲剧的内涵在,有一种深刻的同情,同时有一种反讽,一种近乎"黑色幽默"的荒谬荒诞感夹杂其中。此种"幽默"显示了一种包括面对自身的批判性、否定性的情感态度,但无疑更有一种庄严的"自重"和面对这个世界的沉重:"既知世界人生之局促苦痛,愚暗不平","仍不失对一切生物之爱情",甚至对"管辖自然及历史之势力"还有一种信仰,"确信将来总有较尤为高尚尤近圆满的人类出现"②;"跟一个与之极其抵牾的普遍外在世界相冲突,既不能逃离这个世界,又不会让自己屈服于这个世界",如"怨"如"慕",为"亲"为"寇",生成大爱大憎,因此大爱大憎而证成大苦恼、大菩提。

对于鲁迅来说,正像王国维所认同和强调的,"欧穆亚"与其说是"含轻蔑之原质"和"滑稽之原质"的"嘲侮",仅仅"暴露世界之卑劣愚妄"与"乖讹",而毋宁是对于无解的荒谬的审美处置,骨子里与滑稽、快乐、调笑、讥讽相去甚远。诸种滑稽、快乐、调笑、讥讽,可以是居高临下,也可以是俳优侏儒式的自我矮化,结果都指向自我与现实的和解,指向"美学"的和谐,无法对应鲁迅内心的凝重与性格的力量,对应他对于"强力"的诉求。鲁迅曾经说"现在的文艺,是往往给人不舒服的,没有法子。要不然,只好使自己逃出文艺,或者从文艺推出人生"③,似乎内含了这一层意思。鲁迅"欧穆亚"的美学姿态,是他难以承受和释放的尴尬、苦闷和矛盾的象征,其"亲""寇"的体验,其无法认同又无可逃离的宿命感,有比屈子更繁杂的内涵和社会具体感。在"庄语之不足,继之以谐"的背后,是更加凛然的面对,同时又未尝不是一种自我保护,自我疏离,自我抗拒,自我拯救,是他的精神不得不然的一种调整与应对方式,一种关

① 1932年5月3日《致增添涉》,《鲁迅全集》卷13,第485页。
② 《热风》随感之四十一,《鲁迅全集》卷1,第325页。
③ 《尘影题辞》,《鲁迅全集》卷3,第547页。

涉于自身思想立场的下意识的自我重构。

鲁迅说“油滑是小说的大敌,我对于自己很不满”[①]。在《并非闲话(三)》说到自己的写作如“挤牛乳”、“打胎”,“那么,我在写的时候没有虔敬的心么?答曰:有罢。即使没有这种冠冕堂皇的心(孟泽按:指那种以把自己的作品送进所谓“艺术之宫”相标榜的说法),也决不故意耍些油腔滑调。被挤着,还能嬉皮笑脸,游戏三昧么?倘能,那简直是神仙了。我并没有在吕纯阳祖师门下投诚过。”[②]“无可奈何的悲愤,是令人不得不舍弃的,然而作者仍不能舍弃,没办法,就在寻得冷静和诙谐来做悲愤的衣裳;裹起来了,聊且当做‘看破’”,“因为故意的冷静,所以也刻深,而终不免带着令人疑虑的嬉笑……这一种冷静和诙谐,如果滋长起来,对于作者本身其实倒是危险的。”“因为太冷静了,就又往往化为冷话,失掉了人间的诙谐”,“讽刺文学是能死于自身的故意的戏笑的。”[③]

这种既害怕自己的表达趋于“油滑”,又无可改变地接近“诙谐”的谨慎取向,既需要“热烈”又强调“冷静”,既需要“冷静”又不能“化为冷话”的自我平衡要求,是一种连接着生命态度的审美警觉,他看不起那种超然的落荒的自我收缩与自我放纵带来的轻薄的“幽默”。“欧穆亚所发表者”,无非见证了他的“坚忍之志”与“强毅之气”,这正是王国维所强调的“欧穆亚”美学姿态中近乎悲剧性的“肫挚”情感与性情,事实上,也是鲁迅以“两间”为依托的精神世界以及他的诗学的真正旨趣所在。

(作者单位:中南大学外语学院比较文学系)

① 《〈故事新编〉序言》,《鲁迅全集》卷2,第341页。
② 《鲁迅全集》卷3,第149页。
③ 《〈中国新文学大系小说二集〉序》,《鲁迅全集》卷6,第247—249、253页。

《落叶哀蝉曲》的英译:跨文化旅行中的原作与译作①

陈太胜

[摘要] 庞德的诗 *Liu Ch'e* 是刘彻的诗《落叶哀蝉曲》的改译之作,在美国被作为"原作",视为诗歌史上的名篇。通过一首中国古诗在中西文化交流中的实例,我们能看到跨文化旅行中的诗如何能在"原作"与"译作"间进行某种流通。翻译中体现出的"异质"因子,正是两种民族文化相异的地方。翻译不仅应被视为一种语言对另一种语言的"直译",而是应被视为一种文化对另一种文化理解的尝试,或者,可以称为一种文化阅读。

[关键词] 翻译 原作 译作

一

我的这篇文章来自一次有趣的阅读经验,从阅读庞德的一首英文诗作(译作)开始,我阅读到据称是出自汉武帝刘彻之手的一首古诗,并由此阅读到这首古诗的另外几个英文译本,及与之相关的研究文献。我感兴趣的,是通过这些特别的文本个例,在跨文化的语境中考虑诗的翻译问题。

庞德写有一首名为 *Liu Ch'e*(刘彻)的诗,在中国国内出版的一本名为《英

① 本文最初是提交给北京师范大学文艺学研究中心与加州大学戴维斯分校合办的"全球化时代的文学研究"国际学术研讨会(2004 年 6 月,北京)会议论文,发表时作了部分修改。

诗200首赏译》的书中我看到了这首诗。看到庞德写有一首关于汉武帝刘彻的诗并不使我惊讶,因为并不懂汉语的庞德据说确实对中国古典诗歌情有独钟。而当我看完译者的译文与赏析文字之后,一种异样的感觉却油然而生:庞德这首诗更确切地说是一首译作,或者再确切地说,是一首改译之作,其原作是据传为汉武帝刘彻写的《落叶哀蝉曲》。这里真正使我感到异样的,是我的阅读经历了一次奇异的跨文化旅行:作为一个中国读者,我是通过庞德的译作,然后经由这首译作再欣赏到原作的。然而,细细一想,在这里,原作与译作的界限又似乎是模糊的。这本书的译者正是将庞德的这首诗作为"原作"来处理的,译者无疑是想将庞德的这一首诗作为了不起的杰作,并将它与庞德本人的作品《在地铁车站》、莎士比亚的几首十四行诗、雪莱、拜伦、艾略特等人的作品一起介绍给我们。[①] 这样,庞德的诗作就成了原作——特别是考虑到他的大胆改动之后,而刘彻的诗似乎成了供参照的"译作"。尽管这种想法有点怪异。但是,这本我所看的书给予我的经验,确实在有意无意间完成了这样一种跨越时间与空间的旅行。

庞德写于1913年左右的英文诗如下:

Liu Ch'e

The rustling of the silk is discontinued,
Dust drifts over the court-yard,
There's no sound of foot-fall, and the leaves
Scurry into heaps and lie still,
And she the rejoicer of the heart is beneath them:

A wet leaf that clings to the threshold.

译者周永启的译文如下:

---

① 庞德的这类译作被学者钟铃称为"创意英译",而且被选入相当重要的美国诗歌创作的选集中,使其"经典化"。可参阅钟铃:《美国诗与中国梦——美国现代诗里的中国文化模式》,广西师范大学出版社2003年版,第34—35页。

刘彻

绸衣的瑟瑟声已不复闻
庭院里飘动着飞尘,
脚步声已消逝,树叶
旋作一团团,静止不动,
她,我心中之所欢,长眠在下面:

一片潮湿的树叶粘在门槛上。①

记载于《拾遗记》中据传是汉武帝刘彻所作思念亡妻李夫人的诗如下:

落叶哀蝉曲

罗袂兮无声,玉墀兮尘生,虚房冷而寂寞,落叶依于重扃。望彼美之女兮安得,感余心之未宁!②

这三首诗构成了非常有意思的谱系:庞德的英文原作(译作)、周永启的汉语译作与刘彻的中文原作。

这首诗其实还有比庞德的诗出现得更早的贾尔斯(H. Giles)的译文③:

Gone

The sound of rustling silk is stilled,
With dust the marble courtyard filled;
No footfalls echo on the floor,
Fallen leaves in heaps block up the door…

① 周永启:《英诗 200 首赏译》,海南出版社 2003 年版,第 568—569 页。

② 此诗最后两句在周永启的赏析文字中的引文为"望彼美之女兮,安得感余心之未宁!"应是断句有误。

③ 此诗在英文中至少还有阿瑟·威利和艾米·洛威尔两种不同的译文,英文译本可参阅 A. C. 格雷厄姆:《中国诗的翻译》一文,见《比较文学译文集》,北京大学出版社 1982 年版。

For she, my pride, my lovely one, is lost,

And I am left, in hopeless anguish tossed.

这段译文出现于 1898 年由贾尔斯编著的《中国文学史》(*The History of Chinese Literature*)中。我们很容易地能在庞德的诗与这首诗之间建立起某种联系,甚至据此推测庞德就是通过这一首译诗接触到刘彻的诗的。在我稍后看到的赵毅衡的著作中,这一猜测得到了证实。[①] 因此,对庞德而言,这首诗才是"原作",而他自己的诗则是一种"意象主义"式的改译,又成了一种"译作"。而正是这样的"译作",却被视为"原作",成为美国诗歌史上的名篇。[②]

在中文的语境中分析这种现象,如果不是像常见的那样,仅仅满足于指出这种英文译作对中文原作如何是一种减损,而是在指出这一点的同时,说明这种翻译如何能在"原作"与"译作"两种不同的文化间进行跨文化的流通,将会是比较有意思的一个话题。

二

英国译者 A. C. 格雷厄姆(A. C. Graham)在为其英文译本《晚唐诗选》写的序言中,通过梳理中国古代诗歌英译的历史与列举相关的个例,讨论中国古诗的英译问题。自然,他是在英语的语境中讨论这一问题的。当然,这是完全可以理解的一种立场,除此之外,作为一个英译者,他怎么可能还有另外一种立场呢?他提出诗的精髓在于"意象"的理论,认为最能流传广远的诗的因素是"具体的形象",这样一来,译诗的首要问题就不是通常所谓的难以翻译的为一种语言特有的诗的格律,而是较易用另一种语言传达的"意象"。这也与他所说的英译中文诗的艺术是英语中由庞德推动的意象派运动的一个"副产物"相符合。他还以上述刘彻的诗《落叶哀蝉曲》的四个英译本为例说明译诗应该

---

① 赵毅衡:《诗神远游——中国如何改变了美国现代诗》,上海译文出版社 2003 年版,第 84 页。

② 同上书,第 86 页。

首先是一首诗，亦即是说，一首在本国语言上能够成立的艺术的诗，他也因此说明庞德的诗的成功在于创造性地以一个意象来结尾，而其他三人的译作(包括贾尔斯的译文)都由于具体的景色在第四行以后的消失与最后两行的直接抒发感情而失败。① 讨论 A. C. 格雷厄姆在这里提出的诗的理论与译诗的标准是否合适并不是本文的主旨，这里引起我关注的，恰恰是他从另外一种文化语境中对这四个英文译本所作的评判。如果将这四首诗全都视为“译作”，我首先关心的，是这些译作用翻译这种方式以英文转述中文时，作了怎样的文化上的移置和阐释。显然，这里的关注点也不是用自己的古文修养给“汉学家”的翻译挑错，而是看两种语言和文化的差异。

先来说一说据传是刘彻所作的《落叶哀蝉曲》给我的印象。这种阅读印象的得出，不仅与我已有的中国古典文化修养有关，还与我顺手翻阅的《现代汉语词典》、《辞海》等大型工具书对相关词汇的解释有关。众所周知，这样的工具书同样也可以视为是中国古典文化的某类百科全书，它集中地将中国古典文化的符号及相关的释义编印在了一起。我将这首诗作者的真伪问题置之不论，因为即使不是刘彻所作，它也必定是某一个诗人的作品。这首诗名为《落叶哀蝉曲》，但全诗写到了落叶，却没有一字写到“哀蝉”。无论是落叶，还是哀蝉，都是秋天的景象。这样的诗题似乎是一个充满着秋天的蝉声的布景。而在诗中并没有出现过的哀蝉形象，似乎是以自己的凄哀之歌为全诗伴唱的。阅读完全诗以后，甚至可以猜想这“哀蝉”就是诗人的自喻。

诗共六句，我们先看前四句。“罗袂”中的“罗”意为质地稀疏的丝织品，“袂”意为衣袖，合起来即是指用丝织成的质地稀疏的衣袖。“玉墀”中的“墀”，意为台阶上面的空地，所谓“玉墀”即是用汉白玉一类高贵典雅的材料铺成的台阶上面的空地。在中国古代建筑中，通往住房的较高的台阶往往不是用一级级台阶径直铺到门前的，而是要在门前留一块空地，给人以张弛有度之感，这即是“墀”。“虚房”指人去房空之后的凄凉之地，“重扃”指从外面关闭门户用的门环一类的东西。前四句总起来看，乃是描写了这样一种场景：抒情主人

① A. C. 格雷厄姆：《中国诗的翻译》，张隆溪译，见《比较文学译文集》，北京大学出版社 1982 年版，第 219—239 页。

公故地重游，拾级而上，看见“玉墀”满是灰尘，遥想当年“罗袂”拂动之景，而今居然已经悄无声息，而故人居住的地方也早是人去楼空，给人以“冷而寂寞”的感觉，唯有落叶依于“重扃”(门环)上。诗的最后两句，作者由前面的写景转入抒情，发出“望彼美之女兮安得，感余心之未宁”的感慨。尽管这最后两句的直抒胸臆多少有些直白，但全诗仍然给人以深挚委婉的印象。通观全诗，浮现在我眼前的“彼美之人”的形象是一个长袖拂地的形象，这样，“罗袂兮无声”与“玉墀兮尘生”才建立起了更紧密的联系。而第一、二句和第五、六句的助词“兮”与“之”都不是无意义的，在这里，既有缓和诗的语调与情调的作用，又有增强诗的音乐性的作用。不管是中国古代还是世界上其他任何国家，远古的诗都是可以吟唱的，所以我总猜想汉语古诗中的“兮”与同样作为助词的“之”是这种吟唱传统的遗留。而在这样的诗中，这种同样起到缓和节奏作用的助词是不可少的。不信，你试着将这五个助词去掉再读一遍试试，这诗可能就要大为逊色，尽管字面的意义并没有任何改变。可见，诗的意义的形成还与语调有关。像第五句，如果将“之”与“兮”字去掉，变成“望彼美女安得”，似乎就由一种哀悼婉转的情调突然转入促急的情调了。至少，那种低沉抑郁的情调是荡然无存了。此外，当我低声地诵读这首诗时，我总觉得第一句的“袂”与“兮”字，第二句的“墀”与“兮”字，第四句的“依”与“于”字、“重”与“扃”字，第五句的“美”与“之”字，都带有句中押韵的味道，与全诗的情调异常谐和。“落叶依于重扃”句，可以视为是对一种实际场景的描写，但这种场景在全诗的氛围中，当你一遍遍地多次阅读后，可能就给你以一种“比”的印象，它和诗题中与“落叶”相并置的“哀蝉”形象一起给人以红颜易逝人生迟暮之感。或许，这也是抒情主人公的自我写照？

如果带着这样的印象，在中文的语境中，将刘彻的这首诗作为“原作”，然后再去看庞德的那首诗，将它视为“译作”，可能就会很好地证明美国诗人弗洛斯特下的著名论断：“诗就是翻译中失去的东西”。刘彻的原诗名《落叶哀蝉曲》到这里变成了“Liu Ch'e”这一名字，用作者名字作为诗的题目，这样，庞德僭越了作者，自己占据了作者的位置。而且，他凭此使这首诗成为是写刘彻(中国汉代皇帝)的一段情感、一种心情、一个意象的诗。可以想象，这首诗如果出现在一个在英国或美国发行的诗歌选本中,有必要为这个诗题加注,这个注内涵可以简单涉及汉武帝传奇的生平与爱情故事。我想,没有比这更给一个英语的读者以一种异国情调的印象了。中国古诗中的“罗袂兮无声”在庞德的诗中成了“The rustling of the silk is discontinued”(绸衣的瑟瑟声已不复闻),我猜想,对英语读者而言,这也是颇具异国情调的描述,特别是“The rustling of the silk ”(绸衣的瑟瑟声)这一词组。就这样,我眼中长袖飘飘的“罗袂”成了“丝衣的瑟瑟声”。而汉语中的“无声”一词,总使我觉得有远比庞德在这句诗中表达的丝衣的瑟瑟声“不复闻”(discontinued)要更有内涵,同时还包涵了其他一些难以明言的更多的意义。我觉得庞德的 discontinued 至多只是一种不完全的释义。庞德诗中的第二行多少有些怪异,他用“Dust drifts over the court-yard”(庭院里飘动着飞尘)来译“玉墀兮尘生”,用“court-yard”(庭院)来对应“玉墀”代表了一种空间场景的置换,是对词意的变通。就像我上面说的,在中国古诗中,空间场景应该是在户外的台阶上,“玉墀兮尘生”与“落叶依于重扃”都给我们以这样的暗示。而在庞德的这句诗中,“court-yard”代替了“玉墀”。根据《牛津现代高级英汉双解词典》的解释,“court-yard”的词义为“unroofed space with walls or buildings round it, eg in a college at Cambridge, in a castle or an old inn; the buildings round such a space. (四周由墙壁或建筑物围成的)庭院;大天井(如剑桥大学之学院内、古堡内或古客栈内者);天井周围的建筑物。”①这样,在中国古诗中由低处往高处延伸(与心情的逐步低落似乎构成了有意思的对比)的台阶场景,变成了一个四周由墙壁或建筑物围起来的一个封闭的“court-yard”。唯其如此,我们可以理解,为什么中国古诗中的三、四两句就变成了英文中的“There's no sound of foot-fall, and the leaves / Scurry into heaps and lie still”(脚步声已消逝,树叶/旋作一团团,静止不动)。在这两句译文中,中国古诗中想象里冷而寂寞的“虚房”,变成了庭院中消逝的脚步声;而“落叶依于重扃”这一形象,在英语诗句中,落叶的数量被无限地扩大了,甚至是非常夸张地变成了“Scurry into heaps and lie still”(旋作一团团,

① 《牛津现代高级英汉双解词典》,商务印书馆、牛津大学出版社 1993 年北京版,第 267 页。

静止不动)。中国古诗中相当含蓄低沉的表达在这句诗中不存在了,它被戏剧化地置于“Scurry into heaps ”与“lie still”这一动一静中。在下一句中,中国古诗里“彼美之女”的形象变成了“she the rejoicer of the heart”(她,我心中之所欢)这一相当煽情的表达方式,并用“is beneath them”(长眠在下面)来表达她的死去。这都是相当西化的表达方式,符合英语读者的阅读习惯,而对一个汉语读者来说,这种表达无疑是相当怪异的。庞德诗的最后一句是他的独创,可能也是他自鸣得意的一句诗,一种意象主义的表达方式:将一个已经逝去的“she the rejoicer of the heart”的形象用一个冒号来与下文构成一种对等的比喻关系,即“A wet leaf that clings to the threshold”(一片潮湿的树叶粘在门槛上)。“wet”可能是庞德喜欢的一个英文单词,同样是在那首堪称意象主义代表作的《在地铁车站》(*In a Station of the Metro*)的诗中,庞德在短到两句的诗中这样写道:“The apparition of these faces in the crowd; /Petals on a wet, black bough. ”(隐现在人群中这些脸;潮湿的、黑色的树枝上的花瓣。)我猜想这一句诗与上述的最后一句诗有着某种血缘关系。

原谅我将这首中国古诗与并不懂汉语的庞德的英文诗之间进行这样一句句地比较。但是,我的这种比较是否能够更好地说明:用一种语言理解另一种语言将会发生多么巨大的变化。或者,站在庞德的立场来讲,翻译,就是出于自己的需要对他者文化的一种阐释。

其实,我上面也同时列举了英国翻译家贾尔斯(H. Giles)的译文。庞德正是通过这首诗接触到刘彻的诗的。对于这首诗,我还想说两点。第一,“玉墀”在这里被译为“the marble courtyard”,“marble”应该相对应于汉语中的“玉”一词,由于对“墀”的理解的错误,这里更是将这首诗的空间场景想象成了铺满大理石的庭院了。这或许会是英国的一种建筑风格,但不可能是中国古代用于居住的皇室后宫的建筑风格。第二,这首诗将中国古诗中的最后两句译为“For she, my pride, my lovely one ,is lost, /And I am left, in hopeless anguish tossed. ”(因为她,我的骄傲,我的爱人,已逝去,/而我被留在这儿,无望地惨痛地被抛弃。)这种语调比庞德的语调更为夸张也更为西化,用“my pride, my lovely one”(我的骄傲,我的爱人)这样的呼告式的称呼来替代原诗中的“彼美之人”，并将抒情主人公自己塑造成一个“left, in hopeless anguish tossed”的人，充满自怨自怜自艾的情调，与中国古诗所表现的含蓄、低沉、委婉的情调可以说是截然不同。

三

上面是从中文的语境中所指出的《落叶哀蝉曲》一诗在英译过程中所出现的变异，这种情形在这里没有列出的另外两首英译中也同样存在，它们之间的区分是量的，而不是质的。站在英文的语境中，可将我的这种分析看成是讨论英译如何是对中文诗的减损，这就像 A. C·格雷厄姆所指出的，“甚至专门的汉学家也避免不了一个具有古文修养的中国人可以挑出的错误”。他同时为此种现象辩护：“无论怎么说，既然诗的翻译或者是一乎诗，或者便什么也不是，那种谨小慎微、学究气十足的译文就可能从头至尾都是一个错误。”[①]正是在这个意义上，他以我上面说过的关于诗的艺术的“意象”理论为标准，将庞德的英译文本视为成功的译作，原因即是他自己所说的“译成英文而取得真正诗的地位的很少一些外国诗，都是不依靠原文也能获得许多价值的诗作。”[②]显然，他考虑的问题的根本，是如何能使一首译成英文的外国诗获得真正的诗的地位，而不是这种翻译在何种程度上是最恰当的“直译”。因此，看来 A. C·格雷厄姆是在鼓励庞德式的这种“创意英译”。有意思的是，中国古诗的长处往往是在具体的意象的描绘，而《落叶哀蝉曲》的最后两行却是不折不扣的直接抒情。但 A. C·格雷厄姆却贬低将最后两行翻译成直接抒情的三个英译本，独对庞德的“意象”派式结尾赞赏有加，并认为这正是他翻译的成功之处。如果结合我上述的分析来看这个问题，他的这一评判就显得很有意思。亦即是说，评判译诗的标准最后不是中文语境中一直强调的“信”的问题，甚至也不是

① A. C·格雷厄姆：《中国诗的翻译》，张隆溪译，见《比较文学译文集》，北京大学出版社 1982 年版，第 236 页。

② 同上。

"达"和"雅"的问题,而是创造性的问题。换言之,为了使译诗成为在用来译介的语言中能够独立存在的一首诗,甚至可以"牺牲"原来的"原作"。

因此,如从英文的语境看,我们倒是能够从另外一个方面对我上述在中文的语境中所作的分析进行更深一层的理解,亦即是说,不将这种比较视为从一种文化语境出发的对从另一种文化语境出发的翻译的指责,而是视为一种必然会有的可以理解的一个现象,并从翻译的另外一个立场,在这里是英文的语境中来理解这种相异。因为,严格地恪守这种相异,无异于是为文化交流筑一道无法沟通的墙,只有在两种文化间进行可能的换位思考,才能进一步认识翻译本身的问题,并增进两种文化的沟通与理解。其实,上面的分析有力地证明了这样一种观点:翻译中体现出的"异质"因子,正是两种民族文化相异的地方,翻译者总是在自身的文化语境中用自己的语言阐释另外一种语言的。在这个意义上,翻译不应仅仅是被视为一种语言对另一种语言的"直译",而应被视为一种文化对另一种文化理解的尝试,或者干脆说,是一种文化阅读。弗洛斯特说"诗就是翻译中失去的东西"这句话中隐含着这样一种权力,即:原作对译作的统治权和优先权。但是,当译作成了另外一种原作,甚至对原作都暗中加以改造的时候,译作反而成了原作。我们甚至可以说,从一种语言到另一种语言的翻译过程,任何译作都是一种原作。尽管这种结论是从比较特殊的钟铃所谓的庞德的"创意英译"中得出的,我相信它对从一种语言到另一种语言的翻译而言,还是具有普泛性的。

(作者单位:北京师范大学文艺学研究中心)

边走边唱

——吴趼人小说中的叙述者与旅行者

唐宏峰

[摘要] 本文发现吴趼人小说中的两个突出形象——叙述者和旅行者——常常合而为一,构成一种旅行叙事。介入式第一人称叙述者和第三人称限制叙事,放弃权威的说书人口吻,构成现代社会和现代个体的一种隐喻。而吴趼人的旅行者踏上的是一种特殊的寻求认知的心灵之旅,旅行的过程同时也是建构自我的过程,这就构成了一种可贵的"成长的人物"形象,体现了现代性的时间要素对于小说文体的塑造。

[关键词] 吴趼人 叙述者 旅行者

作为第一代职业小说家,小说写作是吴趼人表达和化解在传统社会向现代社会转变的过程中所深切体验到的文化危机的重要途径,小说成为现代性危机体验的表达。吴趼人采取保守主义的立场来回应他所体验到的危机,但这并不妨碍他在小说中进行种种出格的实验。这种保守思想与艺术实验之间的矛盾,尤其体现了小说文类的现代性张力。它透露了小说叙事对于作家主观意图的超越,显示了一种现代性的叙述压力和小说文类本身的自动结构和现代性意义。

叙述者和旅行者是吴趼人小说中非常突出的两个形象,他在这两方面所作出的探索,无疑是晚清文学最重要的成果之一。成长中的旅行者叙述自身、叙述世界,预示了现代个体在现代性世界的生存。边走边唱,是一种比喻性的概括,表示小说中叙述者与旅行者常常同一的特性。

一　叙述者与现代人

本雅明指出了从“讲故事的人”到小说家的转变。[①] 这于中国小说的发展非常切合，由说书艺术发展到文人创作，更在晚清印刷媒介的强大促动下，叙述者的形象从“说书的”转变为“做书的”。说书是一种集体行为，而当传播媒介的变化导致叙述者终于脱离叙述接受者，做书成为个人行为，得以叙述自身。“小说”的出生是一个孤独的个人。

叙述者(narrator)一向是叙事学研究的核心问题，重要的不是讲什么，而是怎样讲，成为现代文学理论对于叙事作品的第一认识，而叙述者正是怎样讲的关键所在。没有没有叙述者的叙事，叙述者是作者塑造出来的第一个人物，叙述者成为衡量一个民族、一个时代文学面貌的重要维度。[②] 陈平原和赵毅衡分别用西方的叙事学框架来研究中国小说叙事模式和叙述者由传统到现代的变迁，抓住了一个追踪中国小说现代化的有效角度。[③] 那个千年来恪守程式的说书人在晚清遭到了最大的挑战，主流意识形态无法回答为何中国屡战屡败，此时它甚至开始失去对小说叙述方法的规范能力。

吴趼人在叙述者方面的创新成就向来为人所称道，有关研究也不少。[④] 他在小说叙述者方面的实验，我们至少可以指出介入式第一人称叙述者(《二十年目睹之怪现状》)和第三人称限制叙事(《新石头记》、《上海游骖录》)，这两

① 〔德〕本雅明:《讲故事的人》,收入陈永国、马海良编《本雅明文选》,中国社会科学出版社 1999 年版。

② 赵毅衡:《苦恼的叙述者》,北京十月文艺出版社 1994 年版,第 26 页。

③ 参见陈平原:《中国小说叙事模式的转变》,北京大学出版社 2003 年版;赵毅衡:《苦恼的叙述者》。

④ 主要包括米列娜:《晚清小说情节结构的类型研究》、《晚清小说的叙事模式》二文(收入〔捷〕米列娜编:《从传统到现代——世纪转折时期的中国小说》);陈平原:《中国小说叙事模式的转变》、《二十世纪中国小说史第一卷(1897—1916)》二书相关章节;赵毅衡:《苦恼的叙述者》相关章节;韩南:《吴趼人与叙述者》一文(收入韩南:《中国近代小说的兴起》)等。

者在晚清都是意义重大的。①

中国传统白话小说的叙述者是那个程式化的“说书的”，其地位、意义和功能都是基本固定的：与小说著作权无关，只负责传达故事；凌驾于“小说世界”之上，全知全能，具有绝对的评价权威；担当劝善惩恶的道德规劝。说书者绝少自称“我”，在指涉自身时只用“说书的”，不允许人格化，第一人称叙述者和第三人称限制叙事在传统白话小说里是找不到的。但在文言小说中，叙述视角固定在叙述者“我”或者小说中某一人物身上的情况，并不罕见。譬如唐传奇中的《古镜记》、《游仙窟》②、《谢小娥传》、《秦梦记》等，以及明清笔记小说《看花述异记》、《会仙记》、《浮生六记》③等，都是用“余”、“予”的口吻叙述，但此等第一人称叙述者基本上限于提供证词、补充叙事线索，作为故事的记录者和世界的观察者，而不曾直接介入故事进程（《谢小娥传》、《浮生六记》除外）。中国古代小说缺的是由“我”讲述“我”的故事，而这是第一人叙述的关键和魅力所在。第三人称限制叙事，则在继承史传笔法、以人物描写为中心的传奇中较为广泛地存在，譬如《柳毅传》、《补江总白猿传》、《莺莺传》、《荷花三娘子》等，或以传主耳目为耳目，或以他者所见所闻描写传主。④

---

① 叙事学中许多概念名称至今仍有争议，没有统一，譬如叙述者的角度问题，或称角度、或称焦点、或称意识中心，第一人称叙述者和第三人称叙述者的称谓也常遭到质疑，譬如赵毅衡用“现身叙述者”和“隐身叙述者”（赵毅衡：《苦恼的叙述者》，北京十月文艺出版社1994年版，第27页），米克·巴尔用“外在式叙述者”和“人物叙述者”（〔荷〕米克·巴尔：《叙述学：叙事理论导论》（第二版），中国社会科学出版社2003年版，第24页）来区分。类似名称还有很多，没有哪一种被普遍接受，而且在具体的应用中也还要加限制，所以本文仍旧采取第一人称与第三人称的俗称，因其含义被普遍接受，容易理解，在具体应用中加上限定语就可使其含义更加准确。我赞同布斯的说法，区别第一人称或者第三人称讲述并不重要，重要的是“描述叙述者的特性如何与特殊的效果有关”（布斯：《小说修辞学》，华明等译，北京大学出版社1987年版，第168页），所以本文强调第一人称的“介入”和第三人称的“限制”。本文使用“介入式第一人称叙述者”和“第三人称限制叙事”，与韩南所使用的“第一人称参与的叙事者”和“第三人称的意识中心”（〔美〕韩南：《中国近代小说的兴起》，徐侠译，上海教育出版社2004年版，第173页）意义等同。

② 《游仙窟》20世纪20年代才从日本找回。

③ 清中叶的《浮生六记》，是地道的自叙传小说，达到了相当高的艺术水准，本应对晚清第一人称叙述者小说的发展起到重要的启发作用，但它是到1906年才在坊间发现，在《雁来红》杂志上重刊。

④ 陈平原：《中国小说叙事模式的转变》，北京大学出版社2003年版，第64页。

文言与白话分立的中国小说传统，使文言小说的丰富实验，在晚清难以成为新小说家们的主要借鉴对象。主要创作白话长篇小说的晚清小说家，面临的传统主要是明清的章回小说，在那里，说书人叙述者的权威依旧，这使得晚清小说家们的创新努力显得弥足珍贵。而晚清翻译文学、小说译本，是晚清小说叙事角度改变的首要因素。

从吴趼人《二十年目睹之怪现状》(1903—1910)到符霖《禽海石》(1906)、苏曼殊《断鸿零雁记》(1912)，介入式第一人称叙述者，也即人物化的叙述者，逐渐成熟。叙述者"我"深入小说世界，自己讲述自己的故事，必然使小说内在化、私人化，从讲述新奇的故事到叙说自家情怀，不知不觉中小说的面貌已经焕然一新。同时，从刘鹗的《老残游记》，到吴趼人的《新石头记》、《上海游骖录》，在最容易滑向全知全能的第三人称叙述者上，保持了固定于一个主人公视角的限制叙事，小说家们发现这种叙述手段可以造成一种特殊的"真实感"。

首先要回答这样两个问题：叙述者与现代人是什么关系？小说中叙述者的变化，是否可以看做是现代个体的预示、表征，或者隐喻？我以为，在晚清小说叙述者的革新与现代个体的出现之间建立关联，是小说与社会之间修辞关系的一种体现。我们的研究早已确认现代小说中人物形象的塑造，与现代社会个体主体的形成具有一种同构关系——譬如鲁迅《狂人日记》中的"狂人"、郁达夫《沉沦》中的"我"，是现代个体反抗传统、个性解放的集中表达。而叙述者形象却还是仅仅被看做是小说艺术形式上的因素，与意识形态、社会思想无关。但是在我看来，叙述者，这个小说中的第一形象，其实更敏锐、更突出地与整个社会生存状况、意识形态密切相关。怎样讲述故事，看似是一个可以自由选择的问题，实际上它关系到现代人对外部世界的理解，对自我的理解。当世界不再是凭借既有知识就可以进行判断的熟悉体，讲故事的人便不得不放弃那权威的声音，走向第三人称限制叙事；当外部世界越来越叫人失望，叙述者便开始转向"内面"生活，即为介入式第一人称叙述者。

二者的共同之处在于，叙述者受到限制，因为在现代社会的巨大悖论中，没有什么东西可以保持确定无疑，现代人不再完满。限制叙事，表明古典的完满而自信的个人被现代的有限的个人所取代。再没有人可以稳妥地掌握一种权威的声音,普遍的老生常谈式的判断不再存在。在传统的白话小说中,说书人宣传为人普遍接受的思想和道德,譬如红颜祸水和因果报应,而在晚清小说中,进行评述的叙述者的思想意识是多种多样的,叙述者反映着各个作者不同的世界观,甚至反映着同一作者的世界观的矛盾和不一致处。这便是最难得的叙述者的人性化,不再是千篇一律、面目模糊的那个"说书的"。如本文第二节所述,吴趼人有着鲜明的文化保守主义思想,也急切希望挽救日下的世风,但却没有采取全知全能的权威叙述,相反,代之以一个"因为无知与天真而不可靠的人物的想法和评价","读者不是接受命令式的指导,而是受到邀请,通过某个个体的心灵和经验体会民族与文化危机。"①吴趼人在《上海游骖录》的自跋中,提出了自己"恢复我固有之道德"的主张,然而其后马上强调:"此特仆一人之见解耳。一人之言,必不能免于偏,海内小说家,亦有关心社会,而所见与仆不同者乎?盍亦各出其见解,演为稗官,而相与讨论社会之状况欤?"②

普实克发掘出了晚清小说的"主观主义"和"个人主义"的倾向,即一种"抒情的"倾向,他举出的作品有《浮生六记》、《老残游记》和《二十年目睹之怪现状》。"对自我的意识,对个人的实体和意义的意识,往往随着一个特征,那就是对生活悲剧性的感受。"③《二》的第一人称叙事显然是使小说"主观性"增强的首要因素,它有利于"作者感情的直接表达,作者的世界观与所表现的现实的直接对立,主人公的世界或客观世界与作者的主观世界的矛盾"等等。④ 不过当然,《二》的第一人称叙事,还远没有达到充分抒发个人情感的程度,我们会相当惊异地发现《二》中"我"的私人情感的缺乏,当第六十五回叙述"我"的婚姻和母亲亡故时,只是一带而过,"我"缺乏起码的情感反应,然而,一旦涉及社会的种种"怪现状"时,"我"却表现出强烈的愤慨与谴责。《二》的第一人称叙事是用于社会政治批判的,其"主观性"的价值即在于此。

---

① 〔美〕韩南:《中国近代小说的兴起》,徐侠译,上海教育出版社 2004 年版,第 192 页。

② 吴趼人:《上海游骖录》,自跋,载魏绍昌编:《吴趼人研究资料》,上海古籍出版社 1980 年版,第 149 页。

③ 〔捷〕普实克:《中国现代文学中的主观主义和个人主义》,收入《普实克中国现代文学论文集》,湖南文艺出版社 1987 年版,第 2—3 页。

④ 同上书,第 107—108 页。

二 旅行叙事

对于吴趼人小说中叙述者的细致分析,已经有了很多成果,我在这里不必再重复,我要强调的是叙述者的革新与现代性社会、现代性个人的关系。而在我看来,叙述者对于现代个体的承载,最突出体现在叙述者与旅行者的叠合,成长中的旅行者叙述自身、叙述世界,预示了现代个体在现代性世界的生存。旅行着的叙述者,叙述着的旅行者,构成一种旅行叙事。

晚清小说中,旅行者形象泛滥,譬如《老残游记》中的老残、《邻女语》中的金不磨、《冷眼观》中的王小雅等。这种繁荣与旅行者所能承担的叙事功能密切相关。[①] 晚清小说家以前所未有的热情来表现其生存于中的裂变时代,叙述者首先是担负起叙述时代的任务,其次才叙述自身。晚清小说具有强烈的现实感,完全不同于古典传奇。古典传奇的那些故事总是发生在模糊的过去与不知哪里的地方。相反晚清小说通常具有时空的确定性,从没有哪个前代小说家像晚清小说家那样,力求忠实描画自己的时代。这构成对小说叙事能力与叙事艺术的巨大挑战,而旅行者恰提供了一条非常好用的线索,只要把一切作者所要表现的社会生活现象都与主人公的游历挂上钩,小说自然就获得了一种表面上的整体感。包天笑曾问吴趼人创作《二十年目睹之怪现状》的材料从哪里来,吴回答说他有一本"手抄册子",专门记载各种听来的或是在报纸、笔记上摘录的"怪怪奇奇的故事","这些材料将如何整理法呢?""就是在这一点上,要用一个贯穿之法,大概写社会小说的,都是如此的吧。"[②]"旅行者"便成为最方便的贯穿之法。吴趼人对此颇为得意,认为《二》书"举定一人为

① 陈平原分析旅行者的叙事功能,指出晚清小说家误解西洋小说"一人一事"的形式,用旅行者串联,构成"虚假的整体感"和初步的"限知叙事",同时在小说内容上,形成"启悟主题"、"补史之阙"和"旁观民间疾苦"的特点。参见陈平原:《二十世纪中国小说史第一卷(1897—1916)》第8章。

② 包天笑:《钏影楼笔记》,见魏绍昌编:《吴趼人研究资料》,上海古籍出版社1980年版,第30页。

主，如万马千军，均归一人操纵，处处有江汉朝宗之妙，遂成一团结之局”。[①]在晚清的小说中，我们能强烈感受到，小说家们似乎是迫不急待地驱赶他们的主人公上路，使之疲于奔命，从一处到另一处，不断由于各种巧合参与进或是旁观到各种故事，不断走上街头巷尾倾听到各种奇闻，不断有各种各样的朋友跑来他的旅馆，只为了告诉他一件怪事。晚清小说中，主人公往往身兼叙述者与旅行者二职，边走边唱。

旅行者的空间内涵则无疑是其意义所在之一。晚清小说家时间上执著于现世，而空间上则极力向广阔延伸。旅行者是由于他与广阔社会、广阔世界的联系而获得价值的。在这里，旅行者游历的地理名称都是有意义的，决不是可以任意替换的无意名词。旅行者通常是由南方的乡间进入上海、北京、广州等通商口岸或政治中心，这不啻于是由一个世界进入另一个世界，由有限的空间进入无限的空间。譬如李伯元《文明小史》中的贾氏三兄弟由江苏吴江到上海，吴趼人《上海游骖录》中的辜望延由湖南到上海。

旅行与历险，是人类最早的小说母题。翻开欧洲小说史的开篇，我们就看到堂·吉诃德外出离家，来到一个广阔的他不能再辨认的世界。如昆德拉所言，“一打开《宿命论者雅克》，就碰上两个半路上的主人公；我们不知道他们来自何方，去往哪里。他们生存于一种没有始终的时间和没有边界的空间之中”[②]。早期的欧洲小说都是写穿越世界的旅行——这个世界看上去无边无际，而中国晚清的小说家们面对前所未有的开放空间，也都赶快驱使他们的主人公上路。仿佛现代小说的体裁本身必定要与一个开放的无限空间绑在一起。

三　成长的旅行者

然而，吴趼人小说中的旅行者兼叙述者却并不止于此，《二十年目睹之怪

① 《二十年目睹之怪现状》总评，《中国近代文学大系·小说集 3》，上海书店 1994 年版，第 843 页。

② 〔捷〕昆德拉：《小说的艺术》，唐晓渡译，作家出版社 1992 年版，第 7 页。

现状》中的“我”、《新石头记》中的贾宝玉、《上海游骖录》中的辜望延,都具有一种特殊性,即是一种成长人物。旅行在吴趼人这里,不仅仅是穿起各种见闻的线索,同时也是一种观察世界的新鲜眼光,更是主人公心灵、思想得到历练的重要途径。游历,成为改变小说人物命运和生存方式的重要契机,漫长的旅途成为人物心灵变迁的历程。我以为,吴趼人的小说为中国小说贡献了一种新型的人物——成长的旅行者。[①] 这在此前及其同时代的小说家笔下都难以见到。

《二十年目睹之怪现状》(1903—1910)的叙述者兼主人公兼旅行者“我”,在旅程的开端,是一个天真幼稚的 15 岁少年,从靠近广州的家里出门去杭州看望病危的父亲,父亲死后,在伯父的帮助下料理后事,结果被伯父有预谋地骗走孤儿寡母继承的大笔遗产。“我”为了探究真相,16 岁孤身来到南京,在昔日学友吴继之的帮助下,成为其幕中的一名书记,并在朋友们的帮助下,逐渐明白伯父欺骗的真相,同时了解到了社会上许许多多在他看来甚为“奇怪”的事情。出于好奇,他不断央求别人给他讲述各种故事,并做笔记记录下来。随着对社会认知的增加,“我”逐渐摆脱了少年时代的幼稚,趋向成熟,从性格到认识事物的能力,包括办事能力都逐渐增强。这在第十八至二十回中得到充分展示,“我”回广州为受亲戚欺侮的母亲解了困。随后,“我”替开始经商的继之在各地商号打点,更加积极地寻求故事,但是已经可以形成自己的正确判断。第七十七回中的一个眉批称“我”已“较之从前一团稚气时截然两人”,肯定小说作者“写阅历之日深”,是对“叙事层次”的精心设计。[②] 小说最后是一

① 陈平原用“启悟”二字表达这种特殊的旅行主题,但他认为吴趼人小说中《上海游骖录》是启悟主题的典型,《二》则算不上;韩南则指出《二》的主人公“在小说进程中不断成长”([美]韩南:《中国近代小说的兴起》,徐侠译,上海教育出版社 2004 年版。第 177 页),但他对《新石头记》和《上海游骖录》的分析,表明他似乎没有把这后两者也包括进“成长的人物”当中。我对于“成长的旅行者”的分析深受二位学者的研究成果的启发。不过不同于韩南,我把《二》、《新》和《上》,包括《恨海》都纳入此范畴,虽可能有泛化之嫌,却可以更好地展现吴趼人小说贡献出的此一人物类型的广度和力度;不同于陈平原,我决定采用“成长”一词而不用“启悟”,一方面因为“成长”更强调内在的连续的变化,另一方面可以与在德国现代性进程中发挥重要作用的“成长小说”联系起来,有利于我们时刻牢记现代性的问题意识。

② 《二十年目睹之怪现状》第七十七回眉批,《中国近代文学大系·小说集 3》,上海书店 1994 年版,第 578 页。

个相当悲惨的结局，继之破产，“我”经历了二十年官场、商场的游历，认清了当今世界无非“蛇虫鼠蚁”、“豺狼虎豹”、“魑魅魍魉”的本质，最后带着其叔父留下的两个孤儿，回家乡了。

《新石头记》(1905—1908)讲述大观园里的贾宝玉看破红尘，回到青埂峰下苦修，几世几劫之后重又下凡，想要遂了“补天之愿”。于是在南京、上海、北京、武汉等地游历，发现此时已是1901年，出现那么多新鲜玩意儿，火柴、轮船、火车、洋人、江南制造局等等。宝玉是小说的焦点人物，小说主要讲述他的所见所闻。宝玉通过读报纸、看新学书，很快从“不知不识”的状态熟悉了新世界，并对种种现象——尤其是洋人、洋物以及华人对洋人的态度——形成了自己的判断。宝玉经历了义和团庚子事变，看遍了世间黑暗。之后偶入一个理想的“文明境界”，那是一个科技强国和道德至境。在老少年的带领下，宝玉了解了文明境界的从经济到政体，从技术到道德的各个方面，逐渐明白了什么是真正的文明。凭借着文明境界的飞车和海底猎舰，宝玉又从空中飞到了非洲，并进行了海底环球游。最后，宝玉做了一个梦，梦见中国实现立宪，成为世界强国。

《上海游骖录》(1907)讲述偏远村庄里对时事一无所知的年轻人辜望延，被人诬陷为“革命党”，要被抓去坐牢，迫使他逃往上海。而他最主要的目的是想知道所谓“革命党”为何物。在李若愚的教导下，他认识到那些自封为“革命党”的人不过是些好吃懒做没有操守的骗子。最后，辜望延又被迫离开上海前往日本，去“看看那边中国人的人格”，虽然对将来仍然举棋不定，但他认识事物的能力显然已经比当初更强了。

可以看到，吴趼人小说中的旅行，主要是一种心态、一种眼光，而不在乎旅程的长短。见闻的串联，也建立在旅行者的成长历程基础上。旅行叙事的本质，在于旅行者在“离”的出发点与“返”的回归点之间所产生的“差异”。这种差异，使旅行成为主体建构的过程。乔治·金格拉斯(George E. Gingras)在《旅行解析》中指出，旅行即是远离被保护的环境，而企图寻找崭新的自我和事物的历程。旅行主题最具价值之处，在于空间的跨越，和自我的建构。[1] 吴趼人小说中的主人公——九死一生、宝玉、辜望延，都是本质意义上的旅行者。他们都是从一个"前现代"的地方，进入"现代"的城市。"幼稚的陌生人"不断被现实和他人所教育、改变，当他们最终结束旅行的时候，已经与出发前的自己大为不同。"此等游历，不为山水人情，而旨在寻找真理破除痴迷。"[2]三部小说中的旅行主人公，在出游的起点与终点之间发生变化，而重要的是这种变化不是生理上的自然成长，而是主动的、有意识的心智上的增加与成熟。我想可以把这种特殊的旅行概括为——寻求认知的旅行，把这种特殊的旅行者概括为——成长的旅行者。

旅行是"丧失"与"获得"的结合体。吴趼人小说中的旅行者上路，为了一种特殊的"获得"——寻求认知(to know)，获得真相(truth)。旅行者在结束旅行的时候，都成为"更具认知"(more knowing)的人。[3] 九死一生、宝玉和辜望延都把社会当做学校，吴继之、老少年和李若愚成为他们的主要老师，向他们传授现实社会的真相。九死一生认识到了整个社会吃人的本质，[4]贾宝玉认识到了什么是真正的文明，辜望延认识到了所谓"革命者"的本来面目。

成长的旅行者首先是作为幼稚的陌生人出场的，这一角色对于小说表现的主题至关重要。吴趼人执著于表现晚清社会的乱象，表现时刻困扰他的民族危机与文化危机，那么采取一个什么样的视角有利于做这样的观察呢？吴趼人选择了作为局外人的幼稚主体，由此获得了观察晚清社会的陌生化眼光。

---

① George E. Gingras "Travel." *Dictionary of Literary Themes and Terms*. Ed. Jean-Charles Signeuret. NY: Greenwood, 1988. pp. 1291-1332. 转引自王仪君:《空间、旅行与文化异质:论英国文艺复兴时期戏剧〈海之旅〉及〈英格兰三兄弟之旅〉》,《中外文学》第31卷,第4期,2002年9月,第94页。金格拉斯归类了几种旅行文学:1. 以旅行的范围而言,有陆上及海上的探险或旅程,另有天堂与地狱之游;2. 以旅行的目的而言,有追寻之旅、朝圣之旅、或回乡之旅;3. 以其结果评断,又有启蒙之旅、再生之旅,亦或心灵之旅。在此分类中,吴趼人的旅行叙事,显然主要属于陆上旅程、追寻之旅与启蒙之旅。

② 陈平原:《二十世纪中国小说史第一卷(1897—1916)》,北京大学出版社1989年版,第276页。

③ 参见胡锦媛对《黑暗之心》的分析,胡锦媛:《远离非洲,远离女性:〈黑暗之心〉中的旅行叙事》,《中外文学》第27卷,第12期,1999年5月,第98—101页。

④ 〔捷〕米列娜:《晚清小说的叙事模式》,《从传统到现代——世纪转折时期的中国小说》,伍晓明译,北京大学出版社1991年版,第68页。

于是，嫖妓、买官、贿赂、欺骗等“自然”情况，在九死一生看来就成为值得记录的“怪现状”；火柴、江南制造局、崇洋媚外就成为宝玉需要格外探究的东西；而辜望延则可以以零基础学习了解“革命党”，接受代表作者观点的李若愚的教诲。“幼稚的陌生人”对于讽刺作品来说显然是有益的，陌生人与“奇异的”社会环境并置常常产生喜剧情境，所以陌生化方法是讽刺小说的一种理想的媒介。正是在这一点上，米列娜把吴趼人与鲁迅联系起来，不只是由于吴的叙事实验预示了鲁的更大的探索，而且那“一个独特的陌生人”，沟通了吴笔下的旅行者与“狂人”。①

如果把吴趼人笔下的旅行者与《老残游记》中的老残做一对比，我们就可以看到这其中的区别。老残当然是典型的旅行者，甚至有点职业旅行家的味道，但老残却绝不是成长的人物。老残在一出场时，便已经是成熟了的，他不需要被“启悟”，而是由他来“启悟”别人。老残敏锐、判断正确、成熟果敢，悬壶济世，清官之罪恶等待他来揭露，无辜受冤者等待他来拯救。总之，老残是一个定型的人物，在这一点上，伟大的《老残游记》没有突破，同中国旧小说史上众多的人物一样，他们一出场时性格、能力就已经固定，其后的种种波澜经历都是这种性格与能力的展示和结果，譬如诸葛亮、西门庆、潘金莲、贾宝玉和林黛玉等，均是如此。

可以说，晚清小说中的旅行有两种，一种是老残式的，主人公在空间中位移，周围环境、生活状态、社会地位都可以发生变化，但其自身品性不变；一种是九死一生式的，空间的位移，不只带来环境与命运的变化，而且引起人物本身的性格、心智发生脱胎换骨的改变。在吴趼人的小说中，主人公本身的变化具有了情节意义，九死一生、宝玉、辜望延自身的成熟过程，在小说众多的见闻、故事、杂录中，是最生动的部分，构成了主要的情节线索。

旅行具有重要的时间和空间意义。空间的位移，是人物得以成长的关键所在。更为关键的是，吴趼人小说中的旅行本质上是一种跨界旅行，我在前文已经提及，由广东、湖南的农村，甚至青埂峰下，进入上海的繁华世界，这不啻

① 〔捷〕米列娜：《晚清小说的叙事模式》，《从传统到现代——世纪转折时期的中国小说》，伍晓明译，北京大学出版社 1991 年版，第 15 页。

于是由“前现代”社会进入“现代”社会，陌生、震惊与教育就在这种差异中间产生。

而成长的旅行者的时间特性则与“小说”文类的时间要素相契合。小说是一种现代性的文类，因为现代性的时间对于小说文类具有举足轻重的意义。现代性首先是一种新的时间观念，一种历时的、线性的、发展的时间观念。这种时间对小说的兴起意义重大，“小说坚持在时间进程中塑造人物的影响。小说本身对一段时间之内人物发展的关心远胜于其他任何文学形式”。[①] 产生于18世纪下半叶德国的成长小说（教育小说，Erziehungsroman，Bildungsroman），是这种小说与时间关系的最佳体现。主人公在时间的动态发展中产生心性本体上的成长变化，“时间进入人的内部，进入人物形象本身，极大地改变了人物命运及生活中一切因素所具有的意义。”[②]

在旅行中成长，在我看来，使吴趼人的几部小说成为类似于“成长小说”的类型。在巴赫金划分的五种成长小说中，“循环的成长小说”和“历史”的成长小说，对于理解吴趼人的作品最为有益。“循环的成长小说”强调人物“从青年时的理想和幻想转变到成熟时的清醒和实用主义”，“把世界和生活描写成每个人都要取得的经验，都要通过的学校，并且从中达到同一种结果——人变得清醒起来，但又具有不同程度的听天由命的思想”，“循环”意味着“某种典型的重复出现的人的成长道路”。[③] 九死一生、宝玉、辜望延都经历了这样的转变，但与此不同的是，不能把这种转变看做是在任何时代和任何个人身上都可能发生的共同转变。吴趼人小说人物的转变与时代、与历史密切相关，绝不能等同于人在自然时间中从青年到老年的变化。这便是巴赫金最为看重的“历史”的成长小说类型，“人的成长与历史的形成不可分割地联系在一起。人的成长是在真实的历史时间中实现的，与历史时间的必然性、圆满性、它的未来，它的深刻的时空体性质紧紧结合在一起”[④]。吴趼人笔下成长的旅行者，是在晚清

① 〔英〕瓦特：《小说的兴起》，高原、董红钧译，三联书店1992年版，第16页。

② 〔俄〕巴赫金：《教育小说及其在现实主义历史中的意义》，《小说理论》，白春仁、晓河译，河北教育出版社1998年版，第230页。

③ 同上书，第231页。

④ 同上书，第232页。

这个断裂性的历史时刻踏上旅途，他所寻求的也正是这个社会现状的真相和未来的可能。他自身反映着世界本身的历史成长。他已不在一个时代的内部，而处在两个时代的交叉处、转折点上。这一转折寓于他身上，使他不得不在某种程度上成为一个“新型的人”。[①] 从这个角度看《新石头记》的贾宝玉，会体会到其中深意。大观园里的贾宝玉，生活于一个至少表面保持稳定的时代，不知民族危机与文化危机为何物，那个时代的意识形态与现实的脱节尚不明显。而当他被放置于现代社会之中，便不得不承受那种时代断裂所带来的窘困。原来的宝玉厌恶经济、专情儿女，而晚清的宝玉则关心政治、苦读勤学、看书看报、探索真正的文明。是历史与时代使宝玉不得不变，多情的怡红公子到了晚清社会，必定要摇身一变，大显身手。

吴趼人是晚清最富创新性、最多才多艺的小说家，他较早接受西洋小说创作技巧，更重要的是他使用这种接受改变了传统小说文体的面貌。他的社会小说、写情小说、侦探小说、科幻小说和短篇小说，全面开启了现代小说文体的特征。叙述者与旅行者是吴趼人小说中的两个突出形象，二者的结合可以被看做是正在形成当中的现代性个体的一个隐喻。

（作者单位：北京师范大学文学院）

① 赵毅衡用“现身叙述者”和“隐身叙述者”，参见赵毅衡：《苦恼的叙述者》，北京十月文艺出版社，第232—233页。

博士论文选粹

《文心雕龙》诗学范式转换的枢纽[①]

——《辨骚》篇与《文心雕龙》诗学思想关系重析

姚爱斌

[摘要] 反思《文心雕龙·辨骚》篇若干诗学命题的正反离合关系，重新考察《辨骚》篇的诗学格局，其中暗含着寓言诗学与感物诗学两种诗学范式之辨。前者导源于汉代以《毛诗》、《郑笺》的“比兴美刺”说为核心的诗学话语系统，后者根植于汉末魏晋以降直至刘勰当世的蔚为大观的以“缘情感物”说为核心的诗学话语系统。《辨骚》篇是《文心雕龙》中两种诗学范式转换的“枢纽”。

[关键词] 辨骚　寓言诗学　感物诗学

《辨骚》篇究竟是什么之辨？是非文学作品与文学作品之辨？正与奇、本与末之辨？“守常”与“知变”之辨？还是“事义之文”与“抒情写境之文”之辨？抑或是现实主义与浪漫主义之辨？……诸家之说都在一定程度上揭示了《辨骚》篇的诗学内蕴，但是既往的研究都忽略了《辨骚》篇中一个重要的“暗辨”，即“寓言诗学”与“感物诗学”两种诗学范式之辨。

一 《辨骚》篇的诗学命题与诗学范式

学界对“辨骚”之“辨”的答案虽不一而足，但其文本依据都不出下面这五

---

① 本文为博士论文《〈文心雕龙〉诗学范式研究》(北京师范大学，2003 年 5 月，导师童庆炳教授)中的一部分。

个诗学命题;本文主张的寓言诗学与感物诗学之辨,自然也须以这五个诗学命题为话语资源:①

> 1. 故其陈尧舜之耿介,……观兹四事,同于《风》、《雅》者也。
>
> 2. 至于托云龙,……摘此四事,异乎经典者也。
>
> 3. 观其骨鲠所树,肌肤所附,虽取熔《经》旨,亦自铸伟辞。……《卜居》标放言之致,《渔父》寄独往之才。
>
> 4. 故其叙情怨,则郁伊而易感;述离居,则怆怏而难怀;论山水,则循声而得貌;言节侯,则披文而见时。
>
> 5. 酌奇而不失其贞,玩华而不坠其实。

上述五个诗学命题并非各不相干,其间暗含着一个正——反——合的关系,即:命题1为正题;而反题则不仅包括学界公认的命题2,还应包括命题3和命题4;合题是命题5。研究者能得出什么样的结论,不仅与他倚重的某一单个命题有关,而且与他如何理解这五个命题间正反离合的格局关系甚大。

牟世金看重的是命题3。他认为"四同"、"四异"只是"'辨骚'的结果,但不是'辨骚'的目的。"《辨骚》篇的目的是"对楚辞作出正确的评论"。② 而这个"正确的"评论就是命题3。他进而提出该篇意在《楚辞》与五经之辨,而其实质又是文学作品与非文学作品之辨。他说:"照刘勰的观点,《诗经》是五经之一,是'不刊之鸿教',不能当着文学作品来详论。因此,作为文学作品来说,以《离骚》为代表的楚辞,就是文学史上第一部作品了。文学作品和儒家经典自然是不同的,所谓'辨'与'变',其命意的关键,正应从这里去察考;刘勰以《辨骚》为'文之枢纽'之一,正由此中透露出重要消息。"③牟世金这段话中存有三点疑问:一、认定刘勰在《宗经》中不是把《诗经》当做文学作品来评论,有违彦和初衷。《宗经》篇说得很明白:"赋、颂、歌、赞,则《诗》立其本。"刘勰把赋、颂、歌、赞四种文学性最强的文类归于《诗经》文体系统,说明《诗经》作为文学作品在刘勰那里并不成问题。二、认为刘勰把楚辞作为"文学史上第一部作品",是

① 范文澜:《文心雕龙注》,人民文学出版社1958年版,第46—47页。

② 牟世金:《文心雕龙研究》,人民文学出版社1995年版,第227页。

③ 同上书,第199页。

文学作品的第一个典范，也与刘勰的文论主旨不合。刘勰勘定的第一部文学作品的典范只能是《诗经》，而不是《楚辞》，否则《文心雕龙》就得重新写过。三、刘勰本意将《辨骚》置入“总论”，而“文体论”部分以《明诗》为首，继之以《诠赋》，在《诠赋》中又顺带说明《楚辞》的文体流变影响，这样既保证了“文体论”的顺序不乱，又与“总论”部分的《辨骚》篇内容不相重复。这一安排正好见出了彦和思致的周密。

有的学者依据命题1和命题2认为《辨骚》篇的目的在“知变”，《辨骚》中“同乎《风》《雅》”的四事是刘勰艺术“守常”观的体现，“异乎经典”的四事是刘勰艺术“通变”观的体现。如龚菱即说：“比兴、规讽是文学修辞，忠恕、狷狭是文学体性，典诰是文学的引据，荒淫是文学的铺叙，诡异、谲怪是文学的想象力，后人研究文学者均可取法。……刘勰的文论思想，就以宗经思想为主干，从‘宗经’、‘辨骚’两源流出发的，他认为‘经’正，‘骚’变；‘经’雅，‘骚’丽，宗经的目的在‘守常’，辨骚的目的在‘知变’。”[①]首先，这个立论根据是不够充足的，因为刘勰《楚辞》诗学的点睛之处并不在这两个命题，而是在后面的三个命题。其次，龚菱对四同四异的理解也颇成问题。他无视刘勰对四同四异界划清晰、褒贬分明的态度，将两组顺序完全打乱，然后对其一概肯定。若说刘勰对四异中的“诡异之辞”与“谲怪之谈”的态度尚显含糊，那么他对“狷狭之志”与“荒淫之义”无论如何是不想让“后人研究文学者均可取法”的。牟世金对四异的看法殊为允当，他认为：“评四异的诡异之辞、谲怪之谈、狷狭之志、荒淫之义，应该说都是贬体。刘勰总称为‘语其夸诞则如此’，企图论证其并非贬词是徒劳的，也不可能对这四异有的是褒，有的是贬。”[②]龚先生的误读缘于他过于看重命题1与命题2的关系在《辨骚》中的意义。

另一种观点认为，《辨骚》的用意是在五经的重“雅”与重“事义之文”外，将《楚辞》作为“文体之丽”与“抒情写境之文”的“枢纽”。徐复观在《文心雕龙浅议之六：文之枢纽》中说：

---

① 龚菱：《文心雕龙研究》，文津出版社1982年版，第98页。

② 牟世金：《文心雕龙研究》，人民文学出版社1995年版，第201页。

> （一）彦和实际是以五经为雅的典型，以《离骚》为丽的典型。所以《辨骚》一篇，先辨别《骚》与经的异同，这是受时代的限制，辨其所不必辨；而通篇主旨，乃在发挥楚辞之丽及其丽的重大意义与其重大影响。
>
> （二）因楚辞之丽，乃由情所涌出，丽与情融合而为一，故其丽可以直接表现出各种之情，赋各种之情以原有之姿的形相、面貌、气氛，而毫无障隔，对读者发挥最高的效果。
>
> （三）彦和所归纳出的文章枢纽，总括的说，是以五经为文体之雅的枢纽，为事义之文的枢纽；其中的诗经，不妨下与楚辞连在一起。以楚辞为文体之丽的枢纽，为抒情写境之文的枢纽。①

这三段文字愈转愈精。徐复观先生首先从文学体性上将五经与楚辞划归“雅”和“丽”两类，然后从命题3和命题4中拈出“情”这个关键因素，并将“丽”与“情”牢牢扭结在一起。这一发现尤为重要，它成为徐复观先生论述转深的契机。由情入手思考，他又在总结段中提出了一种更加精确、也更具有启示意义的划分：五经为事义之文的枢纽，而楚辞为抒情写境之文的枢纽。“以楚辞为文体之丽的枢纽”这种说法仍将楚辞作为新的文学典范的影响限制在汉赋的范围内，但是“以楚辞为抒情写境之文的枢纽”这一说法，则道出了楚辞典范既深且远的影响：“抒情写境”正是中国古典诗歌最具特色的艺术法则，“抒情写境”说已将楚辞诗学与中国古典诗学的精髓——“意境”说融通为一。

但是，徐复观在成功地解读了《辨骚》篇的命题3和命题4的同时，却忽视了命题1的诗学意义及其它在《辨骚》篇诗学思想格局中的重要性。他为了突出“五经为事义之文的枢纽”这一观点，把五经中重“丽”重“情”的《诗经》划归楚辞一类（“其中的诗经不妨下与楚辞连在一起”）。徐复观不仅忽略了《辨骚》篇命题1中所包含的关于《诗经》的诗学特质，而且忽略了该命题中所揭示的《楚辞》诗学的另一面，因此这种认识只是一种片面的深刻。

该观点流于片面的根本原因在于徐复观对《辨骚》篇究是在哪两个对象之间比较的理解产生了偏差。细察《辨骚》原文不难确定，《辨骚》之辨的双方正

① 徐复观：《中国文学论集》，学生书局1976年版，第434—436页。

是《楚辞》和《诗经》,而非《楚辞》和除《诗经》之外的“五经”。事实上,《楚辞》与《诗经》之辨贯串《辨骚》全文,并作为支撑《辨骚》体例的内在结构。试以《辨骚》文本为证:“四同”中有三点与《诗经》相同,而结论也是说“摘此四事,同乎《风》《雅》”,俨然以《诗经》为准的;接着又称《楚辞》“乃《雅》《颂》之博徒”;最后在合题中又提出“凭轼以倚《雅》《颂》”。更重要的是各命题的诗学旨趣始终与《诗经》正反相关,《诗》《骚》诗学间的张力充满《辨骚》全篇。若抽掉“四同”之说,整个《辨骚》篇的诗学思想便失去了一个“暗辩”的对象,无法从容展开,合题中的“执正以驭奇”之说也会落空。可是徐复观却一再宣称《辨骚》篇的《诗经》与《楚辞》的同异之辨是“门面语”,“非其本旨所在”,是“辨其所不必辨”,实在有主观臆断之嫌。对于“四同”、“四异”之辨不能一概而论。“四异”之说全是从内容细节上挑剔、否定,固然“ 非其本旨所在”;但是“四同”之说已论及《诗经》诗学的两个基本命题(其中“规讽之旨”涉及“美刺”说,“比兴之义”涉及“比兴”说),其内涵已非一个“丽”字所能涵盖。“规讽之旨”说与“比兴之义”说并不仅仅是“四异”说的反命题,它更是命题 3 和命题 4 的反命题。也就是说,命题 2 仅限于对《楚辞》内容细节的否定,在诗学意义上不足以与命题 1 构成相互对峙的关系;而命题 3 和命题 4 恰恰是在命题 1 标举的《诗经》诗学范式之外树立起另一种以《楚辞》为文本依托的诗学范式,这样的双方才足以相互媲美,两相对待,各领“风”“骚”。

因此,本文认为,在徐复观偏爱的命题 3 和命题 4 的对面还应有一个命题 1,在“抒情写境”说的对面还应有一个“比兴规讽”说。它们反映的不是文学作品与非文学作品的差异,也不是抒情写境之文与事义之文的差异;而是两种诗学观念的差异,两种诗学范式的差异。命题 1 导源于汉代以《毛诗》《郑笺》的“比兴美刺”说为核心的诗学话语系统,其诗学范式为寓言诗学;命题 3 和命题 4 则根植于汉末魏晋以降直至刘勰当世的蔚为大观的以“缘情感物”说为核心的诗学话语系统,其诗学范式为感物诗学。由此入手,方可以探得《辨骚》之“辨”的深层诗学含蕴。

二　《辨骚》篇的寓言诗学范式

《辨骚》篇中的寓言诗学范式上承《宗经》篇而来：

> 《诗》主言志，诂训同《书》，摛风裁兴，藻辞谲喻，温柔在诵，故最附深衷矣。

其中言及的“兴”、“喻”、“言志”、“深衷”等都是汉儒《诗》学的关键词，已经传达出寓言诗学范式的神质。本雅明认为：“寓言观念缘起于基督教引以为例的充满罪恶的身体与万神殿体现的较纯洁的自然之神之间的冲突。”[①]这是西方寓言观念产生的实情，中世纪的寓意诠释学就是为了解决《荷马史诗》中表现的邪恶、贪婪与高贵的神性之间的冲突应运而生的。与此相仿，汉儒《诗经》诗学中的寓言观念则根源于宗法制度中原始之“欲”与教化之“礼”之间的冲突。无论中西，寓言式诠释都是对文本中感性意义的改写。这是一种神性对罪恶的改写，礼义对淫欲的改写，官方对民间的改写。寓言诗学在这里显示出巨大的意识形态的收编与整合功能。

“礼”的观念向《诗》的介入有一个发展过程。《左传》中已经常看到用“礼”评价赋诗引诗的例子。如《左传·文公四年》记载卫国的宁武子在听完鲁文公赋《湛露》《彤云》后不答赋，后私下向文公派来询问的人解释说：这两首诗是天子宴诸侯之乐，自己不敢违礼（所谓“其敢干大礼以自取戾”）。《左传·襄公十六年》提到的“歌诗必类”，既有切合情境之义，也有符合礼义之义。但是《左传》的赋诗引诗应酬之义多于观念之义，其中夹杂着数不清的政治利害和外交谋略。这种体用莫分的状况是由这些赋诗引诗者的身份决定的。先秦另一个群体的引诗活动却体现出相对鲜明纯粹的观念化与哲理化倾向，这就是以孔、孟、荀为代表的先秦儒家诸子。其中孔子更以儒学开创者的身份将引诗的意义导向儒家的仁礼教义，对汉儒具有直接的示范作用。《毛诗》《郑笺》正是选

---

① 本雅明：《德国悲剧的起源》，文化艺术出版社 2001 年版，第 188 页。

择了“仁——礼”观念图示中更具现实意义的“礼”作为解诗活动的意义指归。

从汉儒解《诗》的微观层面看,这是一种历史化解读。历史化解读是进阶到寓言化解读的一个中间环节。但是在历史化解读之上还有一层起支配作用的观念化解读。在汉儒的《诗》学结构中,历史事实的还原并非其终极意义所在,“礼”才是其意义之源。《诗大序》对此的表述是:“先王以是经夫妇,成孝敬,厚人伦,美教化,移风俗。”而《毛诗序》中的所谓“美”“刺”不过是《诗经》各类题材的文本指向“礼”的不同方式:“美”者,即通过对正面题材的肯定直接颂美“礼”;“刺”者,即通过对负面题材的否定间接维护“礼”。质言之,“美”就是“礼”的正面文化符码,“刺”就是“礼”的负面文化符码;前者出以榜样,后者示以儆戒。在《诗经》文本中,正面符码以“二南”之诗为代表,负面符码则以《郑》《卫》之诗为典型。在这两大类符码之下,又涵摄着众多反映“礼”的不同形相的子符码,如“二南”中的“后妃符码”与“大夫妻符码”等。

汉儒关于《诗经》的寓言诗学主要体现在《毛诗序》的“美刺”说与《毛传》《郑笺》的“比兴”论两个层面上。《毛诗序》着眼于《诗经》文本的整篇立意,是对《诗经》所反映的整体社会生活的寓言化阐释;“比兴”论则集中于篇章的开头,是对《诗经》所描述的自然景物的寓言化阐释。这两个层面的寓言化解读是相互统一、互为呼应的。但是,正如汉儒《诗》学的历史化解释之上还有一层观念化解释,《诗》学中的各类子符码之上还有一个“礼”的总符码。这个总符码就是“文王”。吴万钟博士曾在其博士论文《从诗到经——论毛诗解诗的渊源及其特色》中以专节分析了《毛诗》所塑造的“文王”这个“典型”。该书认为:“毛诗的这种历史化的解诗,使春秋战国时期知识分子的意识里头存在的文王的具体形象成为更普遍接受的典型。”[1]但是,“历史化”的基本要求是细节真实,可是在《毛诗》中观念比事实更重要;“典型化”的基本要求是“特征性”和“这一个”,但是在《毛诗》中的“文王”是一个高度抽象的存在,后世无缘一睹其个性风采。因此,《毛诗》中的“文王”更准确的定位是“礼”的总符码。符码化的“文王”比“典型化”的文王具有更强的意识形态感召力。

① 吴万钟:《从诗到经——论毛诗解诗的渊源及其特色》,中华书局 2001 年版,第 115 页。

“文王”作为“礼”的总符码与各类子符码相比，具有三个基本特征：其一，“文王”与“礼”是二位一体的；其二，“文王”是一个“缺席的在场者”；其三，“文王”出场的方式是“化”。无论在“国风”文本中还是在《毛诗序》中，文王都不是一个具体的在场者。我们无法直观看到文王的思想、言语、作为。但是在阅读《毛诗序》时，我们又感到“文王”无处不在。几乎每一个子符码上都有它的签名，以此证明每个子符码对“礼”的分享的合法性。“文王”与“礼”孰重？这个问题的预设前提是“文王”与“礼”是两码事。但是按照《毛诗序》的逻辑，“文王”即“礼”，“礼”即“文王”。上帝不可见，于基督见之；礼不可见，于文王见之。基督是上帝的肉身化，文王是礼的肉身化。汉儒《诗》学凡言“文王”处即是言“礼”，凡言“礼”处即是言“文王”。

“文王”的在场并非实体性的，而是功能性的；这种功能性在场的表达方式就是“化”。化者，以上位感下位，以无形感有形。“二南”诗序中明言“化”凡十八处。“化”是“文王”这一“礼”的总符码作用人心的独特方式，并以此与权力符码(政)、法律符码(刑)、音乐符码(乐)作用社会的方式区别开来。权力符码很多时候是一种具体的在场者，它与法律符码的作用方式一样是刚性的，而且以惩罚为主。音乐符码更受儒家青睐，因为“其入人也深，其化人也速”。(《荀子・乐论》)但是这是诗乐一体时的情形，时至汉代，《诗》的音乐因素已颇为淡薄，事义因素成为主导。若说《诗》为“乐”的载体，那么《诗经》便是“礼”的载体。“礼”的符码作用于世道人心主要通过观念的示范以激起敬肃之心、仿效之行。总之，政以予夺，刑以惩戒，乐以感兴，礼以示范。示范的作用最具稳定性、广泛性和易行性。

刘勰对汉儒《诗》学中的寓言诗学范式是认同的，《宗经》、《辨骚》、《明诗》、《诠赋》、《比兴》等篇均多少涉及这一诗学范式；其中《辨骚》篇对《楚辞》诗学中寓言诗学范式的发掘在《文心雕龙》中具有承先启后的意义。对《楚辞》诗学中的寓言诗学范式的发现并非自刘勰始，东汉王逸已开其先声。《楚辞章句序》云：

> 屈原履忠被谗，忧悲愁思，独依诗人之义而作《离骚》，上以讽谏，下以自慰。

夫《离骚》之文,依托五经以立义焉:"帝高阳之苗裔",则"厥初生民,时维姜嫄"也;……"登昆仑而涉流沙",则禹贡之敷土也。

《离骚经序》云:

《离骚》之文,依《诗》取兴,引类譬喻,故善鸟香草,以配忠贞,恶禽臭物,以比谗佞;灵修美人,以媲于君;宓妃佚女,以譬贤臣;虬龙鸾凤,以托君子,飘风云霓,以为小人。

王逸的《楚辞》诗学深受汉代评《楚辞》唯经典是瞻的思维模式的拘囿,只强调《楚辞》合乎经典的一面。但其所论《楚辞》与经典的关系已奠定了刘勰《辨骚》此一方面的框架。如在作内容比较时,将《楚辞》与五经的整体比,但在作艺术手法比较时,则侧重于与《诗》比;在比较中突出了"讽谏"与"比兴"两种个核心概念等,这些都为《辨骚》篇所继承。

朱自清先生在《诗言志辨》中认为是《楚辞》奠定了后世寓言式的类型:"《楚辞》的'引类譬喻'实际上形成了后世'比'的意念。后世的比体诗可以说有四大类。咏史,游仙,艳情,咏物。"①朱先生所说的"比"从文体修辞的层面上看也就是"寓言",所谓"比体诗"的四大类型,也就是寓言诗的四种类型。刘勰《辨骚》在并不算长的篇幅中,已经基本论及了《楚辞》中的这四种寓言形式。《辨骚》篇称"规讽之旨",其实是一种历史寓言,即借历史事实或历史传说以寓政治警戒和政治理想。如"伤羿浇之颠陨"即出自《离骚》。该段历数商汤之兴与桀纣之亡,旨在说明察忠辨佞的重要,进而表明自己的"善义"之心。《辨骚》篇所言"虬龙以媲君子,云霓以譬谗邪,比兴之义也"则可视为神话寓言。这种神话寓言在《诗经》中是看不到的。与《诗经》中以现实景物起兴相比,借用神话可以编织更为纯粹的寓言。除此而外,《楚辞》中更多的是"众芳污秽——美人迟暮"式的咏物寓言,还有"闺中邃远——哲王不寤"式的爱情寓言等。

关于《楚辞》的"讽谏""比兴"说与关于《诗经》的"美刺""比兴"说有一个明显不同:后者很大程度上是解《诗》者人为的建构,是阐释者将《诗》寓言化的阐释策略,与《诗》的本来面目离多合少;而前者虽借用了汉儒《诗》学人为建构的

① 朱自清:《诗言志辨》,《朱自清说诗》,上海古籍出版社 1998 年版,第 97 页。

一套概念术语,但却非常贴切地道出了《楚辞》文本艺术特色的一个侧面。从这个意义上来说,《楚辞》应该是演绎寓言诗学更恰当的文本。其中缘由大概与《诗》及《楚辞》作者身份的差异有关。《诗》中的“风”诗多为民间歌谣,多率性即兴之作,其中景物与人情之间未必有义理可循,其创作意图多与“美刺”无干;但是《楚辞》已属个人写作,屈原的艺术修养、文化身份与政治境遇都决定了他的创作是一种高度自觉的修辞行为。而且,《楚辞》与“寓言十九”的《庄子》为同一地域文化,长于寓言说理正是这一文化系统的思维模式的特征。另外,汉儒寓言诗学的意义指归是“礼”,《辨骚》中的寓言诗学的意义既指向君臣之义,又指向个体人格,并且这种人格不是一个空洞的文化符号,而是具有丰富的内在规定性:高洁、傲世、执著、抗争、深情、特立独行与忠心耿耿、忧国忧君与逆世远遁……正是对个体性的推崇,使得《辨骚》篇突破了寓言诗学的范式,而转向对《楚辞》文本感性意义的关注。

三 《辨骚》篇的感物诗学范式

寓言诗学与感物诗学的主要区别在于:在寓言诗学视域内,文本的感性意义没有独立自足的价值,它要么充当一个所谓终极意义的符码,要么必须通过否定自身而肯定另一个“更重要”的意义。感性与意义始终是分裂的、二元的,意义在感性之外,感性在意义之外。但是在感性诗学视域内,感性与意义是圆融自足的,感性即是意义的边界,意义即是感性自身。文本中没有感性与意义的二元对立,而是原始浑然的一元存在。

《辨骚》篇由寓言诗学到感物诗学转换的关节在“观其骨鲠所树,肌肤所附,虽取熔经意,亦自铸伟辞”一句。“经意”即“规讽之旨”、“比兴之义”、“忠怨之辞”,刘勰把它们当做《楚辞》的“骨鲠”;“自铸伟辞”即下文命题 3 和命题 4 所言,刘勰视之为《楚辞》的“肌肤”。“骨鲠”乃不可见之物,但又是核心之物,与那个隐而不见而又至为重要的“寓意”相类似。“肌肤”乃可触可感之体,是喜怒哀乐的现身之所,亲切莫过于此,生动莫过于此,感人莫过于此。从寓意的“骨骾”到感性的“肌肤”，在人体是方寸之间，在文本有离合之异，在诗学乃范式之别。感物诗学的精义即在于关注文本“肌肤”上演出的全部生命事件和心灵事件。

“肌肤”首先是个体生命情感的特征性显现，《辨骚》篇命题3即是侧重于表达这一层面的感物意义。虽说“诗以言志”，可是没有哪个文本像《离骚》《九章》这样将悲哀之志写得如此明朗艳丽；虽说“诗者吟咏情性”，可是没有哪个作品像《九歌》《九辩》这样将伤感之情写得如此绮丽浓郁。“朗丽以哀志”这一表述的重心已不在“志”的内容、“志”的意义，而是在于“志”的感情色彩——“哀”，在于“志”的充满个性之美的展现方式与书写过程——“朗丽”。意义是“志”的“骨骾”，而“朗丽”才是“志”的肌肤。这种“志”我们也许并不陌生，但是这种“志”的表达姿态，这种“志”所绽放出来的诗人的生命性与心灵性却是独特的。《楚辞》文本首先感动我们的就是这种充满生命性和心灵性的个性化的表达姿态。因此，“朗丽以哀志”这一表述的诗学意义在于将此前普遍的、抽象的、共相的“志”个性化、情感化、心灵化了。

“绮靡以伤情”这一表述直接源自陆机《文赋》的“诗缘情而绮靡”，因而具有更加典型的感物诗学意义。“诗缘情”说在当时应是一个广泛流传的诗学用语。与刘勰差不多同时的王筠《昭明太子哀册文》有“缘情绮靡”之语，萧子范《求撰昭明太子集表》有“缘情体物”之语。论者认为，“诗缘情而绮靡”的诗学创新意义并不是因为它在“诗言志”一边另立了一个“情”字。诗与“情”的关系在《乐记》和《诗大序》中早有论述，中国古典诗学从一开始就没有否定过“情”在诗歌写作中的重要性。这一表述的特殊意义在于对诗歌中“情”的新的规定——“绮靡”，规定了情的表现方式与形相姿态的新标准、新取向。从这个意义上说，与“诗缘情而绮靡”相对立的命题并不是“诗言志”，而应该是“发乎情，止乎礼义”。后者完全可以调整为“诗缘情而合礼义”，这样更容易看出两者差别何在。“发乎情，止乎礼义”因为在“情”的周围树起了一道藩篱，所以“情”的表达必然受阻，“情”的意义空间必然被压缩，这就为寓意的产生留足了余地。但是在“诗缘情而绮靡”这一命题中，“情”可以自由生长，占据文本的每一个意义空间，直到充满，直到自足，并在文本内部建立起对寓言化解读的防御机制，最后以其完美的感性形象征服阐释者,有效地抑制阐释者的寓言化阐释冲动。

刘勰的"绮靡以伤情"的意义则更深一层,它不仅越出了"止乎礼义"的藩篱,而且突破了"哀而不伤"的规训。《九歌》之作虽为祭鬼之辞,表达的却是人间至情。如《少司命》中的"悲莫悲兮生别离,乐莫乐兮新相知",写尽古今离合情怀。《山鬼》中的"既含睇兮又宜笑,子慕予兮善窈窕",传神写照,笑语欲活。同篇结尾一节"雷填填兮雨冥冥,猿啾啾兮狖夜鸣。风飒飒兮木萧萧,思公子兮徒离忧。"其中景物描写已摆脱"比兴"取义的范式,达到与离忧之情凑泊无间的地步。至于宋玉《九辩》"悲哉秋之为气"一篇已是较为地道的借景抒情之作,其羁旅思归之叹已接近东汉魏晋古诗。

命题 3 的诗学意义主要是以《楚辞》写作的个性化层面打下《楚辞》感物诗学的底色。命题 4 提炼出两个关键的质素,简洁清晰地勾画出《楚辞》感物诗学的形态。四句表述可分为两组:前二句偏重言"情",后二句侧重言"景"。前二句言"情"是对命题 3"朗丽以哀志"和"绮靡以伤情"的进一步具体规定,从作者和读者两端用意:"郁伊"写诗人情感的浓郁深沉,"易感"写读诗人的易受感动;"怆快"状诗人遭际的悲怆愁苦,"难怀"状读诗人情不能堪。其中尤以"易感"二字颇值玩味:"情"能易感者,便排除了理智思索的必要,也否定了深意寓焉的可能。后二句言"景"则启用了全新的诗学标准。我们知道,在《诗经》中虽然已经有与情感、意绪结合紧密的自然物态的描写,但是其感性价值在汉儒《诗学》中未能得到承认,而是一律被视为寓意的载体和观念的符号。但是在《辨骚》中,刘勰已经有了明确的区分意识:一方面,《楚辞》中大量的香草芳华、神禽异兽、自然现象的确遵循着自觉的"比兴"取义的艺术思维路径,带有显在的人格伦理的寄寓。刘勰将此类景物描写纳入寓言诗学范式的理论筹划。另一方面,刘勰已敏锐地察觉到《楚辞》中对山水风物、节令季候的描写已挣脱对伦理观念的依附,以其全部的生动性和本真形态向感性个体开放,成为生命的安顿之所。这种景物描写与主体之间不再以观念阻隔,不再有寓意界划,而是走向生命与自然的"肌肤"相亲及情感的融合。试以《楚辞》文本为例分析这一差异。这是《离骚》中的一段景物描写:

余既滋兰之九畹兮,又树蕙之百亩。畦留夷与揭车兮,杂杜衡与芳芷。冀枝叶之峻茂兮，愿竢时乎吾将刈。虽萎绝其亦何伤兮，哀众芳之污秽。

这是《湘夫人》中的一节：

帝子降兮北渚，目眇眇兮愁予。嫋嫋兮秋风，洞庭波兮木叶下。登白薠兮骋望，与佳期兮夕张。

《离骚》一段虽然点缀了许多花木，但是作者仅仅提供了几个名词，没有对花木的感性情状做任何描摹；而且这些花木是各自独立的，没有构成某种完整的风景，形成特定的情绪氛围；更为重要的是这些花木负载着诗人的期待、理想和人格模式，"滋"、"树"、"畦"、"杂"、"冀"、"愿"等词表征着诗人强烈的主观观念的介入行为。因此这些花木在文本中的身份仅是观念的符号。

《湘夫人》中的"嫋嫋兮秋风，洞庭波兮木叶下"是在叙事中突然插入的一段景物描写，凭空而来，却天然凑泊。该句的穿插，打断了原有的叙事时间的线性流程，时间性的前后衔接变成了空间性的剪辑并置，从而使文本结构由实生虚，形成一个虚实相生、情景相化的艺术空间。这里的景物不再是孤立无干，而是一幅和谐动感的自然画图；它不经意间撞入女主人公的视线，不经意间侵入女主人公的心灵，然后又不经意间与女主人公的愁怀相融莫分；但是同时"景""情"双方仍然保持了各自的天真，"如其本然"地展现着自身的感性特质。比较一下王逸《楚辞章句》中对"秋风"句的注解，会发现很有意思。王逸注云：

言秋风疾则草木摇，湘水波而树叶落矣。以言君政急则众人愁而贤者伤矣。[1]

这就是汉儒读诗的思维模式，这就是他们的诗学范式：一切景语皆寓言。

但是，从刘勰的命题表述上则似乎还看不出上述这层诗学意味。刘勰虽已言及感物诗学的两个重要的诗学要素，但是尚缺乏对两者关系的细致描述。尽管"情""景"二者在《楚辞》文本中已经初步实现了融合，但在刘勰的表述中，

---

① 〔梁〕萧统：《文选》，岳麓书社 2002 年版，第 1037 页。

诗人内在的感性体验（"情怨""离居"）与自然的感性面貌还是相互独立的。这种状况一直延续到《明诗》篇和《诠赋》篇。如《明诗》所云"驱辞逐貌，唯取昭晰之能"，"情必极貌以写物"，《诠赋》篇所云"图貌写物，蔚似雕画"。但也正是在《诠赋》中，刘勰对情物关系的认识已渐至清晰，并用"情以物兴""物以情观"之语精练地表达出来。《辨骚》篇所开启的感物诗学范式的真正完成一直要待到《物色》篇（对此笔者拟另文撰写）。

将命题4置于《辨骚》所处的诗学范式转型的特殊地位，置于《楚辞》所处的景物描写由"托物取兴"到"体物缘情"的特殊阶段，我们就会发现，刘勰对情景的分列式表述不过是感物诗学发展的一个中介环节。可贵的是，刘勰并未止步于此，在《辨骚》之后的相关篇目中，"情""景"两个要素始终笼罩在刘勰的诗学视野之内。他不断地超越前说，并在《文心雕龙》临近收束之际（《物色》），完成了对"情""景"关系的辩证精微的阐发，促成了中国古典感物诗学范式的诞生。

（作者单位：北京师范大学文艺学研究中心）

“雕虫”与“雕龙”的故事①

——兼论扬雄与刘勰的文学观

魏鹏举

[摘要] 先秦士人的“雕龙”风范是扬雄在其晚年发出“雕虫”之叹的文化背景，是对西汉士人文章对于政治的话语影响力日益衰微的一种苦涩表达。从扬雄到刘勰，“雕虫”和“雕龙”这两个概念的对照也显得意味深长。“雕虫”在扬雄那里虽然不是对于“文”的完全否定，但显然有着反对文滥的强烈忧患，是以“破”的消极倾向为主的；“文弊”的这一忧患虽然也被刘勰所继承，但刘勰是以“破”而求“立”的，是从积极的方面认定和规范“文”的价值的，所以他用“雕龙”。

[关键词] 扬雄 刘勰 雕虫 雕龙

一

“雕虫”与“雕龙”是中国传统文论中常见的两个词语，从诗学的角度看，这两个词语并不是什么重要的学理范畴。“雕虫”一词从笔者本人所涉猎的文献资料来看，最早出自扬雄的《法言》，扬雄在《吾子》篇中反省自己“少而好赋”时自贬为“童子雕虫篆刻”。作为汉大赋最重要的创作者之一，扬雄对于汉赋的批评成为后世汉赋批评的基调，汉赋的最终衰颓应该说与扬雄

① 本文为博士论文《梳理体制化的书写——扬雄写作的文化诗学研究》（北京师范大学，2003 年 5 月，导师李春青教授）中的一部分。

的批评有密切的关系。自扬雄之后,"雕虫"成为文章小道的代名词①,南朝梁时的裴子野写有以此为题的专文《雕虫论》,痛心于"乱代之征""人自藻饰"的齐梁文风。与裴子野处于同时代,带着同样的问题意识,刘勰创作了文论巨著《文心雕龙》,其批评矛头直指宋、齐、梁的柔靡文风。《文心雕龙》的立意主旨与《雕虫论》大同小异,同祭儒家六艺经典大旗,尊崇圣典以裁衡时风。不过,两个作品的标题却形成鲜明的对比,一曰"雕龙",一曰"雕虫",相映成趣,发人深思。

关于《文心雕龙》的标题含义,刘勰本人在其中的《序志》篇里有所交代:"夫文心者,言为文之用心也。昔涓子《琴心》,王孙《巧心》,心哉美矣,故用之也。古来文章,以雕缛成体,岂取邹奭之群言'雕龙'也!"这里明白无误地说明了刘勰为他的著作标题时的典故源出,而且从行文的语气可以看出,刘勰并不是信手拈来的,而是有着深刻用心的。

这里的"雕龙"所指代的是以驺衍为代表的阴阳五行学派的文化特征,这一学派思想在汉代与儒学紧密结合,经董仲舒之手演变为享有独尊地位的神学经学,成为汉代乃至其后中国近两千余年的主流意识形态,深深地影响了中国古代社会的文化政治形态。在汉代,以驺衍为代表的阴阳五行学说更是影响深广的显学,扬雄在他的著作中对这一学术思想多有评论。那么,这里不妨作一个大胆的追问:喜好"模拟"的扬雄在若有所悟地说出"童子雕虫篆刻"的时候有什么不言而喻的隐衷呢?这种隐衷和"雕龙"之说有什么形式和内涵上的联系呢?

① 南朝萧子范《求撰昭明太子集表》:"各称小善,靡擅雕虫。"萧绎《内典碑铭集林序》:"予幼好雕虫,长而弥笃,游心释典,寓目词林;顷常搜聚,有怀著述。"李昶《答徐陵书》:"弱年有意,颇爱雕虫。"顾野王《虎丘山序》:"故总辔齐镳,竞雕虫于山水;云合雾集,争歌颂于林泉。"庾信《赵国公集序》:"自魏建安之末,晋太康以来,雕虫篆刻,其体之变,人人自谓握灵蛇之珠,抱荆山之玉矣。"以上各条见郁沅、张明高编撰《魏晋南北朝文论选》(人民文学出版社1999年版),第350、370、391、395、423页。另《宋书·臧焘传》云:"自魏氏膺命,主爱雕虫,家弃章句,人重异术。"《隋书·李谔传》载《上隋文帝论文书》:"魏之三祖,更尚文辞,忽君人之大道,好雕虫之小艺。"

二

刘勰所言“雕龙”的典故在司马迁的《史记·孟子荀卿列传》中有详细记载：

> 驺(同邹)奭者，齐诸驺子，亦颇采驺衍之术以纪文。……驺衍之术，迂大而闳辩，奭也文具难施；……故齐人颂曰：谈天衍，雕龙奭。

裴骃《集解》对此作了进一步的说明：

> 西汉刘向《别录》曰：“驺衍之所言五德始终，天地广大，尽言天事，故曰‘谈天’。驺奭修衍之文，饰若雕镂龙文，故曰‘雕龙’。”

另外，《汉书·艺文志》在“阴阳家者流”的条目前录《驺子》四十九篇、《驺奭子十二篇》，《汉书》原注分别为：驺子，“名衍，齐人，为燕昭王师，居稷下，号谈天衍。”驺奭，“齐人，号为雕龙奭”。《后汉书·崔骃传》中有“赞曰：崔为文宗，世禅雕龙”之语，章怀注引刘向《别录》曰：“言驺奭修饰之文，若雕龙文也。”

从以上的材料可以看出，在战国时已经成为谚语的“雕龙”一词，在其后的两汉与魏晋南北朝都是颇为人们所熟知的，几乎已然成为文人的常识与习惯用语。从前面的引文来看，这一典故主要涉及两个人物，即驺衍和邹奭，《汉书·艺文志》将这两个人都归入“阴阳家者流”，其中驺衍是这一流派思想的主要代表者。“谈天衍”这一称号是就驺衍迂大闳辩的阴阳家思想而言的，而“雕龙奭”则侧重强调邹奭将以驺衍为代表的阴阳家的思想表述出来的宏大建构与精美文采。所以，我们可以这样说：“谈天”和“雕龙”所概括的是以驺衍为代表的“阴阳家者流”的整体的文化活动。

据《史记·孟子荀卿列传》的记载，齐国有三位“驺子”，孟子之前有驺忌，孟子之后有驺衍和驺奭，司马迁重点介绍并评价了驺衍的思想：

> 驺衍睹有国者益淫侈，不能尚德，若《大雅》整之于身，施及黎庶。乃深观阴阳消息而作怪迂之变，《始终》、《大圣》之篇十余万言。其语闳大不

经，必先验小物，推而大之，至于无垠。先序今以上至黄帝，学者所共术，大并世盛衰，因载其禨祥度制，推而远之，至天地未生，窈冥不可考而原也。现列中国名山大川，通谷禽兽，水土所殖，物类所珍，因而推之，乃海外人之所不能睹。称引天地剖判以来，五德转移，治各有宜，而符应若兹。以为儒者所为中国者，于天下乃八十一分居其一分耳。……然要其归，必止乎仁义节俭，君臣上下六亲之施，始也滥耳。

从司马迁的这段评述可以看出，驺衍的思想主旨与儒家是相近似的[①]，不同的是驺衍的学术形式，诡奇富丽，"闳大不经"。不过也正得益于此种学术形式，驺衍之徒游走于列国，得到了孔、孟不曾得到的殊荣礼遇。驺衍凭借其构思宏大颇有震撼力的学说而被诸侯敬重，所到之处，国君们待以师长贵宾之礼。司马迁是用一种传奇般憧憬的口吻描述的："是以驺子重于齐。适梁，惠王郊迎，执宾主之礼。适赵，平原君侧行撇席。如燕，昭王拥彗先驱，请列弟子之座而受业，筑碣石宫，身亲往师之。作《主运》。其游诸侯见尊礼如此，岂与仲尼菜色陈、蔡。孟轲困于齐、梁同乎哉！"[②]且不谈驺衍是否符合儒家礼乐精神，作为士人，驺衍受到的礼遇应该说是包括孔、孟在内的天下士子所梦寐向往的，担荷大道，为君王师。谈天论道的驺衍之所以能够得到君王们师长般的礼遇，根本的原因还在于他所代表的士人团体的社会与道义价值。战国时的齐国，有一群稷下先生[③]，在当时颇为活跃：

自驺衍与齐之稷下先生，如淳于髡、慎到、环渊、接予、田骈、驺奭之徒，各著书言治乱之事，以干世主，岂可胜道哉！……于是齐王嘉之，自如淳于髡以下，皆命曰列大夫，为开第康庄之衢，高门大屋，尊宠之。览天下

---

① 司马迁将驺衍与孟子、荀子合传，这本身说明了在司马迁看来，他们的思想是相似的；在本传中，三人的传文比重以驺衍最大，介绍最详，足见驺衍在司马迁所生活的时代的影响之巨大。另《盐铁论·论儒第十一》云："驺子以儒术干世主，不用，即以变化始终之论，卒以显名。……驺子之作，变化之术，亦归于仁义。"

② 《史记·孟子荀卿列传》。

③ 对于稷下先生们的文化学术活动在中国文化史上的重要意义，余英时在他的《士与中国文化》中"古代知识阶层的兴起与发展"一章有精彩的论述，参见《士与中国文化》，上海人民出版社 1987 年版，第 56—68 页。

诸侯宾客,言齐能致天下贤士也。①

在同书的《田敬仲完世家》也有对于稷下先生们的记载,可资相互发明:

宣王喜文学游说之士,自如驺衍、淳于髡、田骈、接予、慎到、环渊之徒七十六人,皆赐列第为上大夫,不治而议论。是以齐稷下学士复盛,且数千人。

战国的游士风流成为西汉士人不言而喻的人格追求与文化价值表达的参照,稷下先生"不治而议论"的洒脱尊宠自然给他们极为深刻的印象。被司马迁称为"希世度务,制礼进退,与时变化,卒为汉家儒宗"的叔孙通,以秦博士身份投靠汉王刘邦后,号称"稷嗣君","盖言其德业足以继踪齐稷下之风流也"②。先秦以来,士人不言而喻的价值主要体现为某种政治的价值。汉代政治的一统,一方面为士人提供了一个空前的政治活动舞台;另一方面,汉代采取了不同于秦朝的对待士人的做法,并积极整理经秦火之后岌岌可危的典籍文献,将经学纳入官学体系,使士人进入政治有了合理、合法的渠道,所有这些都令汉代的士人感到前所未有的欢欣鼓舞。但随着大一统专制的日益完善,儒学成为润饰鸿业的意识形态,体制对于士人的人身自由限制越来越强,思想的独立与自由也受到了前所未有的威胁,西汉士人随之而来的精神苦闷也日益强烈,尤其当他们还对已经逐渐模糊的先秦游士活跃的身影念念不忘的时候,这种精神苦闷更加挥之不去。

三

扬雄生活于西汉末与新莽时期,作为汉代儒学一个重量级的关键人物,他在《解嘲》一文中表达了自己的愤懑与无奈:

(战国)士无常君,国亡定臣。得士者富,失士者贫。矫翼厉翮,恣意

① 《史记·孟子荀卿列传》。
② 《史记·刘敬叔孙通列传》集解引徐广注。

所存。……是故驺衍以颉颃而取世资，孟轲虽连蹇犹为万乘师。……(今大汉)当涂者入青云，失路者委沟渠。旦握权则为卿相，夕失势则为匹夫。……夫上世之士，或解缚而相，或释褐而传；或倚夷门而笑，或横江湖而渔；或七十说而不遇，或立谈间而封侯，或枉千乘于陋巷，或拥帚彗而先驱。是以颇得信其舌而奋其笔，窒隙蹈瑕而无所诎也。当今县令不请士，郡守不迎师；群卿不揖客，将相不俯眉。言奇者见疑，行殊者得辟。是以欲谈者宛舌而固声；欲行者拟足而投迹。向使上世之士处乎今，策非甲科，行非孝廉，举非方正，独可抗疏，时道是非，高得待诏，下触闻罢，又安得青紫？

扬雄通过今昔对比，强调了“上世之士”和“今大汉”士人的政治处境和地位的巨大反差，表达了对于战国士人不为权势所困、自由自在、以道自任、各施所擅、信舌奋笔而无所顾忌的生命状态的无限向往之情，同时也深刻地嘲讽了他所生活的时代政治权势对于士人思想和心灵的压抑。这段文字体现了扬雄貌似玄默的外表下其实有着一颗自由不羁的心，同时也可以看出扬雄对于体制化的强烈不满。扬雄好深、好奇、尚智的学术性格与这篇《解嘲》所表现出的心情正好是一致的。出于本论题的需要，我们有必要注意一下文中“是故驺衍以颉颃而取世资”这句话。这句话的意思是说：因此驺衍才能够凭借他变幻莫测的奇谈怪论而取得被世人君王所尊崇的资格。文中“或拥帚彗而先驱”同样也指的是驺衍，是说燕昭王为驺衍执帚清道并列弟子座而受其业。在这短短的一篇文字中，两次提到驺衍，显然是把他作为以政教大道见重于列国的“上世之士”的楷范，而以驺衍为代表的谈天雕龙的稷下风流也正是扬雄衷心向往的士人价值得以高扬的自由境界。

按《解嘲》序言以及《汉书·扬雄传》，此赋作于汉哀帝时，“方草《太玄》”之际①。在此同时，扬雄表达了对赋的批评：

或问：“吾子少而好赋。”曰：“然。童子雕虫篆刻。”俄而，曰：“壮夫不

① 陆侃如把扬雄作《太玄》和《解嘲》的时间具体推定为哀帝建平三年(公元前4年)，扬雄50岁。参见《中古文学系年》(上)，人民文学出版社1985年版，第20页。

为也。"或曰:"赋可以讽乎?"曰:"讽则已,不已,吾恐不免于劝也。"或曰:"雾縠之组丽。"曰:"女工之蠹矣。"剑客论曰:"剑可以爱身。"曰:"狴犴使人多礼乎?"①

即使是已经过去了两千多年,今天的读者依然能从这段话中听到扬雄沉重的叹息,读出扬雄当时充满难言之隐的沉痛来。尤其需要格外注意的是,这段话中"俄而"这两个字,这是一声长叹,一个停顿,一段空白,一种若有所思的沉默,一个值得读者认真关注的"症候"。这段对话很是生动传神,其中蕴涵着言说者欲说而止、耐人寻味的苦衷。细细地品味,我们会真切地体会到扬雄在他年届半百之际,反思自己走过的人生历程,对于曾经让他殚精竭虑、呕心沥血、给过他荣誉和职位的大赋的复杂感情。② 可能也正因为扬雄对于汉赋的反思批判是饱含着生命性的体味与感悟,因此扬雄的批判几乎成为后世文人对汉赋评价的标准。这就使得对于扬雄这段话的解读具有着丰富深刻的文化诗学意义。

从小好学深思的扬雄,颇有雄心大志,"不为章句,训诂通而已,博览无所不见。……自有大度,非圣贤之书不好也;非其意,虽富贵不事也"③。他看不起当时已经颇为普遍的章句之儒,很有些"上世之士"奋笔信舌"恣意所存"的恢弘大度。扬雄创作大赋,早年是以司马相如为榜样的,《汉书·扬雄传》云:"先是时,蜀有司马相如,作赋甚宏丽温雅,雄心壮之,每作赋,常拟之以为式。"具有洒脱风流的游士风范、又有瑰丽奇幻的文采的司马相如,凭借其大赋令汉武帝生相见恨晚之感。这样的事例自然让扬雄动心不已,在当时朝野上下作赋成风的政治文化语境中,大赋的创作不仅可以最大程度地彰显作者的才华,而且也可以因此得到皇帝的赏识,从而带来能够凭此最终实现自己的政治抱

① 汪荣宝:《法言义疏》(上),中华书局 1987 年版,第 45 页。《汉书·扬雄传》云:"雄以为赋者,将以风之,必推类而言,极丽靡之辞,闳侈巨衍,竞于使人不能加也,既归之于正,然览者已过矣。往时武帝好神仙,相如上《大人赋》,欲以风,帝反缥缥有凌云之志。繇是言之,赋劝而不止,明矣。又颇似俳优淳于髡、优孟之徒,非法度所存,贤人君子诗赋之正也,于是辍不复为。"班固在传中依据《法言》之意而又有所演绎。

② 《汉书·扬雄传》赞语引扬雄的"自序"云:"初,雄年四十余,自蜀来至游京师,……岁余,奏《羽猎赋》,除为郎,给事黄门。"

③ 《汉书·扬雄传》。

负的希望。由于这方面的需要,使得汉大赋颇有纵横家言的风格。司马相如之成功,在前期"不为章句"的扬雄看来,就如同"以颉颃而取世资"的驺衍一样,运用其"闳侈巨衍,竞于使人不能加"的"雕龙"般思构与文采成功地介入了政治,并得到了帝王的赏识。刘勰在《文心雕龙·时序》篇中论述文之源流,谈到"角战英雄,六经泥蟠,百家飙骇"的战国时期时,注意到了"炜烨之奇意"的雕龙艳说与当时士人的纵横之术以及政治活动的联系:

> 方是时也,韩魏力政,燕赵任权,五蠹六虱,严于秦令,惟齐楚两国,颇有文学。齐开庄衢之第,楚广兰台之宫。孟轲宾馆,荀卿宰邑。故稷下扇其清风,兰陵郁其茂俗;邹子以谈天飞誉,驺奭以雕龙驰响;屈平联藻于日月,宋玉交彩于风云。观其艳说,则笼罩雅颂。故知炜烨之奇意,出乎纵横之诡俗也。

扬雄后来显然对大赋的这种政治功能的期待是失望了,但他始终还是承认大赋有"讽"的政治功能的——"雄以为赋者,将以风之,必推类而言,极丽靡之辞,闳侈巨衍,竞于使人不能加也,既归之于正,然览者已过矣"[①]。徐复观先生在谈到司马相如的大赋创作的时候,很敏锐地注意到"他的'侈丽宏衍'之辞,实即《史记·孟子荀卿列传》中所说的驺衍五德运转等说法,乃出于'牛鼎之意'"[②]。所谓"牛鼎之意"是指《史记·孟子荀卿列传》:"伊尹负鼎而勉汤以王,百里奚饭牛车下而缪公用霸,作先合,然后引之大道。驺衍其言虽不轨,傥亦有牛鼎之意乎?"用扬雄的话说就是"驺衍以颉颃而取世资"。《西京杂记》载司马相如有"合綦组以成文,列锦绣而为质,一经一纬,一宫一商,此赋之迹也。赋家之心,苞括宇宙,总览人物"之赋论,足见其有以"雕龙"之文以饰"谈天"之旨的自觉追求。扬雄称赞"长卿赋不似从人间来,其神化所至邪"[③]!他自己的大赋创作被刘勰称为"辞义最深,观其涯度悠远,搜选诡丽,而竭才以钻思,

---

① 《汉书·扬雄传》。
② 徐复观:《中国文学论集》,台湾学生书局1985年版,第374页。
③ 《西京杂记》卷三。

故能理赡而辞坚矣”[①]，“构深玮之风”[②]。《汉书·扬雄传》记载了他作《甘泉赋》的过程：

> 孝成帝时，客有荐雄文似相如者，上方郊祠甘泉泰畤、汾阴后土，以求继嗣，召雄待诏承明之庭。正月，从上甘泉，还奏《甘泉赋》以风。……（甘泉）非成帝所造，欲谏则非时，欲默则不能已，故遂推而隆之，乃上比于帝室紫宫，若曰此非人力之所为，党鬼神可也。又是时赵昭仪方大幸，每上甘泉，常法从，在属车间豹尾中。故雄聊盛言车骑之众，参丽之驾，非所以感动天地，逆釐三神。又言“屏玉女，却虑妃”，以微戒斋肃之事。赋成，奏之，天子异焉。

这段文字所记录的扬雄作赋的作风，竟与《史记·孟子荀卿列传》所载驺衍“深观阴阳消息而作怪迂之变”的作风如此相似！如果把司马迁对驺衍之徒的评述与他对司马相如对评述对照一下，就会发现两处甚至连用语都非常相似：

> 《春秋》推见至隐，《易》本隐之以显，《大雅》言王公大人而德逮黎庶，《小雅》讥小己之得失，其流及上。所以言虽外殊，其合德一也。相如虽多浮辞滥说，然其要归引之节俭，此与《诗》之风谏何异？[③]

扬雄把自己最美好的年华和他最富创造力的才智用在了大赋的写作上，本希冀通过自己诡丽深玮的“雕龙”之文，感动君王，引之大道，从而实现自己的政治抱负。奈何世易时移，生在“县令（国君）不请士，郡守不迎师；群卿不揖客，将相不俯眉。言奇者见疑，行殊者得辟”的专制大一统时代，在帝王眼里，知识分子不再是什么“共为治”的贤士人才，而只是可以用来润饰吏治的玩具（俳优）而已。士子虽有“以颔颐而取世资”、“连蹇犹为万乘师”的“上世之士”的雄心，但已无“士无常君，国亡定臣，得士者富，失士者贫”的时势，“策非甲科，行非孝廉，举非方正，独可抗疏，时道是非，高得待诏，下触闻罢，又安得青

① 《文心雕龙·才略》。
② 《文心雕龙·诠赋》。
③ 《史记·司马相如列传》。

紫”？非吏治体制所许可之人——官非甲科、孝廉、方正，如果上疏论道是非，则是以下犯上，则必见罢而不用，遑论“取世资”“为万乘师”！欲以赋讽，“推类而言，极丽靡之辞，闳侈巨衍”，虽然“归之于正”，但是“览者已过矣”。当文章的价值只有单方面地依赖帝王（“览者”）的自觉喜好时，虽有“雕龙”之才志、“牛鼎之意”，然终只得“雕虫”之用！这可能正是扬雄年值半百之时悲怆的感触吧？《太玄》正是在这种认识背景下的感愤之作，在形式上，《太玄》最有“谈天”“雕龙”之风采[①]，颇合司马迁对于驺衍之徒的描述：“深观阴阳消息而作怪迂之变，……其语闳大不经，必先验小物，推而大之，至于无垠。”

四

刘勰以“文心雕龙”题其著作，对于这一标题含义的探讨很多。张少康提出：“所谓‘文心’，乃以心为本，反映了刘勰对文学本体论的认识与见解。”若《原道》篇所谓“心生而言立，言立而文明，自然之道也”。张少康进一步指出刘勰的这种“文以心为本的思想实导源于汉代之扬雄。《法言·问神》篇云：‘言，心声也；书，心画也；声画形，君子小人见矣。’又云：‘言不能达其心，书不能达其言，难矣哉！惟圣人得言之解，得书之体’”。[②] 扬雄对于刘勰的影响其实远不止这一例，徐复观说：“扬雄的文学活动，给刘彦和以莫大的影响。……扬雄有关文学的言论，皆成为刘彦和论文的准绳。扬雄与文学生活有关的片断，彦和心目中皆为文坛的掌故。扬雄的各种作品，《文心雕龙》无不论到。我认为最能了解扬雄文学的，古今无如彦和。”[③]徐复观自己对于《文心雕龙》的研究用力颇大、用心颇深，他所说的扬雄对于刘勰的深广影响的话决非心血来潮之

① 《太玄》图式的基本构成是所谓“四位”，即方、州、部、家。扬雄说：“方、州、部、家，八十一所画，下中上以表四海，玄术莹之。”（《太玄·玄莹》）《太玄》所构建的世界图景概括起来就是：三方、九州、二十七部、八十一家。考虑到驺衍学派在汉代的巨大影响，扬雄作《太玄》虽未明言与驺衍思想的关系，但《太玄》的整体构思中显然有驺衍大九州说法的痕迹。

② 张少康：《夕秀集》，华文出版社 1999 年版，第 152—153 页。

③ 徐复观：《两汉思想史》，华东师范大学出版社 2001 年版，第 289 页。

论，而的确是言之有据、言之有得的。

《文心雕龙》共50篇，其中有近半数(23篇)的篇章谈论到了扬雄，而且扬雄的许多文论思想在《文心雕龙》中成为刘勰本人遵从的观点。举其要者如下：

原夫登高之旨，盖睹物兴情。情以物兴，故义必明雅；物以情观，故辞必巧丽。丽辞雅义，符采相胜，如组织之品朱紫，画绘之著玄黄，文虽新而有质，色虽糅而有本，此立赋之大体也。然逐末之俦，蔑弃其本，虽读千赋，愈惑体要，遂使繁华损枝，膏腴害骨，无贵风轨，莫益劝戒。此扬子之所以追悔于雕虫，贻诮于雾縠者也。(《诠赋》第八)

观其大抵所归，莫不高谈宫馆，壮语畋猎，穷瑰奇之服馔，极蛊媚之声色；甘意摇骨体，艳辞动魂识。虽始之以淫侈，而终之以居正，然讽一劝百，势不自反。子云所谓"先骋郑卫之声，曲终而奏雅"者也。(《杂文》第十四)

盖圣贤言辞，总为之书。书之为体，主言者也。扬雄曰："言，心声也；书，心画也。声画形，君子、小人见矣。"故书者，舒也。舒布其言，陈之简牍，取象于夬，贵在明决而已。(《书记》第二十五)

若夫八体屡迁，功以学成，才力居中，肇自血气；气以实志，志以定言，吐纳英华，莫非情性。是以贾生俊发，故文洁而体清；长卿傲诞，故理侈而辞溢；子云沉寂，故志隐而味深。(《体性》第二十七)

今才颖之士，刻意学文，多略汉篇，师范宋集。虽古今备阅，然近附而远疏矣。夫青生于蓝，绛生于蒨，虽逾本色，不能复化。桓君山云："予见新进丽文，美而无采；及见刘、扬言辞，常辄有得。"此其验也。故练青濯绛，必归蓝蒨，矫讹翻浅，还宗经诰；斯斟酌乎质文之间，而檃括乎雅俗之际，可与言通变矣。(《通变》第二十九)

战代任武，而文士不绝：诸子以道术取资，屈宋以《楚辞》发采，乐毅报书辨以义，范雎上疏密而至，苏秦历说壮而中，李斯自奏丽而动。若在文世，则扬、班俦矣。荀况学宗，而象物名赋，文质相称，固巨儒之情也。……相如好书，师范屈宋，洞入夸艳，致名辞宗。然覆取精意，理不胜辞，故扬子以为“文丽用寡者长卿”，诚哉是言也！王褒构采，以密巧为致，附声测貌，泠然可见。子云属意，辞人最深，观其涯度幽远，搜选诡丽，而竭才以钻思，故能理赡而辞坚矣。……潘勖凭经以聘才，故绝群于锡命；王朗发愤以托志，亦致美于序铭。然自卿、渊已前，多俊才而不课学；雄、向以后，颇引书以助文。此取与之大际，其分不可乱者也。(《才略》第四十七)

刘勰论文宗旨，诚如其《序志》篇所谓：“盖《文心》之作也，本乎道，师乎圣，体乎经，酌乎纬，变乎骚。”这种观念几乎完全与扬雄的文论思想契合。张少康认为“扬雄文学思想的核心是倡导文学创作必须合乎儒家之道，以圣人为榜样，以六经为楷模，简言之，也即是所谓原道、征圣、宗经的原则”①。这里所说的“征圣”与“宗经”两条一般没什么异议，扬雄之“原道”与刘勰之“原道”是否相同可能会有不同的意见。

扬雄的“道”的观念里既有所谓“儒家之道”的意思，也有“自然之道”的意思。在《法言·问道》中，扬雄集中表达了他对于“道”的看法，他说：“道也者，通也，无不通也。……适尧、舜、文王者为正道，非尧、舜、文王者为它道，君子正而不它。”又说：“道若涂若川，车航混混，不舍昼夜。……涂虽曲而通诸夏则由诸，川虽曲而通诸海则由诸。”在扬雄的观念里，“道”是一个中性概念，因而在不同的范畴内其含义随之而不同，在社会伦理范畴中，“道”应是合目的性的，即要遵循儒家之道；在自然范畴中，“道”是合规律性的，即所谓自然之道，所以扬雄说“吾于天与，见无为之为矣！”“老子之言道德，吾有取焉耳。及搥提仁义，绝灭礼学，吾无取焉耳。”可见扬雄的道论是兼宗儒道二家的。

刘勰的道论其实同样也兼涵儒道二家。《文心雕龙》首篇论文之道，其思路由“自然之道”谈到“人文之道”。“夫玄黄色杂，方圆体分，日月叠璧，以垂丽天之象；山川焕绮，以铺理地之形。此盖道之文也。……心生而言立，言立而文明，自然之道也。”“爰自风姓，暨于孔氏，玄圣创典，素王述训，莫不原道心以

① 张少康、张三富：《中国文学理论批评史》(上)，北京大学出版社1995年版，第128页。

敷章，研神理而设教。……故知道沿圣以垂文，圣因文而明道，旁通而无滞，日用而不匮。”刘勰这里贯通自然与人文之思想与扬雄也是一致的。由此可见，徐复观所谓“扬雄有关文学的言论，皆成为刘彦和论文的准绳。……最能了解扬雄文学的，古今无如彦和”之说并非妄语。不过，值得玩味的是，在扬雄以“雕虫”论文之后，何以刘勰会以“雕龙”命篇呢？

刘勰论文，之所以追踪扬子云，首先是因为他们的人生价值观是相似的。扬雄尚智，以著作显名，以文传心；刘勰在《序志》篇自序其著作初衷时也说：“夫宇宙绵邈，黎献纷杂，拔萃出类，智术而已。岁月飘忽，性灵不居，腾声飞实，制作而已。……生也有涯，无涯唯智。逐物实难，凭性良易。傲岸泉石，咀嚼文义。文果载心，余心有寄！”其次，二人论文的问题意识与崇儒观念是一致的。扬雄后期痛心于淫靡失旨的赋作之风，欲重树以孔子为代表的先秦儒家之道义主体精神；刘勰亦称其论文的缘起是：“去圣久远，文体解散，辞人爱奇，言贵浮诡，饰羽尚画，文绣鞶帨，离本弥甚，将遂讹滥。盖《周书》论辞，贵乎体要；尼父陈训，恶乎异端；辞训之异，宜体于要。于是搦笔和墨，乃始论文。”最后，他们论文的标准皆以“文质彬彬”为理想。扬雄有文质表里之论，彦和论文也以文质为基本纬度，在《文心雕龙》中，无论是论文之纲领大义还是各体优劣，均以此为尺度。论文章宏观的流变：“逮及商周，文胜其质，《雅》《颂》所被，英华日新。”（《原道》）“时运交移，质文代变，古今情理，如可言乎！”“质文沿时，崇替在选。终古虽远，旷焉如面。”（《时序》）“斟酌乎质文之间，而檃括乎雅俗之际，可与言通变矣。”（《通变》）谈文章的性质：“圣贤书辞，总称文章，非采而何！夫水性虚而沦漪结，木体实而花萼振，文附质也。虎豹无文，则鞟同犬羊；犀兕有皮，而色资丹漆，质待文也。”（《情采》）论文章之优劣：“唯陈寿三志，文质辨洽。”（《史传》）“荀况学宗，而象物名赋，文质相称，固巨儒之情也。”（《才略》）

不过，“文”的观念从扬雄的时代发展到刘勰的时代，其内涵与意义已经发生了很大的变化，随着文章创作群体的不断扩大，文章的数量也不断地积聚，以文章为对象的专门论述也越来越多，“文”的独立价值日益深入人心。扬雄的作为其“尚智”成果的著作，其用心绝不仅仅是为了论“文”，其问题意识所涉及的，既有对于汉大赋文过其质的批判，同时也含有深刻的政治忧患与形而上的审视。刘勰著作的学术规模比起扬雄，淡去了政治的、形而上的色彩，则更具体落实在了文章修辞上，也因此对于文章的论说更为全面切实。在刘勰那里，“文”已非“雕虫”小道，已经具有了“雕龙”之体势价值。

“雕虫”和“雕龙”虽然不是一组截然对立的观念，但放在从扬雄到刘勰的历史流变的时段中，这两个概念的对照就显得意味深长了。“雕虫”在扬雄那里虽然不是对于“文”的完全否定，但显然有着反对文滥的强烈忧患，是以“破”的消极倾向为主的；“文弊”的这一忧患虽然也被刘勰所继承，但刘勰是以“破”而求“立”的，是从积极的方面认定和规范“文”的价值的，所以他用“雕龙”。刘勰虽然积极地肯定“文”的价值，但显然并不是单纯指“雕缛成体”的文采本身，所以他要用“文心”之质来均衡“雕龙”之文，用道、圣、经来证成文之价值的合法性。以“文心雕龙”命题，足见刘勰文质彬彬的文论观念和“唯务折衷”的论文态度。正是由于如此，刘勰要比其同时的裴子野高明许多，刘勰不是像裴子野那样只是简单地批评所谓“雕虫”之风，而是将文章之道在学理上纳入经典的体系里，从而既使他对于世风的批评有理有据，又使文学相对于五经的独特价值凸显了出来，成为刘勰所标榜的“雕龙”之文。

（作者单位：中央财经大学文化与传媒学院）

从对话性到互文性①

钱　翰

［摘要］　巴赫金的对话性概念与互文性概念有渊源关系，然而这两个概念却分属理解文学的两种不同范式。前者是人本主义的，而后者是反人本主义的。巴赫金所理解的对话是主体所发出的声音之间的对话，属于主体交流的模式。而互文本则是沉默的没有主体的语言转换场所，没有交流和主体意识，也没有作者。今天，大部分人对互文性概念的使用实际上类似于渊源批评，属于传统的作品观与文学观，与克里斯特瓦所代表的先锋文学观念属于不同的范式。在利用互文性概念进行渊源和影响批评的同时，我们有必要理解这一概念发明时所代表的反传统的文学观并继续吸取其精神养分。

［关键词］　互文性　对话性　交流　主体　人本主义

从上世纪60年代以来，以文本（texte）这个词为词根变换出层出不穷的新概念和新词语，其中绝大多数只在声气相投的一个小圈子中使用，例如“文本性”（textualité）、“文本意指过程”（signifiance textuelle）、“现象文本”（phéno-texte）、“生成文本”（géno-texte）等等，只有互文性（intertextualité）的概念获得文人学士的一致认同，纷纷拿来用作自己的理论武器和文学研究工具，甚至扩张到其他的人文学科。从这个概念发明到今天已经四十多年，一个60年代法国的批评家可能难以想象这个当年如此先锋的概念到今天已经如此普遍化，甚至可以说成为人文学科的常用词。与此同时，其内涵也在不断的扩张、吸收和继承中不断发生变异，与克里斯特瓦当年发明这个概念时对它的

---

① 本文为钱翰博士论文《从作品到文本》（2005年，北京大学，导师罗芃；巴黎第四大学，导师贡巴尼翁［Antoine Compagnon］）中的一部分。

定义相比已经改头换面了。今天我们有必要对这个概念进行一番梳理，考察互文性概念的发生和发展的过程，从而更清晰地理解其意义。克里斯特瓦提出的互文性是文本的互文性，而现在常常使用的互文性概念是作品的互文性。为了说明这一点，我们必须还原这一概念提出的历史语境。

一

1966年，互文性概念第一次出现在朱莉亚·克里斯特瓦介绍巴赫金理论的一次报告中，该报告后来以《词语、对话和小说》为题发表。克里斯特瓦提出的互文性在当时是对结构主义过分形式化倾向的突破和改造，60年代的结构主义诗学理论过分强调语言的封闭性，强调语言的不及物性以及符号的任意性，社会历史问题被排除在文学问题之外。秦海鹰教授认为："她（克里斯特瓦）在当时盛行的结构主义文本理论中打开了缺口，引入了社会历史维度，同时仍将社会历史性维持在文本的层面上，以区别于传统的文学史研究。"[①]然而，她所引入的社会历史与巴赫金的社会历史不同，后者的社会历史是"人的意识"的社会存在，而前者的社会历史则被视作一个大文本。

今天我们讨论克里斯特瓦的互文性概念的时候，不可避免地会涉及它与巴赫金的对话性理论的关系，因为克里斯特瓦是通过对后者的介绍才提出了互文性概念，然后她的思想根底与巴赫金有很大的差异，当她用互文性取代巴赫金的对话性的时候，两个人所处的时代不同，所秉持的文学观念也有相当差距，因此，观察文学的视点是不同的。这种不同首先体现在他们对于语言与人的关系的看法上，对于巴赫金来说，考察文学的起点和终点都是"人"，而对于克里斯特瓦来说，无限的文本构成了文学实践。

从字面出发进行分析是有趣和具有启发意义的。巴赫金的对话性来自对话(dialogue)，是口头语言，其核心是人与人之间的精神交流，蕴涵着强烈的人

① 秦海鹰：《克里斯特瓦的互文性概念的基本含义及具体应用》，《法国研究》2006年第4期。

本主义色彩。而克里斯特瓦处在法国结构主义思潮中,人本主义受到强烈质疑和批判。互文性的词根是文本(texte),是书面语言。表面上看,两者都关注语言的内部关系,然而一个以口头语言为基本模式,另一个以书面语言为基本模式,其差异是不可忽视的。在口头语言的对话中,交流活动是即时的,交流主体是在场的。与口头的、即时听见并即时回应的口头语言相比,书面语言是交流被延宕和搁置的语言,书写的交流是不确定的。① 一般情况下,在用口头语言交流的时候,说话者知道或者认为自己知道:1. 谁在听;2. 他说话的环境——也就是听话者的环境;3. 他说话的时机——也就是听话者的时机。因此他的语言是明确的交流语言。参考雅各布森的交流图示,交流有六个要素:发话者(destinateur),受话者(destinataire),信息(message),接触(contact),编码(code)和语境(contexte)。一次完整的口头对话(dialogue)需要这六个要素的在场,通过这六个要素,即时在场的交流才能得以顺利完成。② 然而,在文本的状态下,这六个要素常常是不完备的。从书写者的角度看,受话者通常不在场,也没有实际接触,他常常需要设想一个读者,然而实际的读者常常并不是他所想象的读者。书写者所写下的文字可能很久以后才会被认看到,也可能被修改,甚至可能被毁弃,因此书写的文本与口头的语言是完全不同的;从阅读的角度看,阅读的时候,书写者常常是缺席的,阅读者无法马上根据所阅读的文字对书写者发出回应,他们常常只能对一个假设的作者发言,只在极个别情况下,读者能够直接与作者交流。艾柯说:"实际的读者,作为具体的进行合作的主体,在他那边也通过文本提供的各种信息,构建出一个对作者的假设。"③与作者只拥有一个虚拟的读者一样,读者也只拥有一个假设的

---

① 虽然克里斯特瓦几乎从来不使用德里达发明的延异(différance)概念,在讨论互文性问题时也很少直接引用德里达的观点,但毫无疑问,他们的思想之间具有某种相互印证的关系。提出互文性和延异概念的两篇论文都被收入《整体理论》(Théorie d'ensemble, Paris, Seuil, 1968),这本论文集主要由"如是"小组参与写作的文章构成。

② 巴赫金的对话理论中,内心独白中的不同思想意识之间的对话也具有极其重要的位置。在这种内心对话中,同样有两个同时存在的独立的主体(思想意识)作为发话者和受话者。

③ Umberto Eco, *Lector in Fabula*, Milan, Bompiani, 1979. Traduction française par Myriem Bouzaher, Paris, Grasset, 1985, p. 77.

作者。20世纪六七十年代的文本理论对于“文学交流”这个概念提出了强烈的质疑,认为文学的特性不是交流,而恰恰是“反交流”。因此,无论是巴赫金选择有声音的对话性,还是克里斯特瓦选择沉默的互文性,都不是偶然,都不仅仅是一个简单的术语问题,而是他们各自所依据的对文学之本质的不同理解。

托多罗夫在《批评的批评》①中认为,“互文性”和“对话性”具有相同的含义,不过这也许是他还没有看清结构主义和后结构主义思潮中的反人本主义与巴赫金的人本主义之间的根本矛盾。在巴赫金眼里,说话的人是表现和创造我们的精神世界的主体,陀思妥耶夫斯基的艺术是让小说中的声音保持其原来的特色。巴赫金认为:

> 陀思妥耶夫斯基构思中的主人公,是具有充分价值的言论的载体,而不是默不作声的哑巴,不只是作者语言讲述的对象。作者构思主人公,就是构思主人公的议论。所以,作者关于主人公的议论,也便是关于议论的议论。作者的议论是针对主人公的,亦即是针对主人公的议论的,因此,对主人公便采取一种对话的态度。作者是以整部小说来说话,他是和主人公谈话,而不是讲述主人公。确实也只能是这样,因为只有采取对话的方针、共同参与的方针,才能认真地听取他人的话,才能把他人的话看成是一种思想立场,是另一种观点。唯有采取内在对话的方针,我的议论才可能与他人的议论发生紧密的联系,与此同时,却不与他人议论融合,不吞没他人议论,也不把他人议论的含义融于自身中,这就是说,要充分保留他人议论的独立性。②

因此,巴赫金认为陀思妥耶夫斯基的小说实际上是社会中各种人的“意识”之间进行对话的空间,在对话的过程中,作家保持其他“意识”的独立性。对话性的基本条件是他者的“意识”的独立性,对话性是建立在主体性基础之上的,是主体间性或者互主体性(inter-subjectivity)。对话性小说或者非对话性小说的

① Todorov, *Critique de la critique*, Paris, Seuil, 1984.

② 巴赫金:《陀思妥耶夫斯基诗学问题》,《巴赫金全集》,白春仁、顾亚铃译,河北教育出版社1998年版,第84页。

区别只在于有没有多个独立的主体(意识)存在,无论如何,巴赫金从未怀疑过主体性的问题,或者换一种方式说,在巴赫金的思想体系中,不可能提出质疑“主体性”的问题。

在巴赫金所论述的复调小说中,主体性存在于在两个层面,第一个层面是小说所构建起来的对话者,例如《罪与罚》之中的拉斯科尔尼科夫,他的内心独白所发出的不仅仅是他个人的情感:贪欲、愤恨、罪恶感和恐惧,同时也夹杂(而不是融合)他人的声音:杜尼娅、母亲和马尔梅拉多夫。实际上也就是主人公与所有这些人所代表的意识在争辩和交流,主人公不再有一个完整统一的意识,各种异质意识的交锋决定了主人公的思考和行动。复调小说主人公的特点是,所有这些异质的意识不是主人公的观察和评论对象,而是保持其原来的独立性,这些声音在主人公的头脑中对话的时候依然属于它们原来的主体,属于他的母亲、情人和敌人。第二个层面是作者自身,在巴赫金的复调小说理论中,陀思妥耶夫斯基等作家不是一个意见的独裁者,不能靠自己的写作来决定一切,作者不过是通过写作来进行对话而已。然而,作者的态度决定了对话的可能性。在小说艺术中,复调或者说对话性是一种特殊的诗学,是作者的选择。独白型的艺术中没有这种对话存在的可能性:“在独白型的世界里,*tertium non datur*(拉丁语:意为中间物不是事实):思想要么得到肯定,要么遭到否定,不然它就根本不成其为含义充实的思想了。一个未被肯定的思想,为要进入作品结构中,必须失去自己的价值而变为一个心理因素。……被否定的他人思想,不可能在一个人的意识旁边,树立起另一个完全平等的他人意识,假如这里的否定只是对思想本身的纯粹的理论上的否定。”①选择对话性诗学的作家的主体性不是体现在发出专断的议论和思想,而是通过对他者思想的尊重和描绘构建这种对话的可能性。而所有这一切的目的是构建出一种新的主体:“思想的人”。巴赫金这样描述陀思妥耶夫斯基的主人公:

……思想的形象同这一思想载体的人的形象,是分割不开的。情况并非如 M. A. 恩格尔哈特所论,不是思想本身成为“陀思妥耶夫斯基作

① 巴赫金:《陀思妥耶夫斯基诗学问题》,同上书,第 104 页。

品里的主人公”，而是具有这一思想的人——思想的人。必须再次强调说一遍，陀思妥耶夫斯基的主人公，是思想的人；这不是性格，不是气质，不是某一社会典型或心理典型。具有充分价值的思想，它的形象自然不可能同上述人们从外部完成、给以定论的形象相结合。……能成为有充分价值的思想的载体的，只是“人身上的人”；他具有……那种未完成论定、未有结果的自由……

> 因之，只有未完成的蕴涵无尽的“人身上的人”，才能成为思想的人；这个人的形象才能同有充分价值的思想的形象，结合到一起。这是陀思妥耶夫斯基能描绘思想的第一个条件。①

这个思想的人，未完成的人，“人身上的人”，是巴赫金的对话性的人本主义基础。对话性问题从本质上来说是人的问题，是人的思想问题。从中世纪的梅尼普体和狂欢到复调小说，巴赫金的发现中最核心的内容是未完成的无结论的哲理对话和未完成的思想着的人，而文学是这种人的意识和精神状态的表现和反映。陀思妥耶夫斯基及其主人公是这类人的代表。巴赫金的诗学问题是人的问题。

二

然而，克里斯特瓦的互文性中没有主体的位置，或者说她所提出的互文性的意义，相对于巴赫金的对话理论而言，主要在于取消了主体的位置。在互文性的概念中，文本是对文本进行吸收和转换(transformation)的唯一场所，而并不依赖于外部独立主体意识的参与。从说话的模式到书写的模式，不应被视为简单的工具的转换——仅仅是从口到笔，从声音到文本，而应被视为两种不同的理解文学的范式。在克里斯特瓦的互文性中，巴赫金对话理论所必需的两个层次的主体都没有立足之地。

---

① 巴赫金：《陀思妥耶夫斯基诗学问题》，同上书，第111—112页。

> 一切文本的构成都仿佛是引文的拼接，一切文本都是对其他文本的吸收和转换。互文性概念取代了互主体性的概念，而诗性语言至少是被当做双重语言来阅读的。①

第一个层面，巴赫金理论视角下的复调小说中的对话交流主体不复存在。在上文中，我们提到，在巴赫金的分析中，对话展开的必要条件在于我们能够追寻到各种声音的来源，所有的声音都是有主人的声音，属于独立的“意识”。然而在互文性中，这些互文本是没有主人的，在移植的过程中与源头切断了联系，从而获得在新的文本中发挥作用的能力。罗兰·巴特认为：“一切文本都进入互文性，因为互文性本身就是文本与另一文本之间，而不应与文本的来源混淆：寻找一部作品的‘渊源’和‘影响’，这不过是一种起源的神话……”②话语的源头在何处不能决定其意义和作用：所有的文本都是在一个互文性的场域中运转，没有任何人可以作为话语的拥有者。话语与人之间的关系被拉开，被置于语言的场中。

从另一个层面上看，互文性也不能被当做书写者的主观选择，而是一种必然的语言现实状态。对于巴赫金来说，保持精神的对话状态是一个思想主体有意识的选择，他可以选择对话或者独白；然而，对于克里斯特瓦来说，互文性则是书写和文本的必然属性，区别只在于对于这一点是否有意识。话语和主体的独立性被摧毁，文本既是转换过程的结果也是转换的开始，也就是说文本是其他文本的转换，与此同时，它也加入到新的转换过程中。历时转变为共时，共时又将转化为历时。话语的身份变得模糊起来。如果说，对话性的概念通过互主体性建立起对话的主体形象，那么互文性的概念则使主体的形象模糊起来。因此，话语的背后不再有一个意志的主体，克里斯特瓦说：“语言的意义和意欲表达的内容不过是一种效果而已，它不过是为了构成传递信息和消

① Julia Kriteva, 《Le mot, le dialogue et le roman》, in *Sémiotiké, Recherche pour une sémanalyse(Extraits)*, Paris, Seuil, 1969.

② Roland Barthes, 《De l'œuvre au texte》, *Revue d'esthétique*, 3e trimestre 1971, repris dans *Œuvres complètes*, édition établie et présentée par éric Marty, t. II, Paris, Seuil, 1993.

费的循环,在这里书写的生产性以文本的名义获得自己的位置:在对以前的文本的转换的过程中,意义和意欲表达的内容都是虚无的。”[①]她把话语的交流现象视为一种表象,而把话语自身通过互文性而进行的不断生产和增值视为文本和文学的本质。与对话精神所反映的独特的思想者精神不同,互文性所反映的是语言和文本的本质,无论愿意还是不愿意,一切文本都是互文本,一切写作都是处于阅读,与此同时,一切阅读也都是写作。互文不是主体的自由选择,而是任何人和任何语言必然处于其中的场。因此,作者或者来源的问题对于互文性来说其实是没有任何意义的。罗兰·巴特在对文本概念的定义中,把互文性作为社会历史中各种语言和话语相互作用的方式:“很明显,互文性,作为一切文本的条件,无论如何也不能归结为来源和影响问题;互文性是普遍存在的场,在其中有各种源头不可考的匿名陈述,以及书写者没意识到的无引号的引言。从词源上说,互文性概念为文本理论提供了全体的社会性:一切之前的和同时代的言语,都来到文本中,但是其来源不可探究,其原因也不是有意的模仿,而是通过散播的方式”。[②] 实际上,法国以罗兰·巴特和克里斯特瓦为代表的先锋批评理论论战的最大敌人就是文学史批评,而后者所表现的是一种典型的人文主义精神,即认为文学的问题对于文学史来说首先是作家的问题,是人的问题。因此文学史的出发点和终点都是同一个问题:“作家为什么这样写?”然而,先锋批评则拒绝文本的起点和终点。在一次访谈中,罗兰·巴特说:“文本没有终点。朗松派学者把对文本的解释停留在作者和源头上。而互文性则使作者匿名,使文本走向无穷。”[③]互文本是没有作者的文本。在文本空间,所有的语言都无法被准确定位,都处于朝向无限性开放的过程之中。文本是没有身份的,在不断的置换和转移中发生的意指作用。

分析克里斯特瓦的理论发展的过程中对这一问题态度的转变是非常有意

---

① J. Kristeva, 《La Productivité dite texte》, in *Sémiotiké*, *Recherche pour une sémanalyse*(*extrait*), Paris, Seuil, p. 154.

② Barthes, Roland, (Théorie du) Texte, *Encyclopaedia Universalis*, 1996.

③ Roland Barthes, 《Océaniques》, FR3, novembre 1970-mai 1971, rediffusion, 8 février 1988. Cité de François Dosse, *Histoire du structuralisme*, Paris, Éditions de La Découverte, 1992, pp. 81-82.

义的。当她最初介绍巴赫金理论的时候,虽然她使用互文性一词来取代对话性,但是她仍然希望把互文性与对话性结合在一起,试图寻找这两种理论内在的一致性。她在讨论关于意义与主体的问题时说:

> 巴赫金来自关注社会问题的革命的俄国,对他而言,对话不仅仅是由主体承载的语言,而是人们可以从中阅读他者(此处与弗洛伊德理论无关)的书写。巴赫金的对话性把写作作为主体性(subjectivité)和交流性(communicativité),或者更准确地说,作为互文性;相对这种对话性,"书写者—主体"的概念开始变得模糊,把位置让给写作的多义性。①

在这段话中,克里斯特瓦一方面削弱了巴赫金理论中非常重要的人文主义因素②,认为其理论中的核心因素不是人—主体(personne-sujet),而是书写的多义性和含糊性,这显然与上面我们对巴赫金的论述不同;另一方面,克里斯特瓦一方面认为对话性是主体性和交流性,同时又认为由于对话性,主体变得模糊,而且信息(message)具有了多义性。然而,无论是主体的模糊还是信息的多义性都构成了对交流的障碍,使文本(信息)越来越不可读,使文本越来越脱离交流的框架。文本不再是意义的载体,而是一个不断漂移,没有确定位置的过程。此处的矛盾在于实际上是巴赫金对话理论与她的互文性理论的深层矛盾和不一致。巴赫金要寻找和建构的是"人身上的人",克里斯特瓦所寻找的是"文本外的文本"。

秦海鹰认为:"在巴赫金本人的理论框架中,最能体现二重性原则的是复调小说和狂欢话语,此时二重性和对话性几乎是同义词。但在脱离了对巴赫金的阐释之后,克里斯特瓦赋予了二重性更为宽泛的理论含义,这个概念在她那里几乎成了符号的基本意指方式或普遍原则,可以用来说明所有同时存在、相互作用的对立因素:文本与另一个文本、写作与阅读、历时与共时、横组合与纵组合、自我与他者、语言(系统)与言语(文本)、交流性与生产性、对话与独白、存在与不存在,等等。此时的二重性远远大于对话性,或者说,'对话'一词

---

① J. Kristeva, 《Le mot, le dialogue et le roman》, art. cit. p. 88.

② 在克里斯特瓦论述巴赫金理论的其他地方,也基本不提及后者对"人"的强调。巴赫金非常看重的"思想者"形象,在克里斯特瓦对巴赫金的介绍中没有什么地位。

此时只能理解为语言二重性原则的形象比喻。"[1]秦海鹰对于克里斯特瓦的对话性特征的分析非常准确到位,但是她与国内通常的认识一样把克里斯特瓦的互文性理论视为是对巴赫金对话理论的发展。这也许是有一定合理性的普遍错觉,因为克里斯特瓦提出互文性概念是受到对话理论的启发,并且这两种理论所讨论的焦点都是语言之间的关系。但是对话理论的语言是人文主义视角下的发出狂欢的声音的语言,而克里斯特瓦的语言是结构主义视角下沉默的语言。

应当指出的是,虽然我们说克里斯特瓦的互文本的文学观念是非人文主义的,但是这并不意味着互文本是没有人的,完全没有人的位置,也并非认为其文学思想与人没有任何关系。而是说,思考文学的出发点和终点都不是具体生活中的人,人的面孔已经变得模糊不清,无论他的形象还是他的意义都不再是思考和知识的出发点,他已经丧失了曾经有过的立足点,成为一个在互文本中飘荡的影子。实际上,在克里斯特瓦的《诗歌语言的革命》一书中,也着重讨论了主体问题,但是这个主体不是如《地下室手记》中那个用语言在内心交锋的思想者,不是通过对话来保持精神成长的无限的人。这个主体是在语言碎片的断层中显露出来的"进程中的主体"(sujet en procès)。对于这个主体的理解不是来自他所说的和他所做的,而是来自他如何被语言和文本建构。福柯在提出人的死亡的时候说:"人的死亡,这个主题使我们弄清楚人这个概念如何在知识中发挥作用。……之所以如此,不是因为人们对于科学地认识人有什么道德的担忧,而是因为人们已经把人作为可能的知识对象之后,当今的人文主义的所有道德主题才得以发展起来,这些主题出现在被磨去棱角的马克思主义中,出现在圣-埃克絮贝里和加缪那里。"[2]在互文性、福柯的话语理论以及结构主义和后结构主义思潮中,人的形象都同样模糊,丧失了往日的光芒。

---

① 秦海鹰:《克里斯特瓦的互文性概念的基本含义及具体应用》,《法国研究》2006年第4期。

② Michel Foucault,《Qu'est-ce qu'un auteur》, in *Littoral*, 1969, février.

三

通过上面的论述，我们可以对克里斯特瓦的互文性概念有更深入的理解。在她提出这个概念之后，互文性大致走向两个方向。一个方向是解构批评，它继续沿着克里斯特瓦和罗兰·巴特等人开辟的法国先锋批评的道路，另一个方向是诗学和修辞学，以热奈特为代表。后一种批评使互文性成为一个文本分析工具，用它科学而精密地研究各种各样的文本之间的关系，基本上失去了对传统的文学观念进行批判的色彩。在《互文性理论》一文中，彼艾尔-马克·德·比亚西认为："互文性成为一个更确定、更具有操作性的概念，其运用领域与传统的'渊源'批评领域差不多，而且人们还能够不断向其中加入传统的模仿和仿拟研究，以及一些比较文学的重大问题——为什么不呢？"[①]互文性理论从一个具有强烈意识形态色彩的批判概念被传统的文学研究"招安"，这也许意味着先锋的文学理论已经退出了前台。在对互文性理论的介绍性著作中，纳塔丽·皮艾格-格罗这样来定义互文性："互文性是一种一个文本转引另一个文本的运动，而互文本就是被一个作品纳入自身的所有文本，它以或者不在场的方式指涉另一文本（影射），或者以在场的方式重写（引用）。这个广泛的范畴包括各种各样的形式：仿拟、抄袭、重写、拼贴……它是文学的一个构成要素。"[②]在这个显得客观而中立的定义中，互文性与"渊源"批评所反映出来的文学观念已经没有本质区别。

实际上，传统的文学研究已经非常重视文学作品之间的相互关系，无论是中国还是西方，也无论古代还是现代，文学作品之间的相互影响和借用是一种极其普遍的现象。在中国古代诗词中，用典故是常例，不用典故属于特例，还

① Biasi, Pierre-Marc de, 《Intertextualité (Théorie de l')》, in *Encyclopaedia Universalis*, 1996.

② Nathalie Piégay-Gros, *Introduction à l' intertextualité*, Paris, Dunod, 1996, réédition, Pris, Nathan/VUEF, p. 7.

有人为诗人准备了各式各样使用典故的工具书,如江永的《四书典林》等。在西方的文学中,典故也是常见,而且古代的神话传奇故事在不同年代被不断翻新不断重写。17 世纪法国最辉煌的古典悲剧的故事几乎全部来自古代神话和历史,而且翻新与重写成为古典悲剧不可任意违背的规则。20 世纪初,西方的文学史批评极端重视文学作品的来源,朗松所开创的法国文学史批评非常重视对作家的写作发生影响的各种文本,尽可能用实证方法确定作家可能受到的所有影响。郑克鲁在评述朗松的文学史批评的方法时写道:“朗松赞许的研究方法是充分搜集材料,搜集材料的范围几乎无所不包,既包括文学材料,也包括非文学材料,不仅研究作品本身,还要研究与这部作品和作家有关的作品和作家。”①那么克里斯特瓦的互文性与传统的“渊源”研究的区别在哪里呢?

在《诗歌语言的革命》中,克里斯特瓦强调:“互文性指一个(或几个)符号系统转换为另一个(或几个)符号系统;但既然这个概念经常被理解为‘渊源批评’的平庸含义,那么我们宁愿使用移植这个词,它更能准确说明从一个意指系统向另一个意指系统的转移需要对正题进行重新定位——重新确定陈述和指示的位置性。如果承认任何意指实践都是不同的意指系统进行转换的场所(一种互文性),那么就可以理解,意指实践的表述‘位置’与它所指示的‘对象’永远都不是单一的、完整的、与自身同一的,相反总是多种多样的、破碎的、可以用平面模型来表现的。”②移植与渊源影响的区别在于后者是以作为研究对象的作家和作品为中心,有一个具体的“位置”,它是一切思想、情感、美学的汇聚之地,如一切支流汇入大江一样,它构成了所有这些渊源的归宿和终点;然而移植则没有一个固定的中心,没有固定的位置,一切互文本都处在相同的平面上相互移植,既无起点,也无终点,走向无限的意指实践。渊源批评是解释性的,它通过解释“作品为什么是这样”这个问题,从而确定作品的意义,这种批评在中国对《红楼梦》的研究中达到了极致。红学研究通过对各种可能收集到的资料进行详尽的考证,所有这些渊源都指向同一个地点:作者。红学家

① 郑克鲁:《朗松的文学史研究方法简析》,《学习与探索》2005 年第 6 期。

② Julia Kristeva, *La Révolution du langage poétique*, Paris, Seuil, 1974, p. 60.

们认为只要能够确定曹雪芹的“意识”，就能为《红楼梦》文本寻找到某种本质的同一性，从而确定其意义。然而在互文本的场中，作者不过是一个表面的功能而已。既不能从作者出发解释文本为什么是这样，也不能从作者出发理解文本的意义。一切同一性都应当被打破，克里斯特瓦提出“过程中的主体”。她认为：“象征功能与一切快感分离并与其对立，并被建立为父亲和超我的位置。”[①]文本的作用就是反抗压抑的统一性，通过对父亲（作者是作品的父亲）和超我的反叛，重新寻找被象征世界所压抑的冲动和快感。因此，虽然互文性和渊源批评都表现为对不同文本之间关系的兴趣，但是，它们的旨趣和背后的意识形态是大相径庭。

今天，在中国的文学研究中，互文性这个术语一般被当做文本之间的相互影响来加以研究。这并不是一个错误，而是一个正常的发展方向。从一方面说，克里斯特瓦的互文性理论所强调的更是一种反传统的文学意识形态，而不是一般的文学研究；从另一方面说，传统的文学观念使用这个来自论战对手的术语促进自身的研究发展，也是正常的，西方的诗学批评对互文性概念的运用也基本上着重其可操作的“影响”研究，而不关注其原初所具有的对传统文学意识形态的批判——或者说回到先锋批评所批判的传统文学观念上。虽然，近一二十年中国的文学界对西方 20 世纪中期以后的各种反传统的先锋理解进行了有系统的译介，但是，中国文学界实际上并没有真正经历类似西方六七十年代的文学颠覆和反叛的冲击，因此，对于这些概念的认识还停留在表面，这些理论更多像一种参照，而不是如那些理论的提出者所希望的那样，把理论当做实践本身。不过互文性概念作为其发明者的反传统观念到今天被传统文学观念纳入自己的工具库，倒是恰恰证明了先锋观念的一个重要观念：作者是怎么想的并不能决定其意义和实践。

（作者单位：北京师范大学文学院）

---

① Julia Kristeva, 《Le Sujet en procès》, première publication in *Artaud*, UGE, 《10/18》, 1973, repris dans *Polylogue*, Paris, Seuil, 1977, p. 71.

书　评

媒介场景:文化研究中的新思路
——读梅罗维茨的《消失的地域》*

桂 琳

本书的作者约书亚·梅罗维茨(Joshua Meyrowitz)的名字似乎让人有些陌生,而他的前辈伊尼斯和麦克卢汉则在中国学术界名气已经很大了。实际他们都属于被后来的研究者称作"媒介生态学派"的研究思路。在他们之前,媒介研究中关注的焦点是媒介信息,而不是不同媒介所产生的不同信息流动模式。伊尼斯改变了这种研究思路,他认为每种传播媒介都具有偏向,某种文化主流媒介的偏向,影响着这种文化的稳定程度、保守性以及这种文化所覆盖地域面积的能力。伊尼斯说:"一种新媒介的长处,将导致一种新文明的产生。"①他的学生麦克卢汉将"感官平衡"的概念补充进了伊尼斯的理论之中。麦克卢汉认为媒介是人的感知器官的延伸,并且指出,使用不同的技术会影响人类感知的结构。比如他将西方社会的理性和文明行为的许多特征都归因于印刷媒介的影响。但是在本书的作者梅罗维茨看来,这两位学者的观点缺乏清楚而有逻辑性的论证和论据,他们的论述有一种顿悟的味道。而且更令人遗憾的是,他们并没有真正想把对媒介特征的分析同日常社会交流的结构和动态性分析联系在一起。

梅罗维茨受到社会学研究成果的启示,尤其是场景主义者埃尔温·戈夫曼的理论。戈夫曼用戏剧般的比喻描述了社会生活,他指出所有的社会角色的行为实际上都是表演,他们的行为是有选择的展示。同戏剧表演一样,必须有恰当的舞台,演员要控制自己的举止,每出戏的角色要有所不同,实际上我

---

* 〔美〕梅洛维茨:《消失的地域:电子媒介对社会行为的影响》,肖志军译,清华大学出版社 2002 年版。

① 〔加〕哈罗德·伊尼斯:《传播的偏向》,何道宽译,中国人民大学出版社 2003 年,第 28 页。

们对不同“观众”展示出不同的自我。这样就引出了场景和行为之间的相互关系问题，至少“‘成为’某种类型的人通常需要恰当的社会环境和观众。因此任何能够改变社会舞台结构的因素或者社会观众重组的因素都会对社会行为有很大的影响”①。

这两种理论初看起来似乎没有什么共同点，但是梅罗维茨还是找到了两者的一些共同元素，尤其是他们的理论中所隐含的相似理念：接触的模式。在戈夫曼的理论中，场景指的是面对面交往当中的物质场地，而本书作者梅罗维茨则认为“对人们交往的性质起决定作用的并不是物质场地本身，而是信息流动的模式”。② 这里的“信息流动的模式”值得引起我们的重视，这正是场景理论的核心所在。场景理论不关注信息内容如何，它关注的是信息以何种方式在流动，这种流动在面对面交往中存在，在有中介的交往中同样存在。所以，梅洛维茨提出了“信息系统”的概念，他认为“物质场所和媒介‘场所’是同一系列的部分，而不是互不相容的两类。地点和媒介同为人们构筑了交往模式和社会信息传播模式”。③ 这样媒介理论被顺理成章地引进了场景与行为的研究当中。为了研究有中介的场景，也就是媒介场景，梅罗维茨创造性地将场景进行了改造，他将戈夫曼的前区/后区的静态舞台改造成了包括前前区/前区/中区/后区/深后区的动态舞台。如果“新媒介倾向于分隔现存的社会信息系统，它允许个人形成‘更深的’后台和‘更前的’前台的行为风格；而相反新媒介如果具有融合现存信息系统的趋势，它会导致了‘侧台’或‘中区’行为”。④ 简而言之，新媒介，新场境；新场境，新行为。

批判地继承了前辈的研究成果之后，梅罗维茨进入了具有自己风格的研究步骤。作者重点聚焦的就是从印刷媒介到电子媒介场景后，人们行为的相应改变。以书籍和电视作对比，书籍的编码复杂，专门化，属于线性结构；电视编码简单，面向全体，以片段信息为主，而且没有次序。从信息接收来看，书籍

---

① 〔美〕约书亚·梅洛维茨著：《消失的地域：电子媒介对社会行为的影响》，肖志军译，清华大学出版社 2002 年版，第 30 页。

② 同上书，第 33 页。

③ 同上书，第 34 页。

④ 同上书，第 48 页。

需要主动地获取,而且要更多的付出与参与以及对信息有高度的选择性。与此相反,电视的接收更随意,更少偏见,也不费气力。所以,电子媒介打破了印刷媒介所塑造出来的专门的、互不相通的信息系统,现在各不相同的人群共享着更多的信息。“许多人通过电子媒介学习和体验到的东西,与他们的年龄、传统教育和社会地位相对无关。”①电视作为一种信息共享场地就是一种新的场景的出现,这种场景趋向于将以前印刷媒介下被分隔开的场景进行融合。因为电子媒介所传递的信息,非常类似于面对面的交往,这种交往虽然是有中介的,但是它在心理上让人感觉非常亲密。作者举出许多脱口秀节目主持人受观众喜欢的原因是非常类似于亲密朋友那般受人喜爱和有趣。观众相信他们就是“他们自己”。

作者进而认为电子场景的出现对社会的变化有着重要影响。他研究的起点是 1954 年,因为数据显示当年拥有电视机的家庭首次超过了美国家庭的一半,所以以电视为主的媒介矩阵开始发挥重要作用。我认为这里提出的媒介矩阵是个很有意义的概念,梅罗维茨在本书最后的名词术语讨论中详细描述了这个概念,他认为孤立地讨论任何单一的媒介或者媒介类型都是幻想。媒介矩阵是共存的媒介相互联结的网络。不同类型的媒介常常是高度地内部相关。所以“我们应该研究的是一种特定的新媒介或者一种新的通用类型的媒介引进之后,媒介矩阵以及它对社会行为影响变化的方式”。② 也就是说,当一个新的因素加入到某个旧环境时,我们所得到的并不是旧环境和新因素的简单相加,而是一个全新环境。虽然这本书中只关注了电子媒介,特别是电视加入到媒介矩阵后,媒介矩阵最剧烈、最显著的变化,但梅罗维茨的这种研究思路是很可取的。

从群体身份角色的变化来看,电子场景会带来新的群体身份。由于电子媒介所引起的许多原来不同形式场景的融合,将对群体身份产生同化影响。而且观念共享以及更加公共的场景造成了原来孤立的、不同的群体成员开始

---

① 〔美〕约书亚·梅洛维茨著:《消失的地域:电子媒介对社会行为的影响》,肖志军译,清华大学出版社 2002 年版,第 73 页。

② 同上书,第 330 页。

要求“平等”的权利和待遇。在梅罗维茨看来,信息系统的融合并不意味着会导致即刻的社会一体化或社会和谐。实际上,信息整合的最初结果是加剧社会的紧张。他由此认为美国 20 世纪 60 年代的社会动荡也是信息共享所造成的。还有一个有趣的现象是信息网络的同化产生了许多新的、更为表面化及临时的群体划分,而传统的群体联系被削弱了,比如婚姻关系的难以维持是因为许多其他人是永恒爱情的潜在人选。当朋友、同事和亲戚的家庭在相同的时间共享许多相同信息的时候,一个人对核心家庭的精神归属感就减弱了。电子媒介所提供的社会经历的共同感创造了更宽广(因此更浅薄的)纽带和联系。

电视同时还提供了过去的私下场合与公开场合的有力的融合。梅罗维茨还是把关注焦点放在了 60 年代,他认为当时许多不同寻常的特征都可以归因于传统的后台行为进入了前台场景。伴随着电视长大的一代一直观察年长者的行为,这导致了他们对父母、政府官员和权威的普遍不尊重。因为他们比上一代所看到的多得多,所以他们要求他们看到的所有行为能够具有某种平衡。当时的运动提出一句口号“别相信 30 岁以上的人”,这个口号非常有意思,因为 1967 年 31 岁的人在 1954 年时已经是 18 岁了。

梅罗维茨认为以往的后区行为持续不断地流向前台,实际上在 60 年代的许多行为和信仰已经成为美国社会行为主流的一部分,而一个群体后区持续增加的暴露以及对它的关注导致了一种新的“中区”替代行为。电视对社会交往的中后区/前区结构的总体暴露,可能会使观众进一步意识到后区行为的存在,并且更喜欢将它们暴露出来。

为了进一步表明媒介场景的变化所带来的社会变化时,梅罗维茨提出一个“影响圈”的概念。其中媒介内容圈我觉得是值得重视的。在作者看来,新媒介所带来的信息系统结构的变化不仅直接影响了人们的行为,而且也影响了媒介的内容。比如电视的共享环境产生了节目新的“中区”内容,新的角色行为也被描述为节目内容,还有就是后区内容被带入节目本身。更值得我们关注的是印刷媒介开始以电子媒介作为标准来决定“恰当的”内容。梅罗维茨举了一些例子,比如印刷媒介记者和学者采用更加个人化和更加主观的风格,报纸描述事件经常采用的方式是模拟一个人可能在电视上看见的和听到的：也就是说印刷媒介也试图越来越多地传递表情。还有就是自传和回忆录的撰写增多，儿童书刊的内容也发生了变化，增加了一些新话题，比如性和毒品。这里恰恰说明媒介矩阵的方法是十分可取的，新媒介的产生会对旧媒介产生影响，但这不是一个简单代替的关系，新媒介场景中，新旧媒介的竞争会使旧媒介的风貌发生改变，比如以新媒介作为标准，在电子媒介的场景下，文学不会简单地消失，完全被影像取代，文学会产生新的形态。那么以电视为主导媒介的媒介矩阵下文学的形态会发生怎样的改变？这也是一个很有意义的研究课题。

如果说麦克卢汉等人的媒介理论关注媒介发展对人类文明的影响这种思路很具有震撼性的话，梅罗维茨就好比是伊尼斯和麦克卢汉著作的优秀阐释者。麦克卢汉的著作带给我们的更多的是思想和观念片段性的冲击，梅罗维茨做的工作则是把这些宏观的理念具象化、微观化、条理化了，可以说麦克卢汉的思维是属于电子场景的，而梅罗维茨还是严格地遵守印刷媒介的思路在写作，正如他在书中写道：印刷媒介的复杂、循序渐进的特征促进了广泛而相关的描述和分析的发展，他的线性结构使得不同的专家采用不同的探究“路线”，我们读梅罗维茨的这本书正是有此感觉。电视则打破了不同领域之间的障碍，更喜欢片段的信息，麦克卢汉的呓语似的写作方式非常符合这种写法。

梅罗维茨这本著作于是成为一本理论思路非常清晰的著作，属于美国式的研究路数。全书的结构由提出理论假设——对理论假设进行分析论证——个案分析——结论四个逻辑严密的步骤组成。关于场景与个人行为之间的变化实际上是很难观察出来的，为此作者在本书中设置了一些变量，比如作者选择了三种社会角色类型进行研究，为了研究三种角色类型的变化，又设置了三种场景变量，所有的分析和论述都围绕这种理论思路来写的。虽然在阅读的时候会发现他的很多观点阐述有前后重复的现象，似乎显得呆板和啰唆，但是这样的研究思路也有他的优点，那就是让读者可以很容易地抓住本书的核心内容，减少了不少阅读的难度。

梅罗维茨用“场景”的概念找到了媒介演变与人类具体的社会行为之间的

联系,由此摆脱了过去单纯研究媒介内容的研究路数,他在这本著作中与之坚决划清界限。作者在这本书中出现了好几次“场景结构”的概念,包括本书的结尾。作者还再次强调自己这本书是对交往场景结构的分析,这种场景结构的研究就把媒介作为场景的说法在研究上具体化了。一种场景就是一个结构,按照结构主义的研究思路,结构具有整体性、转换功能、自我调节功能等特征①,所以才会出现本书作者在第一部分的理论框架中所设置的变量问题,包括他提出的媒介矩阵的概念。媒介在媒介矩阵中是相互作用的,共同存在的媒介构成了一个相互联结的网络,内部高度相关。所以他所谓的印刷场景具体而言应该是以印刷媒介为主导的媒介矩阵,而电子场景则是以电子媒介为主导的媒介矩阵。媒介矩阵的结构变化是促使人们的社会角色的变化、社会文化的变迁的重要原因。从这种思路可以看出,梅罗维茨在本书中坚持一种场景研究视野,他不关注信息内容,关注的是信息流动模式的变化,也就是信息系统的结构变化以及不同人接触相似或不同社会信息的程度变化,这种场景研究视野我认为这本书的精华所在。

本书还有一个明显的特点就是价值中立的立场。梅罗维茨的理由非常有意思,他认为道德和伦理的规范也受到场景变量的影响。既然道德和伦理并非是一个凌驾于场景之上的权威,当然不轻易地对研究对象进行价值评价是更具有反思性的。价值中立就是坚持彻底的场景研究视野。

我在前面提到说媒介矩阵的结构变化是促使人们的社会角色的变化、社会文化的变迁的重要原因。选用重要,而不是选用唯一、终极这样一些形容词,这也是梅罗维茨在本书中第三个值得我们关注的地方,他从来不认为自己找到了探究社会变迁的终极原因,他自己反复强调排除其他因素,仅讨论单一变量所引起的普遍的社会影响这样的做法是荒谬的。而这本书实际上正是采取了假设其他因素保持不变时,电子媒介的广泛使用所引起的社会行为的变化趋势。对梅罗维茨来说,这是不得已而为之的,因为为了能在所有实验结果中维持变量之间的因果联系,其他所有因素保持不变这一限制是必须的。但

① 参看朱立元主编:《当代西方文艺理论》,华东师范大学出版社 1997 年版,第 231 页。

限制是为了能对媒介、场景及社会角色变量进行一种逻辑的分析,作者并没有因此否定许多其他因素对场景的影响,或者其他因素对电子媒介所产生的影响起到了加强或减弱的作用。所以场景研究视野也包括承认电子场景只是研究场景变化的一个因素,但它同时认为场景是个很复杂的概念,还包括很多其他因素,而且个人角色在场景之中并不是一种简单地被场景所决定的命运,他们显然还有自由。所以,本书的这种分析思路并不是要否定其他的解释,它是众多分析中的一种。这一点是被作者自己所意识到的。

如果我们把视线拉回到国内,国内从 20 世纪 90 年代初开始关注大众文化。从研究对象上,陶东风认为在大陆学界到 20 世纪 90 年代后期,对于"大众文化"的概念已经相当明确,基本上没有什么歧义。"大众文化是以大众传播媒介(机械媒介和电子媒介)为手段、按商品市场规律运作的、旨在使大量普通市民获得感性愉悦的日常文化形态。"①从这个定义我们可以看出,对于大众传播媒介在大众文化中的重要影响是得到承认的,即认为大众媒介是作为大众文化的传输手段,这个思路坚持的是把大众文化与大众媒介的关系看成是内容与载体的关系。按照陶东风的梳理,国内学界研究大众文化的思路主要有三种,第一种是批判理论的研究思路,法兰克福学派的"大众文化"理论是它的重要组成部分;第二种是现代化理论的研究思路。这一派学者更多地从中国社会的现代化、世俗化转型角度肯定大众文化的进步政治意义,而不是审美价值。第三种是"新左派"的大众文化研究,这一派更加注重政治经济学分析与阶级分析。我们姑且将这三种思路都称为"权力场景"的研究思路,我这里所说的"权力"是葛兰西意义上的,即认为大众文化是各种文化力量"交战的场所",各种社会力量在此争夺领导权。比如批判理论的研究思路即是许多持有精英主义立场的中国人文知识分子都坚持的 20 世纪 80 年代关于文学自主性、自律性的立场,并带着这样的立场走向对大众消费文化的商业性与市场性的否定,这实际上就是这一部分知识分子一种争夺文化领导权的斗争。

在上述大众文化的研究思路中,大众媒介仅仅是作为内容载体存在着,特

---

① 陶东风、徐艳蕊:《当代中国的文化批评》,北京大学出版社 2006 年版,第 73 页。

别是这种思路中根本没有对印刷媒介和电子媒介对大众文化的影响有何区别进行关注。我在梅罗维茨的分析中发现了一种思路，那就是"媒介场景"的思路，其实在一些学者的研究中已经开始对媒介的关注，比如王一川从2001年出版的《中国现代性体验的发生》这本书中就开始关注大众媒介与中国审美现代性的关系，从2003年一直到现在，他对媒介与文学和文化现代性的关注持续不断，他的一个核心观点就是认为大众媒介在审美现代性中的作用表现在，"它不只是审美现代性的外在物质传输渠道，而且是它本身的重要构成维度之一；它不仅具体地实现审美现代性信息的物质传输，而且给予审美现代性的意义及其修辞效果以微妙而又重要的影响。"①这种思路我觉得就属于"媒介场景"的思路，这种思路没有把媒介仅仅看做文学或者文化的简单载体，媒介的改变对于意义生成产生重大影响。这种思路正如梅罗维茨在书中所说，也只是一种分析方法，可以和我们上面提到的"权力场景"的研究思路并存，甚至相交，如果用"媒介场景"的思路来看待当前中国的大众文化现状，可能有助于我们看到一些新的风景。

（作者单位：中国青年政治学院新闻系）

① 王一川：《大众媒介与审美现代性的生成》，《学术论坛》，2004年第2期。

象征暴力的反思批判

——评布迪厄《关于电视》*

罗 成

一

近年来,在传统媒介理论研究之外,已故法国著名社会学家布迪厄的这样一本小书(《关于电视》,辽宁教育出版社 2000 年版)为我们提供了另一种对电视的认识途径:批判的反思性研究。它为我们揭开了遮蔽在电视神奇颜面上的层层面纱,展示出在背后控制电视的种种各怀鬼胎的场的逻辑与斗争。

当代媒介研究以往主要有两种思路:其一,对电视节目本身的制作、策划研究。其目的是怎样制作出一档电视节目(栏目),这是一种对策性的研究,直接为电视生产者服务。其二,关于观众对电视的接受解读研究。其目的是帮助观众弄清电视内容本身的种种花样,这是一种接受性的研究,直接为电视受众服务。这两种传统研究思路可以用伯明翰学派霍尔的一对经典关键词来概括:编码/解码。可以说,在以往文化研究中,这二者一方努力制造各种意识形态的迷障,一方竭力打破前者的努力工作。但布迪厄电视研究的出现带来了一片新的风景:他运用反思人类社会学的方法,对电视进行了反思的象征性研究。其独特之处在于,布迪厄跳出对纯粹电视内容"编码/解码"的逻辑思考,而把它作为一种象征性的文化再生产活动加以研究,由此就超越了传统研究的片面之处,而在宏观逻辑演绎和微观现象解读上都作出了崭新的贡献。

---

* 〔法〕布迪厄:《关于电视》,许钧译,辽宁教育出版社 2000 年版。

二

90年代中期，布迪厄在法国组织了一个进步的社会学家团体"行动的理由"(Reason to act)，并开办了一家"书籍刊行"出版社，把对当代市民问题的社会学分析介绍给广大的公众。《关于电视》(*On Television* 1996)就是该出版社推出的第一本书。

《关于电视》由两部分组成。正文部分根据1996年3月间布迪厄所作的两次电视讲座的内容整理而成，附录部分由《新闻的影响》、《奥林匹克运动会》、《新闻与政治》三篇短文组成，在正文的基础上，进一步归纳观点、并使用其中的原则、方法观察具体的新闻事件而做出细致解读。

正文由《台前幕后》与《无形的结构及其影响》两篇文章组成，它们的部分内容有所重叠，但是侧重点稍有不同。前者主要围绕电视演播活动来结构全文，而后者则主要围绕"新闻工作者实践活动的机制"①来进行阐述。但是，它们都是围绕这一基本观点展开："电视通过各种机制，对艺术、文学、科学、哲学、法律等文化生产的诸领域形成了巨大的危险"，作者试图通过这种论述"给所有在影像行业工作的人们提供某些工具或武器，有助于他们的战斗"，以达到"使本应成为民主的非凡工具的电视不蜕变为象征的(symbolique)压迫工具"②的目的。

在《台前幕后》一文中，布迪厄首先提出了几个涉及知识分子与电视关系的问题：知识分子应不应该上电视？应当如何上电视？为什么可以上电视？应当如何反思自己与电视的关系？作者认为这有关社会科学学者的"责任"问题："对业已成就的一切的反观正是我们责任的一部分"。接下来，他从现场审查、政治审查和干预、经济审查三个方面探讨了电视演播的代价，作者视之为

① 布迪厄：《关于电视》，许钧译，辽宁教育出版社2000年版，第44页。
② 同上书，前言，第5页。

"主体性的丧失"[①],进一步揭示出这个机制中人(记者)的状态和整个运作机制的问题,并明确界定了所谓的"象征暴力"。而后,通过分析电视演播的两个惯用手段:"该展不展"和"展而不现",作者阐述了新闻的"眼镜"感知方式和"耸人听闻"的编排原则。由此,文章通过例证指出了这些感知、编排的手段和原则具有的现实政治危害。在此基础上,作者探讨了控制电视信息生产机制的两大原因:其一,处于"镜子游戏"和"场的效应"之中的信息生产状态;其二,处于收视率压力之下的文化生产的经济逻辑。这其中充满了种种逻辑与经验的悖论,布迪厄将之称为"谬误程式"。另外,作者还围绕收视率问题探讨了处于其压力下电视业面临竞争所采取的紧急性快速思维的制作方式,揭示出这种 fast-thinkers(快思手)使用的不过是"固有的思想",其本质是毫无创见的老生常谈。他以"电视讨论会"这样一个电视节目类型为例,区分了完全假的和"似真或假真"的讨论会,从"主持人的角色"、"演播台的组成"和"事先策划好的演播程序"三个角度揭示出这种貌似民主讨论背后的种种隐秘的构建特征。最后,作者就电视场内的自主性与非自主性两种因素的斗争作了详细分析,并认为"电视已经把所有文化生产领域所遭遇到的矛盾推向了极端的境地"[②]。

在《无形的结构及其影响》一文中,布迪厄引入"新闻场"的概念,进一步分析新闻工作者的实践活动机制。以构成新闻场结构的整个客观实力对比关系为思考基点,布迪厄认为场即是"一个有结构的社会空间,一个实力场","各人的实力决定了每个人在新闻场的地位,从而也决定了每个人在新闻场的地位,从而也决定了他将采取何种策略"[③]。通过对新闻场演变历史过程的描述,他警醒人们要提防两类对新闻("前所未见"和"历来如此")的感知错觉。由于电视要契合最广大的公众,因此必须摒弃一切具有分化力、排斥性的内容,造成电视节目通俗化、非政治化的保守主义倾向。进而,作者分析了新闻场中记者的生存境况:既在文艺生产场中处于被统治的低下地位,却又垄断了信息生产

① 布迪厄:《关于电视》,第 11 页。

② 同上书,第 40 页。

③ 同上书,第 46 页。

传播工具,控制了“公共空间”。这就导致了一种难以控制的后果:“电视从它所采取的一种文化行动策略转向了某种自发主义的蛊惑术”①。而在所有场中都存在的“纯粹”标准和“商业化”标准之争,来自外部力量如商业逻辑(经济场)通过控制新闻场,对其他场施加控制力(例如:科学场、司法场)。一方面欺骗了某个具体场外的外行,一方面使得作家记者“互搭梯子”,而造成符合“纯粹”标准的作品出版困难。进而,作者探讨了一个富于实际意义的命题:文化生产者的自主性同他与外部权力之间的关系。实质上,这根本还是涉及“场”的纯粹性和非纯粹性标准的斗争。布迪厄指出,要获得自主性,就必须实践一种“象牙塔”原则,也就是要维护各个专业场的纯粹自主性,只有这样才能抵抗那些非自主分子的“特洛伊木马”。而电视只能带来两类后果:一是降低了某些场的进入权,二是能够触及最广大的民众。布迪厄针对该种反智倾向作出了自己鲜明的回应:“必须维护为推进普遍化所必不可少的生产条件,同时必须做出努力,普遍创造通达普遍化的条件,是越来越多的人具备通达普遍化的条件”。其实,这也是贯穿于全书的根本思想:弘扬社会学家的批判反思精神,揭穿以电视为代表的种种现代蛊惑术,真正促进社会民主的进程。

三

《关于电视》虽只是一份薄薄的讲稿,但布迪厄对“电视”的社会学反思实践,已然贯穿了他在社会人类学研究中的大部分思想成果与研究方法。

作为著名的人类社会学家,布迪厄在人类社会学研究理论上的一个重要贡献就是主张更集中地研究文化再生产活动本身,而不是停留在已经产生的文化产品上。传统的人类文化学,在研究文化的过程之中往往只看到了文化的经验形态,只集中地研究以“产品”形式表现出来的人类文化。这种研究视角的局限与偏颇在于,对“物化”、“形式化”的固定形态文化的片面关注,而漠

---

① 布迪厄:《关于电视》,第 55 页。

视了更多活生生的处于精神创造中的“文化”过程形态。传统的人类文化学是一种回溯式的历时研究,但是布迪厄则使我们能更关注到现在,进行一种体验式的共时研究,把当下正在进行的文化活动作为一个活的文本,从中挖掘出社会的现实状况,并且有助于对未来文化发展进行观察和把握。这样,布迪厄就将文化研究的理论方法复杂化、思维向度多元化了。

《关于电视》同传统媒介研究思路一个重大不同在于,以往的电视研究多是把电视节目作为一个静态文本来解读。而本书研究立足于文化再生产理论,将电视作为文化生产活动过程加以审视,探究了其复杂多端而又隐秘万分的生产活动过程。既注意到了作为经验形态展现的新闻和电视演播,更挖掘出了隐藏在这种种具体产品之后的神秘操作过程。

在确定了最基本的研究立场之后,布迪厄又运用了一整套极富个性的研究语汇对电视业进行检讨,该书中最关键者有二:“场域”和“经济逻辑”。

首先是“场域”。布迪厄为了避免在分析社会现象时落入简单唯物论窠臼,引入了“新闻场”一词。在他看来,简单唯物论常以经济因素解释一切,往往化约为“经济决定论”。而按照布迪厄的界定:“一个场域可以被定义为在各种位置之间存在的客观关系的一个网络,或一个构架。正是在这些位置的存在和它们强加于占据特定位置的行动者或机构之上的决定性因素之中,这些位置得到了客观的界定,其根据是这些位置在不同类型的权力(或资本)——占有这些权力就意味着把持了在这一场域中利害攸关的专门利润的得益权——的分配结构中实际的和潜在的处境,以及它们与其他位置之间的客观关系。”①由此可见,场域理论就是对社会间位置相互关系状况的一种把握。一个场,就是一个充满竞争和矛盾的处所,重要的不是作为主体的人,而是主体所处的位置及其相互间关系,其实质就是一种有关位置关系构架的社会理论。利用场域理论,布迪厄对新闻从业人员在社会具体环境中的位置洞若观火:既注意到他们在自身新闻单位的位置,又注意到其单位在新闻场的位置,更能注意到这些新闻记者在文艺场中的低等地位与所处可控制舆论的新闻场

① 布迪厄等:《实践与反思》,李康、李猛译,中央编译出版社 1998 年版,第 133—134 页。

位置之间的落差,进而对其间种种合理与不合理的幕后运作作出了深刻剖析。

其次是“经济逻辑”。布迪厄透过“收视率心理”发现了这一电视业的内在逻辑命脉,它使得电视业内部的关系更加复杂化了。对于这一逻辑标准有两种不同态度:认同或是反抗。进而他在所有文化产品中都发现了这一经济逻辑的影响,也即在任何文化生产场中——都因对经济收益追求的态度不同——而存在着两类不同主体的位置。那就是“纯粹”和“非纯粹”,或者也可说是“自主性”与“非自主性”。对这一相对位置的不同选择,就影响到主体的种种表现。因此越具有专业资本的文化生产者,越倾向于选择“纯粹”的自主性标准,而越是在专业场内资本单薄的生产者越倾向于站到非自主性标准一边。在现代社会,商业经济的逻辑就是通过对专业场内非自主分子的控制,通过对电视场的控制,将这两者作为“特洛伊木马”进而暗中渗透进了各个专业场内。布迪厄在此成功地避免了简单的经济决定论,而在经济逻辑与主体位置以及场域影响之间勾勒出了一条潜在的线索,有效地解释了当代文化生产的诸种现象。

另外,在本书中,还有一个值得我们关注的问题就是作者对知识分子的态度。虽然将本书讲演的对象定位为“普通观众”,但应当注意到他这样的言辞:“我还是希望它们能够给所有在影像行业工作的人们提供某些工具和武器,有助于他们战斗,使本应成为民主的非凡工具的电视不蜕变为象征的(symbolique)压迫工具。”[①]显然,作者所针对的,绝不是为纯粹商业利益(收视率)而营生之辈,而是在媒介行业中还持有知识精英态度的、追求民主和捍卫严肃自主性的那些人们。因此,《关于电视》表面上来看似乎仅仅是一部有关给大众进行媒介批判启蒙的读物,而在它的话语深层却流露着一股知识精英的强烈情结。这或许也暗合了布迪厄本人曾提到的一种言说策略吧:“有一个办法可以解决与公众脱节的问题:发出多层次的信息,就像进行口头传说的古代诗人一样。他们的语言既可以被所有的人听懂,又具有只能被一部分人理解的、深奥的含义。”[②]《关于电视》一书正是在面对普通观众宣讲的表象之下,同时暗含

① 布迪厄:《关于电视》,前言,第 5 页。

② 布尔迪厄、汉斯:《自由交流》,桂裕芳译,三联书店 1996 年版,第 105 页。

着对知识分子这个特定群体的发言,以促发他们的团结意志和批判责任。

布迪厄在开篇发问:“那我是否该和一部分知识分子、艺术家、作家(其中不乏佼佼者)一样得出结论:应该避免在电视上发表自己的观点?”“这个问题很重要,而大多数肯上电视的研究员、学者、作家,且不说记者,却没有给自己提出过。”其实是大有深意的。布迪厄是在利用电视做一次“知识分子”的动员大会,按他所引用的胡塞尔的话说,就是号召“人类的公务员”“对业已成就的一切”进行反观,这就是知识分子的责任。

在《关于电视》一书中,布迪厄是想通过电视演说来打破平时不同知识分子间隔绝的界线,以达到能够集体反抗电视象征暴力的目的。总之,布迪厄是要动员知识分子作为群体对社会实践有所为的,不单单是局限在自己的专业领域进行研究和创造。布迪厄就是要通过电视赋予他的自由来反抗电视。因此,他对于知识分子反抗号召的理论贯穿于全书。到全书最后,布迪厄还在高喊“提高入场权”、“捍卫任何先锋的研究所必须具备的奥秘性”,呼唤“具有批评精神的思想家和负有为被统治者利益讲话责任的组织”清醒地思考问题。

四

尽管该书在许多方面均作出了卓越的贡献,但是它也并非毫无瑕疵可指。布迪厄在《关于电视》中,似乎竭力说明的就是在“场的逻辑”支配下,作为大众媒介的电视是如何在自欺的同时也在欺人的。在书中,场的力量似乎成了一个巨大无形的他者,人作为经验主体面对它束手无策,有的只是场控制中的“施行者”与“承受者”的合谋,并且“通常双方都意识不到自己是在施行或承受”。[①] 这种论调极其悲观,但是究其原因,恐怕是“结构主义”的暗归,在这里“场”又以某种隐喻性的客观结构钳制了人的主体活动,人面对这一超验结构性力量毫无反抗,故而只能悲观。但是事实恐怕并非如此简单,斯图亚特·霍

① 布迪厄:《关于电视》,第 14 页。

尔提出的"编码/解码"模式就给我们提供了别一种启示。霍尔指出："不可能把研究限制在'仅仅产生于内容分析的渠道'，我们就必须要认识到信息的话语形式在传播交流(从流通的角度看)中占有一个特殊的位置，要认识到'编码'和'解码'的诸多环节是确定的环节。"[①]在此基础上，霍尔进一步提出了电视信息接受过程的三种解码立场："主导一霸权的"、"协调的"、"对抗的"。[②]因此，借助霍尔的理论，我们不难发现作为主体的人在面对"电视"这个他者时，其实也是有很大的主动性的，并非完全的被动。而布迪厄在这一点上忽略了场域中某种主体性的选择，只一味强调场的决定作用力，由此造成了颇为悲观的论调。

布迪厄及其《关于电视》启发了我们从社会学角度去研究当代大众媒介，其基本的研究途径——象征性的反思实践——同样给我们提供了一件有力的工具。但是我以为，布迪厄提供给我们的仅仅是一个思考的起点，因为更多更复杂的象征性机制以及作为主体的人面对这种机制时的种种能动反映，在布迪厄的书中并未详加分析，这启示着我们应当从更全面和更动态化的角度去研究电视，才能更深入地认识它。

(作者单位：北京师范大学文学院)

① 斯图亚特·霍尔：《编码，解码》，载罗钢、刘象愚主编：《文化研究读本》，中国社会科学出版社2000年版，第346页。

② 同上书，第356—358页。

解构主义与政治批评

——评马克·柯里《后现代叙事理论》*

冯雪峰

马克·柯里的《后现代叙事理论》被看成是应用后现代理论对叙事学进行改造和转化的代表作品，作者在这本书的引论中说：“叙事学中的某种东西可能确已死亡，某种内在的东西，……但总的来说，叙事学不过经历了一次转折而已，而且是一种积极的转折”。在作者看来叙事学中已经死亡的是上世纪 60 年代结构主义叙事学研究所标榜的科学性，以及它带有元语言性质的诸种断言。而柯里本人则希望通过自己的著作勾勒出叙事学正在经历的积极转变——解构主义的引入和从诗学到政治学的过渡。因此，把握住解构主义(化)和政治化这两大特征正是我们理解马克·柯里所倡导的后现代叙事理论的关键所在。

一　语言学模式及其瓦解

结构主义叙事学在上世纪 60 年代一度登上了巴黎理论界时尚指南的首页，它所标榜的科学研究、分析模型的普遍阐释力等等代表了当时人文科学研究的时髦追求。然而结构主义叙事学及支持它的整套宏大话语在其鼎盛之日就已显出颓势，很快便在历史中销声匿迹。雅各布森作为结构主义叙事学代表人物，同时也被看成普通语言学领域中文学研究的第一人。他认为：“诗学研究的主要问题是言语的结构，……由于语言学是关于言语结构的普遍科学，

* 〔英〕马克·柯里：《后现代叙事理论》，宁一中译，北京大学出版社 2003 年版。

因此诗学可以被看成是语言学的一个组成部分"[①]。然而在该书作者马克·柯里看来出问题的恰恰是结构主义叙事学引为科学基础的语言学。全书的理论重心在于作者论述结构主义叙事学失败的原因，揭示出看似坚固的结构主义语言学模式的虚假性，为叙事学的后现代转向扫除了理论上的障碍。

柯里认为要理解结构主义叙事理论家怎样从写"打从安妮拒绝嫁给文特华以来，他们一直天各一方。这是他们自那时起的第一次见面。这次见面，她相信他是变了"这样的句子，到做出"施为的与陈述性的语言间的内在矛盾只不过是比喻与说服间的内在矛盾的翻版而已，它既产生修辞又使之无力发挥作用，这样就给了它一种历史的假象"等等如此的分析，关键是要理解语言学模式在叙事学中发挥的作用。雅各布森在《结论发言：语言学与诗学》(中译为《语言学与诗学》，滕守尧译)一文中提出言谈或交际活动中的六个功能层面的观点。其中"指涉功能"、"诗学功能"、"元语言功能"三个功能层面保证了话语能够传递有关世界、话语本身以及使话语起作用的符号系统这三个层面的"内容"或含义。虽然在特定话语形式中某一功能显得特别突出，比如说在诗歌中，诗学功能，也就是语言关涉自身的功能就特别明显，而在新闻中，语言的指涉功能就明显占有优势，但是每种话语形式都是或明或暗地包含了六个功能层面的。直到这里，语言学模式在文学分析中的应用看上去都没有任何问题，而结构主义叙事学也只不过是一个"具有语言学倾向的尤其对诗学功能特别有兴趣的文学批评流派"。

然而，有些理论家却对雅各布森的语言学分析产生了质疑，比如说保罗·德曼。他认为雅各布森认为将语言的诸种功能层面虽然是不可分离的(not separable)——它们总是一同存在于言语交际之中，但却是可以区分的(distinguishable)，而德曼则认为它们是不可区分的。德曼借卢梭在《论语言的起源》中的一个寓言展开了自己的分析。这个寓言讨论了比喻与字面名称

① 雅各布森：《结论发言：语言学与诗学》，转引自马克·柯里：《后现代叙事理论》，宁一中译，北京大学出版社 2003 年版，第 43 页。另见中译文《语言学与诗学》，滕守尧译，译文为："诗学研究语言结构的问题，……既然语言学是一门关于语言结构的普遍性的科学，诗学就应该被视为语言学的不可分割的组成部分。"收录于赵毅衡编选：《符号学论文集》，百花文艺出版社 2004 年版。

之间的关系:一个原始人遭遇到了陌生人,他很惊恐并称他们为"巨人"(giant),而不是"人"(men)。后来他发现这些陌生人与自己无异(只是高大些),于是他又改称他们为与他相同的"人"(man)。柯里评论道,卢梭用这个寓言说明隐喻先于命名。第一次命名的行为是隐喻性的,它看似是指涉外部的命名,实质却是指涉内在的情感——"巨人"意味着"我害怕"的感觉。"这就是隐喻之为隐喻。它确定不同事物之间的相似点。但对德曼来说,这既是隐喻,又是命名的精确描述。将一棵具体的树称之为'树',就是认可了(这棵具体的)树与(其他不同的具体的)树之间的共同要素。因此,任何命名的行为都是在不同中找出相同的行为。"[①]这样,原始人的命名行为,不论是第一次"giant",还是之后的"man",都是基于一样的相似性幻觉。于是德曼总结说:"要说命名到底是隐喻性的还是非隐喻性的,实在是不可能。"雅各布森描述的语言中存在清晰可辨的六个功能层面在德曼看来只是某种理论幻觉。存在于文本叙事中的是一种深刻的矛盾性:诗学功能纠缠于其余功能,暗中破坏它们的效力,徘徊在语言中挥之不去的是叫做隐喻的幽灵。"至此,我们进入了反直觉的世界,在这个世界,人们发现叙事作品提出了一个自己无能指向外部世界的命题,……似乎语言从来就是不能指向外部世界的。"[②]

在解构主义批评家看来,结构主义叙事学几乎发现了语言的真相——语言是一个差异体系,语言、文学等是封闭的系统以及内在指涉性。但是,结构主义学者在态度上却多少有些"装傻"的意味:他们的分析存在着一个奇怪的盲点,那就是语言学模型本身的语言构造性。如果说语言创造者自己的文本世界,那么类似于语言学模型这样的"元语言也肯定是创造了而不是揭示了语言的结构,对语言的指涉(也就是元语言功能)也就最终与指涉所谓的外部世界没有二致了"[③]。德里达的那句口号:"文本之外无它物",在柯里那里意味着"没有外在的文本"——文本性居于所有事物之中。而结构主义批评忘记的

① 马克·柯里:《后现代叙事理论》,宁一中译,北京大学出版社 2003 年版,第 46 页。以下凡引用自本书内容将只标明页码。

② 同上书,第 49 页。

③ 同上书,第 53 页。

恰恰是自己批评语言的文本性——毕竟人们怎么说就得怎么做。

鲁道夫·嘉歇说:"解构约莫相当于一种认识论上的反证姿态,它反证出一些统摄性原则充当真理与完整性的虚伪性。"正是在解构理论这一否定性目光的注视之下,叙事学遭遇了"皇帝的新衣"般的尴尬,用语言构造的语言学理论则成了那件根本子虚乌有的新衣。

二　批评与虚构的互动

柯里在导言中表示,这本书试图描绘出"叙事学与形式主义叙事学和结构主义叙事学渐行渐远的转折过程",这一转折过程中最令人兴奋的特征莫过于叙事理论本身的解构主义化了,它为叙事学批评自我意识的形成以及从诗学向政治学的转变创造了新的可能。

那么具体来说后结构主义又是怎样做到救叙事理论于水火之中的呢？柯里指出首先是"文本之外无它物"这一想法取消了叙事与阅读之间的距离,阅读再也不能声称是外在于文本或者要比叙事更为客观了,简言之阅读也是一种叙事。其次,这种阅读观直接导致了文学批评自我意识的形成。"批判性阅读再也不能认为自己对正在分析的叙事作品有着透明性,相反,它必须不断宣告自己在生产叙事中的积极作用。这样会导致一种自反性(reflexive)的批评语言,即一种确切意识到自身的文本性,意识到不能自立于语言和叙事之外的批评。"[①]理论突然间不再是给批评制定规则而又外在于游戏的存在了,它自己成为了批评实践的一个部分。

因此柯里认为,叙事学的转型打开了两个积极的维度:一、将后结构主义的洞见发扬下去,用以分析所有叙事作品。这样叙事学就进化为有彻底的自我意识的、具有解构主义性质的文本主义了。二、将解构主义的语言理论研究中固有的哲学问题代之以被认为有着更大意义的政治和历史问题。

---

① 马克·柯里:《后现代叙事理论》,宁一中译,北京大学出版社 2003 年版,第 54 页。

第一个维度正是沿着解构主义的洞见进行文学研究。这就意味着必须发明一种新的批评书写，放弃以往叙事学过于严谨甚至带有几分自欺欺人意味的批评姿态。柯里认为理论性虚构作品不啻是一种富有前途的尝试。理论性虚构作品包括作为虚构作品的文学批评和作为文学批评的虚构作品，它们在传统文学研究的视野中代表着两者不同的文类。今天两者却越走越近，互相从对方身上积极汲取着自己所欠缺的部分。

一方面解构主义文学批评家们的批评在"对象的指涉这一极和将解读视为创造性的发明这一极之间游移不定，……(解构主义阅读)横跨虚构与批评之间，既是一种次要的批评行为又是一种创作生产行为"①。一句话，解构主义叙事学对文本进行解读时，游走于发现真理与发明真理两者之间。

德里达对乔伊斯《尤利西斯》的解读具有这一批评形式的典型特征，在《尤利西斯唱机》一文中，德里达尝试着"避开设定的'学术元语言的陈词滥调'，同时又避免完全是内向性的批评写作的那种无序性"。这就意味着德里达的解读将充满着暧昧性，它既不能声称自己发现了什么，同时又试图表达些什么，批评在这两者间闪烁其词。在柯里的另一篇文章中，他干脆认为德里达有关乔伊斯的写作，"与其说是批评性的分析，不如说是文学的戏仿，展现了小说与批评之间的相互影响。德里达对乔伊斯文本的阅读质疑了批评文本相对于文学文本的超越性，回归到早已由乔伊斯的小说确立的某种批评的互文模式。"②

而另一类尝试则是由诸如萨尔玛·拉什迪(《午夜的孩子》的作者)、约翰·福斯(《法国中尉的女人》的作者)这些带有批评家意味的小说家不断推动着。比如说"史学性元小说"这样的小说文体，"它们探索历史的悖论同时又是真实的、东拉西扯的"。柯里认为"这种模式的理论性小说再也不可能属于简单的模仿性指涉了，……这种模式在将历史作为故事来讲的过程中，突出了叙事性的作用。"③因此这种理论性叙事小说不应被看成是内向的小说——如同

① 马克·柯里：《后现代叙事理论》，宁一中译，北京大学出版社 2003 年版，第 66 页。
② Mark Currie, eds. *Metafiction*, London and New York: Longman, 1995, p. 8.
③ 马克·柯里：《后现代叙事理论》，宁一中译，北京大学出版社 2003 年版，第 76 页。

德里达写作的"怪异小说"批评那样,仅仅思考写作(批评)自身,它们应被视为向外观看诸如历史、哲学等其他叙事的小说,通过自己的写作行为,揭示出其他叙事中隐含的价值观与意识形态内涵。

解构主义对叙事理论的启发既使叙事理论自身获得了自我意识,放弃了虚构的客观性,同时也使它客观上成为了揭露意识形态的一种手段,为叙事理论从书斋走向更广阔的社会现实创造了条件。

三　大街上的叙事(学)

19世纪60年代,巴黎最高行政长官奥斯曼在这座古老城市的中心地区修建了一个巨大的林荫大道网络,而原先还仅仅只是出现在艺术家沙龙上的现代主义作品迅速地涌上了街头,林立在林荫大道的两边。那么叙事学呢?之前我们还仅仅只是把它看成某种只存在于学院刻板的教科书中的一种技能,而结构分析更只被允许在原始部落、民间故事、文学作品等少数领域进行,1968年有名的笑话是"结构不能走上街头"。而现在,诸如新历史主义、文化研究、西方马克思主义等批评流派在更为广阔的社会、历史和政治语境中重新审视叙事及其意识形态内涵,发现了叙事研究可能包含的巨大能量。叙事学走上了街头,成为了争取族裔、性别和身份政治的又一种手段。

叙事理论的政治化倾向多少受益于解构主义对它的启发。解构主义发现在叙事中存在着某种排除结构,依靠这一排除机制,叙事把我们的过去、现在与将来组织成一种线性的时间结构,而这种线性的时间与历史观则永远只记住了某些人,遗忘排除了另一些人,我们的世界被净化成了过分单纯的故事。德里达生造的概念诸如"延异"、"补充"将一种奇特的时间观引入了符号分析,"现在、过去和未来这些概念,在时间概念和历史概念中以它们为前提的一切——形而上学的一般时间概念——无法准确描述痕迹的结构"。符号的"痕迹"结构体现出"此在,或者存在本身是一种'迟延'与'保留'的跨越式结构,其中有着它自己的过去与未来的幽灵,……这种逻辑将任何序列的成分都理解为彼此构成的成分”①。符号的这种时间延展性反对的是原先历史写作中的线性特征:一件事导致另一件事,井然有序地串联起来,这样就撑起了意义的整个系统。解构主义提醒我们注意叙事本身的虚构性与多样性,它以历史撰写为例,指出“历史不止一种,而是多种多样。它们类型不同,节奏不同,题词的方式不同——历史是由音程(intervallic),有区别的”②。因此在当代历史研究写作中我们看到了诸如福柯、金斯伯格、达恩登等学者对历史角落的巡查,书写了被线性历史排斥的群体与事件。而解构主义更激进的维度体现在德里达对福柯《疯癫与文明》的批评之中:在他看来福柯的历史写作虽然“优先再现了那些穷困的人,……(但仍然是)按演变的历史观的范式运作的”。而历史写作的政治学不单单是在于哪些人被写进了历史,哪些人被排除了,而是在于它采取了演变和线性的故事形式,因此要反抗历史撰写的权力就要彻底改变历史书写的形式。

然而不管叙事应该采取哪一种路向,后结构主义的叙事观都已经包含了强烈的政治意味:一方面是我们生活中的宏大叙事已经岌岌可危,文化叙事本身走向了多样化、去中心化和精神分裂化;另一方面叙事学研究把有关民族历史、TV 脱口秀甚至超级市场这样的文化大杂烩纳入到了研究的范围之中,积极面对当下文化的多元叙事,促进小叙事的复兴,为个体在社会历史语境中的存在和斗争提供了有效的方法与手段。

(作者单位:北京师范大学文学院)

---

① Mark Currie, eds. *Metafiction*, London and New York: Longman, 1995, p. 86.

② 德里达:《立场》,第 58 页,转引自《后现代叙事理论》,第 87 页。

世界的秩序

——评克默德《结尾的意义》*

易莲媛

克默德的这本小书是1965年在布林·莫尔学院的讲座整理而成,篇幅虽小,在虚构理论研究中却不可跨越。这本书的英文原名叫"*The Sense of an Ending*:*Studies on Fiction Theory*","ending"有结尾和终结的意思,可以理解为故事的结尾,也可以理解为世界的终结。辽宁教育出版社版翻译为"结尾",使它看起来像是一本关于叙事学的书。甘阳主编,香港牛津大学出版社的"思想与文化丛书"也收入了该书,译为《终结的意义》,更切近克默德的原意。两个版本是一个译者,而在两地出版却用了不同译名,大概是因为其宗教氛围浓淡不同。书中的"ending"并不局限于亚里士多德意义上的情节模式的结尾,而首先与文化相关,因为来自于神明天意的终结在结束一切的同时也为世界赋予了超验的意义,历史中的行为不是因其自身,而是因与结尾的关系而获得意义。它使这种文化及文化中的个体在本来可能是一片混沌的现实中追求包含开头结尾和中间和谐关系的范式。对于结尾和范式的观念又与更大的、更形而上的问题相关:我们对这个世界的认识何以成为可能?它在多大意义上又是可靠的?是否存在着一种内在于文化传统的范式连接着思维与现实、个体与传统?传统在多大程度上、通过什么方式影响着我们对当下的体验?文学传统与个人创造是什么关系?它们又是如何作用的?克默德的这本小书是对康德、胡塞尔、海德格尔、伽达默尔这个悠长传统从文学出发的回应,并延展了艾略特、弗莱的思考。中文译名的暗示,克默德优雅的文风及书中大量的宗教内容,给中国读者的理解设置了不小的障碍。

---

* 〔英〕克默德:《结尾的意义》,刘建华译,辽宁教育出版社2000年版。

—

在这本书中，克默德首次将文学虚构与一般种类的虚构相提并论。“虚构”并不是遮蔽了“真实”的虚假意识，而是内在于意识的理解世界的范式。世界久远的起源和茫然的结尾对于生活在时间段中的我们来说已不可知，如果世界上发生的一切不能在范式的规定下拥有时间性，就只是毫无意义的偶然，也就是说虚构的范式为世界赋予意义。《圣经》的创世—启示就是最基本的范式：它提供了一个包含着开头、结尾和中间的和谐模式，把意义赋予历史，满足了人类生理上或心理上对秩序的需求。因此我们的文化有一种迫切地体验开头、中间和结尾之间和谐关系的需要，结尾的重要在于使先与它的一切以它为目的，为偶然性赋予线性时间和因果关系。

但《圣经》提供的范式在人类变化了的现实感面前必须不断地修改和压缩隐匿自身，使人们认为自己是在真实地感知“现实”，而不是依靠虚构。希腊思想的重新发现引出永恒与时间的矛盾，结尾失去了震撼人心和统辖一切的终止感，认为我们无时无刻不处在过渡期的想法取代了末日感。在和谐模式与灾难深重的永恒现实之间出现了互补性虚构、焦虑模式和危机意识成为现代思维的主要特征：世界末日的恐惧为文艺复兴时期的悲剧所吸收，《圣经》与它们在现代主义文学中的变体之间只保持着松散的关系。然而作为期待和传统的力量，范式仍然是不可缺少的：启示中过渡、衰变、帝国等形象为现代荒诞思想所吸收，早期的现代主义者对传统有着强烈的偏爱，小说无论如何极端地以突变来打破对模式的期待也不能拒绝结尾和从偶然性中寻找确定性。

值得注意的是作者在论述启示在我们理解世界过程中所起的作用中，时时提醒我们警惕范式堕落为神话的危险。因为我们理解世界的范式毕竟是与现实不同的虚构，如果被当做现实，就成了神话，神话与非理性的态度和实用主义的方式结合在一起，具有现实的危害性。比如对启示中过渡、衰败、帝国、复兴等过分执著，会向往稳固的秩序从而走向封闭集权的社会，早期的现代主义就是在这一点上与法西斯主义联系起来。只有将虚构与神话区别开来才能在虚构作品的真实性的同时保持警惕的现实感。所以人文学者的怀疑态度显得特别重要，作者的精英主义态度的深层思考与现实关怀正在于此，虽然书中没有明言，但作者处于政治气氛浓厚的60年代，不能不考虑到知识分子如何在政治选择中保持自身的独立地位的问题。

二

克默德将虚构作为认识世界的范式的背景之一是虚构在哲学话语中地位的攀升。按照伊瑟尔的梳理，自从经验主义哲学以来，哲学中的虚构话语逐渐从一种欺骗的形式晋升为认识的基本构成方式。①

这首先关系到发源于培根的认识论问题：人如何能够认识自然。在他看来感官总是作为观察甚至认识的标准，而实际感官并不能得到自然的真相，虚构就存在于感官和自然之间的空白区。它是与现实相对的假象，但却能从经验获得知识。到了大卫·休谟，虚构成为一个批评的工具，他认为因果关系以及所有的认识论原则前提都是心灵的虚构，进而反转了传统对虚构的否定性观点。随着经验论的思想转变，知识的确定性衰落了，功用取得了主导地位并且取代知识成为新的标准，人们从关注虚构的本质转向其功能。实证主义者边沁相信存在着预先被给予感觉并且独立于感官之外的现实，现实通过语言被经验，而虚构就是语言符号与所表示物之间的关系。边沁的思考引发了虚构与意识关系的问题。到了费英格（Hans Vaihinger），虚构的地位和结构就成为中心问题。但他的主张仍然建立在认识论的主客二分基础上，虚构被定位于意识领域，它处理着超出我们理解的事物，作为人的存在的一种扩张，虚构使人具有了超出自身的可能性，所以必须摆脱对虚构“真实”与“不真实”的

① 〔德〕沃尔夫冈·伊瑟尔：《虚构与想象——文学人类学疆界》，陈定家、汪正龙等译，吉林人民出版社2003年版，第123—223页。

判断，也即是抛弃虚构与真实的对立。

启示提供具有慰藉作用的和谐虚构，对应了人生理上或心理上对于秩序的渴望。就像我们会把时钟的声音感受为作为开始的滴和作为结尾的答。只有确立了开头和结尾，处在中间的事物才能获得时间上的顺序，并且因与结尾的联系而产生意义。这样，世界秩序很可能只是意识的虚构。但虚构与真实的绝对对立，植根于这样一个信念：存在着一个有待于我们去认识的独立于意识之外的客观世界，而且我们的认识有着无限接近客观现实的可能，因而是值得信赖的，问题却在于客观世界的存在却又是无法证明的。为了建立确定性，现象学暂时悬置了超出我们直接经验的一切，现实被放入括号，认识从指向外在世界转变为对意识自身结构的考察，并在这一活动中揭示现象本身。而与现象学渊源极深的格式塔心理学，使我们越来越倾向于接受这样一种观念：我们对于世界的认知被一种我们预先接受的范式规定着，那些被认为确实感觉到事物的并非其本来面目。克默德所做的是将虚构的范式识别出来，搁置事物之间可能存在的秩序，认为如果没有作为观念的虚构范式，现实没有任何意义。这样就将基督教历史观的文化合法性建立在人的本性上，同时为人的心理因素赋予了历史文化的内容，范式本身成为传统的承载。

文学虚构及一般性虚构都需要这个范式。文学范式，首先作为传统的承载而存在，突变自身会成为新的传统融入范式之中。在这一点上，克默德受艾略特影响很大，艾略特认为任何诗人都不能脱离诗的传统而单独具有意义，诗人的作品在整个诗歌的链条之中，即使是最具有独创性的部分也包含着前辈诗人的痕迹，但是诗人用自己的作品参与了整个诗歌传统秩序的建立。这一传统的观念包括了过去的过去性和过去的现存性，而且处在不断生成发展当中。因此在克默德看来，萨特乃至罗伯-格里耶的小说不管如何尽力去模仿所谓的“纯粹偶然性”，也不能彻底抛弃范式，否则就成为混沌的偶然而不能被辨认为是文学，“书籍的最大魅力在于它不得不有一个结尾”[1]。现代小说所采用的激进突变，只能尽量复杂精细地扭曲原有的范式，因为如果没有读者对于

① 〔英〕克默德：《结尾的意义》，刘建华译，辽宁教育出版社 2000 年版，第 131 页。

和谐意义的期待，情节突变就会变得毫无意义，甚至文本的意义也会无法辨别。所以文本和读者之间先要达成一个契约，这个契约就是先于文本和读者而存在的和谐范式。但读者也会把完全遵照范式的文本视为平庸之作，所以文本又必须偏离范式。读者只有能够根据范式将被文本分离的意义再拼接起来，才会认为文本是现实的，又是有意义的。因此范式本身不应当被取消，而是在最大程度上被压缩和隐匿，满足人们不断变化的现实感的同时产生安慰作用。所以结尾的不能避免是读者期待的产物，而这种期待又是由基督教文化中来源于《圣经》所提供的创世—启示范式的传统所限定。

克默德对于范式的沿袭和突变关系的阐释类似于后来的接受美学，但是他更强调的是期待中的程式化因素，即期待是由理解世界的最基本范式赋予的，它包含着过去文化带给我们的信息，人们只有通过范式才能接触到传统进而理解现实。任何理解都是在传统之中的理解。启示范式就是基督教文化中传统的承载者。克默德之前，海德格尔将历史维度引入现象学，认为人存在包含着时间性，因此在他的后继者伽达默尔那里，任何理解都是在历史之中的理解。现代心理学也认为人的记忆中存在着一种超前记忆，即"预感和大脑专注作用"。这也就是传统的作用，它构成了我们的先在理解。和谐的虚构作为一种非现实，对人们理解什么是现实和什么构成现实产生显著的功效。

而"ending"对于克默德的和谐虚构来说，在完成动作的同时生成意义，也就是说它是意义的来源。作为最基本的虚构范式，"末世赋予世界的不只是一个终点，它还通过一个确定的目标划分和完成历史进程"①。只是这个和谐的范式自约阿希姆，尤其是文艺复兴以来发生了巨变：结尾失去它终结一切的震撼人心的力量，成为无时无刻不在发生的危机，认为人类处在过渡期的想法取代了迫近的末日感，帝国、衰败、复兴就是这个过渡期的象征，而焦虑模式成为现代思维最主要的特征。范式的转变意味过去的集体经验得不到普遍信任，人类对于世界的认识发生了变化。然而"危机并不表示没有任何终结，它标志

① ［德］卡尔·洛维特：《世界历史与救赎历史——历史哲学的神学前提》，李秋零、田薇译，三联书店 2002 年版，第 24 页。

着迫近终结向内在终结的转化”。人类思考问题的基础已经不是世界末日,而是危机。在原有的和谐模式之中,世界末日在历史之外,因为它是来自于神明天意的启示,所以历史的意义来源于历史之外,是超验的。而以危机为基础的现代模式,意义正来源于处在历史之中的危机,所以历史的意义在于历史之中,本来是虚构的范式也被视为历史的存在,而一旦虚构现实化,就成为神话。有关过渡期的帝国、衰败、复兴、屠杀在某种程度上被早期现代主义者“现实化”,他们自身也倾向于法西斯主义。而以危机为思考的起点,不免把我们时代的危机看做独一无二,并且认为我们处在一个永恒的过渡期之中。正像克默德所说:“我们时代没有任何确定的东西,只有过渡。”①由结尾向危机的转化萌生了虚无主义。

所以这一转化在某种意义上可以理解为卡尔洛维特所谓的历史神学向历史哲学的转化:基督教末世论的历史观转化为近代世俗化的进化论历史观,历史的进步观念取代了古代的世界秩序观念,历史的意义在于历史之中的时代精神,未来之轮或者历史的命运。因此现代启示录在某种程度上意味着超越此世标准的丧失和对历史的过分信任,人文学者失去了怀疑精神,甚至是将作为虚构的启示模式当做可以实现的历史目标,即把虚构神话化,要在现实中实现它,因此才有了早期现代主义者与法西斯主义微妙的关系。

三

《结尾的意义》受到 60 年代风靡人文社会学界的结构主义方法的影响。它强调启示作为我们理解世界的最基本虚构范式,不管经历怎样的变形,还是能保持包括开头结尾和中间的完整模式——至少不能拒绝结尾并为世界赋予意义,同时范式中各个因素的意义是由它们与结尾的关系决定的。但克默德的批评并不是典型的结构主义,它首先是向历史开放的:启示范式的意义是在

① 〔英〕克默德:《结尾的意义》,刘建华译,辽宁教育出版社 2000 年版,第 97 页。

传统中形成的，随着我们不断变化的现实感而变化，而且带有自身的宗教意味，因而也不像典型的结构主义——如列维-斯特劳斯以亲属关系的远近来解读神话那样在各要素最初意义的安排上充满了随意感。与弗莱类似，克默德在结构主义的时代向时间敞开，关注某些原始模型在文化传统中的作用。但是弗莱"原型"携带的文化传统仅限于自身，而克默德的范式指思考方式。相对于早期的弗莱将"原型"限制在文学之内，克默德的"范型"向文化传统甚至向包括了意识形态的历史敞开：克默德的范式是理解世界组织文本的骨架，而弗莱的"原型"则是处在骨架之中不断重复出现的文学意象。

然而纯粹的结构主义方法排斥价值判断，认为文学作品没有价值上的高低之分，当然更拒绝将作品与更大范围内的社会文化联系起来。但是克默德区分了平庸的作品和伟大的作品，强调传统同时也一再强调"文人学者的怀疑精神"在防止虚构堕落为神话中的重要作用，指出早期现代主义文学与法西斯主义的联系。这些让我们发现他背后的剑桥批评传统中对于价值判断的坚持。

这本书的特点正像作者自己所说，目的在于引发讨论而不是提供确切的答案，它引起的思考绝对要大大多于解决的问题。作为一本写于 20 世纪 60 年代讨论虚构问题的小书，它受到了结构主义及诠释学的双重影响，将"范式"看做"文化传统"的承载物，因而在注重隐藏于形形色色的虚构之中的那个最基本的范式的同时，向历史敞开，探讨承载传统的范式如何作用于当下。而它将文学虚构与其他种类的虚构相提并论，认为范式赋予充满了偶然性的现实，以意义的方法在某种意义上应该开后来将历史看做文本的新历史主义之先声。他一再避免自己对于和谐范式的论述成为新的神话，在结尾终结一切的力量和这种力量在现代的逐渐减弱间徘徊。到了希利斯·米勒那里，则拆解了结尾终结的可能性。然而笔者看来，这本书过分强调基督教传统的普遍性，而对于中国这样的非基督教国家来说，产生意义的结尾应当来源于由末世论转化而来的现代进化论。

同时更应当注意到，克默德仅仅是在时间的维度上研究了虚构理论，如果把虚构作为我们理解世界的方式，那有更多的维度可以开掘。比如空间上的虚构，这一维度的代表作有佩里·安德森的《想象的共同体》。该书研究了小说报纸的阅读如何使得人们将自己想象为一个空间共同体——民族国家——的成员。另外，还有后殖民理论家所关心的东方学与当代大众传媒如何将世界区分为“我们”和“他者”等研究也颇有价值。

（作者单位：北京师范大学文学院）

在碎片的监狱中行走

——评刘恪《城与市》的碎片化叙事*

金　浪

2004年我的阅读视野中,没有比刘恪的《城与市》更让我震惊的"国产"小说了。这是一部充满了梦呓与冥想的作品,诗意的笔调、忧伤的情绪足以使每一个读者陷入深重的阅读迷雾。刘恪以《城与市》为题,其野心是显而易见的。在小说中他怀抱于胸的不是文、冬、祥、姿这些袅娜万端的人物,而是O城(北京)这座时代变迁中的城市,或者推而广之,其目标指向的是存在的流亡与失落,是物欲与精神的对抗与妥协,是灵与肉的嘲弄与交媾。

碎片化叙事是《城与市》最大的特色。小说将"城市"一词拆而为题,本身就意味着断裂与破碎,而《城与市》的文本也呼应了这种暗示,将碎片化叙事发挥到了登峰造极的程度。"城与市"构成了后现代社会的一个隐喻,即人类生活在自我建造的监狱中,而小说中的O城则更好地诠释了这种封闭式的囚禁状态。《城与市》凭借着支离破碎的呓语、记忆、幻想与梦境构筑了一座巨大的监狱,监狱里的每一个人都是自由的,但同时又是被囚禁的;监狱里的人每时每刻都在想着如何逃离,却又无处可逃;监狱严丝合缝、密不透风,却又无墙无壁、画地为牢。监狱的每一寸空间都充满了不确定的碎片,它们成了人们无法逃避的罪。

一　拼贴——叙事的碎片化模式

《城与市》是中国超文本小说的一个范例。所谓超文本常常是指打破文

---

* 刘恪:《城与市》,百花文艺出版社2004年版。

体、文本界限的一种广义的互文关系，往往通过合并和拼贴得以实现。[①]《城与市》就运用了大量的文类形式，如实验诗剧、论文、诗歌、词条分析、文字考证、图表、散文诗、日记、随笔、笔记等。如何将这些千差万别的文体融合在一起呢？刘恪选择了碎片化的叙事模式。

意识流和新小说以来，碎片化、非线性化叙事就开启了现代小说的革新之路。乔伊斯的《尤利西斯》、德布林的《柏林，亚历山大广场》、格里耶的《橡皮》、杜拉斯的《情人》、巴塞尔姆的《白雪公主》等都是其中杰出的代表。《城与市》也正是运用了大量碎片化的叙事来展现宏大的时代面貌。小说以文、祥、冬的自述故事结构而成，其中穿插了姿、虹、淑媛、淑梅、小薇、美美等人的故事。而"我"则在小说叙事中扮演了重要的角色，正是依赖于我对文、祥、冬三者故事的寻找，才使得三个独立的叙事关联起来。"我"是整个小说的外层叙事圈，"我"在寻找遗失故事的过程中还不断地猜测臆想，并在整理拼贴的同时进行了补写甚至改写；而文、祥、冬的故事则构成了小说的内层叙事圈，但他们的线索并不像是传统小说那样进行线性交叉，而是把叙述都打破成了呓语或者意识流的碎片。碎片在小说中不呈现任何的规律性，而是如同鬼魅般地随时出现，随时湮灭。

碎片化内含在这种独特的叙事方式里。与传统单一叙述的小说不同的是，《城与市》拥有三种不同的叙事语调，"文忧郁，冬世俗，祥理性"，三种叙事语调的更替撕裂了文本的一致性，使得小说处于众声喧哗的碎片狂欢中；但"我"的外层叙事又将三者和谐地统一到了一起。与任何一部复调小说相比，《城与市》都显得更为复杂，更加支离破碎。每个叙事人在固守自己的叙述方式的同时，又不断地颠覆之前的叙事。在文的叙事中，黄旗袍姑娘一直是一个谜样的存在。她是谁？是姿？是另一个女人？又或者只存在于文的想象中？后来她成为一种影子，对相思苦恋甚至偷情的激动叙述又都形同虚设。在冬的叙事中，雅丽、亚宇、小薇、美美、钟翎、廖丽梅，每一个肉体都在颠覆前一个肉体，叙事在自我复制又自我否定的状态中没完没了。

---

① 关于超文本性可参见〔法〕蒂费纳·萨莫瓦约：《互文性研究》，邵炜译，天津人民出版社 2003 年版，第 20—23、49—60 页。

可以说,《城与市》的叙事本身就是一场战斗,不仅是文、冬、祥三种叙事之间的斗争,也是刘恪在小说叙事上的一次突围。当现实将人类心灵切割得体无完肤以后,现代艺术的各个领域都充满了断裂与碎片。巴塞尔姆就说:“碎片是我信赖的唯一形式。”①事实上,碎片也是《城与市》里每一个人物信赖的形式,也许还包括作者刘恪。

当然,过于琐屑的碎片也给小说的阅读带来了巨大的障碍。尤其是当小说突然由叙事进入到诗歌、词条分析、文字考证的时候,强烈的拼贴效果不免让习惯了被动接受的读者有骨鲠在喉的感觉;然而另一方面刘恪擅长的诗意叙事又在不煴不火的叙述中淡化了拼贴带来的突兀感。可以说,刘恪的《城与市》是在继承和创新的基础上把碎片化发挥到了一个登峰造极的地步。它从《尤利西斯》那里学会了意识流,但却改进为一种心理外化形式的意识流;它从巴塞尔姆那里学会了超文本拼贴,但却打破了拼贴的主客界限;它从新小说那里学会了空间化,但却是一种向内转的立体叙事……然而最重要的是,碎片化叙事成为这些手法赖以存在的基础和最终的指向。

二　讨论——语言的碎片化实验

《城与市》的另一个特点是讨论的姿态。事实上,讨论的姿态与碎片化叙事是分不开的,它是碎片化叙事向语言领域的一次延伸。如果说拼贴和意识流构成了《城与市》碎片化叙事的基础,那么讨论则在语言层面将碎片化进行到底。

在小说中,刘恪乐此不疲地讨论了很多词汇,如物、灵魂、神秘、自由、记忆、行走、叙事、孤独、复述……这让我想到有着同样旨趣的昆德拉。然而昆德拉的讨论是与故事紧密相连的,他往往在故事叙述到紧要关头时节外生枝。这样的讨论对于习惯故事的读者来说是新奇的,但却是可以容忍甚至饶有趣

① 〔美〕巴塞尔姆:《白雪公主》序言,哈尔滨出版社 1994 年版,第 10 页。

味的;而在《城与市》中,讨论是游离于叙事进行的,我们可以试着将这些词条分析、文字考证从小说中抽取出来,它们的空缺丝毫没有对叙事产生多大的影响。表面上看,讨论中断了读者的故事期待,但是去掉讨论之后的《城与市》无疑会成为一座空洞之城。讨论赋予叙事的意义正是把个人体验上升为了城市生活的普适经验。讨论,已经通过刘恪擅长的诗意叙事融合到了文本之中。

我们可以看看文中关于爷爷之死的讨论:

> 人的无语,便是人的死亡。
>
> 死亡,不是存在的结束,而是走向结束的存在。
>
> 死亡,是对生存的自身的理解。死亡是理想,理想走向结束的存在是以人类的文明成果是以其生命的否定形式的综合……

这里"死亡"已不再是一个情节设置,也不再是琴对于爷爷之死的童真领悟,而是上升为对死亡本身的追问,对存在意义的探求。这些讨论不仅语言是断裂的,意义也不再连续。正如同叙事的支离破碎一样,讨论也是碎片化的。讨论的碎片无处不在,除了整段的词语分析外,叙事中也随时夹杂着大量即兴的讨论片断。

讨论仿佛是刘恪难以遏止的自然流露。作为一个老练的小说作者,刘恪当然知道讨论对于叙事的妨碍,但是他仍然选择了讨论的姿态。这样的选择当然有其目的。通过观察我们会发现,《城与市》的主角不再是人物,而是语言本身。"语言是你赖以存在的居所。……语言说话,是以人能成为事件与物象叙述的可能性,成之为必要条件。"[①]人物的行为转变为语言的行为,语言或反思、或超越、或坍缩、或膨胀,《城与市》完全成为了语言狂欢的舞台。在这里,语言不再是逻辑性的、工具性的、连贯性的,而被撕裂成大大小小的碎片。语言在解构惯常意义的同时,也在生成一种支离破碎的语言生态:片段的实质是支离破碎,是不可能的符号,被阻塞的期待,和全然的不知。符号不再具有指涉功能,不再指向任何事物,只是自我指涉。语言是我们赖以生存的环境,语言的碎片也正是后现代社会碎片生活的真实写照。"世界的言语只是世界自

① 刘恪:《城与市》,百花文艺出版社 2004 年版,第 67 页。

身的言说。”[1]这句话恰好可以作为《城与市》的总纲。

上世纪90年代，先锋文学作为一种文学潮流已经退潮。在后现代语境中，再没有什么是新奇的，先锋已经告别了集体姿态而进入个人化的写作阶段，也许这样的状态更符合先锋的使命。先锋的出发点应该是作家内心对旧秩序的反抗，而不只是技巧上的标新立异。因此，我以为把《城与市》推崇为“当代中国先锋文学的集大成者”[2]不免言过其实，因为在《城与市》里集结的先锋写作的技巧并未具备原创性。新只能新一次，没有一直新下去的道理。但是，《城与市》仍然不啻为一部杰出的先锋小说，不过，其意义不在于五花八门的先锋叙事技巧，而在于：1.《城与市》通过碎片化叙事完成了一次将各种文本熔于一炉，并能够相互映照生发的超文本尝试。在这个意义上，中国有了第一个具有原创性的优秀的超文本小说。2.《城与市》通过讨论的姿态对传统小说，甚至对现代小说进行了一场全面的消解和否定，从而重构了一种新的后现代小说体式。

三 重构——不确定之发现与呈现

上面我们分析了《城与市》的碎片化在叙事和语言上的体现。但是，分析如果仅仅停留于表象则仍然难以深入支离破碎的形式的核心。事实上，我们说《城与市》是一部后现代主义的小说是与刘恪对于后现代社会的体验密不可分的。

吉尔兰·罗斯在《破碎的中间》中已经指出了现代社会中人类所面临的尴尬境地。“中间”表示在“开端”和“结束”之间延伸的空间和穿梭的时间，也就是个人所赖以存在的时空场域。“中间”本来就是含糊、矛盾和模棱两可的所在。卡夫卡指出，“我是结束或者开端”，于是焦虑产生了。文学也正是从卡夫卡开始踏上了一条遥远而漫长的焦虑之路。正如齐格蒙·鲍曼在谈论现代性

---

① 刘恪：《城与市》，百花文艺出版社2004年版，第67页。

② 参见吴义勤：《无限性的文本》，《当代作家评论》2002年第4期。

道德时指出的，正是焦虑产生了罪恶，而罪恶最终又演变出令人痛苦的不确定。[1] 现代社会以来，人们一直把自己囚禁在“破碎的中间”，每个人都是自己的监狱。只是到了后现代社会，监狱的墙壁被拆除了，“里面”和“外面”的界限消失了，于是整个世界都成为了监狱，每个人都生活在碎片之中。

现代性用了两个世纪的时间阻止无序和不确定性进入人们的生活事务，或者说是在逃避不确定性的道路上疲于奔命。一旦进入后现代社会，它们不仅在人们的视野中重现，而且是赤裸裸地出现在那里。尽管现代社会似乎已经得出自身无根基的结论，但这种困扰并未纳入人们的日常事务，人们也并不为缺少对混乱的机构的控制而烦恼。事到如今，完美的理性大厦已经面临全面崩塌的处境，后现代在呼吁人们放弃现代理想而获得解放的同时，也将不可避免地将人类抛入一个个设施完善的碎片监狱中。

刘恪深刻地感受到了这种来自现实的支离破碎，《城与市》正是在呼应作家内心的基础上完成的。《城与市》中的每一个人都焦虑不安，或者为爱情，如文；或者为欲望，如姿；或者为罪恶，如祥；或者为金钱，如冬；或者为命运，如淑媛……人物被取消了，人也不再是完整的，而只是一种心理替代品；情节被取消了，情节不再环环相扣，而被意识的流动洗刷殆尽；故事被取消了，故事不再遵循线性原则，而被梦呓和记忆占据。人成为碎片，情节成为碎片，故事成为碎片，能肢解的东西全都肢解，能拆裂的事物全都拆裂，从形式到内容，从语言到意义，完整性在《城与市》中已经不复存在。

新的社会模式导致现代人新的认知结构，而作家认知结构的变化又会催生出新的文本形式。正如同现代主义在20世纪初以迅雷不及掩耳之势瓦解了传统文学的僵死原则，后现代社会在人类内心所产生的变化也牵引着一种新的叙事方式的生成，《城与市》正是呼应这种诉求的产物。

也正是在这个意义上，我们发现《城与市》的碎片化叙事虽然在表面上具有解构的特征，但却是在完成一种新的建构。如果仔细考察，我们会发现这些碎片都有着自身的构造。那些看起来支离破碎的片断其实并不是漫无目的

---

① 〔英〕鲍曼：《生活在碎片之中——论后现代道德》，郁建兴等译，学林出版社2002年版，第77页。

的，而都是指向一种建构的目标，即一种体现后现代社会碎片生活的叙事方式。这种新的叙事方式不再像传统叙事那样并未意识到“中间”的不确定，也与现代主义以来发现“中间”的不确定但意欲逃避这种不确定不同，而是发现了逃避不确定之不可能，因而采取了安之若素的姿态。同样的姿态也存在于后现代小说大师巴塞尔姆那里，“我的每个句子皆为道德而焦虑，因为它们试图与未确定的东西打交道”[①]。一直以来，人们的行为都在怀疑和试图逃避这种不确定，结果却只能是加深了它的存在。于是“中间”承受了永无休止的咒语，而且永远不会结束。这是《城与市》中每一个人面临的生存困境，任何一种逃逸都不值得信赖，相反，逃避的姿态越是彻底，就越值得怀疑。每一次逃避的努力都只能恶化试图改变的状态，我们注定了要生活在碎片的“中间”。

面对这种无法逃避的不确定，刘恪的叙事只呈现，不逃避。这种呈现并不是返回到现实主义似的对世界的再现，而是努力重新呈现利奥塔所说的某种更加不可呈现的东西，并且将“不可呈现性录入‘现实’之转化的无限性中”[②]。与乔伊斯等现代派面对碎片的态度相比，碎片化对于刘恪已经不只是一种策略，而成为生活本身。碎片既是土壤，又是空气，也是水和大地。意识流让人们意识到世界是思维的流动，新小说解除了物与人的界限，而《城与市》的碎片化则将内容和形式都指向了后现代社会的本来面目。《城与市》让读者第一次都感到碎片的形式是那样的真实，那样的可触可感，那样的如影随形。我们就生活在碎片之中，这是我们无法逃避的监狱。

（作者单位：北京师范大学文学院）

① 〔美〕巴塞尔姆：《白雪公主》序言，哈尔滨出版社 1994 年版，第 10 页。
② 〔法〕利奥塔：《非人——时间漫谈》，罗国祥译，商务印书馆 2000 年版，第 141 页。

文心之不懈追求

——评万奇《文心之道：汉语写作论说》*

张晓丽

“文心”诚如刘勰所言“美矣”，故论说文学批评、文学鉴赏时经常被使用。探讨写作者的为文用心，是一件辛苦而又快乐的事情，因为那是在以心体验包含在文章之中写作者立意的锦心，为文的巧心，呈现的苦心。万奇先生的新著《文心之道：汉语写作论说》(以下简称《论说》，内蒙古人民出版社，2006年11月版)一书便是探讨文心的力作。该书将文论与写作理论相结合进行综合研究，充分地为我们展示了他对文心的感悟、思索与探寻，更表明了他对“文心之道”形而上的学术追求。

一

全书围绕文心之道的呈现，由文原、文史、文要、文术、文评五部分组成。此书在考文原、观文史、辨文要、理文术、说文评的过程中，为我们展示了作者研精一理、钻坚求通的治学思路。

在文原部分，作者对写作学本体，写作基本规律：物、意、文三者的关系，现代写作学研究的一些问题进行了思考。应该注意的是，作者在弥纶各家之说后，指出写作学的本体当为：“一种实践活动，一种行为过程，一种精神劳动。它把语言文字和思维联结起来，制作文章。如果解剖开来看，它是由三个部分组成：作者、制作过程和文章。”①“由于制作过程是写作的中心和关键，因此制

* 万奇：《文心之道：汉语写作论说》，内蒙古人民出版社2006年版。

① 万奇：《文心之道：汉语写作论说》，第4页。

作过程是写作学本体的核心和主干；而作者论和文章论则是写作学本体的两翼。"[①]对写作本体的这一认识是中肯的、有创建性的。它避免了将写作学与作文课相等同、无视写作学实际的偏见，又抛掉了写作学领域中一概论理、脱离实践的认识误区。

文史部分，分别对中国写作学理论进行了百年、五十年、二十年的梳理与反思。该书对已有研究进行细致梳理，评骘优劣，辨别是非，标出问题的症结，指出前进的方向所在，在这样的地方，我们不仅能看到作者用力之勤，更能见到作者运思之深。

文要部分，对中国文学的特质与中国文论进行了深入的思考，更对中国古代的"性情论"、"文气论"、"文法论"、"境界论"进行了钩深取极、辨证然否的梳理。尤其是对桐城派文论的关注，补以往对桐城派文论言之甚少的不足。如对桐城派"性情论"的考辨，"长期以来，论及'性情'，学界多言袁枚的'性灵说'，不谈桐城派的'性情论'"，其实"桐城派主张的是一种尚实、关乎'时世'的'社会性情'。且就系统性而言，后者高于前者。"[②]

文术部分，从理论与实践两个层面展开，论说了汉语文学创作的审美特征、汉语文学的结构、散文的写作以及写作技法等论题。在论述写作技法之时，在简要梳理古代技法研究、近代技法研究、现代技法研究之后，作者对就学理而言探讨较少的，有关技法的大问题进行了"擘肌分理"的研究，给出了"唯务折中"的回答，这些问题有：有法与无法、章法与笔法、技法与才能、常法与变法等。

文评部分，选取曾国藩、林纾、刘熙载、刘锡庆等四家，发掘各家文论的现代意义。如对刘熙载《艺概·文概》重视散文理论的条辨，本书作者有如下评析："从位置上看，《文概》居《艺概》之首，《诗概》则在《文概》之后；《文概》339条，《诗概》285条，前者比后者多了54条。"此"概"对中国古代文论具有"补阙"意义，"然而刘氏'文论'的意义绝不仅仅是补古代之'阙'，而且有'今用'的价值。现在的散文理论较之小说理论、诗歌理论还是'弱'的，有建树的散文论著

---

① 万奇：《文心之道：汉语写作论说》，第7页。
② 同上书，第110页。

寥若晨星。在这种情况下,刘氏'文论'为中国散文理论体系的当代建构提供了借镜。"如此等等,对所选各家文论细致条析,文或短却旨深,言虽简而意浓,给人颇多启发。

二

中国古代文论自其始就不乏对心的思索,强调对"心"的感悟、体验、消化、理解与呈现。这也是中国古代文论与西方古代文论的区别之一。将"心"对外界的烛照、把摸、咀嚼、品味用汉语描摹出来,将"心"对自身种种情绪、情性、情趣、情调用文辞表达出来,用文辞呈现物—意之象,用物—意之象展现鲜活的感受之心,于是文便生成了。刘熙载说:"文,心学也。"(《游艺约言》)因为文章是要批露那颗或苦或甘的心,所以中国古代文论一直强调要"得意忘言",要去体味文章之心。然而意之得难矣,心之得难矣,因此有刘勰发出深深感慨,"知音其难哉"(《文心雕龙》)。正是因为有着这样的写作传统和文论传统,所以中国古代文论强调心心相印式的鉴赏,讲究的是对文章进行由辞而文,由文而心的印象评说。

20世纪的中国古代文论经历着由传统到"现代"的"转化"。然而,这种转化,在某种程度而言,不是中国古代文论的"涅槃",而是在西方文论框架之内的肢解。当然,我们从来都不是在强调要排斥西方文论,恰恰相反,我们申说要对西方文论进行引进与借鉴,却绝对不是直接的简单挪移、简单的搬来之后的以其为标为准。中国古代文论有其自身不同于西方文论的特质,尤其是写作学这一块内容。因此,当我们以西方文论为镜,反观中国古代文论的时候,这份特质会更好地呈现出来。用力整理中国古代文论的家底,用心去体验其与他者的不同,恰恰是中国古代文论可以真正进行现代转化的前提与基础。万奇的《论说》一书便是在这样的思索下展开的,该书便是在中西对话之际,于古为今用之时,深深反思对中国文学和中国古代文论的研究的得与失,于点点滴滴之中呈现中国古代文论,汉语写作中"文心之道"的特质与家底。

三

此书在资料翔实、条理清晰、考据精当、颇富情采之余，还闪现出以下亮点：

一、立体的研究。本书虽然是由作者20年来的重要论文所结辑而成，但其中却隐含着作者为学的一条重要主线，即探究文心之道。作者咬定此一目标，20年如一日，选取治学的支撑点：《文心雕龙》、桐城派文论、刘熙载的《艺概·文概》、林纾等早期写作论著、刘锡庆等新时期诸家写作学研究。关乎文心的这几个重要的"点"，在对文心的古今转化、中西比较中连成了"线"，此线在作者通过文心而对中国古代文论家底——尤其是写作学理论家底的深沉关怀下，分别向纵深与广博展开，于是便铺排成了一个为学研理的学术之"面"。

二、清醒的反思。这种精神不但集中展现在该书的文史部分，而且贯穿于全书。全书主张向西方借镜之时，保持着清醒的反思与自省精神：

> 我们当然不能移植西方文论，那是鹦鹉学舌——没有出息的表现，更是没有出路的："像插在瓶里的花一样，是折来的，而不是根深蒂固地自本土的丰富的营养的。"同时也要注意另一种倾向——不考虑中西之异，有意识或无意识地把中国文论"置于西方文论的框架中进行重新定位和剖析"，这不仅难以对中国文论进行有效的阐释，"而且有可能割裂中国文学及文论内在整体性和固有的生命力"。我赞同其中的一种观点：由于20世纪"本土文论的理论与方法，多半是充当西方文论理论本体的佐证或材料。因此，新世纪中国文论的建设，根本性任务是理论体系的本体性回归或还原。"①

在这里，我们看到了作者字里行间所流露的对中国古代文论深厚的感情与反思。这种感情不是空疏的口号，这种反思不是无病之呻吟，而是在深入研

① 万奇：《文心之道：汉语写作论说》，第100页

究的基础上由内而生的真知灼见。这样的反思,不是囿于传统的泥古不化,而是对古典涵泳沉吟后真正的珍视。就此而言,《论说》令我们反思研究中国古代文论的切入方法:是真正地呈现其本来面貌,发掘其隐含的潜在规则,还是对西学框架的俯就相靠?

三、明晰的实践性。探为文之用心,展中国文论之特质,是为了更好地将古代文论进行现代转化,更好地指导当前的写作实践。《论说》一书明晰地展示了理论的实践性——尤其是文术部分。文中对提及的文法进行了细致的分析,明确指出掌握该技法的要点,注意对象等等。又如对"理论和实践应该分离"写作观的辨析,指明理论的实践性对于写作的重要:"平心而论,其出发点是好的,旨在提高学科的理论品位。但好的动机未必有好的结果。由于它轻视写作实践,忘却写作学理论的实践性,使理论'架空',尽管'理论'繁多,令人眼花缭乱,可写作学的理论却严重'匮乏'。"①这是有见地的看法,有益于写作学科的建设,也让我们思考"脱离实践的理论是否是万能的"。

此书是万奇钻研"文心之道"二十年的一个小结,是介于论文集与学术专著之间的著作,所以,书中难免存在着少数论题交叉,行文重复的现象。但作者所论,不管文之长短,见之深浅,我们均可从其行文所列中,看到他总是在力求言之成理,持之有故,不做空泛之说,不及浮游之谈的追求与谨严。

(作者单位:北京师范大学文学院)

① 万奇:《文心之道:汉语写作论说》,第31页。